생각하는

소비문화

생각하는 소비문화

박명희 · 송인숙 · 손상희 · 이성림 · 박미혜 · 정주원

㈜교 문 사

머리말

현대의 대중소비사회가 형성되면서, 두 가지 중요한 문제가 제기되었다. 즉, 오늘날 소비문화에 대한 비판의 핵심은 소비에 있어서의 환경파괴와 소외로 인한 인간성 상실로 집중될 수 있다.

첫째, 과거 환경문제는 공해문제였고 주원인은 산업체였으나 대중소비사회가 도래하면서 환경문제는 일상의 문제가 되었다. 둘째는 기호소비의 출현에 의한 상품소외가 더욱 심화되었다는 점이다. 이제 상품의 본래 기능이 필요해서 상품을 구매하는 것뿐만 아니라 그 상품에 내재해 있는 사회적 의미와 상징, 즉 기호를 구매하게 되었다는 것이다.

소비자들의 욕망은 주체성을 상실한 채 조작되고 있고, 왜곡되어 있으며, 물릴 줄 모르는 욕망이 소비자를 결코 행복하지 못하게 만들고 있다. 또한 무제한적인 인간의 소비 욕구는 지구환경의 지속가능성을 위협하고 있다. 때문에 소비사회가 고도화될수록 궁극적으로 스스로에게 책임 있는 소비를 할 수 있는 소비자의 규범의식과 실천능력이 요구된다. 따라서 이제는 지속가능한 소비에 대한 가치와 규범이 제시되어야 하며, 이러한 차원에서 소비문화에 대한 성찰과 실천이 요구되는 교육이 절실하게 필요해졌다.

최근 들어 소비문화에 대한 많은 연구들과 저서, 번역서들이 발간되고 있으나 상당수가 사회학적, 문화인류학적 접근을 통해 소비문화에 대한 현상파악에만 급급한 것들이었으며 소비자학적 관점에서 어떻게 소비문화를 접근할 것인가를 규명해 줄 수 있는가를 시도한 연구는 거의 없었다. 그러나 21세기에는 소비자의 책임과 윤리를 중심으로 소비자 주권적 차원에서 소비자가 능동적으로 소비문화를 주도해 가야 할 필요성이 제기되고 있다.

따라서 이 책은 소비자의 차원에서 가치 지향적 해법을 추구하는 철학적 배경을 가지고 소비문화에 대한 소비자의 이해와 실천을 돕는 내용으로 총 3부로 구성하였다. 제 1부는 소비문화에 대한 이론적 접근을 담아 소비문화의 이론적 접근을 시대적으로 구분함과 동시에 기존 연구자들이 해왔던 분석방법을 정리함으로써 소비자학 측면에서 활용할 수 있는 분석방법을 제시하였다. 제 2부는 현대 소비문화의 이해에 대한 내용으로 1부에서 살펴본 소비문화에 관한 제반 이론들을 중심으로 입는 문화, 음식 문화, 주거 문화, 여가, 몸, 디지털 소비문화 등을 중심으로 이론과 연결된 가치, 요구, 의미를 파악하고 소비자학 관점에서 이러한 의미를 재구성하면서 현대의 일상적 생활에서의 소비문화를 재해석하는 작업을 시도하였다. 제 3부에서는 1부의 이론과 2부의 현상파악을 통해 소비문화를 이해함과 동시에 규범적 접근을 통해 소비가치와 소비윤리를 논의하였다. 특히 환경 지향적 소비문화를 통해 지속가능한 소비를 실천함으로써 소비사회의 극복이 가능할 것인지에 대한 다양한 논의점을 제공하는 실천 비판적 접근을 시도하였다. 또한 소외로 인한 인간성 상실을 극복하기 위한 대안으로 공동체 지향적 소비문화를 모색해 보았다.

원고를 집필할 때부터 저자들은 소비문화에 대한 다양한 관점들을 공부하는 가운데 소비자의 관점에서 소비문화를 어떻게 인식할 것인가를 고민하면서 연구를 지속하였다. 본 연구과정에서 저자들은 소비문화에 관한 다양한 논문들을 발표할 수 있었으며 각 주제별 논문들을 기초로 책을 집필하는 공동작업이 매우 생산적이고 즐거운 일이었음을 공감하였다. 앞으로 소비문화에 관한 지속적인 연구를 통해 더 많은 연구논문들이 발표되고 이러한 작업을 통해 소비자학 분야에서 소비문화에 관한 연구들이 활성화되기를 기대하며 이 책이 소비문화에 관심을 가진 대학생 및 대학원생들을 위해 도움이 되기를 바란다.

끝으로 원고의 처음부터 끝까지 꼼꼼하게 읽어 주시고 교정과 디자인을 맡아준 교문사의 편집부 여러분들, 연구실에서 모일 때마다 원고 교정과 파워포인트작업, 사진작업 등에 헌신적으로 동참해준 박재희 조교 그리고 출판을 선뜻 결정해 준 류제동 사장님, 양계성 부장님께 감사를 드린다.

2006년 6월

남산연구실에서 저 자

* 본 저서는 2005년도 동국대학교 저서 · 번역 연구비의 일부 재정적 지원으로 이루어졌음을 밝힌다.

차례

생각하는

소비문화

3부 소비문화에 대한 규범적 접근

1부

소비문화에 대한 이론적 접근

CHAPTER

01 소비와 소비문화

"그럼 별을 소유하면 아저씨에겐 뭐가 좋은 거예요?"

"부자가 되는 거지."

"부자가 되는 건 무슨 소용이 있는데요?"

"다른 별들을 또 살 수 있지."

-어린왕자에서-

CHAPTER 01

소비와 소비문화

풍요로운 소비사회에서 소비자가 진정으로 풍요를 향유하고 소비로부터 즐거움과 충만감을 얻을 수 있기 위해서는 소비욕구의 본질과 소비생활의 사회, 문화적 의미에 대하여 소비자가 자각하고, 소비생활을 뒷받침하는 기업의 시장활동이 조화를 이루어야 한다. 소비사회가 고도화될수록 시장의 발달은 궁극적으로 스스로에게 책임 있는 소비를 할 수 있는 소비자의 능력에 달려 있다. 소비자의 관점에서 바라본 소비문화에 대한 통찰은 이러한 소비자의 소비능력을 개발하는 토대가 될 것이다.

우리가 살고 있는 시대가 소비사회로 규정되는 현 시점에서 소비문화는 일반적으로 우리의 일상생활과 생활양식으로서 정의되고 있는데, 여기서는 소비문화를 상징, 영웅, 의식, 가치라는 일반적인 문화의 구성요소를 중심으로 정의함으로써 소비문화에 대한 분석적인 통찰을 얻고자 하였다.

『생각하는 소비문화』를 시작하는 이 장에서는 소비문화에 대한 문제 제기로 출발하고자 한다. 상품의 소유와 사용으로 엮어지는 소비문화는 밝고 긍정적인 면과 어둡고 부정적인 측면을 모두 담고 있지만 이 장에서는 주로 소비문화의 어두운 측면을 다루고 있다. 이 장에서는 오늘날 소비문화의 키워드가 되고 있는 상징, 욕구와 자아정체성을 중심으로 소비문화의 특징들과 이러한 소비문화에 대해 어떠한 비판이 제기되고 있는지 그 내용들을 고찰하였는데 소비문화에 대한 긍정적인 논의를 뒤로 하고 비판적인 측면에 대한 논의가 비판을 토대로 보다 나은 방향으로의 소비문화의 발전을 생각하고 모색하기 위한 하나의 시도로 여겨졌으면 한다.

1. 소비의 의미 변화

1) 소비경제에서 소비문화로

역사적으로 소비라는 단어가 구체성을 가진 것은 생산과 소비가 분리된 산업시대의 자본주의 경제의 시작과 맥락을 같이한다고 볼 수 있다. 소비란 경제에서 상품을 만들어 내는 생산에 대비되는 경제활동으로서 물품을 사용하고 소모하는 활동이다. 소비활동은 생산에 필요한 노동력을 재생산할 뿐 아니라, 생산활동의 궁극적 목적이라는 실질적이면서도 상징적 가치를 가지고 경제순환의 핵심 자리를 점하고 있음에도 불구하고 자본주의 경제발전 초기에는 생산에 비해 부차적인 경제영역으로 간주되었다.

근대적 의미의 소비가 태동한 자본주의 시작단계, 즉 제품이 막 개발되기 시작하여 생산, 보급되던 시기에는 생활물자가 현재처럼 풍부하지 않고, 생산력이 소비 수요를 충분히 따라가지 못하였기 때문에 소비생활의 질적 척도는 소비수준을 양적으로 평가한 생활수준 또는 생활표준이었다. 소비는 화폐가치로 측정하여 평가되었고, 생활의 질을 높인다는 의미는 화폐가치로 측정되는 소비생활 정도를 높이는 것과 동일시되었다.

얼마나 많이 지출할 수 있는가 또는 기본적인 생활을 유지하기 위하여 적어도 얼마나 지출해야 하는가 하는 문제는 오늘날의 풍요로운 사회에서도 여전히 중요한 관심사지만, 기술 발전으로 생산이 수요를 초과하는 시장상황이 전개됨에 따라 소비에 대해서도 "얼마나 많이" 못지않게 "왜, 무엇을, 어떻게"에 관심이 모아지고 있다. 현대의 소비를 이해하려면 소비의 경제적 평가보다는 소비 이면의 사회적, 문화적 맥락에 대한 이해가 전제되어야 한다. 문화에 대한 의미가 어떻게 변하였는지 그 과정을 음미해 보면 이러한 소비에 대한 인식의 변화는 매우 의미 있는 전환임이 분명하다.

2) 소비문화의 개념과 구성요소

문화(Culture)라는 말의 어원은 "밭을 갈다"에서 출발했다고 한다. 문화의 어원은 농경시대로 거슬러 올라간다. 문화란 사람들이 사냥감과 먹을 수 있는 열매를 찾아 떠돌아다니는 생활을 하지 않고 한 곳에 머물러 농사를 짓고 살게 된 것을 일컫는 말로 문화의 요체는 자연에 인공적인 힘을 가한다는 것이다(주경철, 2005). 이후 문화는 "인류의 이상을 실현해 가는 정신활동"을 지칭한다. 특히 학문, 문학, 예술, 종교, 도덕 등 수준 높은 인간의 내적 정신활동의 소산을 가리키는 개념으로 발전하였다. 이러한 인류의 긍지를 고양하는 위대한 문화는 먹고사는 기본적인 필요 이상의 소비를 영위하는 조건이 충족되어야 가능하였고 따라서 역사적으로 문화는 엘리트, 사회의 지배계층 활동의 산물이었다.

오늘날의 문화 개념은 학습되고 전수되는 우리의 일상적인 생활방식을 지배하는 온갖 형태의 생각, 느낌, 행동을 포괄하는 "생활양식"으로 이해되고 있다. 대량생산과 구매력에 기반한 지금의 소비사회에서 소비를 통한 문화 형성에 일반 대중이 참여한다. 생활양식 개념으로서 문화의 정의는 문화에 대해 직관적이고 감각적인 설명이 된다는 장점이 있지만 외양으로 표출되는 문화의 한 단면을 포착하는 개념이라 할 수 있다. 문화를 탐구하기 위해서는 문화를 보다 포괄적이고 분석적인 개념으로 정의할 필요가 있는데, 홉스테드(Hofsted, 1997)의 정의가 매우 유용한 분석틀을 제시하고 있다. 홉스테드에 따르면 문화는 "상징(symbol), 영웅(heroes), 의식(rituals), 가치(value)라는 네 가지 요소로 구성되고, 이러한 문화내용들은 가정, 학교, 매스미디어 등의 제도를 통하여 전달된다"는 것이다.

홉스테드(1997)에 따라 상징, 영웅, 의식, 가치가 의미하는 바를 구체적으로 살펴보면, 먼저 상징(symbol)이란 어떤 문화를 공유하는 사람들에게만 통하는 특별한 의미를 지닌 말, 동작, 그림 또는 대상을 가리킨다. 영웅(heroes)이란 어떤 문화 안에서 높이 받드는 특징을 지닌, 그래서 행동의 귀감이 되는 사람들(살아있는 사람이든, 실제 인물이든 가상 인물이든)을 말한다. 의식(rituals)이란 한 문화 안에서 사회적으로 없어서는 안 될 것으로 간주되는 집합적 활동을 가리킨다. 의식은 의식, 그 자체를 목적으로 거행되는 것이다. 인사하는 법과 존경을 표하는 법, 사회적, 종교적인 의식들이 그 예이다. 상징, 영웅, 의식을 통틀어 관행(practice)이라고 부르는데, 그 이유는 이것들은 모두 외부 관찰자가 볼 수 있는 것이기 때문이다. 그러나 이들의 문화적인 의미는 남이 볼 수 없으며, 그 문화권에 사는 사람들이 내리는 관행의 해석이 바로 그 문화의 의미가 된다.

문화의 핵은 어떠한 관행을 하도록 이끄는 정신작용을 지칭하는 가치(value)이다. 가치란 어떤 한 상태보다 다른 상태를 선호하는 포괄적인 경향성을 뜻한다. 다시 말하면 가치는 긍정과 부정, 바람직한 것과 바라는 것을 지시하는 관념 혹은 사상이라고 할 수 있다. 문화를 지배하는 다른 원리로 규범(norm)을 들 수 있다. 규범은 한 집단 또는 한 범주의 사람들이 지니고 있는 공통의 가치기준이라고 할 수 있으며 구성원들에게 마땅히 기대되는 일정한 가치와 행동양식이라고 할 수 있다.

상징, 영웅, 의식, 가치라는 문화 요소를 통하여 소비문화를 정의하면 소비문화는 첫째, 소비가 상징하는 의미가 무엇이며(상징), 둘째, 사회 구성원이 지향하는 소비의 모델은 무엇인지(영웅), 셋째, 소비의 의미와 소비의 이상을 추구하기 위하여 구체적으로 어떠한 소비행동양식을 행하고 생활양식을 만들어 가는지(의식), 마지막으로 소비자의 소비생활을 지배하는 관념이나 사상, 소비 규범은 무엇인지(가치)에 대해 탐구하는 분야라고 할 수 있다.

상징으로서의 소비는 소비재가 문화적인 의미를 지니고 그것을 전달하는 능력에서 비롯된다. 제품의 소비자가 된다는 것은 제품이 담고 있는 문화적 상징들과 가치들을 소비하는 것이다(Bocock, 양건열 역, 2003). 신분질서가 지배하던 초기 소비사회에서 소비하는 물품들은 사회적 지위와 계급을 상징적으로 드러내는 효과적인 수단이 되었고 오늘날 대중소비사회에서도 자신이 어떻게 보일지 자아정체성의 표현과 타인의 정체성의 확인 역시 그 사람이 소비하는 사물의 상징에 많이 의존한다.

풍요로운 소비사회에서 소비하는 인간, 호모콘수멘스(Home Consumens)는 가장 자연스럽고 이상적이며 모든 제약에서 해방된 가장 행복한 인간상으로 비추어지고 있다(김준우, 1996). 보드리야르(이상률 역, 1991)는 성자와 역사적 인물, 자수성가한 사람과 창업가, 개척자 등의 위대한 생애에 대한 이야기가 영화스타나 스포츠스타, 돈 많은 몇몇 왕자나 세계적인 군수들, 대낭비가들에 대한 이야기로 바뀌었다고 꼬집는다. 대중 소비사회에서 '생산의 영웅' 들이 아니라 '소비의 영웅' 들이 추앙받고 있다.

소비의식(ritual)을 통하여 소비의 문화적 의미가 소비행동이나 양식으로 구체화된다. 예를 들면 결혼을 성립시키기 위하여 결혼 예식을 거행하고 탄생을 축하하는 특별한 기념일은 생일잔치를 열어 그 상징과 의미를 표현한다. 문화인류학에서 의식은 문화질서의 인습적인 상징과 의미를 확인하고 환기시키고 부여하거나 또는 바꾸는 기회로 이해되는데(McCracken, 이상률 역, 1997), 소비의식은 선물을 주고받는 교환의식, 소비자가 소비재의 의미에 대해 일종의 소유권을 주장하여 자기 것으로 삼는 과정으로서 소유의식, 재화 속에 있는 의미 있는 속성을 유지하고 빛나게 하기 위해 이용되는 손질의식, 새로 산 집을 청소하고 꾸미는 등 이전의 소유자가 만들어낸 의미를 제거하거나 개인이 재화를 버리거나 팔아버리는 행동을 포함하는 박탈의식으로 구분되기도 한다.

소비자가 소비를 함으로써 추구하는 가치는 무엇인가? 가치는 한 사회에서 공통적으로 바람직한 것으로 추구하는 관념으로 사회적, 문화적 맥락에서 이해된다. 오늘날 소비사회의 중심적인 소비가치로 드러나고 있는 개성의 표현, 물질적인 풍요로움의 향유, 개인의 삶의 질의 향상, 육체적 아름다움의 추구 등은 모두 개인 중심의 소비가치라는 특성을 보이고 있다. 소비자행동 분석가들은 소비의 동기(motivation)는 소비자가 만족하고자 하는 욕구가 야기되었을 때 발생한다고 이해하고 소비자의 욕구가 무엇인지 파악하기 위하여 개인 소비자의 심리를 탐구하기도 한다.

2. 소비문화를 이끄는 가치

1) 상 징

상징을 인간존재의 고유한 본질로 파악한 사람은 정신분석학자인 랭어(Langer)이다. 랭어(1951)는 오직 인간만이 다른 종들과 달리 기호뿐 아니라 상징을 만드는 능력이 있다고 했다. 인간에게는 목표, 이랬으면 하는 생각, 가치의식, 비실용적인 열정, 성스러운 피안에 대한 인식을 작동시키는 욕구가 있는데, 이는 오직 인간에게만 존재하는 상징화의 욕구이다. 이것은 인간 정신의 근본적인 과정이며 항상 지속되는 과정이다. 이처럼 랭어는 인간 존재의 본질을, 상징을 생산하고 상징을 사용한 종으로서 이해하고 있다(Langer, 1951; Bocock, 양건열 역, 2003에서 재인용).

소비를 상징으로 이해하기 시작한 것은 상품이 위치재(positional goods)로서 사회적 지위와 문화적 스타일의 상징적 징표로 작용한다는 사실을 포착한 데서 비롯된다. 베블렌(Veblen)은 소비의 상징성과 사회적 계급 정체성을 연관시키는 선구적인 작업을 하였다. 베블렌(1912)은 상류층의 사치스럽고 낭비적인 소비를 일컬어 과시적 소비라고 하였는데, 과시적 소비는 상품의 소비로부터 사용가치로서의 효용을 얻는 것이 아니라 사회적 지위의 상징적 징표로서 상품 소비를 통해 자신의 사회적 지위를 나타내고 인정받기 위한 것이다.

소비와 사회적 지위와의 연관성은 이후 브르드외에 의해 보다 발전되었다. 브르드외(1984)는 객관적인 계급구조에서 차지하는 위치에 따라 직접적으로 그리고 자동적으로 정체성이 형성되는 것이 아니라 취향에 따라 이루어지는 일상생활에서의 소비를 통해 계급 정체성이 유지되고 인지된다고 보았다. 생활양식은 사회적 지위를 상징적으로 드러내며 또한 사람들은 생활양식을 통해서 사회적 지위를 인식한다는 것이다.

브르드외(1984)는 사회계층에 따라 소비양식이 차이 나는 현상을 아비투스(habitus)라는 개념으로 설명한다. 특정 집단이나 계급은 가족의 문화유산이라든가 교육 등의 존재 조건에 따라 각기 다른 특정한 아비투스를 형성하여 공유한다. 아비투스는 일상생활에서 소비라는 실천을 통해 자신의 계급 정체성을 상징적으로 표현함으로써 동일 계급 간에는 동질성을 확인하며 강화하고 다른 계급과는 구별 짓기가 되어 계급을 구성한다는 것이다(함인희 · 이동원 · 박선웅, 2001). 브르드외는 계급적 차이와 정체성이 형성되고 분류되며 인식되는 방식이 소비에 기반을 둔다는 사실을 예리하게 포착하였다.

소비과정이 일반적인 사회, 문화, 상징적 행위의 한 형태로서 이해되기 시작한 것은 2차 세계대전 이후에 전개된 대량소비시대의 도래와 무관하지 않다. 물질적으로 풍요로운 산업사회에서 일반 대중이 소비의 주체로 부각되었고, 대중소비사회에서 소비과정은 개인의 물질적 욕구 충족이라기보다는 의미의 상징체계로 이해되기 시작하였다. 소비의 상징성은 소비를 상징과 기호 체계로 파악한 보드리야르(이상률 역, 1991)에 의해 체계적으로 설명된다. 보드리야르에 따르면 재화는 사용가치나 교환가치가 아닌 의미를 갖는 코드나 기호이며 차이에의 욕구를 충족시킨다. 소비는 상품에 본질적으로 내재된 것으로 믿는 사용가치가 아니라 자신을 타인과 구별 짓는 기호나 상징가치에 따라 이루어진다. 즉, 소비는 자신을 타인과 구별하는 기호로서 사물을 조작하는 과정이고 소비활동은 재화가 기호로 작용하는 언어활동이자 코드이므로 따라서 소비에 의해 사회 전체가 의사소통을 하고 있다고 보았다.

상징으로서의 소비는 소비에 대한 욕망과 자아정체성의 구성에 대해 매우 중요한 두 가지 사실을 이야기해 주고 있다. 하나는 상징이나 기호는 이미 선재하는 의미를 표현하지 않고 의미들은 소비자의 관심을 끄는 기호, 상징체계 안에서 생성되는 성질이 있기 때문에 소비욕구는 무한히 증대되는 성질을 갖는다는 것이다. 따라서 상징적인 의사소통으로서의 소비활동의 최종 종착지는 존재하지 않게 되고 어떠한 소비욕구도 궁극적인 만족에 도달되지 못함을 내포한다(Baudrillard, 이상률 역, 1991).

상징으로서의 소비는 자유주의적 고전경제학에서 말하는 이미 존재하는 욕구나 인체생물학적 욕구를 충족시키는 활동이라기보다는 계급 정체성과 연관이 있음은 앞에서 설명한 바와 같다. 나아가서 오늘날 대중소비사회에서 소비는 사회집단이 공통의 소비양식을 공유함으로써 사회적 정체성을 형성하고 드러내는데 그치지 않고 개개인의 자아정체성 구성의 근간을 이루고 있다는 점에 주목할 필요가 있다. 소비는 소비하는 물건의 상징을 통하여 자신의 정체성 의식을 창조하고 유지하는 능동적인 과정으로 파악된다. 다음 절에서는 소비욕망과 소비를 통한 정체성 문제에 대해 논의한다.

2) 욕 망

소비는 소비자의 욕구와 욕망을 만족시키기 위하여 재화와 서비스를 선택하고, 구매, 사용하는 과정이라고 할 수 있다. 욕구 충족은 소비의 목적이요, 소비가 추구하는 궁극적 가치이다. 신고전주의 경제학의 소비자선택이론에서 욕구에 대한 가정은 이성과 관찰을 통해 실제로 자신이 누구인지, 무엇을 필요로 하는지를 인식할 수 있다는 계몽주의 전통에 근거를 두고 있다. 이성이 지배하는 합리적인 개인에 있어서 욕구는 인간의 신체나 심성에 내재하는 '자연적인 것' 으로서 모든 사람은 자신이 필요로 하는 것을 알고 있다고 전제한다. 따라서 욕구는 자명한 것이고 당연시되었다. 또한 전적으로 개인의 특성과 관련된 자의적이고 주관적인 것으로 이해되었다. 고전경제학에서 욕망은 개인의 자기결정과 사적 권리라는 개인의 자유로운 선택의 영역 안에 있기 때문에 개인의 실질적인 욕구와 욕망에 대한 어떠한 판단도 유보하며, 사적으로 구성되는 개인의 선호에 대해 무엇을 선호하든 문제 삼지 않는다. 개인은 자신의 욕망과 어떻게 이를 충족시킬 것인지 스스로 결정할 뿐 욕망은 규범적으로 판단되지 않는다(Slater, 정숙경 역, 2000).

계몽주의의 이성에 근거를 둔 욕구의 개념은 데이비드 흄에 의해 완전히 부정된다. 흄에 따르면 이성은 감각에서 나오기 때문에 존재는 관찰에 따라 제한되고 이성의 삶은 궁극적인 목적과 의미를 예측할 수 없다. 흄의 중심세계는 세속적인 즐거움과 쾌락의 세계이다. 개인 존재의 본질은 개인의 욕망과 의지, 열정에 있기 때문에 인간은 마땅히 열정과 쾌락의 확실성으로 정의된 삶의 목적에 충실해야 한다. 개인의 욕망은 신고전경제학에서 가정하는 바와 같이 자유, 사적 권리, 자연권의 이름으로 부여되는 당위가 아니라 존재이기 때문에 타자에게 규제되지 않는다고 인식한다(Xenos, 1989).

인간 욕구의 본질은 오랫동안 주요한 철학적 사유의 대상이 되어 왔지만 욕구의 본질이 이성이건 감정이건 소비자선택의 전제가 되는 욕망에 대해 무엇이 옳고 그른지 규범적인 판단을 내리기 쉽지 않다. 이 가운데 다소 상이한 방향에서 전개되는 홉스와 루소의 욕망에 대한 인식론적 관점을 살펴보면 다음과 같다.

홉스(Hobbses, 1971, 1651)에 따르면 인간의 욕구는 원래 끝이 없고 이러한 개인의 절박한 욕망이 진보의 원동력이 된다고 보았다. 욕망의 부재는 미덕이 아니라 개인적, 사회적 죽음이다. 지고의 행복이란 모든 것이 만족된, 평안한 마음의 상태를 말하는 것이 아니라 대상에서 다른 대상으로 끝없는 욕망의 진보이다. 그러나 무한한 욕구는 폭력, 만인에 대한 만인의 투쟁, 자연상태의 야만적인 삶을 초래하는 위험이 있는데, 시민사회와 국가는 인간이 욕구를 안전하게 추구할 수 있는 통제의 틀을 제시하기 위해 필요하다. 시민사회와 국가는 개인의 무한한 욕망과 자연상태에서 그 욕망이 낳을 수 있는 폭력에 대응하여 존재한다는 것이다. 홉스는 욕망의 본질은 인간 심성에 내재한 자연적인 것이고 끝없는 욕망은 폭력과 투쟁을 초래하기 때문에 욕망을 통제하는 적절한 장치가 필요하다고 파악하였다.

이에 비해 루소(Rousseau, 1984, 1755)는 무한한 욕망을 가진 인간은 자연상태의 인간이 아니라 근대사회가 만들어낸 인간이라고 주장했다. 루소에게 물릴 줄 모르는 욕구는 사회의 산물이며 재산권을 통해 제도화된 사회적 불평등의 산물로 인식된다. 자연의 풍요로움과 인간의 욕구가 조화를 이루는 자연상태에서 벗어난 인간사회에서는 자연이 제공하는 현세의 쾌락을 즐기는 것이 아니라 소유하라는 사회적 압력이 증가하게 되고 욕구는 더 이상 자연 속에 머물지 않으며 타자의 인정과 숭배와 연결되어 어떠한 한계도 갖지 않게 된다. 다른 사람들의 존경을 받고자 하는 경쟁 속에서 인간의 내면적 도덕 감정에 바탕을 둔 신뢰성보다 단순한 겉모양이 중시됨에 따라, 사회의 부상과 함께 존재와 외모는 완전히 다른 두 개의 것이 되었고 이러한 분화로부터 겉치레적인 과시가 발생하게 되었다. 루소는 인간적 가치와 인간 존재의 신뢰성은 근대사회의 물질적 풍요와 개인주의적 경쟁, 즉 자연상태를 벗어난 무한한 인간 욕망에 의해 파괴되었다고 보고 있다(Slater, 정숙경 역, 2000).

홉스와 루소는 무한한 인간 욕망이 어디서 유래하였는가에 대해 관점이 서로 다르지만 인간 욕망 자체의 속성-무한한 욕망의 위험성과 파괴성-에 대해서는 일치된 논조를 펼치고 있다.

물질적으로 풍요로운 소비사회로 이해되는 오늘날 인간의 욕망은 차이화에 대한 욕망, 타인과의 차별성을 드러내기 위한 상품의 상징과 기호에 대한 욕망으로 이해된다. 소비는 이러한 상징에의 욕구를 충족시키기 위한 수단으로서 이해된다. 보드리야르(이상률 역, 1991)에 따르면 소비되는 것이 물질이 아닌 문화적 상징과 기호들 사이의 관계에 대한 문제로 인식된다면 소비는 물질적 과정이 아니라 관념적인 실천이 되고 따라서 최종적이고 물질적인 충족이란 있을 수 없게 되며 욕구의 충족은 도달하지 못할 것이라고 한다. 소비가 실재하는 욕구의 만족이 아니라 관념적인 실천이 될 때 우리는 점점 더 소비하기를 원하고 소비욕구는 끝없이 펼쳐지게 된다. 상징은 끊임없이 만들어지고 이에 따라 욕구 역시 무한히 확장되기 때문에 소비에 대한 욕구도 끝이 없다. 결국 소비하면 할수록 더 많은 것을 소비하고 싶은 욕망을 갖게 되고 사람들은 결코 얻을 수 없는 것을 끊임없이 욕망할 것이라는 점에서 인간의 욕구에 대한 고전적인 인식론적 관점과 맥락을 같이 한다고 볼 수 있다.

무한한 욕망의 끝은 홉스에 의하면 투쟁과 폭력으로, 루소에 의하면 인간적 가치와 인간 존재의 신뢰성의 파괴로, 보드리야르에게는 악마에게 영혼을 팔아버린 인간 존재로 그리고 신스토아학파 철학에서는 인간의 노예화라는 종착점으로 그려지고 있다. 근대 이후 누구에게도 판단 받지 않고 자체의 자유와 권리를 부여받은 욕망을 어떻게 방향지을 것인지에 관한 문제는 규범적인 소비문화가 당면한 중요한 과제이다.

3) 자아정체성

정체성 의식은 내가 누구이고, 자신을 어떻게 생각하며, 다른 사람들은 나에 대해 어떻게 생각해 주었으면 좋겠다는 등과 관련된 비교적 일관된 의식을 제공한다. 산업사회 이전의 전통사회에서는 모든 사람에게 정해진 신분뿐 아니라 신학적으로는 우주 질서 속에, 사회적으로는 혈통과 토지 속에 고정된 존재를 제공하면서 사회질서와 개인의 정체성을 유지하였다(Slater, 정숙경 역, 2000). 이후 자본주의 초기에 다수 사람들의 삶을 지배하고 사회적 정체성에 대한 의식을 제공했던 것은 노동의 역할, 즉 사회에서 어떤 역할을 하는가였다. 직업상의 임금노동이라는 역할이 사람들의 정체성 의식을 형성하는 데 매우 중요한 기초가 되었다(Bocock, 양건열 역, 2003). 이러한 정체성 의식은 베이커(빵 굽는 이), 스미스(대장장이), 카펜터(목수) 등 어떠한 일을 지칭하는 서구인들의 이름에서 쉽게 발견할 수 있다. 다른 한편 자본주의 초기단계에는 산업생산을 기반으로 부를 축적한 신흥 부르주아 계급이 생겨났고 이들은 그들이 가진 구매력을 가지고 귀족의 소비생활을 모방하는 과시적 소비를 함으로써 사회적 지위 자체를 구입 가능한 것으로 만들어 나갔다(Slater, 정숙경 역, 2000).

서구에서는 20세기 말, 즉 대량생산 대량소비 체제가 안정기에 접어들고 풍요로운 시대의 서막이 올라간 1950년대 이래 무의식적인 정체성 의식 속으로 소비가 깊숙이 침투해 왔다(Bocock, 양건열 역, 2003). 소비자들은 자신이 사회에서 하는 일이나 역할을 통해서가 아니라 소비재가 내포하는 상징들을 사용함으로써 내가 누구인가에 관한 정체성 의식을 구성한다. 소비자가 구매하는 것은 실용적인 용도를 지닌 물질적 대상이 아니라 의미를 내포하는 그리고 소비자가 되고 싶어 하는 유형의 인간과 관련된 것을 보여주는 상징을 구매하는 것이다(Baudrillard, 이상률 역, 1991). 내가 누구인가에 대한 의식을 스타일, 의상, 신체이미지, 잘 생긴 외모로 표현하는 경향은 소비가 정체성을 구성하는 수단임을 잘 나타내 주고 있다.

근대 이후 소비를 통한 자아정체성은 크게 자아관리적 자아와 쾌락적 자아 두 가지로 대두되고 있다. 계몽주의 전통을 이어받아 서구 경제 사회의 기본 원리로 자리 잡은 자유주의 원리에 기반을 둔 근대적 자아는 개인의 자아지배능력, 자아관리능력을 중시하는 자아이며, 시장에서 제공되는 여러 가지 대안 가운데 선택을 하면서 삶을 구성하고 또한 그렇게 할 수 있는 사람을 뜻한다. 개인은 선택 행위로 자신의 삶을 의미 있게 만들 의무를 부여받은 존재로서 사회에 살고 있다. 자유주의는 자신의 욕구를 잘 알고 그것들을 합리적으로 추구하는 일관성 있는 개인의 존재, 선택하는 개인의 존재, 스스로를 관리하는 개인의 자아관리 능력을 전제한다. 여기서 정체성이란 시장재화를 통하여 선택되고 만들어지고 관리되는 어떤 것이다. 이러한 근대 자아에는 사회적으로 고정된 정체성을 부여받지 않는다. 자연적으로 주어진 혹은 신이 부여한 사회적 위치나 개인적 자아는 없다. 개인은 환경에 의하여 자신이 누구인지, 누구로 보여야 하는지 다양한 물질적 · 상징적 자원을 사용하여 선택하고, 구성하고, 유지하고, 해석하고, 협상하고, 나타내야 한다. 따라서 소비로 구성되는 근대자아는 각 개인이 다양하고 모순된 정체성, 즉 다중정체성의 특성을 가진다(Slater, 정숙경 역, 2000).

자본주의 초기에는 프로테스탄트 윤리가 직업생활뿐 아니라 소비생활에도 지대한 영향을 미쳐서 이성적인 근검과 절약이 소비의 규범으로 작용하였다. 그러나 점차 소비사회가 발전함에 따라 프로테스탄트 윤리는 퇴색하고 검약과 절제, 억제가 아니라 자아실현과 자기수행을 달성하기 위한 자아의 표현과 재형성이 근대 소비문화의 주 원리로 자리 잡게 되었고 그것을 추구하는데 있어 모든 경험이 허용되었다. 어느 것도 금지되지 않고 모든 것은 탐구될 수 있으며 쾌락주의와 쾌락의 윤리학을 토대로 일상화된 대중문화 시대가 열리면서 쾌락적 자아가 소비문화의 중심 위치를 차지하게 되었다.

캠벨(Campbell, 1989)은 쾌락주의적 윤리의 근원을 프로테스탄트 윤리에서 찾았다. 프로테스탄트 윤리는 합리주의적 칼뱅전통과 강한 감정(우울, 동정, 자기연

민, 박애)의 표현과 감정을 중시하는 경건파로 나누어지는데, 동정과 우울과 같은 감정의 표출을 덕망으로 간주하는 경건파는 이후에 낭만주의로 발전한다. 19세기 낭만주의는 강한 감정을 가지고 예술적 미나 자연의 숭고함에 반응할 수 있는 능력은 도덕적 가치를 가진다고 하여 자아의 미학적 측면과 도덕적 측면을 결합시켜 발전하였다. 낭만주의는 감정, 열정, 상상, 이상 등 자아와 자아의 원천을 구성하는 개인 속의 무의식적이고 자연적인 힘과 도덕적 가치를 결합하여 계몽주의 시대에 억눌려 있던 자아의 감정적, 미학적, 정신적 개념을 재평가하였고 이로부터 근대의 쾌락적 자아가 탄생되었다.

낭만주의 전통을 이어받은 근대 소비주의적 쾌락주의에서 소비는 이성에 기반을 둔 자기 규정적인 욕구를 만족시키기 위한 것이 아니라 쾌락 자체를 위한 경험이다. 쾌락은 자아의 내적 세계에 존재하는 감정적 경험을 강화시키는 데서 발전한다. 따라서 소비에서 중요한 것은 육체적 흥분과 정서적 즐거움을 체험하는 것이다(Slater, 정숙경 역, 2000).

근대적 쾌락주의와 소비를 연관시킨 캠벨(Campbell, 1989)은 소비행위에서 즐거움에 대한 열망과 체험의 끝없는 순환이 나타난다고 하였다. 또한 사람들은 즐거움을 추구하고자 하는 독립적인 욕망을 가지고 있기 때문에 단순히 조작되지 않는다고 본다. 그에게 있어서 소비는 타자에게 보이기 위한 혹은 타자와 구별 짓기 위한 자아의 표현이 아니라 자신의 독특한 주관적인 환상과 정체성을 재현하고 체험하기 위한 방식이다.

3. 소비사회에 대한 비판

소비는 사물 자체의 물리적 속성이나 사용가치에 대한 소비가 아니라 사물에 부여된 상징에 대한 소비이며 이러한 소비가 상징과 기호로 작용할 때 소비자는 상품을 통해 자신이 누구인가에 대한 정체성을 구성한다. 영웅적인 소비자는 시대사조에 따라 다른 모습으로 제시되고 있다. 자본주의 초기 자유주의 전통에서는 자기 규정적인 욕구에 충실한 선택을 하는 자아관리적이고 자아지배적인 소비자가 모델이 되었고, 19세기 이후의 낭만주의 전통을 이어 받은 낭만적 자아는 본질적 또는 실체적 정체성을 전제하지 않은 감정적 경험을 고양시키는 쾌락적 자아가 영웅적 소비자로 대두되었다. 그러나 이성적인 자아관리적 소비자와 낭만적인 쾌락주의 소비자 모두 오늘날의 소비사회에서 타자의 정체성을 모방한다는 점에서 주체성을 상실한 실패한 소비자로 비판 받고 있다. 시장에서 선택을 실행함으로써 자아를 구성하는 자아관리적인 소비자는 자본주의 체제의 논리에 순응하는 꼭두각시로서, 쾌락적 자아는 정체성을 상실한 채 욕망의 노예가 된 타락한 소비자 인간상으로 비추어질 수 있다. 이러한 소비문화에 대한 비판의 핵심은 소비에 있어서의 소외 개념으로 집중된다. 본 절에서는 소비자의 욕망과 허구적인 자아정체성, 소비의 소외에 대한 논의를 중심으로 소비문화를 비판하고 소비문화의 발전 방향에 대해 언급한다.

1) 욕망-조작된 욕망과 끝없는 욕망

소비문화 비판에서 그 중심에 자리한 개념은 소비의 동인이 되는 욕망이다. 오늘날 소비자가 추구하는 소비 욕망이 비판의 대상이 되는 이유는 욕망은 주체성을 상실한 채 조작되고 있고 왜곡되어 있으며, 물릴 줄 모르는 욕망은 소비자를 결코 행복하게 만들지 못한다는 것으로 집약된다.

자본주의 소비문화는 체계의 필요에 따라 개인의 욕구를 구조화한다고 본다. 자본주의가 유지되고 발전하기 위해서는 생산된 상품이 판매되어야 하기 때문에 인간발달의 논리가 아니라 상품 생산의 논리에 따라 욕구를 발전시키기고 있다는 것이다(함인희 · 이동원 · 박선웅, 2001). 쾌락의 추구 역시 권리나 즐거움으로서가 아니라 경제체제 구성원으로서 강요되고 제도화되어 있다고 비판한다. 마르쿠제(Marcuse, 1969)는 근대 자본주의의 강제에 의해 소비자들의 무의식에 각인된 소비에 대한 욕망을 인간의 제 2의 본성이라고 지칭하며 소비를 조장하는 상업주의를 비판한다. 소비인간은 쾌락의 추구가 의무로 주어진 존재이며 지금 가지고 있는 것으로 만족하면 반사회적 존재가 될 위험이 있다. 즉, 소비 자체가 하나의 가치체계이며 소비사회는 소비를 학습하는 사회, 소비에 대해 사회적 훈련을 하는 사회라는 것이다.

상품의 포장, 판촉, 광고 등은 인위적인 소비욕구 창출을 위한 장치이자 소비자의 욕구 창출에 적극적으로 개입하는 기제로서 비판받고 있다. 광고와 마케팅은 스타일, 이미지, 심리학 등을 통해 실질적으로, 문화적으로 그리고 매우 적극적으로 개인의 욕망에 개입한다(Haug, 1986; Williams, 1978). 소비자가 스스로 욕망을 발전시키기를 기다리기보다는 지속적으로 광고와 마케팅을 포함한 여러 가지 상업적 기획을 통해 소비자의 욕구를 결정하거나 창출한다는 것이다. 패커드(Packard, 1977)는 그의 유명한 저작 『은폐된 자』에서 광고는 개인의 무의식적 욕망과 동기에 대한 지식을 사용하여 개인으로 하여금 광고주가 원하는 것을 사게 하면서 의지에 반하여 행동할 수 있도록 하는 과학적·심리학적 기술이라고 혹평한다. 결론적으로 자본주의 사회에서 욕망은 시장이윤의 조건이 되며 자본주의는 욕망의 제한을 결코 허용하지 않는다. 이러한 맥락에서 소비 욕구는 자연적인 것이 아니라 근대자본주의의 산물로서 이해된다(Slater, 정숙경 역, 2000).

소비문화 비판론자들은 욕망의 본질에 대해서도 비판한다. 소비사회에서 조장되는 욕망이 인간 존재의 본질과 관련된 실체적이고 구체성을 가진 욕망이 아니라(Baudrillard, 이상률 역, 1991), 항상 상품에 대한 열망이라는 점을 지적한다. 이 점은 다음 절에서 이야기할 소비의 소외로 연결된다. 경제적으로 보다 많은 상품을 판매하기 위하여 많은 이미지가 개인들에게 강요되고 이러한 이미지 속에서 사람들에게 지속적으로 그들 존재의 충족되지 않은 측면을 보여주면서 상품의 세계로 끌고 간다는 것이다. 인간의 욕구는 상품의 이미지로서만 경험되고, 이미지로서 충족되는 만족은 허구적일 수밖에 없다(Baudrillard, 이상률 역, 1991, Haug, 1986).

오늘날 경제적 진보와 발전은 개인이나 사회의 최고 목표가 되었다. 경제적인 풍요를 위한 자본주의는 욕구의 제한을 허용하지 않고 오히려 쾌락원칙 아래 지속적인 만족, 상품에 대한 소비를 요구하고 이를 제고하는 체제이다. 소비자본주의는 물릴 줄 모르는 인간의 욕망을 해방시켰고, 일단 봇물이 터진 욕구는 일상생활에서 어떠한 사회적 혹은 문화적 도덕권위의 제약을 받지 않고 있다(Slater, 정숙경 역, 2000).

욕망이 어떤 도덕적 질서에 의해 제한되지 않는다면 아무것도 그것을 만족시킬 수 없는 것이다. 물질적으로 아무리 풍요롭다 하더라도 무제한의 생산은 무제한의 욕구 생산에 부딪치게 되고 이처럼 욕구 충족이 지속적으로 미루어질 때 아이러니컬하게도 풍요의 시대에 우리는 여전히 좌절, 불행, 불만, 빈곤한 상태로 남아있게 된다. 개인의 욕구를 지시하는 가치라든가 응집력 있는 문화가 부재한 사회에서 물릴 줄 모르는 욕구는 사람들을 끝없이 불만을 먹고 사는 존재로, 항상 빈곤한 존재로 남아있도록 하는 것은 아닌지 생각해 볼 일이다.

2) 자아정체성 위기와 자아상실

오늘날 개인은 자신의 생산영역이나 창조적인 활동이 아니라 소비하는 상품 이미지나 상징을 통해 자아정체성을 구성한다. 입고, 먹고, 여행하고 즐기는 것 등의 소비는 어떻게 사는가에 대한 것뿐 아니라 나는 누구인가를 결정하는 요소로 기능한다. 내가 소비하는 것이 나의 정체성, 나의 가치, 나의 기호, 나의 사회적 멤버십 등을 표현하기 때문이다. 상품에 투영된 정체성은 정체성 그 자체가 팔 수 있는 상품이 된다(Baudrillard, 이상률 역, 1991; Bocock, 양건열 역, 2003).

정체성과 나를 표현하는 수단들이 선택 가능해짐으로써 자아가 마음대로 꾸며지는 불확정한 것으로 만들고 있다. 소비주의는 정체성을 생산하고 유지할 수 있는 데 필요한 재화를 제공하지만 너무나 다양한 가치와 존재 방식을 제공함으로써 오히려 정체성 위기를 강화시킨다는 비판을 받고 있다.

더욱 심각한 문제는 정체성을 나타내는데 사용하는 상품들은 정체성에 대한 실체를 구성해 주는 것이 아니라 광고, 브랜드, 디자인, 패키지와 연출을 통해서 가공된 정체성에 대한 이미지만을 제공한다는 것이다(Richards, 1991). 보드리야르(이상률 역, 1991)는 오늘날 소비사회를 소비자들이 자신의 개성을 아름다움, 매력, 센스 등 자연적 특성에 따른 가치 있는 자기에서 찾는 것이 아니라 광고에 의해 만들어진 모델을 그대로 따라하거나 만들어진 코드에 순응함으로써 자기 자신의 개성을 찾도록 하는 몰개성, 자아상실의 시대라고 통렬하게 비판한다. 여기서는 개인의 자연적인 가치는 모두 사라지고 그 대신 꾸며진 자연스러움, 에로티시즘, 육체의 선, 요염함 등의 인위적 가치가 영향력을 행사한다는 것이다.

자신의 정체성이 자신의 실제가 아니라 자신이 소비한 것으로 표출하는 오늘날의 소비문화가 형성하는 정체성이란 상품화에 의해 조작된 또는 연출된 허위적 혹은 가상적 정체성이라는 평가를 모면하기란 쉽지 않을 것 같다. 광고에서 묘사된 사회관계나 문화적 정체성은 이미지를 통해서만 존재하고 실재하지 않기 때문에 소비문화를 환상적, 유령적이라고도 한다(Williams, 1978).

3) 소외된 소비

소비사회에서 가장 근본적인 소비문화 비판은 소외에 있다. 소비에 있어서의 소외도 마르크스의 임금노동자의 노동에 대한 소외에 뿌리를 두고 있다. 마르크스(Marx, 1959)에게서 노동의 소외는 노동의 산물이 자신이 필요로 하는 물건을 자신이 만들어 쓰는, 그래서 노동의 산물이 노동의 주체에게 그대로 귀속되는 이전 생산 양식과 달리 그것을 생산한 노동자에게 귀속되지 않은 데서 생긴다. 대신 나의 노동력을 제공하고 임금을 받아 시장에서 필요한 생활물자를 구입하여 생활하는데, 여기서 핵심 논점은 인간 주체의 본질적 능력인 노동력 자체가 산업자본주의의 노동시장에서 거래되는 상품이 되었다는 것이다. 상품화된 노동은 자신에게 속하지 않은 도구와 기계로 자신에게 속하지 않는 물품을 생산하고 대신 보상으로 화폐를 받아 나에게 필요한 생활물자를 구매하여 소비한다. 마르크스는 이러한 과정, 즉 노동이 나의 것이 되지 못하고 인간주체와 분리되는 현상을 소외라고 하였다(Slater, 정숙경 역, 2000).

자본주의 사회에서 노동의 소외가 인간과 생산활동 간의 관계에 관한 것이라면 소비의 소외는 생산활동의 산물인 사물과 인간 사이의 관계에 관한 것이다. 마르크스(1959)에 따르면 자신의 노동력이 상품화 과정에 들어감으로써 소외된 노동력으로 존재하는 것과 마찬가지로 나의 욕구 충족을 위해 필요한 사물도 시장에서 거래되는 상품으로 존재하고, 개인은 여러 사물 가운데 즐거움을 줄 수 있는 사물을 선택할 수 있지만 자아 발전의 한 과정으로 동화시킬 수 없다면 사물은 소외된 형태로 남게 된다. 미리 포장되고, 기성품화 되고, 광고의 이미지로 코드화 된 상품, 미리 만들어진 음식을 사고, 정해진 여행상품을 구매하는 근대적 소비양식에서 소비자는 창조성과 자율성, 체험할 수 있는 경험들을 많이 잃게 된다는 것이다(Bocock, 양건열 역, 2003). 이미 만들어져 있는 대상들 가운데 선택하는 행위, 만들거나 행하는 구체적인 활동을 통하지 않고 단지 화폐를 쓰고, 선택을 행함으로써 소외는 강화된다고 본다(Slater, 정숙경 역, 2000).

상품화 과정에서 소비욕구는 사물에 대한 욕구가 아니라 화폐에 대한 추상적인 욕구로 왜곡된다. 돈이 많고 싶고, 부자가 되고 싶은, 단지 사물의 소유를 가능하게 하는 화폐라는 수단에 대한 왜곡된 욕망은 나는 어떤 존재이고 싶고, 무엇을 하고 싶다는 본질적인 욕망을 가려버리고 만다.

주체와 대상의 동화, 진정한 인간 욕구를 풍부히 발전시키고 사물세계를 발전시킬 수 있는 인간과 사물 간의 관계의 회복, 즉 소외의 극복은 인간이 자신의 욕구를 위해 직접적으로 생산함으로써만 가능할 것인가? 어떻게 생산과 소비 간의 직접적 관계를 회복할 수 있을 것인가?

소비사회 비판의 요점은 사물과 인간주체와의 관계에서 인간이 사물세계에 대한 주체성과 지배력을 상실하고 오히려 사물의 세계, 소비의 세계에 인간주체가 끌려 다니는 노예가 되어 있다는 것이다. 오늘날 소비사회에서는 시장의 요구에 따라 소비욕구가 끌려 다니기보다 특정한 속성을 가진 사물을 특정한 욕구에 봉사하는 사물로 변형시킬 수 있는 소비능력이 요구된다.

4) 진정한 소비의 영웅

오늘날 우리의 소비사회에서 높이 받드는 특징을 지닌, 그래서 귀감이 되는 영웅적인 소비의 모델은 어떤 것일까? 보보스족, 딩크족, 코쿤족, 네오싱글족, 로하스족 등 나름의 특징적인 소비가치를 지향하는 소비생활스타일이 다양한 모습으로 나타나고 있지만 규범적인 소비모델로서의 영웅적인 소비가 무엇인지 답하기는 쉽지 않다. 만족의 극대화를 추구하는 고전경제학에서의 선호 개념은 선과 악, 본질과 비본질, 욕구와 바람 간의 구분을 허용하지 않음으로써 소비문화적인 모든 논쟁을 피하고 있다. 소비자의 욕구에 대한 규범적 판단을 위한 가치이론이나, 선호도를 판단할 가치기준이 없다. 더욱이 소비가 필요의 충족이라는 물질적인 가치가 아닌 상징과 기호 가치의 소비로 이해되는 포스트모던 소비사회에서 소비문화를 비판하고 소비생활을 이끄는 규범적인 소비가치를 언급하는 것 자체가 포스트모던의 시대사조에 맞지 않은 발상으로서 조롱거리 취급을 받을 지도 모르겠다.

그럼에도 불구하고 풍요로운 소비에 따른 행복과 자기 충족, 이상의 실현 그리고 소비사회에서 목격되는 아노미와 병리적인 현상을 제대로 파악하기 위해서는 진실한 대상체계와의 관계에 대한 욕구(실천, 창조성, 놀이, 즐거움, 자신의 적절한 욕구의 발전에 근거한 관계)에 대한 지식, 특정 욕망이 잘못된 것인지, 비본질적인 것인지에 대해 판단할 수 있는 가치규범 그리고 소비가 어떠해야 하는가를 지시하는 모델이 필요하다(Slater, 정숙경 역, 2000).

학문 분야의 태동기부터 소비자복지의 향상을 지향하는 규범적인 학문 분야로서 발전한 소비자학은 자율적이고 자유의지를 가진 소비자의 합리성을 옹호하며, 소비자 정책, 법률, 소비자 피해구제 등의 제도 확립과 소비자 교육을 통하여 합리적이고 효율적인 시장 선택을 방해하는 시장 요소를 제거하고, 소비자의 권익을 보호하고 향상시키는 환경을 구성하는 데 노력을 집중해 왔다.

물품이 희소하고 공급이 수요에 미치지 못했던 초기산업사회로부터 상점마다 상품이 넘쳐흐르는 경쟁적인 시장 환경으로 시장상황이 반전된 오늘날의 소비자 중심의 소비사회에서 소비자학의 과제도 소비사회 비판을 극복하고 소비문화를 발전시키는 방향으로 확장되고 있다. 소비자학은 상품으로 가득 찬 망망대해에서 표류하는 기업과 소비자에게 현재 소비의 위치와 사회 · 문화적 의미를 알려주고 소비가 어떠한 방향으로 전개될 것인지 알려줄 수 있어야 한다.

소비문화
생각해 보기

여러분이 가지고 있는 물건 가운데 보물 1호는 무엇입니까? 이 물건은 어떠한 상징적 의미를 가지고 있습니까? 또한 이 물건은 어떠한 소비욕망을 담고 있고 이것이 자아정체성과 어떠한 관련이 있는지 생각해봅시다.

도움이 되는 글

그랜트 맥크래켄, 이상률 역(1996). 문화와 소비. 문예출판사, 3장

꼭꼭 숨어라! 악녀 크루엘라가 돌아왔다!

영화속의 01
소비문화 엿보기

102마리 달마시안

줄거리 _ 크루엘라 데빌이 런던에서 달마시안 애완견을 납치하다가 체포된 지 3년이 흘렀다. 3년 동안 감옥에서 조건반사훈련을 통해 동물을 사랑하는 사람이 되어 가석방된다. 풀려난 그녀는 애완견들의 다정한 친구가 된다. 재정난으로 폐쇄 직전인 애완견 보호소를 돕고, 모피 반대운동을 하는 등 전혀 달라진 모습을 보여줘 결국은 보호관찰자인 클로이로부터 신뢰를 받게 되고 동물 보호소의 마음씨 좋은 관리인 케빈 셰퍼드도 감동시킨다. 그러던 중 어느 날 런던탑의 종소리를 듣고 전보다 더 극심한 모피광이 된 크루엘라는 평생을 갈망하던 달마시안 모피 코트를 손에 넣기 위하여 프랑스의 패션 디자이너인 장 피에르 르펠과 함께 음모를 꾸미고 또 다시 달마시안들을 납치한다. 붙잡히는 위기에서 탈출하여 납치되지 않은 점 없는 돌연변이 마라시안 오드빌과 개들 사이에서 살며 자신이 개라고 착각하는 앵무새의 활약으로 납치된 100마리 달마시안을 구출하고 크루엘라는 다시 감옥으로 들어간다.

소비문화 _ 이 영화에서 모피광 크루엘라 데빌은 소비욕망에 사로잡힌 인간의 극단적 모습을 보여준다. 그녀의 이름 크루엘라 데빌은 영어로 Cruella De Vil, 즉 욕심쟁이 악마를 의미한다. 감옥에서의 훈련으로 잠시 동안 동물을 사랑하는 사람이 되었을 때에 그녀가 동물을 사랑하는 방법은 동물보호소 관리인 케빈과 확연히 다르다. 크루엘라는 애완견들의 털을 깎고, 손질하고 장식하여 자신의 만족스러운 소유물로 만들어 간다. 케빈에게 개들은 소유의 대상이 아니라 친구이다. 달마시안 모피코트를 소유하기 위해 크루엘라는 케빈을 함정에 빠트려 감옥에 보내고 동물들을 잡아 죽이는 잔인한 행동을 서슴지 않는다. 르펠의 모피공장에서는 저임금의 혹독한 노동에 시달리는 불법이민자들의 모습에서 화려한 패션쇼, 흥분되는 자극과 기괴함으로 가득 찬 소비사회 이면의 음울하고 참혹한 생활상을 볼 수 있다. 뜨거운 오븐에서 달궈진 채 다시금 감옥에 끌려가는 크루엘라의 모습에서 파괴적인 소비욕망의 종말과 그칠 줄 모르는 끝없는 욕망의 단면을 볼 수 있다. 점 없는 달마시안 오드빌의 검은 점을 얻으려는 집착과 개들과 전혀 다른 외모와 재능을 가졌음에도 자신을 개라고 믿고 사는 앵무새 웨들워스로부터 현대를 살아가는 소비 인간이 어떻게 자기정체성을 구성하는지도 엿볼 수 있다. 크루엘라, 케빈과 클로이의 개들과의 관계는 사람을 행복하게 하는 인간 주체와 소비 대상 간의 관계에 관해 어떤 의미를 던지고 있는지?

102 달마시안

참고문헌

거트 홉스테드, 차재호 · 나은영 역(2005), 세계의 문화와 조직

김준우(1996), 소비주의 문화의 특성과 교회의 사명, 세계의 신학 33호, 168~183

돈 슬레이터, 정숙경 역(2000), 소비문화와 현대성, 문예출판사

로버트 보콕, 양건열 역(2003), 소비, 나는 소비한다, 고로 존재한다, 시공사

장 보드리야르, 이상률 역(1991), 소비의 사회 그 신화와 구조, 문예출판사

주경철(2005), 문화로 읽는 세계사, 사계절출판사

함인희 · 이동원 · 박선웅(2001), 중산층의 정체성과 소비문화, 집문당

Bocock, R.(1996), *Consumption.* Londen: Routledge.

Bourdieu, P.(1984), *Distinction: A Social Critique of the Judgement of Taste,* Cambridge, MA: Harvard University Press

Campbell, C.(1997), *The Romantic Ethic and the Spirit of Modern Consumerism,* Oxford: Blackwell

Haug, W. F.(1986), *Critique of Commodity Aesthetics: Appearance, Sexuality & Advertising.* Cambridge: Polity Press.

Hobbes, T.(1972, 1651), *Leviathan,* London: Fontana

Hofstede, G.(1997), *Cultures and organizations: software of the mind,* New York : McGraw-Hill

Langer, S.(1951), *Philosophy in a New Key, A Study in the Symbolism of Reason, Rite, and Art.* Cambridge MA: Harvard University Press

Marcuse, H.(1969), *An Essay on Liberation,* London: Penguin

Marx, K.(1959), *Economic and Philosophic Manuscripts of 1844,* London: Lawrence & Wishart

Packard, V.(1977), *The Hidden Persuaders,* Hormondsworth: Penguin

Richard, T.(1991), *The Commodity Culture of Victorian England: Advertising and Spectacle, 1851~1914,* London: Verso

Rousseau, J. J.n(1984, 1755), *A Discourse on Inequality,* London: Penguin

Veblen, T.(1912), *The Theory of the Leisure Class,* New York: Macmillian

Williamson, J.(1978), *Decoding Advertising,* New York: Marion Boyars

CHAPTER

02 소비사회의 발달

우리시대의 역설

제프 딕슨

건물은 높아졌지만 인격은 더 작아졌다.
고속도로는 넓어졌지만 시야는 더 좁아졌다.
소비는 많아졌지만 더 가난해지고
더 많은 물건을 사지만 기쁨은 줄어들었다.
집은 더 커졌지만 가족은 더 적어졌다.
더 편리해졌지만 시간은 더 없다. . .

-류시화 엮음, '사랑하라 한번도 상처받지 않은 것처럼' 중에서-

CHAPTER 02

소비사회의 발달

현대와 같은 소비사회의 발달이 어떻게 이루어져 왔을까?

역사적인 관점에서 소비문화의 발달과정을 살펴봄으로써 소비문화의 형성과정과 영향을 미치는 요인들을 거시적으로 살펴볼 수 있다. 이 장에서는 먼저 유럽의 소비사회 발달에 영향을 끼친 정치적, 경제적, 정신적 요인을 코리건(Corrigan, 이성용 외 역, 2000)의 문헌검토 내용을 중심으로 알아보자.

또 현대의 소비문화는 전 지구적으로 동질성이 확산되어 획일화되고 있는데, 특히 미국 소비사회의 영향력이 크기 때문에 미국 소비사회의 발달을 살펴보는 것은 중요하다. 우리나라의 소비문화 형성과 변화에 대해서는 개화기 이후 개략적인 변화를 시대별로 나누어 살펴보고, 광고 속 소비가치의 변화와 소비공간의 물리적 변화를 봄으로써 소비문화의 발달모습을 대략적으로 짐작해보고자 한다. 마지막으로 이러한 소비사회의 발달로 우리 삶이 더 자유롭게 되었는지 아니면 오히려 소비에 구속되는 삶을 살게 되었는지에 대해 종합적으로 생각해보자.

1. 유럽 소비사회의 등장

오늘날과 같은 대규모 소비가 사회의 기본적인 특성으로 형성된 시기는 언제부터인가? 산업사회의 시작은 19세기 초반 정도로 볼 수 있지만, 온갖 종류의 상품이 출현하여 소비가 급증하게 된 것은 대체로 2차 세계대전 이후, 1950년대부터이다. 1, 2차 세계대전 이후 계속되는 경제호황과 산업의 발달로 미국과 유럽은 이 시기부터 대량소비사회로 진입하면서 생산이 아닌 소비가 삶의 중심이 되기 시작하였으며 이로 인해 소비자문제가 대두되면서, 1963년 소비자문제에 관한 미국 대통령의 의견이 연두교서를 통해 발표되었다. 물론 각 나라의 산업과 경제의 발달정도에 따라 대량소비사회의 도래시기에 차이가 있지만 서구선진국에서 비롯된 대량소비사회는 오늘날 전 세계적인 현상이 되었다.

그러면 유럽에서 역사적으로 소비가 폭발하게 된 계기는 무엇일까?

맥크래켄(McCracken, 1988)은 유럽에서 소비주의가 팽창하게 된 계기로 엘리자베스 여왕 시기 영국의 소비 붐을 들고 있다. 16세기 말 영국 엘리자베스 여왕 시기에 왕권을 강화하기 위해 귀족들을 궁정에 모이게 하였는데, 이때 여왕은 여왕대로 궁정의 의례를 장엄하고 호화롭게 나타내고자 하였으며 귀족들은 귀족들대로 소비를 통해 서로 눈에 띄기 위한 경쟁을 하게 되어 이것이 정치면에서 귀족계급의 소비혁명을 가져오는 계기가 되었다는 것이다.

위의 내용을 엘리트 소비라고 한다면, 대중적인 소비확산 계기는 18세기 도자기와 같은 소비재를 유행에 따라 이용하는 것이 폭발적으로 확산된 것이다. 이와 같은 내용은 맥켄드릭(McKendrick, 1982)의 분석과 주장에 따른 것이다. 멕켄드릭에 의하면 18세기 영국사회는 계급 격차가 적고 이동이 쉬워 소비재 소유를 통해 계급의 위상을 드러내려고 경쟁하였다. 이때 조시아 웨지우드(Josiah Wedgwood)라는 도자기점 주인이 마케팅과 광고를 통해 의도적으로 소비 확산을 유도하는데 성공하였다. 즉, 낮은 사회계급성원들에게 도자기를 소유하는 것이 상층계급의 취향을 드러낼 수 있다는 점을 강조함에 따라 이들이 자신의 좋은 가문과 세련됨을 내비치기 위해 도자기를 구매하려고 몰려들고, 상층계급은 다시 차별성을 유지하기 위해 다른 변화를 모색하는 식으로 되어 결국 마케팅과 광고에 의해 유행을 창출하는데 성공하였으며 이러한 방법이 다른 소비재에도 확산됨으로써 경제면에서 대중소비가 이루어지게 되었다는 것이다.

한편 소비가 늘어나기 위해서는 사람들의 의식이 변화하여 소비를 허용하고 추구해야 한다. 캠벨(1987)은 베버(1976)가 생산자의 윤리로서 프로테스탄트 윤리를 주장했던 것처럼 소비자의 윤리로 낭만주의를 주장하였다. 베버는 프로테스탄트 윤리와 자본주의 정신에서 금욕적 프로테스탄티즘이 신에 대한 의무이자 그 자체의 목적으로 보다 많은 생산과 축적을 유도한 윤리의 발전에 기여했음을 설득력 있게 주장했다. 베버는 여기서 소비에 관해서는 거론하지 않았는데, 캠벨은 소비를 이끈 윤리가 무엇일까를 고민하였다. 그는 현대적 소비자의 특성은 무언가를 항상 원하도록 하는 본질적 의무를 갖는다고 보고 이러한 경향은 낭만주의 윤리와 연결되어 있다고 설명하였다. 이성과 과학에 대한 반발로 시작된 낭만주의 관념은 보다 새롭고 다양한 형태의 희열을 추구하는 것이며, 또한 자기표현과 자기발전을 중시하는 낭만주의적 자아는 자기만족적 행위와 연계되어 소비주의를 발전시켰다는 것이다. 이러한 내용을 베버가 프로테스탄트의 윤리와 자본주의 정신(the Protestant Ethic and the Sprit of Capitalism)이라 표현한데 반해 캠벨은 낭만주의 정신과 현대 소비주의 정신(the Romantic Ethic and the Spirit of Modern Consumerism)이라고 표현하였다.

이와 같은 학자들의 견해는 결국 어떻게 해서 20세기 후반부터 대규모의 소비가 이루어지고 나아가 현대사회에서 소비가 사람들의 삶의 중심이 되었는가를 다각적으로 생각해본 것이다. 단순히 산업의 발달로 인해 생산력이 확대된 공급측면에서의 요인뿐 아니라 사람들의 소비를 촉발하게 하는 정치적인 요인, 경제적인 요인, 정신적인 요인이 함께 있다고 보고 이러한 요인을 찾아내어 설명을 시도했다. 이 내용을 보면 소비문화의 발달에는 거시적인 다양한 요인들이 영향을 미친다는 것을 알 수 있다. 위에서 언급한 맥크래켄, 맥켄드릭, 캠벨 등 세 학자의 연구내용을 좀 더 자세히 보길 원하면 각 연구자의 원전을 읽거나 코리건의 저서를 참고하길 바란다.

2. 미국 소비사회의 발달

1) 소비사회 형성의 배경

미국에서 소비문화가 등장한 것은 언제이며 어떻게 이루어졌는가? 미국사회에서 일, 희생, 저축 등과 같은 가치에 근거한 19세기의 생산자 윤리가 어떤 과정을 거쳐 20세기 소비자윤리로 변화하게 되었는가?

이러한 질문에 답하기 위해 폭스와 리어즈(Fox & Lears, 1983)는 20세기 미국 소비문화의 관점을 개념화하고, 설교하고, 형성해 온 영향력 있는 개인 또는 기관들을 검토하였다. 특히 지배적인 엘리트 계층인 교육받은 부유한 백인남성들에 대한 연구를 살펴보는 것이 중요하다고 보고 이에 관한 주요학자들의 글을 리뷰하고 엮어 1880년부터 1980년 사이의 미국소비문화 발달과정을 살펴보고 19세기말 미국의 도시엘리트 계층의 활동에서 아래와 같은 세 가지 중요한 변화를 지적하였다.

첫째, 전국적인 시장이 형성되어 전국을 대상으로 하는 광고가 가능해졌다. 둘째, 기업, 정부, 대학, 전문가집단, 매스미디어 등 새로운 기관에 근무하는 전문관리자 층이 형성되었다. 셋째, 수많은 작가나 출판가, 목사, 사회과학자, 의사 또는 광고제작자에 의해 치료적 해방이라는 새로운 복음이 등장하고 전달되었다. 새로운 전문관리직은 한편으로는 비즈니스나 정부조직 내에서 효율적 관리를 하고, 다른 한편으로는 자아성취와 자기만족을 새로운 도덕적 기준으로 삼게 되었다. 이 19세기 말에 시작된 개인적 쾌락주의와 관료적 조직의 결합은 20세기 들어 더욱 강화되면서 현대 미국 소비문화를 출발시키는 힘이 되었다. 소비문화는 상품이 대량생산, 대량판매되는 사회의 가치일 뿐 아니라 엘리트집단이 사회를 통제하는 데 사용한 기제이기도 하다. 19세기 엘리트들이 사람들이 내면화해야 될 윤리적 가르침에 근거해 사회를 지배했다면 20세기 엘리트들은 개인적인 성취라는 미묘한 약속을 통해 사회를 다스리기 시작했다는 것이다. 즉, 과거의 방식이 개인주의적이고 도덕적이라면 새로운 방식은 집단적이고 치료적이었다.

이렇게 해서 형성된 소비문화는 단지 '여가윤리' 라든가 '미국식 소비생활표준' 만을 의미하는 것이 아니고 하나의 윤리이며, 삶의 표준이자 권력구조였다. 20세기 미국의 중산층과 노동계층의 생활은 끊임없이 '괜찮은 생활' 을 추구하면서, 무력감을 계속 경험해야만 했다. 소비자들은 제품을 구매하는 사람일 뿐 아니라 전문가의 조언, 마케팅전략들 그리고 광고주가 그려내는 행복에 대한 이미지를 받아들여야만 했다. 이후 사람들은 상품을 개인적인 복지의 핵심으로 받아들이고 심지어는 자신을 상품으로 여기기 시작했다. 사람들은 자신의 노동력과 기술뿐 아니라 자신의 이미지와 인격도 판매한다. 즉, 아주 소수의 사람들만이 사회를 이끌어가는 의사결정에 참여하게 되고 나머지 수많은 사람들은 자신의 용모나 꾸미는 처지가 되었다는 것이다. 미국사회도 다른 지역과 마찬가지로 과거 중산계급 정신은 끊임없이 일하고 저축하며 시민으로서 책임감을 가지고 자기를 부정하는 엄격한 도덕관을 지니는 것이었는데 20세기 초에는 정기적인 여가를 즐기고, 강박적으로 소비하며, 정치에는 무관심하면서 개인적 성취에 허용적인 도덕관으로 변화했다. 즉, 전자는 소기업들로 이루어진 생산지향적인 사회에 적절한 문화이고 새로운 가치는 관료적인 기업이 지배하는 소비지향적인 사회에 적합한 것이다.

미국 소비문화 형성에서 특히 중요한 시기는 1920년대이다(김형곤, 1996). 이 시기에 미국은 경제적 번영과 매스미디어의 발달, 새롭게 형성된 대중사회의 도래로 대량생산-대량소비의 구조 속에서 소비사회로 진입했다. 미국 소비사회 형성배경의 중심은 자동차 산업이었다. 1910년에 자동차 한 대를 조립하는 데 소요되는 시간은 12시간 28분이었다. 그러나 1914년에는 1시간 33분으로 단축되었다. 이러한 생산기술혁신으로 1920년에는 한해에 190만대, 1925년에는 370만대, 1929년에는 450만대의 자동차를 생산할 수 있게 되었다. 생산량이 증대되자 이를 뒷받침할 수 있는 수요가 필요했는데 1920년대 미국은 400만에 달하는 제대군인이 퇴직금을 받았고, 노동자의 임금상승으로 소득이 증가하여 자동차를 비롯한 소비재 수요가 늘어났다.

또 1920년대 미국은 제너럴 모터스, 제너럴 일렉트릭, 프록터 갬블 같은 대기업이 사회의 핵심으로 등장하면서 기업과 기업인의 전성기를 맞이했다. 기업이 번성하고 경제적 번영이 확고하게 이루어진 1920년대 미국사회는 종래의 절약과 생산의 가치가 여가와 소비의 방향으로 바뀌어 갔다. 국민총생산이 증가하고 안정된 물가와 다양한 소비재의 생산으로 그 이전의 어느 때보다 유복한 삶을 살게 되었다. 이 시대에 신문, 잡지, 라디오, 영화와 같은 매스미디어가 발달하여 대중들로 하여금 자본주의 대량생산과 대량소비 체제에 적응하도록 만들었다. 또 할부판매 방법을 활용한 세일즈와 인간욕구와 행동에 대한 심리학의 성과를 십분 이용한 광고의 발달도 미국 소비사회의 도래에 결정적인 역할을 했다.

2) 소비문화 발달과 광고의 역할

많은 학자들은 사람들의 삶과 생각이 이렇게 변화하는데 광고가 절대적인 영향을 미쳤다고 보았다. 미국광고사 연구들을 통해 이런 변화과정을 좀 더 자세히 알아볼 수 있다. 대표적으로 스튜어트 유엔은 미국의 1920년대 사례를 중심으로 산업화 과정에서 나타난 사회통제의 위기를 해소하기 위해 광고가 어떻게 이용되었고 그 결과 대중소비문화가 어떻게 형성되었는가를 분석하고, 광고가 사회경제적 제도 안에서 의도적인 가치전달매체로서의 역할을 어떻게 해왔는가를 비판적 관점에서 보았다. 그는 산업생산이 정착되고 생산력이 증가함에 따라 소비의 문제가 대두되었고 이를 해결하기 위해 광고가 전면에 부상하였으며 나아가 광고는 상품판매를 촉진하려는 초기의 목적을 넘어서 자본제적 사회질서에 저항하는 노동자들의 힘을 약화시키기 위해 노동자들의 생활 속으로 확장되어 소비주의라는 새로운 세계관을 심어 놓는 역할을 했다고 주장했다. 즉, 광고주의 후원을 받는 문화활동이 상업화되어 갔고 산업주의 가치관만이 옳은 것으로 전파된 반면 노동현장의 고달픈 생활은 은폐했기 때문에 결국 광고는 소비이데올로기를 대중에게 전파하기 위해 정치적으로 이용되었다는 것이다(Stuart Ewen, 최현철 역; 6~8).

즉, 유엔의 주장은 자동차산업에서 시작된 기술혁신은 다른 소비재의 생산에도 파급되어 대량생산체제에 들어가자 소비를 뒷받침할 전국적인 대규모 시장이 필요했는데, 1920년대 들어서면서는 노동시간을 단축하고 임금을 높여 노동자들이 소비시장에서 자신의 임금을 쓰면서 여가시간을 보내도록 함으로써 해결하고자 하였다는 것이다. 이러한 변화 초기에는 근검, 절약을 강조하는 청교도적인 가치체계와 이를 타파하여 소비를 통한 경제적 자유를 추구하려는 입장이 갈등을 빚었으나 임금 이외에도 돈을 제공해주는 신용카드제도가 시행되고 광고를 통해 소비욕구를 지속적으로 유발하였다. 이 과정에서 특히 광고는 대중사회로부터 겪는 공포심과 좌절감을 해소하기 위해서는 적절한 상품을 구매해야 한다고 사람들을 교육시킴으로써 대량생산된 제품을 대량소비 할 소비자를 창출해내는 주역이었다.

미국 소비문화를 형성하는데 광고가 얼마나 절대적인 영향력을 행사했는가를 볼 수 있는 사례로 코카콜라를 들 수 있다. 코카콜라는 1886년 애틀랜타에서 펨버

튼(Pemberton) 박사가 코카의 잎에서 코케인을, 콜라나무 열매에서 카페인을 추출하여 만들어냈다. 여기에 로빈슨(Robinson)은 코카콜라의 광고를 20년간 제작하면서 오늘날 우리가 연상하는 코카콜라 이미지의 기초를 만들었다. 19세기 후반 산업화가 급속히 진전되면서 많은 미국인들이 노이로제나 두통, 소화불량 등 스트레스 징후를 호소하고 있을 때, 또 너무나 바쁜 일상 때문에 건강에 자신이 없어할 때 코카콜라를 자양강장제로 선전하였다. 동시에 갈증이 날 때나 사회적 만남이 있는 곳에서도 꼭 필요한 청량음료라고 선전하였다. 1차 세계대전 중에는 애국심에 호소하여 코카콜라사의 이미지를 고양시킬 수 있었다. 소비사회 및 대중사회의 진입을 알리던 1920년대에는 광고를 통하여 코카콜라의 품질보다는 이미지를 선전했다. 도시의 샐러리맨들이 연일 계속되는 격무에 시달리며 간절히 휴식을 원하고 있을 때 코카콜라사는 이러한 갈증을 풀어줄 수 있다는 광고를 통해 미국인들의 시대적 소망을 충족시켜줄 수 있었다. 대공황의 30년대에는 미국인들의 도피심리를 이용하여 그들이 소망하는 바를 광고를 통해 보여주어 현실을 잊는데 공헌하였다. 게다가 코카콜라사는 소비대상을 주부, 어린이까지 확대하면서 미국인들에게 코카콜라가 그들의 일상생활에 필요불가결하다는 생각을 분명히 심어 주었다. 코카콜라사의 광고는 1880년대부터 1930년대까지 신문, 잡지, 포스터 따위의 인쇄매체뿐 아니라 영화 같은 영상매체, 라디오 같은 방송매체 등 모든 가능한 매스미디어에 등장했다. 또한 일상생활에서 쉽게 마주치는 온도계, 시계, 쟁반, 컵, 달력, 광고판 등을 이용하여 코카콜라가 미국 일상생활의 일부이며 나아가 미국문화의 상징으로 자리 잡게 만들었다(김덕호, 1996). 이와 같이 필수품이 아니고 청량음료의 하나일 뿐인 코카콜라를 엄청난 광고에 의존하여 미국사회의 필수품이며 일상생활의 일부로 만들어 끊임없이 소비하도록 만들었다.

3. 우리나라의 변화

1) 소비사회로의 변화

우리나라 소비문화 발달을 앞의 유럽과 미국사회 발달처럼 살펴보려면 대략 개화기 이후부터 일제시대, 해방 이후 그리고 최근에 이르기까지의 소비문화 형성과 발달을 살펴보아야 할 것이다. 그러나 장기간의 소비발달에 대한 거시적인 연구가 상대적으로 부족한 편이다. 앞으로 이 분야의 연구가 활발히 이루어져 우리나라 소비문화의 발달을 사적으로 살펴보는 노력이 더 필요하다.

개화기 이후 광고를 통해 사회문화사를 본 마정미(2004)의 연구에서 소비사회의 발달 모습을 간접적으로 추정할 수 있다. 마정미는 개화기부터 해방 전(1886~1945년), 해방 후부터 1980년까지, 1980년부터 최근까지의 세 시기로 나누어 광고를 분석하였는데 소비문화 형성과 관련된 주요내용을 간추려보면 다음과 같다.

(1) 개화기부터 해방 전(1886~1945년)

개화기 초 광고에 나타나는 무역물품과 광고상품은 당시 교역상황을 잘 보여준다. 최고의 광고 업종은 약품광고였으며 단발령 이후는 모자광고도 나와 어쩔 수 없이 외래문화를 받아들일 수밖에 없었던 우리 현실을 보여주고 있다. 이 시기에 철도와 우편제도도 등장했으며 서양문물이 일본을 통해 수입되는 과정에서 다양한 소비제품이 소개되었다. 1920년 이후 발간된 동아일보와 조선일보에는 화장품 광고가 거의 매일 등장하였고, 30년대에 이르기까지 모자와 옷에 관련된 기사와 함께 각종 멋 내기 기사가 많았다. 또 신발도 짚신에서 고무신으로, 고무신에서 구두로 변해가는 광고를 통해서 당시 경성을 거닐던 모던걸들의 모습을 유추할 수 있다.

1930년대 상영되었던 서양영화는 대중의 유행을 선도하였다. 서양영화들은 순식간에 로이드안경, 채플린 수염, 맥고모자, 게리쿠퍼의 외투 등을 유행시켰다. 유행은 하나의 소비패턴이 되어 계층을 구분하는 유형이 형성되어 자동차와 비단양말은 부유층을 맥고모자와 하이힐, 양복과 양장은 신사나 신여성을 표상하게 되었다. 또 당시 사람들은 외래문물에 대한 선망이 있어 안경 쓰고 단장 짚는 것이 개화의 상징이었다. 결국 이 시기의 근대성은 소비문화와 밀접한 관련이 있으며 당시의 광고매체인 신문과 잡지가 유행의 전파, 소비의 열풍을 지식인과 부유층으로부터 일반시민에게로 퍼지게 하는 파급효과를 가졌다고 본다.

소비사회 발달에 중요한 역할을 한 백화점들은 1920년대 일본인이 먼저 설립하였는데, 미도파백화점 전신인 조시아백화점이 1921년, 신세계백화점 전신인 미쓰

코시백화점은 1930년에 개점하였다. 1931년에는 화신백화점이 민족자본으로 종로에 세워졌다. 이들 백화점은 도시민들에게 온갖 물건과 새로운 볼거리를 제공하며 '표준적인 행복과 욕망' 을 제시해주었다. 소시민 또는 시골사람들은 백화점을 구경하러 몰려나왔고 이때부터 이미 백화점들은 유희와 오락적인 볼거리를 제공하는 공간을 구성하면서 물질적 욕망을 자극하여 소비사회 발달을 촉진했다.

즉, 이 시기에 경성은 차츰 소비도시의 면모를 갖추고 식민 지배 속에서도 도시적 삶과 물질의 향유가 시작되어 물질과 유행, 대중문화의 전파와 수용이 이루어지기 시작했다.

(2) 해방 후부터 1980년까지

해방 이후 우리나라는 한국전쟁으로 어려움을 겪었다. 전쟁 후에는 정치적인 불안정 속에 외국원조를 받을 수밖에 없는 경제적 침체기였다. 소비재가 부족하였기 때문에 소비가 아니라 생산을 늘리는 것이 중요했다. 1960년대부터는 군사혁명으로 등장한 박정희 정권 아래 계속되는 경제개발 5개년 계획의 성공으로 수출이 늘고 70년대부터는 각종 소비재 생산과 유통이 늘어났다. 중요한 소비재의 생산보급시기를 보면 1959년 금성에서 국산라디오가 생산되고 이어 선풍기, 자동전화기 등이 만들어졌으며, 1966년부터는 국산흑백 TV가 생산되었다. TV는 초기에 한대 가격이 쌀 20가마에 해당하였는데도 폭발적인 수요로 물량이 달려 경찰관 입회 아래 공개추첨을 하여 팔기도 했다고 한다. 국산 고유모델 자동차 '포니' 는 1975년 말부터 생산되었다. 라면은 1963년 삼양식품이 만들기 시작했으며 이후 우리 먹거리 문화에 중요한 상품이 되었다.

나중에 대기업으로 성장하게 되는 럭키와 금성, 현대와 삼성 등의 기업이 독점적으로 국산 가전제품과 자동차 생산의 중요한 역할을 담당하였으며 TV 등장과 함께 TV 광고가 크게 부상하여 소비문화 전파역할을 하였다. 코카콜라와 펩시콜라는 1968년, 1969년부터 각각 들어와 미국식의 먹거리 문화를 전파하는 첨병이 되어 우리 입맛을 바꾸어갔다. 전체적으로 볼 때 이 시기에 우리 사회는 경제적 성장을 위해 온 국민이 노력을 한 결과 빠르게 산업사회로 변화하고 각종 소비재 생산이 크게 증가하여 대중소비사회의 기반이 형성되었다고 할 수 있다.

(3) 1980년부터 현재까지

이 때의 소비시장의 주요 특징을 보면 1981년부터 컬러 TV가 방영되었으며, 학생들의 교복이 자율화되고 때맞추어 등장한 나이키광고로 청소년들의 외국 브랜드운동화에 대한 구매 열풍이 시작되었다. 88올림픽 이후 세탁기, 냉장고, 전자렌지, 텔레비전, VTR 등의 전자제품 보급이 크게 늘어났다. 1990년대부터는 문민정부가 시작되고 WTO 체제로 세계경제에 편입되면서 대부분의 시장이 개방되어 다양한 외국상품이 국내에 유통되었다. 또 이동통신과 인터넷의 발달은 소비문화에 큰 영향을 미쳐 시공간의 해체, 주체의 소멸, 의미의 소멸 등의 특징을 갖는 포스트모던적 소비사회의 특징을 나타내기 시작했다.

함인희 등(2001)은 소비문화를 통해 중산층의 정체성을 파악하고자 하면서 80년대 이후 의 · 식 · 주 영역에서 일어난 소비의 변화를 간략히 살펴보았는데 이 연구에서 소비의 발달은 수요측면에서 소비자의 변화와 공급측면에서 생산체계의 변화라는 양자의 상호복합적인 결과로 이루어진다고 보고 이들 양 측면을 살펴보았다.

주요내용을 살펴보면, 소비자들은 80년대부터는 소득수준이 상승함에 따라 상품의 물질적 사용가치뿐만 아니라 상품의 미학적인 가치나 상징적 가치까지 고려하게 되고 값싸고 저렴한 상품보다는 값이 비싸더라도 다소 양질의 상품을 추구하는 방식으로 소비자의 선호가 변화하였다. 의생활의 경우 합성섬유보다는 천연섬유를 선호하게 되며, 여가활동 증가로 정장보다는 레저활동 시에 입을 수 있는 캐주얼한 의복을 선호하게 되며, 기능적이고 실용적인 측면보다는 색상이나 디자인을 중요하게 생각하게 되었다. 특히 1982년 말부터 컬러 TV 방영으로 색채와 패션에 대한 감성이 변화되었다. 식품의 경우도 고기, 생선, 과일의 소비가 늘고 종전보다 사람들은 음식을 먹는 것에 즐거움을 찾고 가족과 함께 외식을 즐기게 되었다. 주생활의 경우는 임대주택의 보급이 제도적으로 잘 갖추어져 있지 않아 자기집을 소유하고자 하는 의식이 항상 높다.

공급체계 면에서는 먼저 의복의 경우 종래 가내수공업적 방식이나 영세한 규모의 공장에서 제작되던 생산방식을 벗어난 대량생산에 의해 표준화된 기성복 보급과 대기업의 의류제조업 진출로 좀 더 값싼 의류의 대량소비가 가능해졌다. 또 1988년 올림픽 개최로 스포츠웨어 보급이 늘어났고, 외국 유명브랜드 의류 수입이 자유화되기 시작했다. 대기업은 특정 브랜드 옷을 대량생산함으로써 이른바 브랜드네임이 등장했고 외국 유명브랜드 의류까지 합세하여 의복을 통한 계층간 경쟁이 가시화되었다. 또한 대량생산방식에 의해 생산되면서 식품영역이 점차 증대하기 시작했다. 인스턴트식품이 늘어나고, 된장, 고추장과 같은 각종 장류도 공장에서 대량생산되는 상품화가 진전되었으며 외식산업에 대기업이 진입함과 동시에 외국계 패밀리 레스토랑이 늘어났다. 의류와 식품 부분의 계층간 소비수준은 대량생산으로 값싼 상품이 풍부해져 많이 완화된 데 비해 주택의 경우는 주택소유율이 낮아지면서 계층간 불평등이 심화되었고, 아파트 형태의 신규주택 공급이 늘어나면서 아파트 거주자의 비중이 크게 늘어나고 새롭게 조성된 아파트 지역은 중산층의 주거지가 되는 변화가 생겨났다.

이전의 시기가 조국 근대화라는 구호 아래 생산에 대한 참여가 개인의 사회적 정체성을 결정하는 생산의 사회였다면 경제발전의 성취와 복지국가의 실현을 강조하는 1990년 이후의 한국사회는 소비의 사회적 관계가 개인의 정체성을 구성하는 소비사회로 설명된다. 특히 1988년 올림픽을 전후로 하여 한국사회에서는 본격적인 소비문화의 담론이 부상하게 된다. 그러면서 1990년 한국 자본주의는 장시간의 노동과 저축을 장려하는 것이 아니라 대중매체들의 광고를 통해 여가와 소비를 권장하는 시대로 진입해 갔다. 더욱이 1995년 WTO 체제의 출범은 우리 사회에서 소비사회의 세계화를 공식화하였고, 더 이상 재화의 부족이나 결핍에 대해서 말하지 않게 되었다. 대신 너무 많이 소비하는 것, 다 사용하지도 않고 버리는 재화의 쓰레기들, 영양과다와 비만이 사회문제로 등장하는 풍요한 사회에 살고 있다는 이미지가 우리를 둘러싸고 있다. 필요에 의해서가 아니라 유행 때문에 특정한 상품이 품절되고, 특정 지위와 이미지를 표현하기 위해 동일한 상품이 다양하게 생산되며, 같은 기능의 재화가 차별적으로 소비되는 시대를 맞이한 것이다. 이제 우리 사회는 소비가 일상적인 삶의 양식을 주도하는 소비문화가 지배하게 된 것이다(김은실, 2001).

2) 광고 속의 소비가치 변화

광고 내용을 보면 사람들이 어떤 상품을 소비하였으며 상품의 어떤 점을 중시하였는지를 알 수 있기 때문에 이를 통해 그 시대의 소비문화가 어떤 양상을 보였는지 간접적으로 파악할 수 있다. 즉, 광고를 보면 각 시기에 소비되던 상품의 종류를 알 수 있을 뿐 아니라 상품의 소구와 메시지 안에는 '소비자들이 이 제품을 왜 구매해야 하는가?' 라는 내용이 담겨 있기 때문에 이를 분석하면 소비문화의 체계를 이루는 소비가치를 파악할 수 있는 것이다. 광고는 소비자를 설득하기 위한 메시지로 설득전략과 전술을 실천하는 과정에서 당시대의 소비가치, 전제, 이데올로기를 반영하게 된다. 이런 점에서 광고 연구를 통해 간접적으로 소비문화의 형성이나 변화를 볼 수 있다.

이두원과 김인숙(2004a)은 우리나라에 광고가 처음 등장한 1886년부터 1950년대 말까지 60여 년간 신문광고를 분석하였는데 그 내용을 통해 한국근대 50년 간 소비가치가 어떻게 변화되어 왔는지를 살펴보면 다음과 같다.

한국 신문광고를 보면 1890년대 후반 이후 점차 다양한 상품의 소비가 나타나는데 약 20여 가지가 조사되며, 이 중 약 광고가 압도적으로 많다. 전체적 규모에서 건강 관련 약 광고가 압도적으로 많았지만 연대별 추이를 살펴보면 1890년대 후반과 1900년대에는 담배, 주류광고가 높은 빈도를 보이기 시작했고, 1910년대에는 의류, 섬유, 제화광고가 눈에 띄게 늘어나 이 시기에 주로 거래된 상품의 종류를 알 수 있다. 또 양복의 도입은 자연스럽게 안경, 시계 등의 액세서리 및 장식품의 소비도 증가시켰다. 1920년대에는 세안용품광고가 많았는데 특히 비누, 치약, 머리염색약이 당시 가장 인기 있는 상품이었다.

1930년대에는 식료품 광고가 가장 많이 등장하여 음식문화가 점차 관심사가 되었음을 알 수 있다. 특히 맥주광고와 와인광고가 자주 등장하였다. 1940년대에는 출판과 서적 관련 광고가 눈에 띄게 두드러져 먹고 쓰는 소비에서 점차 지식정보 습득으로 소비패턴이 바뀌고 있다고 볼 수 있다.

신문광고에 제시된 상품내용은 주로 새로운 소비물품과 연계되어 제시되고 있고 근대적인 인간으로 거듭나기 위해서는 이 상품들의 소비가 필수적임을 강조하고 있다. 또 신문광고에 나타난 소비문화 상품의 설득 소구방식은 전체적으로 이성적 소구가 압도적이었는데, 그 이유는 초창기 광고에서 감성적, 도덕적 소구를 통한 간접, 은유적 기교보다는 상품과 관련한 지식정보를 있는 그대로, 사실 그대로 직설적으로 전해주었기 때문이다. 이성적 소구에는 '품질의 신뢰성 지향' 하위 항목이 가장 많은 분포를 이루었고 감성적 소구에는 '사회적 인정 지향' 소구가,

도덕적 소구에는 '타인에 대한 친절 봉사 서비스 지향' 소구가 가장 많았다.

연도별로는 1900년대에는 '저가 지향' 소구가 가장 많이 출현했고 1920년대 이후부터는 정가 지향과 제작기술의 우월성 지향이 급격히 증가되어 제 가격에 좋은 품질로 소비심리를 자극하고자 하는 경향이 나타나고 있었다. 즉, '저가, 염가, 저렴'의 저가 지향 소구에서 점차 정가 지향으로 상품가격을 명시하고 있었다.

특히 1920년대, 1930년대에 이르면 신문광고의 양과 품목도 많았을 뿐 아니라 전통과 역사성 지향, 편리성 지향, 소유의 긍지 지향, 미적 아름다움 지향, 최신품 지향, 타제품과의 비교 지향 등 다양한 소구방식이 출현했다. 또한 선진국 기술, 외국산 지향 소구의 경우 근대 50여 년 동안 꾸준히 높은 수준의 빈도를 보였다.

또 이두원과 김은희(2004b)는 이러한 신문광고 소구 안에 내재된 설득적 전제(persuasive premises)를 찾아내고 이를 통해 소비가치의 체계를 탐색하여 그 변천과정을 살펴본 결과를 표 2-1과 같이 제시하였다. 이 표에서는 1886년부터 1940년대에 이르는 소비가치체계 문화의 특성을 요약하였는데 1886년부터 1900년대는 1876년 개항 이후 우리나라가 문호개방을 통해 세계자본주의의 울타리 안으로 들어가게 된 시기로, 제품의 본질적 기능과 교환적 가치로서 가격을 중요시하는 '소비사회의 태동기'라고 보았다. 1910년대는 외세의 침입과 식민지화, 자주적 근대화가 좌절된 시기이나 다양한 측면에서 한국의 근대형성을 이루는 역동적인 움직임이 있던 시기로, 제품의 이용적 가치와 소비자 구매유인 가치가 나타나는 '소비사회의 형성기'라고 보았으며, 1920년대와 1930년대는 무단정치에서 문화정치로 국면이 바뀌고 사회적으로 근대주의적 논리가 강조되던 시기였다. 이 당시는 제품의 도구적 가치와 경제적 가치를 넘어 국산품 애용을 권장하는 '애국적 가치'와 '아름다움', '무공해 · 환경보호'와 같은 '상징적 가치'를 추구하여 '소비사회의 번성기'로 불리기도 한다. 마지막으로 1940년대는 전쟁의 확산으로 사회는 혼란스러웠지만 소비를 통해 사회적 차이화의 논리를 생성하고 소비자들은 상품의 구입과 사용을 통해 자신의 사회적 차별화를 나타내려는 '소비사회의 성숙기'라고 보았다.

연대별 소비가치체계의 변화과정은 상호 배타적이거나 독립적이라기보다 상호 내포적으로 진화되면서 지속적으로 나타났다. 이러한 광고의 소구점들이나 전제는 바로 그 시대 사회의 소비문화 이데올로기를 지향하고 있기 때문에 소비자를 설득하는 기능을 할 수 있었다고 본다. 소비문화 이데올로기는 바로 소비에 대한 사고방식, 소비행위, 소비생활양식 등을 총괄적으로 통제하는 기저구조이며 때로는 소비문화적 신화로 명명될 수 있다.

이와 같이 광고내용 변천을 통해 간접적으로 소비문화 흐름의 한 단면을 살펴

표 2-1 우리나라 근대(1886~1940년대) 소비문화의 형성: 소비문화적 전제의 변천과정

	1886~1890년	1900년대	1910년대	1920년대	1930년대	1940년대
소비문화의 가치체계 / 소비문화적 전제들	성능, 효능, 효과가 좋은 제품을 구입해야 한다.	신상품, 새로 발명된 제품이 좋다.	제품의 편리성, 용이성이 중요하다.	정가로 제품을 구매해야 한다.	세계적으로 인정받으며 확실한 효과가 있는 제품이 좋다.	고급품, 진품을 구매해야 한다.
	저렴한 제품을 구입해야 한다	선진국 기술, 소재로 만든 제품은 믿을 수 있다.	브랜드, 메이커 제품을 구매해야 한다.	전문가가 제조, 사용, 권장하는 제품이 좋다.	무공해, 환경보존형 상품을 구입해야 한다.	건강에 좋은 제품을 구매해야 한다.
	선진국 기술, 소재로 만든 제품은 믿을 수 있다.	수입, 외제품이 좋다.	권위 있는 기관에서 품질인증, 특허, 수상받은 제품이 좋다.	타제품과 비교하여 우수한 제품을 구매하는 것이 좋다.	신상품, 신형, 신개발품이 좋다.	무료, 경품을 증정하며 소비자들을 유인할 수 있다.
	다양한 종류의 제품을 갖춘 곳이라야 마음에 드는 제품을 구매할 수 있다.	위생적이면서 안전한 제품을 구입해야 한다.	경품, 무료 제공으로 소비자에게 만족을 준다.	할인 또는 무료샘플 제공 제품을 구매해야 한다.	국제표준, 세계적 기술로 만든 제품이 좋다.	전통과 신뢰가 있는 메이커 제품을 구매해야 한다.
	안전한 제품을 구입해야 한다.	전통 있는 기업이 좋다.	정통성 있는 제품과 진품을 구매해야 한다.	우리 국민은 자국의 제품을 구매해야 한다.	전문가의 인증이나 소비자의 추천을 받은 제품은 믿을 수 있다.	특수원료, 세계적으로 입증된 제품을 구매해야 좋다.
		우수한 기술로 만든 제품이 좋다.	최고의 제품을 구매해야 한다.	아름다워지는 제품을 구매해야 한다.	품질인증을 받은 제품이 좋다.	품질인증, 특허 받은 제품이 좋다.

자료 : 이두원 · 김은희(2004). 한국근대 소비문화 변천사 연구: 근대신문광고(1886~1940)에 나타난 소비가치체계를 중심으로. 광고학 연구 제 15권 3호. 207~234.

볼 수는 있으나 광고는 그 본질적 성격상 제품의 생산자나 판매자의 입장에서 소비자에게 특정 가치를 소구하는 특성을 가지고 있기 때문에 광고 연구를 통해 소비문화의 전체 변화모습을 파악하는 데는 한계가 있다. 또 광고 속의 설득전제를 분석하여 1920, 30년대가 상징적 가치를 추구하는 '소비사회 번성기' 이며, 1940년대를 '소비사회 성숙기' 라고 본 이 같은 견해는 우리사회가 1960, 70년대의 경제성장을 거쳐 80년대에 들어서면서 소비대중사회로 변화했다고 보는 일반적인 견해와는 다른 것이다. 소비자학 분야에서도 시대별로 소비의 흐름과 변화를 분석한 연구발표들이 많이 이루어져야 할 것이다.

3) 소비공간의 변화

아마 우리 소비문화의 현주소를 보여주는 대표적인 소비공간의 예는 코엑스몰일 것이다. 이곳은 서울 지하철 삼성역과 연결되어 있으면서 지상에는 무역센터, 현대백화점, 무역전시장, 공항터미널, 인터콘티넨탈 호텔 등 압도적인 규모의 건물이 있고 지하에는 3만평이 넘는 면적에 무수한 상점과 음식점, 카페, 패스트푸드점, 복합상영관, 이벤트 공간, 대형 아쿠아리움 등으로 구성된 쇼핑몰이 있어 언제나 수많은 소비상품과 이를 소비하려는 군중들이 몰려있다.

소비는 소비가 이루어지는 물리적 공간인 상점 형태에 따라서도 쇼핑의 모습이나 문화가 달라진다. 우리나라는 근대화 이후 도시가 발달하면서 인구가 집중되고 건축물도 낮은 높이의 평면적 배열에서 높은 수직적 건물이 밀집하는 형태로 급격히 변화하였다. 또 지하철역을 중심으로 하는 도심과 부도심의 백화점들이 도시의 대표적인 중심 소비공간으로 자리 잡았다. 여기서는 먼저 상점건축의 변화과정을 간단히 보고 우리나라의 최근 소비공간 변화 특징으로 유희적 성격 변화, 대형 할인점 증가, 미국 대중상업주의 양식과 하이테크 공간 증가에 대해 살펴보겠다.

(1) 상점 건축의 일반적 변화

김성홍(2000)에 따르면 상점 건축의 변화과정에 따른 소비공간의 변화는 다음과 같다. 기록에 전하는 가장 오래된 상점은 AD 110년경 로마의 트라얀 시장(Trajan' s Market)이다. 로마제국이 쇠퇴하면서 11세기 이후 유럽의 상인들은 도시에 정착하면서 자신의 상점 위층이나 근처에 거주하기 시작한다. 고대 상점의 모습은 17세기 말까지 변화 없이 유지된다. 우리나라에서도 기록으로 확인할 수 있는 상가는 조선조 종로시전이다. 로마와 중세유럽의 상점, 종로시전의 공통점은 집합성과 개방성, 길과의 상호의존관계이다.

대형 유리 제작이 가능해진 17세기 말 유럽에서 이러한 상점의 개방성은 쇼윈도와 함께 '시각' 중심으로 전환되면서 일상에서 필요한 물품을 사는 '장보기'와 자아를 과시하며 소비하는 '쇼핑'의 개념이 구분되기 시작한다. 19세기에 들어서면서 유럽도시의 상점은 두 가지 다른 형태로 변화한다. 첫째는 상업가로를 수평으로 확장시키며 철골과 유리로 지붕을 덮은 아케이드이다. 브뤼셀의 갤러리, 밀라노의 갤러리는 현존하는 대표적인 아케이드이다. 둘째는 상점을 수직으로 확장한 백화점이다. 파리에서 최초로 개장한 봉마르세는 정가제, 화려한 전시, 상품교환, 최소이익 추구 등을 표방하며 성공했다. 아케이드와 백화점은 전통적인 상업거리에서 신흥중산층을 위한 소비공간으로 변모하였지만 전통적 도시공간조직을 위협하지는 않았다. 왜냐하면 두 건축유형은 근본적으로 보행자를 중심으로 길과 내부공간을 유기적으로 연결하였기 때문이다.

유럽이나 북미에서 상점과 길과의 관계는 슈퍼마켓, 할인점의 등장으로 변화하기 시작한다. 슈퍼마켓은 주거지역에 위치하여 주로 식품류를 주종으로 한 비내구재를 판매하는 상점인 반면 할인점은 식품류 이외의 일상생활에 필요한 내구재를 판매하는 상점이다. 두 유형의 공통점은 1층 규모의 건물 전면을 대형주차장으로 할애하는데 이를 '스트립 개발(strip development)'이라고 부른다. 지가가 저렴한 북미의 외곽지역에서는 주차장의 규모가 커지면서 전통적인 가로의 모습은 변형되고 건물과 길과의 상호의존관계가 약해졌다. 이러한 현상은 쇼핑센터가 생기면서 더 심해졌다. 쇼핑센터의 전형적인 형태는 건축가 그루엔(Victor Gruen)이 건물 내부에 거리모양을 인위적으로 만들고 거리 양측에 소형상점을, 거리 양 끝에 대형백화점을 배치시키는 아령형태의 평면을 개발한데로부터 출발하는데 이 평면이 기본 골격을 유지한 채 1950~60년대에 북미 전역으로 파급되었다. 이들 쇼핑센터라는 소비공간은 노동의 재생산을 위한 활동으로 간주되던 소비가 레저와 같은 공간을 공유하게 되어 소비와 레저의 통합, 소비공간을 통한 사회 계층의 상징적 통합이 가능해졌다.

(2) 소비공간의 유희적 변화

현대의 소비공간 변화를 경제적 차원과 유희적 차원의 두 방향으로 나누어 볼 수 있다(정숙경, 1998). 경제적 차원에서 변화된 소비공간에는 가격이나 시간비용을 절약하는 편의점, 할인점, 대형할인점, 회원제 도매클럽과 같은 소비공간이 해당된다. 반면 유희적 차원에서 변화된 소비공간에는 심미적, 시각적인 소비경험의 즐거움을 최대화한 쇼핑몰, 쇼핑센터, 전문점과 같은 소비공간이 해당된다. 유희적 차원에서는 공간의 심미성이나 문화기능을 최대화함으로써 소비경험의 즐거움을 제공하는 데 노력한다. 공간 내부 장식에 예술적 요소나 스펙터클한 요소를 미학적으로 극대화하는 방식으로 이루어지며 상품 진열을 통해 공간 내부를 새롭게 하거나 문화이벤트, 기획행사를 마련하여 소비공간에서의 경험을 재미있게 만들고자 한다.

전해은과 이기춘(2002)은 동대문 쇼핑몰을 대상으로 이러한 소비공간 변화를 확인하고자 하였다. 즉, 동대문 쇼핑몰은 상점간 구분이 없는 좌판식 재래시장 진열로부터 테마를 중심으로 소비공간의 전반적인 이미지를 조직하고 층별, 상점별로 테마를 가지고 있는, 쇼핑과 오락이 결합된 복합쇼핑몰로서 공간적 구성요소가 테마파크와 닮아 있다는 것이다. 소비공간이 유희적으로 변화하는 경향은 현대소

재래시장

동대문 쇼핑몰

비자가 과거와 같은 과업지향적인 문제 해결자가 아니라 소비과정을 통해 재미, 감정, 감각적 자극, 환상, 유희요인을 즐기고 소비공간에서의 공간적 경험을 통해 쾌락적 소비경험을 추구하는 경향으로 변화하는 것과 맥을 같이하는 것이다.

소비장소의 유희적 변화 경향은 아예 대형 놀이공간이 쇼핑몰과 연계됨으로써 오락요소를 더욱 강력하게 갖추게 된다. 우리나라 잠실의 '롯데월드'는 어드벤처, 민속박물관, 실내수영장, 스포츠센터, 롯데호텔, 5백여 개의 전문쇼핑몰, 두 개의 백화점 등이 한데 모여 있다. 이는 놀이공간과 상점이 결합하면서 상품 소비욕구를 자극하는 대표적인 도시형 복합 소비공간의 사례라 할 수 있다.

(3) 대형 할인점 증가

우리나라에서 90년대 후반 신도시를 시작으로 등장한 하이퍼마켓이라는 유통시설은 할인점, 슈퍼마켓, 백화점의 특징을 결합한 구미의 대형상점건축을 한국의 도시상황에 맞게 변형한 건축 유형이다. 북미와 달리 지가를 고려하여 고층백화점처럼 판매 공간이 수직화 되어 있으면서 생활용품과 식품류 등을 취급한다.

이들 공간은 기존의 백화점이 지하에 주차장을 위치시키고 그 위에 매장을 건설하는 것과는 달리 매장 위에 법정주차대수보다 많은 주차공간을 가능한 한 매장

대형 할인점

에 가장 근접한 곳에 배치하였다. 이는 주차장과 매장공간의 가치를 동일하게 설정한 것이다. 이로써 중산층이 갈망하는 자동차 쇼핑행태가 가능해지고, 보행자를 잠재적인 고객에서 배재하고 있기 때문에 걸어 다니는 사람들의 인접성보다는 자동차 접근성을 중시한다. 보행자 접근을 유도하지 않으므로 백화점과 달리 길을 향한 상품진열은 필요 없게 된다. 또 이들 공간은 지나쳐가는 거리이거나 배회하는 공간이 아니라 구매에 대한 분명한 의지를 가지고 자동차를 타고 가는 목적 공간이다. 따라서 이곳은 가족 단위의 자동차 위주 쇼핑공간이며 보행자로부터 분리된 공간으로 자리 잡았고 사회 계층 간의 불균형을 당연시하며 고비용의 새로운 도시구조를 만들었다고 평가된다(김성홍, 2000).

(4) 미국 대중상업주의 양식과 하이테크 공간의 증가

우리나라 소비공간의 또 다른 최근 변화는 미국식 대중상업주의 양식을 모방한 건물이 증가하고, 하이테크와의 결합을 꾀한 공간이 많다는 것이다(임석재, 2005). 대표적인 예를 들면 체인으로 운영되는 CGV는 현재 국내에서 브랜드 파워 1위인 업체인데, 내부 양식을 보면 미국 내 영화관의 모습을 그대로 모방했으며 그 안에 입점 되는 각종 패스트푸드점, 패밀리 레스토랑, 아이스크림 가게, 커피가게, 도넛가게 등도 미국자본의 대중 소비업체 상표들이 대부분이다. 미국식 대중상업주의 양식은 대중들의 소비를 촉진하기 위해 즐겁고 밝은 이미지로 포장해내고 인간의 물적 욕망을 자극할 목적으로 만들어졌다. 단일 영화관 건물인 경우는 하이테크를 상징하는 투명한 유리와 차가운 금속재료로 소비공간을 구성한다.

소비공간이 하이테크와 결합하고 있는 현상은 현대적인 하이테크 기술을 적절히 배합한 소규모 실내놀이 공간들인 전자오락실, 인터넷 게임방, 인터넷 카페, 전화방, 노래방, 비디오방, 사이버방, 포토제닉 스티커체인점에서도 잘 확인된다(이광석, 1999).

복합 상영관

코엑스몰

4. 소비사회의 발달에 대한 평가

앞서 살펴보았듯이 산업화와 경제발전으로 소비할 수 있는 재화와 서비스가 늘어남에 따라 우리 삶에서 소비가 차지하는 비중이 커졌다. 각 나라마다 시기적 차이는 있지만 경제성장과 산업화로 소비제품의 대량생산과 대량유통으로 대중소비사회가 도래하면서 소비자들은 물질적으로 풍요롭게 되고, 상품선택의 기회가 확대되어 자유가 늘어났으며 생활은 좀더 안락하고 편리해졌다.

소비사회가 가장 먼저 발달한 미국의 경우 역시 학자들은 미국의 소비문화가 많은 사람들에게 자유를 가져다주었다고 긍정적으로 보았다(Shor & Holt, 2000). 구체적으로 미국 남부의 미시시피강 유역에서 1830~1998년에 사회경제적 발달이 이루어져 온 과정을 살펴본 테드 오운비(Ted Ownby, 1999)는 미국 남부 역사에서 다음과 같은 네 가지 아메리칸 드림이 소비문화를 통해 실현되어 온 과정으로 보고 있다.

첫째, 풍요의 꿈이다. 빈곤과 굶주림으로부터 벗어나 물질적 풍요를 누리는 것이다. 둘째, 재화를 통한 민주주의이다. 전통사회에서 계층에 따라 소비제품이 차이가 있었던 것을 19세기에 소비문화가 발달하면서 어떤 소비제품이든지 누구나 구매력만 있으면 소비가 가능하게 되어 소비생활에서 민주화를 이루는 것이다. 셋째, 선택의 자유이다. 물건을 골라 살 수 있는 쇼핑이 가능하게 된 것이 사람들의 자유를 확대한 것으로 의미를 해석할 수 있는 것이다. 넷째, 진귀함을 얻는 것이다. 새로운 제품 구입으로 계속 더 나은 것으로 나아가며 진보하는 것으로 생각한다. 즉, 이 네 가지 꿈은 달리 표현하면, 풍요의 꿈은 계속 부와 안락함이 증가하는 것이며, 민주주의는 이러한 풍요를 좀 더 많은 사람이 모두 누리는 것이라 할 수 있다. 또 선택의 자유라는 꿈은 상품의 종류가 계속 늘어나는 것이고, 신제품의 꿈은 끊임없이 변화하는 욕망과 환상 등을 충족하는 것이다. 오운비 자신도 최근의 소비문화에 대해 사람들이 좀 더 중요하고 의미 있는 무언가를 추구하는 대신 사소한 상품에 탐닉하게 한다고 비난하는 의견에 공감을 하면서도, 과거 미국 남부 역사를 살펴보면 고통스런 현실과 제한된 자신의 삶 속에서 새로운 상품들과 쇼핑을 통해 사람들이 자유를 누릴 수 있었다는 점을 확인하고 있다.

이러한 긍정적인 평가는 현재까지도 이어져 오늘날 소비주의 이데올로기의 중요한 축을 이루고 있는 문화학파는 소비행위를 일종의 의미 창조행위로 받아들여 긍정적으로 평가하고 있으며, 래쉬와 어리 역시 정보통신 네트워크를 통한 기호의 빠른 소통은 개인화를 가속화시키며 이러한 개인화 과정은 구조에서 해방되는 과정이므로 인지적인 성찰을 하는 주체가 된다고 주장했다. 즉, 소비사회의 개인은 그릇된 이데올로기에 의해 조작당하는 개인이 아니라 기호화된 상품이 의미를 갖게 되는 과정에 적극적으로 참여하는 의미의 생산자이자 미적인 요소를 상품 안에 포함시킬 것을 요구하고 예술과 상품의 경계를 허물어가는 심미적 성찰을 하는 주체라는 것이다(이유선 외, 2005; 28~30).

그러나 소비사회가 발달하면서 지나친 소비에 대한 비판이 오히려 증가하고 있다. 소비가 우리 삶을 보다 풍요롭고 자유롭게 해주기보다는 소비자 개개인들이 더 많이 소비하기 위해 심리적으로 소비욕망에 사로잡혀 있으며, 더 많이 소비하기 위해서는 소득을 늘려야 하므로 일을 더 해야 하고, 대부분의 소비는 인간 삶의 본질적인 욕구를 충족하여 삶의 질을 높이기보다는 피상적인 자극만을 추구할 뿐이라는 것이다. 또 사회 전체로 볼 때도 환경이 파괴되고 미래세대에도 지속가능한 소비인가에 대한 문제가 심각하게 제기되고 있다.

즉, 현대 소비문화에 대해서는 대체로 인간의 삶을 구속하고 있다는 부정적인 평가가 많이 이루어지고 있다. 앞서 1장에서도 살펴본 마르크스의 소외에 대한 지적이 그렇고, 소비자의 욕구가 체계적으로 형성되고 있다는 보드리야르의 지적이 그러하다. 보드리야르는 특히 소비사회에서 우리가 소비를 통해 자유로워질 수 있다는 생각 자체가 허구라고 주장한다. 많은 학자들의 주장은 대체로 소비자가 진정으로 소비를 통해 자유를 얻을 수 있으려면 능동적인 선택권을 가진 동시에 소비하지 않을 자유도 있다면 긍정적이겠지만 오늘날 우리 현실은 소비하지 않을 자유를 빼겼다고 보는 것이다. 최근 줄리엣 B. 쇼어의 저서 『쇼핑하기 위해 태어났다』(정준희 역, 2005)를 보면 우리가 현대 소비사회에서 살아가면서 아주 어린시절부터 소비하지 않을 자유가 없다는 주장이 구체적인 사례를 통해 설득력 있게 서술되어 있다.

이러한 문제는 현재뿐 아니라 이미 19세기 말부터도 제기되어 왔다. 벨리미(Edward Bellamy, 1888)는 1890년대의 산업자본주의에 대해 가장 널리 읽힌 비판서인 그의 저서 『뒤돌아보며(*Looking Backward*)』에서 앞으로 21세기 보스톤에서는 45세 이상은 완전히 여가를 즐기면서 좋은 물건들을 누리게 될 것이라고 낙관적으로 전망했었다. 반면 베블렌(Thorstein Veblen, 1899)은 『유한계급론(*Theory of the Leisure Class*)』에서 금전적 경쟁으로 인한 과시적 소비는 사회적으로는 필요한 기능을 하는 것일지 몰라도 도덕적으로는 몰락한 것이라고 조롱했었다.

실제 20세기 중반의 미국사회는 벨라미가 예상한 대로 되지는 않았지만 닉슨이 러시아 대통령 후르시쵸프를 만난 자리에서 미국의 4,400만 가구들이 5,600만대의 자동차, 5,000만대의 텔레비전, 14,300만대 라디오, 3,100만 채의 자기 집을 가지게 되었다고 자랑할 수 있을 정도가 되었다. 그러나 이러한 고도소비에 대한 반대도 만만치 않게 되었다. 밀, 바란, 스위지, 마르쿠제(C. Wright Mills, Paul Baran, Paul Sweezy, Herbert Marcuse) 등은 베블렌의 생각을 이어받아 소비는 하나의 유혹이며 포로가 되는 것이라고 보았다. 또 상품을 소유하는 것은 생산과정이나 정책결정면에서 무력해진 것을 보상하고자 하는 빈약한 수단일 뿐이라고 보았다(Fox & Lears, 1983; ix-x).

이상 소비사회 발달이 우리 삶에 미치는 긍정적 · 부정적인 효과에 대해 사회과학자들이 고민한 논의를 간략히 소개하였다. 그러면 여러분 자신은 어떻게 생각하는가? 소비사회의 발달이 개인의 삶 또는 사회 전체적인 삶의 질을 향상시키는 방향으로 발전되어 왔는가? 소비사회의 발달로 인해 우리는 일상의 삶에서 자유를 더 향유하게 되었는가, 아니면 광고와 판매 공세 속에서 각종 상품을 사기 위해 사로잡힌 신세가 되었는가? 이 책의 다음 2부에서는 의생활, 식생활, 주생활 등 우리 소비생활의 각 영역별로 현재의 모습을 살펴보고 과연 소비사회의 변화가 우리 삶의 진정한 발전을 가져왔는지에 대해 진지하게 생각해보겠다.

소비문화 생각해 보기

최근에 가장 인기 있는 광고를 함께 보고 이 광고가 소비자에게 소비생활에서 어떤 가치를 추구하도록 암묵적으로 권유하고 있는지 생각해 보자.

활용사이트

품목별 광고모음 시청가능 www.tvcf.co.kr

위대한 개츠비

줄거리 _ 1차 세계 대전 중 장교로 참전했던 개츠비는 상류층의 데이지를 사랑하나 극복할 수 없는 신분상의 벽을 깨닫고, 부와 사랑이라는 본인의 야망을 실현하기 위하여, 당시 혼탁한 미국사회에서 밀수와 살인 등 온갖 방법을 동원하며 엄청난 거부가 된다. 일단의 목표를 성취한 개츠비는 자신의 이상적인 꿈을 실현시키기 위해 그가 지닌 막대한 재력으로 잃어버린 사랑을 되찾고자 이미 남의 아내가 되어버린 데이지를 쫓아 물질적인 풍요의 도시인 뉴욕으로 가서 호화주택을 마련한다. 그곳에서 우연찮게도 데이지와 친척관계인 닉을 이웃으로 두게 되고, 닉을 통해 데이지와의 해후를 하게 된다. 그러나 데이지의 남편 톰 부캐넌에 의해 개츠비의 이상적 꿈인 부와 사랑은 현실의 냉엄한 벽에 부딪히게 되고, 끝내는 허무하게 살해되는 것으로 좌절되고 만다.

소비문화 _ 1차 세계 대전 이후 미국은 유례없는 번영을 누리게 되었고, 물질적인 풍요 속에서 사람들은 정신적인 가치보다는 순간적인 쾌락을 추구하는 정신적 공황의 시기를 맞게 되었다. 이 영화는 소비사회를 둘러싼 1920년대의 미국인들의 모습을 잘 표현하고 있는 영화이다. 1920년대 미국 소비사회의 발달과정에서 물질적인 호황과 함께 풍요와 사치, 낭비를 촉진시키고 이는 무질서와 윤리 도덕의 문란을 초래하게 되었다. 전통적인 이상이 붕괴되었으며 섹스와 재즈에 광란하는 사람이 허다했고 출세욕, 금전욕에 사로잡힌 사람이 늘어났다.

이러한 시대적 배경에서 주인공 개츠비는 물질만능주의 속에서 물질적으로 풍요롭지 못하다는 이유로 데이지라는 이상형의 상류층 여자에게서 버림받은 인물이다. 그는 이미 결혼하여 다른 남자의 부인이 된 데이지의 사랑을 얻기 위해 열심히 돈을 모아 부자가 된 후 호화스런 파티를 불특정 다수에게 자주 베풀게 된다. 커다란 저택에 혼자 살면서, 수백 명의 하인을 거느리고, 좋은 차를 몰며, 런던에서 와이셔츠를 구입하는 등 자신의 경제적 능력을 남에게 인상적으로 드러내기 위해 노력한다. 결국 개츠비는 데이지를 자신의 집에 초대하여 물질적 성공을 확인하도록 한다. 이러한 개츠비의 행동은 베블렌이 유한계급론을 통해 비판적으로 그려낸 미국사회 신흥 졸부들의 전형적인 과시소비 모습을 잘 보여준다.

참고문헌

김덕호(1996), 코카콜라 광고와 미국의 소비문화 1886-1940, 미국사연구, 61~96

김성홍(2000), 소비공간과 도시: 신도시 대형할인점과 문화이데올로기, 대한건축학회논문집 계획계 16권 1호, 3-10

김은실(2001), 여성의 몸, 몸의 문화정치학, 도서출판 또 하나의 문화

김형곤(1999), 1920년대 미국 소비사회의 형성배경과 영향, 미국사연구, 91~120

마정미(2004), 광고로 읽는 한국사회문화사-모던보이에서 N세대까지, 개마고원

막스 베버, 권세원 · 강명규 역(1958), 프로테스탄티즘의 윤리와 자본주의의 정신, 일조각

맥크래켄, 이상률 역(1988), 소비와 문화, 문예출판사

이광석(1999), 하이테크와 일상공간의 결합에 의한 소비문화의 변형, 한국언론정보학보 13호, 63~92

이두원 · 김은희(2004a), 한국근대 소비문화 변천사 연구: 근대신문광고(1886~1949)에 나타난 소비가치체계를 중심으로, 광고학 연구 제 15권 3호, 207~234

이두원 · 김은희(2004b), 근대 신문광고(1886~1949) 내용분석 연구: 근대 소비문화 형성과정을 중심으로, 광고학 연구 제 15권 5호, 101~129

이유선 · 정현주 · 김정로 · 박선권 · 정용찬 · 이우관(2005), 현대사회와 소비문화, 일신사

임석재(2005), 건축-우리의 자화상, 인물과 사상사

장 보드리야르, 이상률 역(1991), 소비의 사회, 문예출판사

전해은 · 이기춘(2002), 현대 소비공간과 소비행동: 동대문 쇼핑몰의 소비문화적 의미 분석, 소비자학연구 13권 2호, 99~125

정숙경(1998), 탈근대 소비문화의 근대성 연구, 고려대학교 대학원 박사학위논문

줄리엣 B.쇼어, 정준희 역(2005), 쇼핑하기 위해 태어났다, 해냄

코리건, 이성룡 외 역(2001), 소비의 사회학, 도서출판 그린

함인희 · 이동원 · 박선웅(2001), 중산층의 정체성과 소비문화, 집문당

Campbell, C.(1987), *The Romantic Ethic and the Spirit of Modern Consumerism, Oxford:* Basil Blackwell

Fox, Richard W. & Lears, T. J. Jackson(1983), *The Culture of Consumption: Critical Essays in American History,* 1880-1980, Pantheon Books

Glickman, L. B.(1999), *Consumer Society in American History: A Reader,* Cornell Univ Press

Ownby, Ted(1999), *American Dreams in Mississippi: Consumers,* Poverty & Culture, 1830-1998, The Univ of North Carolina Press

Schor, Juliet B. & Holt, Douglas B.(ed)(2000), *The Consumer Society: Reader,* The New Press

CHAPTER

03 소비문화 이론

지식이란 흐르는 물과 같다

-탈무드-

CHAPTER

03 소비문화 이론

이 장에서는 오늘날 소비문화의 핵심을 구성하고 있는 사물의 의미, 생활양식, 소비욕망에 대한 이론을 중심으로 소비문화이론을 소개한다.

광고는 상업사회에서 사물의 의미를 전달하는 소비문화의 핵심적인 역할을 하고 있다. 맥크래켄(McCracken, 1988)은 광고를 문화범주와 문화원리를 재화에 옮겨 놓는 과정으로 인식하고 광고에 대해 가치중립적인 관점을 유지한다. 이와 대조적으로 소비생산론은 광고를 상품의 겉모양을 조작하여 소비자의 상품 욕구를 불러일으키고 궁극적으로 대량생산된 상품 판매와 생산을 유지하기 위한 수단으로 인식한다. 소비생산론에서 광고는 사물에 인위적이고 허위적인 정체성을 부여하는 것으로 비판의 대상이다.

디드로 통일체와 디드로 효과는 생활양식이 구성되는 과정을 가치중립적으로 설명한다. 이에 비해 소비양식론은 생활양식을 사회계급 정체성을 구성하고 표현하는 주된 수단으로 파악하고 있다.

마지막으로 쾌락적이고 환상적인 소비욕구와 관련된 소비이론으로 맥크래켄의 "옮겨놓은 의미 이론"과 캠벨(Campbell)의 "쾌락적 소비이론", 페더스톤(Fetherstone)

의 "일상생활의 미학화" 개념을 살펴보기로 한다.

1. 사물의 의미와 광고

오늘날 소비는 상징적 · 문화적 행위로 이해되고 있다. 1장에서 살펴본 바와 같이 소비를 순전히 상징으로 이해한 보드리야르에 따르면 소비는 더 이상 사물의 기능적 사용이나 소유 또는 개인이나 집단의 단순한 위세과시 기능이 아니라 커뮤니케이션 체계로서 끊임없이 보내고 받아들이며 재생산되는 기호의 코드로서의 언어활동이다(Baudrillard, 이상률 역, 1991). 언어활동으로서의 소비는 집단적, 개인적 정체성 의식을 상징적으로 구성하는 과정에서 중추적인 역할을 한다는 것이다. 즉, 옷, 음식, 장신구, 가구, 오락 등을 소비함으로써 내가 누구인가에 대한 생각을 표현할 뿐 아니라 내가 누구인가에 대한 의식을 만들어 나간다(Bocock, 양건열 역, 2004)[1].

상징소비는 사물이 상징과 의미를 내포하기 때문에 가능하다. 이 절에서는 사물에 의미가 어떻게 만들어지는지 설명하는 문화이론과 광고의 역할에 대해 알아본다.

1) 사물 의미의 생산과 전달

(1) 문화범주와 사물

소비문화에서 사물은 문화적인 의미를 지니고 또한 의미를 전달하는 중요한 수단이다(McCraken, 이상률 역, 1996). 그것은 문화의 내용들이 재화를 통하여 실체화될 수 있기 때문인데 맥크래켄에 따른 인류학의 문화분석이론을 빌어 설명하면 다음과 같다.

우리가 살고 있는 세계, 즉 일상적인 경험의 세계와 현상 세계는 문화적으로 구성된 세계라고 한다. 문화적으로 구성된 세계는 문화범주로 구분되는데, 문화범주

1) 보드리야르의 상징으로서의 소비에 대한 보다 자세한 사항은 1장 2절에 나와 있음

는 현상세계를 문화를 기준으로 나눈 문화의 구분 단위이다. 예를 들면 연령(노인, 청소년, 아동 등), 성(여성과 남성), 계급(상류층, 중산층, 하류층 등), 직업(전문직업인, 노동자 등) 등으로 구분된 인격의 범주는 나름의 세계상을 가지고 각각의 문화범주를 구성하고 있다고 할 수 있다.

문화범주에는 문화현상들이 조직되고 평가되며 해석되는 관념이나 가치로서 문화원리가 존재한다. 문화원리는 문화현상이 구별되고 분류되며 상호 연관되는 것을 가능하게 하고 사고나 행동에 방향을 제시하는 관념이다. 문화를 구성하는 문화원리와 문화범주 자체는 눈에 띄는 실체를 갖지 않고 인간의 실천에 의해 실체화 된다. 문화의 청사진에 따라 행동하면서 한 공동체의 구성원들은 문화범주를 구체화 하고, 한 문화의 구성원들은 그들이 사는 세계의 구축 및 구성에 참가하는 것이다(McCracken, 1988).

사물들은 문화범주를 구체적으로 표현해 주기 때문에 물질적인 사물을 통해서 문화원리와 문화범주들은 실체성을 가진다. 예를 들면 남성과 여성이라는 문화범주의 차이는 입고 있는 옷이나 소비품 등 물질적인 사물이 잘 표현해 준다. 이처럼 사물은 문화질서를 실체화하는 데 사용되고, 재화의 질서는 문화의 질서를 본뜨고 있다는 점에서 사물은 문화적 의미를 가지고 있다.

(2) 사물의 의미 생산과 전달 기제로서의 광고

소비사회에서 문화적 범주로부터 재화로의 의미 전달에 광고의 역할을 간과할 수 없다. 맥크래켄(이상률 역, 1997)에 따르면 소비재와 문화적으로 구성된 세계를 특정한 틀 속에서 결합시킴으로써 광고는 문화적으로 구성된 세계에서 재화로의 의미 전달을 수행한다. 이러한 광고의 역할에 대해 두 가지 상반된 논의가 전개되고 있다. 하나는 광고가 상품 속의 문화범주와 원리를 적절하게 담아내고 재화의 세계에 문화적 의미를 옮겨주는 매개자의 역할을 함으로써 소비문화에 기여한다는 순기능에 초점을 둔다.

광고제작 과정을 살펴보면 제품 속에 의미가 어떻게 담겨지는지를 알 수 있다. 광고를 만들기 전에 제품에 요구되는 속성이 무엇인지 소비자조사나 다른 과정을 통하여 확인한다. 다음으로 문화범주와 원리 중 어떤 것이 그 제품에서 찾는 의미와 일치하는지 탐색하고, 문화적으로 구성된 세계가 광고 안에서 어떻게 묘사되어야 하는가를 결정한 후 세계와 재화가 특별한 조화를 누리는 것처럼 보이도록 광고 안에서 제품을 제시한다. 광고 자극을 통하여 제품과 세계의 동질성이 받아들여지면 제품으로 문화적 의미의 전달 과정이 일어난 것이다.

예를 들면 세련되고 예쁘장한 남성 모델이 등장하는 남성화장품 광고는 남성 문화범주에 새롭게 자리 잡은 메트로섹슈얼리즘(metro-sexualism)이라는 문화원리를 담고 있는데, 이 광고를 통하여 남성화장품은 외모를 가꾸는 데 신경을 쓰는 남성의 의미를 담고 전달하게 된다.

광고를 통하여 세계에 존재하는 어떤 속성이나 가치가 소비재와 결합하게 되고 이들 간에 "상징적인 등가성"이 성공적으로 성립하게 되면 소비자들은 문화적으로 구성된 세계에 존재한다고 알고 있는 일정한 속성들을 소비재에 귀속시키게 된다. 이렇게 해서 이미 알려져 있는 이 세계의 속성들이 소비재의 미지의 속성들 속에 내재하게 되고 세계에서 재화로 의미이전이 이루어지게 되는 것이다. 따라서 광고는 문화적으로 구성된 세계에서 소비재로 의미가 주입되는 일종의 통로가 되며 우리 사회의 문화적 의미의 사전이라고도 지칭된다(McCracken, 1988).

최종적으로 문화적 세계에서 재화로의 의미이전을 완성하는 것은 소비자이다. 윌리엄슨(Williamson, 1978)에 따르면 광고에서 의도한 재화의 의미가 소비자에게 성공적으로 해독되고 수용되어야 하는데 이런 의미에서 소비자는 의미 전달 과정에서 필수불가결한 참가자이다.

2) 광고와 소비생산론[2)]

하우크(Haug, 1986)는 상품에 의미와 아름다움을 부여하는 상품 포장, 상표, 디자인, 상품 모델, 판매장소의 연출 및 광고 등의 상품미학이 자본주의사회에서 특수한 기술로 발전해 왔고, 상품의 가치는 상품의 본질적 가치가 아니라 환상화 된 상품의 외양에 따라 결정되고 있다고 비판하고 있다. 상품미학이란 상품의 교환가치를 실현하기 위해 상품을 미적으로 포장하는 것인데, 이를 통하여 사람들의 상징적, 미적 행위를 조직하고 정체성을 꾸미며 인간의 감성조차도 정형화시키고 있다는 것이다.

2) 적용사례 7장 p. 174~176

소비생산론에서 광고는 상품미학의 메커니즘을 구성하는 가장 대표적인 요소이다. 광고가 상품에 불어 넣은 상징적 의미는 실재가 아닌 허위적 환상이며 상품과 인간의 욕구 관계를 조작하는 수단으로 인식된다(함인희 · 이동원 · 박선웅, 2001; Richards, 1991; Williamson, 1978; Haug, 1896; Slater, 2000).

상품생산론은 크게 두 가지 측면에서 광고를 비판한다. 첫째, 광고가 상품에 접합시킨 성공, 행복, 로맨스, 이국적 풍취 등의 이미지는 단지 연출된 이미지에 불과하고 허구적이며 상품의 실재나 본질을 오인하게 하는 신비화로 작용한다는 것이다(함인희 외, 2001). 둘째, 자본주의가 유지되고 발전하기 위해서는 생산된 상품을 판매해야 하는데, 광고는 문화적 가치에 대한 욕구를 상품에 대한 욕구로 전환시키고 인위적으로 상품에 대한 욕구를 불러일으킴으로써 대량생산된 상품을 소비하도록 조장한다(Ewen and Ewen, 1982). 따라서 광고는 소비사회에서 소외의 원천인 상품물신화를 이루어내는데 적극적으로 개입한다는 것이다(Slater, 2000).

사물이 담고 있는 의미와 상징이 우리의 경험 세계와 가치를 담고 있는지 아니면 사업자가 만들어낸 허구인가는 결국 사물을 다루는 소비자의 능력에 달린 문제이다.

2. 생활양식의 형성과 변화

한 사회와 개인의 소비문화는 생활양식에 그대로 반영되어 나타난다. 생활양식에 대한 소비이론으로서 디드로 통일체와 디드로 효과 그리고 브르디외의 구별 짓기 이론이 있다. 디드로 통일체와 디드로 효과가 개인을 중심으로 한 사람의 생활양식이 구성되고 유지되는 과정을 설명하는 이론이라면 브르디외의 구별 짓기 이론은 구조주의적 관점에서 한 사회의 다양한 생활양식이 발현되고 유지되는 방식을 구조적으로 체계화함으로써 소비양식을 통하여 사회적 관계와 사회적 구조를 설명하고 있다.

1) 디드로 통일체와 디드로 효과

디드로 통일체와 디드로 효과는 맥크래켄의 유명한 저작 『소비와 문화』를 통하여 소개되고 널리 알려졌다. 맥크래켄(1988, 이상률 역, 1996)에 따르면 디드로 통일체는 소비재의 고도로 일관성 있는 보완물들, 디드로 효과는 그것을 유지하는 강제력, 즉 기존의 소비패턴 속에 머무르도록 구속하거나 또는 옛 모습을 찾아볼 수 없을 정도로 변형하게 하는 강제로서 정의된다. 여기에 디드로라는 이름이 붙여진 것은 이 이론이 18세기 프랑스의 백과사전의 편집인 겸 집필자인 디드로라는 학자의 실내복에 관한 에세이에서 비롯된 데 기인한다.

디드로는 진홍색의 우아한 실내복을 선물로 받고나서 헤지고 시시하지만 편안했던 옛 실내복을 버렸다. 점차로 우아한 실내복에 어울리도록 서재의 책상, 벽장식, 의자, 판화, 책장, 시계를 바꾸게 되는데, 전에는 초라하고 복잡하지만 행복했던 서재가 우아하고 질서정연하고 아름답게 갖추어졌지만 딱딱한 기분이 들었다는 것이다. 그는 예전의 초라한 실내복과 보잘 것 없었던 서재의 물건들이 완전히 조화를 이루고 어울렸다는 사실을 애착과 후회하는 마음으로 회고하고 이 모든 것들이 다른 모든 것을 자신의 우아한 분위기에 맞도록 강제하는 오만한 진홍색의 옷의 소행이라고 결론을 내린다는 내용이다.

(1) 디드로 통일체[3)]

일종의 조화나 일관성을 갖고 있으며 서로 어울리는 물건들이 있는데 이처럼 문화적 일관성을 지닌 사물들을 "보완물"이라 하고, 사람들이 소유하고 있는 물건들이 어떤 공통성이나 통일성을 가지고 서로 연관이 있는 현상을 디드로 통일체라 일컫는다(McCracken, 이상률 역, 1996).

맥크래켄에 따르면 서로 잘 어울리는 문화적 보완물들은 그 사물에 들어 있는 의미의 성질이 같다. 소비재의 의미는 재화체계에서의 위치와 문화적 범주 체계와의 연관에서 비롯된다. 맥크래켄은 롤렉스시계를 예로 들고 있다. 롤렉스시계의 의미는 다른 시계 브랜드와의 관계, 롤렉스시계와 대응되는 인격, 장소, 시간, 경우 등의 문화적 범주에서 의미를 얻는다. 어떤 재화들이 서로 어울리는가를 결정

3) 적용사례 5장 p. 116~117

짓는 것은 문화범주들과 소비재 간의 대응인데, 동일한 문화범주와 일치하는 제품들은 "구조적인 등가물"이 되고 이들은 서로 어울린다는 것이다. 예를 들면 롤렉스 시계와 BMW 자동차는 동일한 문화범주에 대응하는 구조적 등가물이 될 수 있다.

소비재가 하나씩 떨어져 있거나 이질적인 문화범주에 속한 사물들과 함께 하면 의미를 제대로 전달하지 못하고, 재화의 의미는 그 재화가 똑같은 의미를 갖는 다른 보완물들과 함께 놓여 있을 때 가장 잘 전달된다. 물질문화의 상징적인 속성은 어울려서 의미를 전해야 한다는 점이 물질문화 커뮤니케이션의 핵심이다(McCracken, 이상률 역, 1996). 디드로 통일체 이론은 개인 생활양식의 구성에 대해 물질문화 메시지는 중복되고 서로 전제하는 요소들로 이루어질 때 가장 성공적이며 상이한 조합은 별로 성공적이지 않기 때문에 사람들은 자신의 생활을 구성하는 사물들을 서로 잘 어울리도록 배열한다고 설명한다.

(2) 디드로 효과

디드로 효과는 개인이 가지고 있는 사물들 사이에 문화적 일관성을 유지하도록 강제하는 힘을 일컫는다. 디드로 효과는 두 가지 상반된 방향으로 작용한다. 이미 가지고 있는 사물들과 일치하지 않는 문화적 의미를 지닌 사물이 들어오는 것을 차단하는 방향으로 작용하는 한편 새로 진입한 재화의 문화적 의미에 특권적 지위를 부여하여 기존의 제품을 버리고 그것과 어울리는 소유물로 모두 바꾸는 방향으로 작용한다.

개인이 가진 물건들은 그 사람의 정서세계를 표출하고, 소유한 사물들을 통하여 그가 누구이며 또 무엇을 갈망하는지 인식한다. 또한 사물들은 우리의 과거를 생각나게 함으로써 과거와 현재를 연결시키고 우리를 안정시키는 작용을 하는데 사물의 연속성을 유지하는 디드로 효과는 개인들을 동요시키는 사물들이 그들의 생활 속에 들어오는 것을 막아줌으로써 물질세계의 문화적 일관성을 유지할 뿐 아니라 개인의 경험과 자아관의 연속성을 유지하도록 한다는 것이다.

(3) 생활양식의 형성

연속성을 유지하는 보수적인 효과와 상반되게 디드로 효과는 사람의 생활을 전면적으로 변형시키는 혁신적인 힘으로 작용할 수 있다. 이 경우 새로운 사물은 들어온 순간부터 짝이 되는 새로운 재화들을 필요로 하기 시작하고 새 물건으로 촉발된 새로운 일관성에의 충동은 끊임없이 새로운 제품으로 바꿀 것을 요구한다.

이러한 디드로 효과의 시발점은 최초의 제품 구입이다. 최초의 출발구입이 이루어지는 동기는 다양할 것이다. 광고, 판촉활동, 제품 개발, 제품 디자인 등 기업의 활발한 마케팅 활동의 결과 현재 가지고 있는 소비재 보완물과 동떨어진 최초의 제품구입이 출발구입이 되어 자극제 구실을 할 수 있다. 취업, 결혼 및 자녀 출산 등 생애주기의 변화, 전직, 이혼, 죽음 등 새로운 환경이나 사건에 의해 출발구입이 시작될 수 있다. 또한 선물로 받은 물건이 받는 사람의 제품 보완물에 새로운 의미를 전해서 새로운 소비기준으로 작용할 수 있다. 새로운 출발 제품으로 새롭게 시작된 디드로 효과는 취향과 선호를 변화시켜 새로운 소비패턴을 만들어 낸다.

맥크래켄은 디드로 효과가 작동할 때 소비수준을 지속적으로 향상시킬 뿐, 후진하지 못하도록 막는 장치로 작동하는 래칫효과(Ratchet Effect)의 위험성을 경고하고 있다. 만족스러울 것 같은 소비수준을 달성하자마자 더욱 높은 수준을 기대하게 되고 끝없는 불만족 상태에 놓일 위험이 있다는 것이다. 결국 자아관이나 세계관과 필연적인 관계가 없는 사물들로 둘러싸인 자신의 모습을 발견하게 되고 이것은 소비사회의 전형적인 소외문제로 귀착된다.

각 개인의 소유물들에는 문화적인 의미에서 내적 일관성이 있음을 설명하는 디드로 통일체와 제품 보완물들이 현재의 의미를 보존하거나 아니면 그 의미를 근본적으로 변화시키는 작용을 하는 어떤 효과에 의해 지배된다는 디드로 효과는 개인의 생활양식의 구성과 변화 과정을 설명하고 있다.

2) 소비양식론

생활양식에 관한 소비양식론은 위치재로서의 상품이 사회적 지위와 문화적 스타일의 상징적 징표(Hirsch, 1976; Leiss, 1983)가 된다는 사실에 주목하고, 소비생활양식은 집합적 정체성 형성이나 타자와의 구별 짓기를 위해 사회적으로 조직되는 실천들의 집합으로 이해된다(함인희 외 2001). 사회 계층의 징표로서 소비생활양식을 체계적으로 서술한 최초의 작업으로는 베블렌(1912, 1899)에 의한 유한계급론을 들 수 있다.

(1) 베블렌의 유한계급론

베블렌(1912, 1899)은 19세기 말 미국 신흥부자들의 소비생활을 관찰하였다. 이 집단은 유럽 상류층의 생활방식을 모방하여 음식, 음료, 약물, 주거, 서비스, 장신구, 의상, 무기와 장구, 여흥, 부적, 우상 또는 종교를 최상의 것으로 향유하며 사치스러운 생활을 하였고 예의범절에 따라 품위 있는 방식으로 소비하였는데, 베블렌은 부를 과시하기 위하여 생산적인 노동과 관련된 것들을 멀리하며 사는 이러한 계층을 유한계급이라 하고 이들의 소비를 과시적 소비라고 명명하였다. 베블렌이 묘사한 유한계급 소비의 단면을 살펴보면 이들은 과시적으로 노동을 회피할 뿐 아니라 생산적인 일을 하지 않는 하인을 거느린다. 하인들은 값비싼 제복을 입고 주인들과 마찬가지로 세련되고 숙련된 매너를 익히는 등 주인을 위해 과시적으로 시간을 낭비한다. 유한계급이 훌륭한 매너들과 에티켓에 대한 지식을 쌓고 사용되지 않은 언어인 라틴어와 그리스어를 할 줄 안다는 것은 남들이 보지 않는 때에도 일을 하지 않고 시간을 보내었음을 은연중에 드러내는 것이다. 베블렌은 고용된 하인들이 사라진 시대가 도래하면서 이러한 낭비적인 소비의 임무가 부인과 아이들에게 부여되었다고 설명하고 있다.

과시적 소비[4]에서 상품은 사회적 지위의 상징적 징표로서 상층의 고급 취향을 과시하기 위한 목적으로 사용되고(Corrigan, 1997), 소비생활은 자신의 사회적 지위를 드러내고 인정받기 위한 방편이 된다.

(2) 브르디외의 구별 짓기 이론[5]

베블렌이 경제적인 부를 축적한 부유한 계급의 소비생활양식을 관찰하고 사회문화적 의미를 이론화한 것에 그친데 비해 브르디외(1984)는 다양한 소비재, 음식을 차리고 먹는 방식, 가구와 실내장식, 음악 및 예술적 취향 등이 특정 집단, 특히 사회적 · 경제적 계급 사이에서 자신들만의 생활방식을 표시하고 타인과 자신을 구별 짓기 위해 어떻게 쓰이는가를 서술하고 있다.

경제적 자본가 계급은 사업, 기업, 경영, 상업, 금융 관련 집단으로서 화폐자본,

---

4) 적용사례 5장 p. 118

5) 적용사례 7장 p. 169~171

부동산, 공장, 상점, 주식, 채권의 축적을 목표로 하고 생활방식은 베블렌의 신흥부자들이 보여준 과시적 소비양식과 유사하다. 지나치게 화려하게 차려입고 집안 가구와 장식에 필요 이상의 공을 들이고 지적이거나 문화적인 것보다는 물질적인 재화와 오락거리를 소비한다(Bocock, 양건열 역, 2003).

유럽과 프랑스의 세습부자는 신흥부자보다 덜 화려하고 덜 과시적인 소비를 하는 경향이 있다. 브르디외에 따르면 이들은 경제적 성공으로 새로이 부자대열에 든 이들과 자신을 구별하기 위해 오래되고 권위 있는 미술, 음악, 조각, 문학 명작들을 중시하고 전통적이고 관습적인 생활을 유지한다. 이러한 것들은 신흥부자들과 구별하는 사회적 배제장치들로 작용하는데 오래된 부유한 집안들은 교양 있는 취미라고 여길만한 문화자본, 즉 경제적 형태와 구분되는 지적 자본의 형태를 가지고 있다고 주장한다(Bocock, 1996).

노동계급과 중하층 계급은 음식, 술, 텔레비전 시청, 비디오, 가구, 실내장식을 소비하는 양식에 중요한 차이가 있다. 중하층 계급은 체면을 중시하고 그보다 상위에 있는 중간계급으로부터 소비 방식과 소비 대상에 대한 단서를 얻으려 하는 반면 노동계급은 직접적인 즐거움을 통해 재미를 추구한다. 브르디외에 의하면 노동계급의 경우 중하층 계급보다 소득이 더 높은 경우가 있지만 소비양식에 영향을 주는 것은 소득뿐 아니라 문화적 · 상징적 요소들이다(Bocock, 1996).

음식, 의복, 실내장식, 스포츠, 휴가, 음악, 미술 등 사람들의 일상생활의 다양한 소비영역에서 소비방식에 차이가 있는데 상이한 지위집단 사이의 차별과 구별을 낳은 수단으로서 경제자본 이외에 문화자본이 개입된다. 각 계급은 문화자본 수준에 따라 각기 다른 취향을 가지게 되는데 브르디외는 취향을 칸트적 취향과 대중적 취향으로 구분하고 있다. 문화자본이 증가할수록 보다 고급의 우월한 칸트적 취향을, 문화자본이 낮은 계층은 즉각적이고 감각적인 것을 선호하는 반칸트적(대중적) 취향을 선택하는 경향이 있다(Miller, 1987).

브르디외가 제기하고자 했던 문제는 취향이 개인적 선택의 결과가 아니라 사회적으로 구조화되었다는 사실이다(Bocock, 1996). 브르디외는 행위자의 무의식적 수준에서 취향을 일관되게 조정하는 체계가 존재한다고 보고 이를 아비투스(habitus)라 부른다. 아비투스는 물질적 존재조건뿐 아니라, 가족의 문화적 유산이나 교육 등의 비물질적 존재조건에 의해 형성된다. 경제자본과 문화자본에 따른

베블렌(Thorstein Veblen, 1857~1929)

미국 경제학자 · 사회학자. 제도학파(制度學派)의 창시자로 간주되고 있다. 노르웨이의 이주농민(移住農民)의 아들로서 존스홉킨스대학 · 예일대학 등에서 공부한 뒤, 시카고 · 스탠퍼드 · 미주리 · 컬럼비아대학 등의 교수를 지냈다. 베블렌은 독일의 신역사학파와 미국의 철학자 J. 듀이 등에 깊은 영향을 받아서, 시카고대학 재직 당시 『유한계급의 이론(1899)』과 『기업의 이론(1904)』에서 당시의 자본주의사회를 구성하고 있는 가족 · 기업 · 조합 · 국가 등의 사회제도를 분석하고 그 임상학적 진단서를 제시했다. 그는 현실적으로 인간이 경영하는 경제사회의 질적 · 누적적 변화발전을 파악해야만 한다고 말하고, 그 자신이 창설(1918)에 참가한 뉴욕의 뉴 스쿨 오브 소셜 리서치를 중심으로, J.R. 코먼스 · W.C. 미첼 등에게 깊은 영향을 주었다. 기존의 추상적 경제이론에 대한 비판이 격화되었던 1970년대 이후, 또다시 베블렌에 대한 관심이 높아지고 있다. (자료: 야후 백과사전)

보드리야르(Jean Baudrillard, 1929~)

프랑스 사회학자. 랭스 출생. 낭테르대학교에서 H. 르페브르의 지도로 박사학위를 받고 1987년까지 그 대학에서 교수를 지냈다. 마르크시즘과 기호학을 비판 · 발전시키며 일상생활을 분석 대상

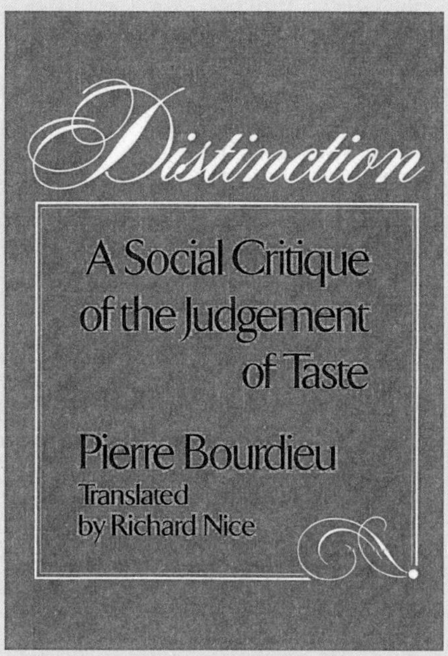

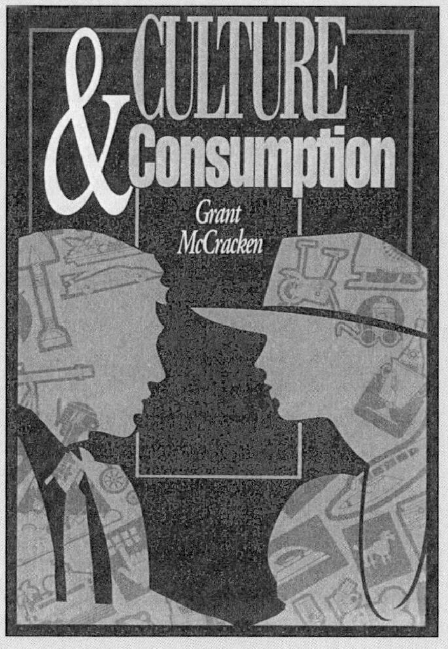

으로 삼았다. 그는 현대사회를 〈 소비사회 〉로 지칭하는데, 소비를 사회의 원동력이며, 코드 · 규칙으로 조직되어 있는 〈 기호 체계 〉로 보았다. 또한 현대의 삶은 모사(模寫 ; simulation) 속에서 분해 · 재생산되며 모사물이 현실을 능가하여 그 경계가 모호해진다는 〈 시뮬라시옹 〉, 〈 하이퍼리얼리티 〉, 〈 내파(內破) 〉 등의 개념을 제시했다. 현대사회와 문화에 대한 독창적 통찰과 극단적 분석으로 많은 논란을 낳았다. 저서에 『기호의 정치경제학 비판(1981)』, 『시뮬라시옹(1981)』, 『아메리카(1989)』 등이 있다. (자료: 야후 백과사전)

피에르 부르디외(Pierre Bourdieu, 1930~2002)

파리 고등사범학교(ENS) 출신의 사회학자로서 프랑스 최고의 지성을 상징하는 콜레주 드 프랑스(College de France)의 교수였다. 독창적인 사회문화이론가로서 30여 권에 달하는 방대한 저서를 남겼으며 사후에 사르트르와 푸코에 이어 프랑스 지성사에 빛나는 세계적인 석학으로 평가받고 있다. 부르디외의 이론적 관심사는 사회에서 개인 및 집단의 문화적 취향은 무엇에 의해 어떻게 구성되는지, 또 문화가 사회구조에 어떠한 영향을 미치는지 등을 밝히는 것이었다. '구별 짓기'(La Distintion, 1979)는 현대사회의 문화와 계급의 관계를 경험적인 연구와 독특한 이론으로 규명한 그의 역작 가운데 하나이다.

사회적 존재조건을 달리하는 각 사회계급은 각기 다른 특정한 아비투스를 갖는다. 객관적 조건은 아비투스를 통해 취향으로 내재화되고 그리하여 소비와 같은 생활양식과 취향에서의 문화적 실천은 사회 공간 내에서 차지하는 위치와 그에 상응하는 아비투스에 따라 구별된다(함인희 외, 2001).

소비취향과 소비양식의 중요성은 그것을 통해서 계급적 차이와 정체성이 형성되고 분류되며 인식된다는 데 있다(Bourdieu, 1984). 취향에 의해 구성되는 상이한 생활양식이 사회적 지위를 상징적으로 표현하고 사람들은 생활양식을 통해서 사회적 지위를 인식할 뿐 아니라(함인희 외, 2001) 생활양식은 사회적 차이를 재생산한다(Corrigan, 1984).

생활양식에 관한 소비이론은 소비를 구매한 물건을 타인에게 내보임으로써 자신의 정체성 의식을 창조하고 유지하려는 과정으로 개념화하고 있다. 소비는 집단적 · 개인적 정체성 의식을 상징적으로 구성하는 능동적 과정이 된다(Bocock, 1996).

3. 환상과 쾌락적 소비이론

1) 옮겨놓은 의미

"장미로 뒤덮인 아담한 집"을 꿈꿀 때 언젠가 그런 아담한 집을 갖는 것을 생각하는 것은 일정한 가정생활이나 생활양식 전체에 관한 것이고 아담한 집은 자신이 꿈꾸는 행복한 가정생활에 대한 "객관적 상관물"이 된다. 이처럼 재화는 어떠한 태도, 관계, 환경을 구체화함으로써 현실에서 꿈꾸는 이상과 희망의 객관적 상관물이 된다(McCracken, 1988).

(1) 꿈과 이상의 보존을 위한 "옮겨놓은 의미" 전략

우리가 살고 있는 생활세계에서는 필연적으로 현실과 이상 사이에 차이가 있게 마련이다. 문화마다 문화적 이상을 보호하기 위하여 이상들을 일상생활에서 떼어내어 또 하나의 다른 문화세계로 옮겨놓는 전략을 사용한다. 이와 같이 사실과 이상의 차이를 다루는 전략이 “옮겨놓은 의미(displaced meaning)”이다(McCracken, 1988). 문화적 이상이 다른 문화영역으로 옮겨지면 그것은 손에 잡힐 수 있는 현실인 것처럼 보인다. 현재의 세계에서는 실체화 되지도 않고 있을 수 없는 것을 또 하나의 먼 세계에 존재시킴으로써 이상은 보호되고 동시에 이상에 일종의 경험적 증명을 주는 데에도 도움이 된다. 예를 들면 문화의 이상을 보존하기 위한 장소로서 역사적으로 황금시대라든가 이상국가 등 문화적 이상이 완전히 실현되었다고 상상되는 허구적인 시대로 위치를 만들어 낼 수도 있다. 로마의 서사시인 오비디우스가 읊어낸 황금시대는 “저 최초의 시대, 법률도 없고 자신의 의지를 강제하는 사람도 없는, 신념이 보존되고 정의가 행해진 시대”이다(McCracken, 1988). 성취되지 못한 이상의 위치가 되는 것은 언젠가 도달하고자 하는 유토피아적인 먼 미래의 세계가 될 수도 있다. 옮겨놓은 의미 전략을 통하여 추구하는 이상을 안전하게 보존하고, 좌절하고 상처받기 쉬운 현실 속에서 희망을 잃지 않고 이상을 실현하려는 노력을 지속할 수 있나는 것이다.

(2) “옮겨놓은 의미”의 가교로서의 사물의 역할

개개인도 “지금 여기”에서 상대적으로 안전한 또 하나의 시간이나 공간, 즉 과거의 행복했던 어린 시절이나 결혼을 하면, 졸업을 하면, 취업을 하면 등등 상상할 수 있는 바람직한 미래에 자신들의 이상을 옮겨 놓고 희망과 이상을 유지하면서 현재의 불행이나 좌절을 견디어 내는 옮겨놓은 의미 전략을 사용한다. 이때 사물이 옮겨놓은 의미로의 가교 구실을 하고 의미의 회복을 돕는 데 이용될 수 있는 장치가 된다는 점에서 소비문화로서의 의의가 있다.

맥크래켄에 따르면 특정한 문화적 의미를 담고 있는 재화는, 달리 표현하여 재화가 특정한 문화적 의미의 “객관적 상관물”이 되면 옮겨놓은 의미로의 통로가 되며 아직 소유하지 않고 단지 갖고 싶은 열망만으로도 가교 구실을 한다. 개인은 그 재화의 소유와 더불어 이 재화 속에 담긴 지금은 도달하지 못한 곳에 있는 어떤 이상적인 상태나 환경의 소유를 예상할 수 있다. 이 때 재화는 어떤 감정상태, 사회환경, 심지어는 라이프스타일 전체를 구체화함으로써 옮겨놓은 의미의 가교가 되며 아울러 마땅히 그렇게 살아야 하는 삶의 이상화 된 모델이 되어준다.

사물이 옮겨놓은 의미의 가교 역할을 할 수 있는 것은 다음과 같은 속성에 기인한다. 첫째, 커뮤니케이션 매체로서 재화의 기호들은 구체적이며 지속적인 특성이 있다. 옮겨놓은 의미는 그 성질상 실체가 없고 현실에 존재하는 것이 아니다. 재화는 그 자체의 실체를 통하여 의미에 실체성을 부여하고 의미의 존재에 대해 일종의 경험을 제공할 수 있다. 또한 재화는 의미에 실체성을 부여함으로써 구체적으로 그것을 소유할 수 있다는 허구의식을 고취시키는 데 기여한다. 둘째로 사물이 나타내는 기호는 희망하고 추구하는 이상 전체를 비유하여 묘사하는 성질이 있다. 즉, 사물 한 가지만으로도 전체 의미를 상징적으로 대표하여 나타낼 수 있는 상징성이 강한 기호의 특성을 가진다. 셋째, 희소하고 소비자의 구매력을 넘어서는 경제적인 가치가 큰 재화가 옮겨놓은 의미를 나타내는 재화로서 적합하다. 넷째, 풍부한 재화의 세계는 옮겨놓은 의미의 안전한 피난처를 제공한다. 옮겨놓은 의미를 내포한 재화를 소유하게 되면 그 의미는 옮겨놓은 위치에서 사라지게 되는데 풍부한 재화의 세계에는 개인이 이상을 옮겨놓고 열망할 수 있는 보다 높은 수준의 소비재가 항상 존재한다.

(3) 소비문화에 대한 시사점

옮겨놓은 의미는 소비재를 통해서 취득될 수 있다. 맥크래켄은 이를 기호적인 기적의 달성이라고 표현하는데, 소비자는 열망하는 생활양식의 일부분이라도 소유하기 위해 그 의미를 담아 놓았던 재화를 구입한다. 그러나 구입이 이루어지자마자 그 재화에 담긴 옮겨놓은 의미는 소실되고 소비자는 기대를 다른 사물로 옮겨놓는다는 것이다. 구입과 동시에 오랫동안 추구되어 온 이상은 순식간에 가치를 잃으며 다른 가교로 이동하기 때문에 옮겨놓은 의미는 항상 옮겨놓은 상태로 남을 수밖에 없다.

소비사회에서 옮겨놓은 의미로의 가교로서 이상과 희망을 담고 있는 소비재는 불행하고 어려운 현실에서 비관에 저항하도록 도움을 준다. 사물을 통하여 현재는 이상적인 기대와는 동떨어져 있다 할지라도 이상과 합치하는 시간이나 장소가 있음을 상정하고 옮겨놓은 의미가 회복되어 실현될 수 있다고 암시함으로써 희망을 유지할 수 있을 것이다.

옮겨놓은 의미를 회복하기 위하여 재화를 이용하는 현상이 소비자에게 좋게만 작용하는 것은 아니다. 옮겨놓은 의미의 가교로서의 소비는 현대사회에서 소비 열기를 꺼뜨리지 않고 유지하는 엔진으로 작용하고 소비욕구를 끊임없이 영속화하는 데 기여한다. 소유와 동시에 옮겨놓은 의미의 불빛은 사라지고 또 다른 재화로 새로운 희망을 추구하는 과정이 계속 이어지게 된다. 다시말해 소비에 있어서의 충족된 상태란 다다를 수 없고 끊임없이 욕망을 자극하여 늘 새로운 사물에 대한 구입을 요구하게 되는 오늘날 소비문화 현실의 일면이 이 이론에 반영되어 있다. 재화를 통해 이상과 희망을 유지하는 현상은 사치재에 대한 소비와 과소비, 고가 소비재의 구입, 비합리적이고 공상적이며 도피주의적인 소비를 잘 설명하고 있다.

2) 소비환상론

소비환상론은 소비에서의 꿈과 욕망 그리고 소비를 통해 체험하게 되는 정서적 즐거움과 소비의 미학을 다루고 있다는 점에서 재화의 옮겨놓은 의미 이론과 맥락을 같이한다. 소비환상론은 소비동기로서 쾌락주의, 도피주의, 환상, 신기함에 대한 욕구 등에 주목하는데 이러한 논의의 시초는 소비를 낭만주의 윤리와 연계한 캠벨(Campbell, 1989)로부터 찾아볼 수 있다.

(1) 캠벨의 소비환상론

18세기 후반~19세기 초의 낭만주의는 이성적 계몽주의에 대한 반발로 시작되었다. 낭만주의는 아는 것보다 느끼는 것을, 지적인 것보다 상상을, 외적 세계보다 내적 세계를 중시하고, 개인에 대해서도 사회로부터 분리된 독특성과 자율성을 지닌 존재로 이해하였다(Corrigan, 1997). 낭만주의에서 추구하는 개인은 다양하고 강도 높은 경험을 통해 자신을 표현하거나 실현하고 자신의 독특성을 발전시켜야 하는데, 캠벨은 소비를 자기 자신의 독특한 주관적인 환상과 정체성을 재현하고 체험하기 위한 방식으로 인식하고 낭만주의적 윤리에 기반을 둔 소비주의의 규범을 제시하고자 하였다. 먼저 캠벨은 자기만족적 행위로서의 소비생활에서 욕구를 만족시키는 것과 즐거움을 추구하는 것을 구별하였다. 욕구의 만족은 충족시킬 필요가 있는 부족함과 연관되어 부족함을 채움으로써 어떤 불균형이 시정되는 것인데 비해 즐거움의 추구는 보다 큰 자극을 경험하고자 하는 것이다. 캠벨은 사람들에게는 즐거움을 추구하려는 독립적인 욕망이 있는데, 즐거움에 대한 열망과 체험의 끊임없는 순환이 자발적이며 자아지향적이고 창조적 소비행위에서 나타난다고 하였다.

즐거움에 대한 욕망에 대해 캠벨은 전통사회와 현대의 쾌락주의로부터 그 차이를 구분하고 있다(Corrigan, 1997). 전통사회에서 쾌락주의는 오감을 즐겁게 하는 감각에 대한 추구에 그친데 비해 현대적 쾌락주의는 감정에서 즐거움을 찾는 것으로서 온갖 종류의 경험에서 즐거움을 추구한다. 전통적인 쾌락주의와 현재적 쾌락주의의 큰 차이는 전자는 즐거움을 얻기 위해 세상의 대상물과 사건을 통제하고 후자는 사물의 의미를 통제하는 데서 즐거움을 찾는다는 것이다. 감정을 즐긴다는 것은 의지를 통해 감정이 통제되고 조절이 가능함을 전제로 한다. 캠벨(1987)은 현대의 쾌락주의는 개인이 자기 자신의 느낌과 강도를 결정할 수 있는 능력에 달려있다고 주장한다. 다양한 상징으로부터 어떤 의미를 우리가 선호하는지를 결정할 역량을 가지고 자발적으로 선택하고 조절할 수 있을 때 소비의 즐거움을 누릴 수 있다는 의미이다(Corrigan, 1997).

(2) 페더스톤의 일상생활의 미학화

캠벨에 의한 고전적인 소비환상론이 즐거움을 추구하는 낭만주의 소비윤리의 개념으로 해석될 수 있다면 현대의 소비환상론은 페더스톤(Fetherston, 1991)의 "일상생활의 미학화"란 개념으로 파악된다. 일상생활과 예술의 경계가 허물어지고 대중문화의 찌꺼기라도 예술의 주체로서 미학화되고 있다. 예술인이나 지성인처럼 지속적으로 자신을 풍부히 하고 새로운 가치를 추구하고자 하는 욕망과 호기심을 가진 사람들은 다양한 상품, 특히 새롭고 이국적이고 독특한 상품을 구매하고 소비함으로써 삶, 감정, 육체, 정체성을 미학화시키고 끊임없이 실험적으로 변형시키는 예술적 실천을 시도한다.

페더스톤의 소비환상론은 본질적 혹은 참된 정체성을 전제하지 않으며 상상적 정체성의 실체화 혹은 현실적 구현을 인정한다는 점에서 캠벨의 낭만주의적 소비환상론과 맥락을 달리 한다고 볼 수 있다.

소비문화
생각해 보기

이 장에서 소개된 소비문화이론들은 우리 주변의 소비 모습을 적절하게 설명하고 있는가? 소비문화이론별로 관련된 사례를 세 개 이상 들고 이론의 타당성을 논의해 봅시다.

도움이 되는 글

그랜드 맥크래켄, 이상률 역(1996), 문화와 소비, 문예출판사, 5장~8장

함인희 · 이동원 · 박선웅(2001). 중산층의 정체성과 소비문화, 집문당, 2장 2절

영화속의 03 소비문화 엿보기

금발이 너무해

줄거리 _ 2001년 미국을 배경으로 한 영화. 주인공 엘르우즈는 모두가 부러워하는 아름다운 금발의 패션 전공 대학생이다. 학교에서 남학생은 물론 여학생에게도 인기 있는 그녀는 장학생이며 캠퍼스 캘린더 모델이기도 하다. 그러나 하버드 법대에 다니는 남자친구 워너가 엘르우즈가 '지나치게 금발'이라서 자신의 미래상인 정치인으로서는 어울리지 않는다고 이별을 통보하자 비탄에 잠긴다. 그러나 오기가 생겨 워너가 다니는 하버드 법대에 들어가기로 결심하고 마침내 입학하여 여러 가지 에피소드 끝에 졸업하게 된다.

소비문화 _ 미국 서부에 사는 부유한 여대생들이 원하는 소비의 이상향을 보여준다.

소비를 통해 자신을 과시하고 유행을 따르고, 다양한 의상구매를 마음껏 한다. 대학교 내에서 멋쟁이들이라고 검증받은 여학생끼리 클럽을 이루어 활동을 하고, 서로의 프라이버시를 중요시하면서도 자신들의 클럽위상을 생각하며 그에 걸맞은 행동을 하고 이들이 바로 그 지역의 유행을 만들어 내는, 이른바 소비의 선도 그룹 역할을 하고 있다. 엘렌의 선배가 어려움에 처해 구치소에 있게 되자 생필품이라고 내민 것은 '피부관리 세트, 아로마 향초, 패션 잡지 등이었다. 즉, 이런 품목이 이들에게 가장 중요한 소비품목인 것이다.

엘렌은 티파니 은팔찌와 목걸이를 하고 있는데, 이는 비슷한 연령대의 여성들 모두가 선호하는 명품 액세서리다. 또 엘렌은 분홍색을 좋아하여 분홍색 의상과 소품을 자주 사용하며 자신의 분신과 같은 강아지에게도 핑크 장식을 하며 목마를 때는 에비앙 생수를 준다. 네일 아트 숍에서 손톱, 발톱을 손질하고 수다를 떨며 스트레스를 푼다.

동부와 서부의 대학생들의 생활과 의상도 비교하여 엿볼 수 있다. UCLA를 비롯한 서부의 대학생들은 자유분방함을 추구하기 때문에 몸에 딱 붙는 티셔츠와 청바지를 즐겨 입고 술을 많이 마시며 노는 파티문화를 즐긴다. 하지만 하버드 대학을 비롯한 동부의 대학생들은 소위 프레피 룩이라 불리는 면바지와 티셔츠, 남방을 입고 파티문화 역시 토론을 위주로 하는 홈파티를 즐기는 대조되는 모습을 볼 수 있다.

참고문헌

그랜트 맥크래켄, 이상률 역(1996), 문화와 소비, 문예출판사

돈 슬레이터, 정숙경 역(2000), 소비문화와 현대성, 문예출판사

로버트 보콕, 양건열 역(2003), 소비, 나는 소비한다, 고로 존재한다, 시공사

피터 코리건, 이성용 · 유홍준 · 이정환 · 고성호 · 정기선 · 정태인 역(2001), 소비의 사회학, 도서출판 그린

함인희 · 이동원 · 박선웅(2001), 중산층의 정체성과 소비문화, 집문당

Bocock, R.(1996), *Consumption,* London: Routledge

Bourdieu, P.(1984), *Distinction: A Social Critique of the Judgement of Taste,* Cambridge, MA: Harvard University Press

Campbell, C.(1987), *The Romantic Ethic and the Spirit of Modern Consumerism,* Oxford: Blackwell

Ewen, Stuart and Elizabeth Ewen(1982), *Channels of Desire: Mass Images and the Shaping of American Consciousness,* New York: McGrawHill

Featherstone, M.(1991), *Consumer Culture and Postmodernism,* London: Sage

Haug, W. F.(1986), *Critique of Commodity Aesthetics: Appearance, Sexuality & Advertising.* Cambridge: Polity Press

Hirsch, Fred.(1976), *The Social Limits to Growth.* Cambridge, Mass: Harvard University Press

Leiss, William(1983), The Icons of the Marketplace, *Theory, Culture and Society* 1(3)

Rose, G.(1978), *The Melancholy Science: An Introduction to the Thought of Theodor W. Adorno,* London: Macmillan

Slater, D.(1997), *Consumer Culture and Modernity,* Oxford, UK: Polity Press

Veblen, T.(1912), *The Theory of the Leisure Class,* New York: Macmillian

Williamson, J.(1978), *Decoding Advertising,* New York: Marion Boyars

CHAPTER

04 소비문화 연구방법

사람에 따라서는 학문에만 너무 시간을 소비하는 탓으로
진실을 알 여유가 없다.

-탈무드-

CHAPTER 04

소비문화 연구방법

문화연구에 대한 방법론적 전통은 문화인류학자가 자신이 조사하는 사회의 구성원과 함께 그들의 일상적 삶에 직접 참여하면서 체험을 통해 그 문화를 연구하는 현지조사에 뿌리를 두고 있다. 이러한 연구전통을 이어받아 1930년대와 40년대 미국 시카고 사회학파를 중심으로 풍부한 질적인 연구들이 이루어지기 시작했고 이후에 사회와 문화적 실체와 현상이 어떻게 해석, 이해되고 경험되거나 생성되는가를 탐구하고자 하는 다양한 연구방법으로 체계화되었는데 이러한 일군의 연구방법은 모두 질적인 연구방법으로 지칭된다(Padgett, 유태균 역, 2001).

질적 연구방법은 분석과 설명방법에서 복합성, 세부사항 그리고 맥락을 이해하는 데 중점을 두며, 풍부하고 상황적이며 세부적인 자료를 바탕으로 완숙한 이해를 창출해 내는 데 목적이 있다. 또한 피상적인 유형, 추세나 상관관계의 묘사보다 본질적인 형태의 분석과 설명을 강조한다(Mason, 김두섭 역, 2004). 따라서 질적 연구방법은 잘 알려지지 않은 주제에 대한 탐색적 접근을 하고자 하는 경우, 민감하고 정서적으로 깊이 있는 주제나 실제로 어떤 삶을 살고 있는 사람들의 시각으로부터 '살아 있는 생생한 경험'에 대해 이해를 얻음과 동시에 그들의 삶으로부터 어떤 의미를 도출하고자 하는 경우 그리고 연구대상의 관점을 포착하는 연구 등에 적합한 연구방법으로서(Padgett, 유태균 역, 2001), 문화현상으로서의 소비와 소비자를 탐구하는 연구방법의 근간이 된다.

이 장에서는 소비문화 연구방법으로서 질적인 연구방법에 대해 소개하고 있다. 먼저 질적 연구의 근저를 이루는 이론적 틀로서 자연주의, 현상학 그리고 근거이론을 고찰하였다. 이러한 인식론적 패러다임은 질적 연구방법의 기본 방향을 결정짓고 자료의 수집 및 해석과 설명의 기초를 이루기 때문에 소비문화 연구 설계단계에 반드시 숙고해야 하는 매우 중요한 사항이다. 연구실행단계에서 주된 소비문화 연구자료 수집방법인 참여관찰, 심층면접, 표적집단면접, 내용분석방법에 대해 살펴보았다. 구조화된 양적 연구방법에 비해 비구조화된 질적 연구방법은 자칫하면 도출된 결과의 입증이 어렵고 연구의 신빙성이 저하되기 쉬운데, 마지막 절에서는 연구의 신뢰도를 높이기 위한 몇 가지 방안에 대해 언급하였다.

1. 소비문화 연구의 이론적 틀

1) 자연주의

자연주의는 실증주의적 전통을 이어받아 사회적 사실을 자연스럽게 관찰되고 기술될 수 있는 객관적 실체로 본다(Gubrium & Holstein, 1977). 자연주의 접근방식은 사회현실들은 복합적으로 구성되어 있고 서로 분리될 수 없으며 따라서 전체적으로 이해되어야 한다고 여긴다. 과학적 실증주의에서처럼 현상에 대한 인과관계를 명확히 구분하기보다는 모든 구성요소들은 상호작용하면서 하나의 현상을 형성하고 있다고 보는 것이다. 연구자와 연구대상자 관계도 분리되지 않고 서로 상호작용하며 연구자는 연구대상 사회에서 내부인의 위치를 갖는 것을 허용한다(유창조, 1997).

인류학자들이 타문화를 연구하는 과정에서 하나의 전통으로 자리 잡은 참여관찰을 통한 현지조사는 자연주의 인식론에 근거한 전형적인 문화연구방법이다. 참여관찰이란 조사대상 사회에 들어가 참여하면서 체험을 통해 문화를 연구하는 방식이다. 현지 참여관찰 연구의 결과는 민족지(ethnography)라고 불리는 독특한 글쓰기 방식으로 나타난다. 고전적인 의미에서 민족지는 특정한 부족이나 종족집단의 문화를 총체적으로 기술한 보고서를 가리키는데(서울대학교 인류학과, 2006), 오늘날에는 연구대상 사회의 내부자가 되어 실제 활동에 참여하면서 풍부하고 세밀한 생활상을 기술하고 현지 사람들의 현실을 그들의 용어로 기록하고 보고하는 작업을 일컫는다. 구체적으로 민족지학적 작업은 문화적 의미체계를 알아내기 위해서 문화적 상징을 해독하고, 내재된 코드화의 규칙을 알아내는 데에 초점을 맞춘다(Spradly, 1979). 민족지학은 현지인에 의해 묘사된 현상과 사실을 있는 그대로 기술하는 방법으로서 민족지학자들이 그들을 이해하는 방식에 기초한 것은 아니다(Babbie, 고성호 · 김상욱 · 민수홍 · 유홍준 · 이성용 · 이정환 · 장준오 · 정기선 · 정태인 역, 2002).

자연주의 접근법에 근거한 다른 주요 연구방법으로서 이야기분석(Narrative Analysis)을 들 수 있다. 이야기분석은 자연스러운 분위기에서 연구대상자가 직접 체험한 자신의 경험담을 이야기 하는 것(story telling)으로서, 이야기 자체가 연구자료가 된다(Riessman, 1993; Shreve & Shreve, 1998). 이는 연구자의 사고의 틀을 배제시키고, 있는 그대로 진술한 이야기를 연구대상자로부터 끌어내는 방법론이다(Bal, 1997; Brunrt, 1987; Cronon, 1992; Rosaldo, 1989).

즉, 이야기분석을 하는 과정에서 연구자의 개입이 전혀 없이 연구대상자의 이야기를 있는 그대로 끄집어내어 그 이야기 속에서 화자의 삶을 발견하고 그가 경험한 사건과 행동이 어떤 흐름으로 구성되고 조직되어 의미를 찾아가는지 보는 것이다. 연구자는 그 이야기가 왜 그런 식으로 이야기 되었는지, 그가 경험한 사건과 행동이 어떻게 이야기 속에 반영되고 무엇을 의미하는지 찾아내는 작업을 한다.

2) 현상학

현상학은 주어진 현상의 발생적 · 구성적 근원을 탐구하고자 한다. 현상학적 방법은 인간경험에 대한 분석을 통해 경험의 의미를 포함하여 구조, 즉 현상의 본질을 밝혀 기술하는 것을 목적으로 한다(한전숙, 1998). 현상학을 처음 소개한 후설(Husserl)은 사회 현상 자체를 그 자체로 존재하는 객관적 실체로 보는 실증주의나 자연주의적 관점을 부정한다. 일상인이 삶을 영위하는 생활세계는 각자의 관심과 삶의 목적에 따라 이해되고 파악되는, 주관적이고 상대적인 세계이며 이 안에서 발생하는 이념이나 행위의 타당성은 감성적이고 경험적인 직관에 의존한다고 본다(강영안, 2001).

현상학에 있어서 현상이란 어떤 객관적인 사실을 가리키는 것이 아니라 의식에 의해 경험되어 나타나는 구체적인 모습이다. 다시 말해 현상이란 물질적 혹은 비물질적인 대상이 의식과 관계에 의해서 이루어지는 경험을 가리킨다. 그러나 궁극적으로 현상의 본질은 개인의 의식에 의해서 결정되는 것이 아니라 '상호주관성'에 의해서 결정된다고 할 수 있는데, 여기서 '상호주관성'이란 공동체적 자아를 의미한다. 따라서 현상의 본질은 내가 결정하는 것이 아니라 내가 사는 사회가 결정함을 내포한다.

현상학에 기초한 연구방법은 사회현실을 객관적 실체로 보기보다는 사회적으로 구성된 것으로 본다. 사람들은 그들의 세계를 있는 그대로가 아니라 그들이 그 세계를 이해하는 대로 묘사한다. 따라서 연구자들은 사회적 실재를 정확하게 기술하기 위해 연구대상자들의 이야기를 액면 그대로 받아들이지 않는다. 전통적인 민족지학자들이 어떤 특정한 문화에 대해 정보 제공자의 이야기를 근거로 그것이 실재인 것처럼 보고하는데 비해 현상학자들은 그 세계에 대한 정보 제공자들의 인식으로부터 우리의 일상적 삶을 규칙화하는 상호작용의 배후에 깔린 유형들을 찾아내려고 한다. 자연주의적 현장연구자들이 참여자가 사회생활을 이해하는 식으로 그것을 이해하는 반면에 현상학에 기반을 둔 연구방법은 그러한 이해가 생성되는 과정에 적용되는 방법들을 규명하고자 한다는 점에서 차이가 있다(Babbie, 고성호 외 역, 2002).

현상학적 접근방법에 근거한 사회문화 연구결과의 사례로서 지위집단이나 계급집단이 다른 집단과 구별 짓기 위해 자신이 속한 집단의 생활방식을 따르고 소비양식을 통해 스스로를 차별화 하는 방식을 분석한 브르디외의 작업을 들 수 있다. 브르디외의 접근법은 경제 또는 문화자본에 대한 접근과 관련된 구조 내에서의 지위 집단의 위치를 강조하는 한편 사회, 문화, 경제적 구별을 실재 세계의 객관적 구조가 아니라 그 근저를 이루는 상징적 영역에서 발견하고 있다. 계급구조나 지위집단 등의 구조 내 위치들은 행위자들의 행위, 신념, 가치, 욕망에 한계를 부여하지만 그 자체로 생활양식이나 상징적 의미를 만들어내는 것은 아니라고 해석된다. 소비를 포함한 상징적 행위는 비교적 자율적인 실천으로서 소비는 자율적인 경제적 요인들의 결과로 생겨난 차이들을 표현하고 사회 집단들 간의 차이를 확립하는 데 기여하는 사회적 · 문화적 실천으로 이해된다(Bocock, 양건열 역, 2003).

3) 근거이론

근거이론은 글레이저와 스트라우스(Glaser & Strauss)의 『*The Discovery of Grounded Theory*』(1967)에서 시작되었다. 근거이론은 관찰자료에서 발견되는 유형, 주제, 공통범주의 분석으로부터 이론을 도출해 내려고 시도한다. 자연주의적 접근방법에 실증주의적 관심을 결합시키고자 한 접근방법으로서 조사절차를 강조하고 질적인 연구방법에 양적인 방법론을 곁들인 혼합방법으로 이해되기도 한다(Babbie, 고성호 외 역, 2002; 이경순, 1987). 근거이론에서는 수집된 자료 분석의 신뢰도와 타당성을 갖기 위해 체계적인 코딩이 중요한데, 여기서 코딩이란 자료로부터 발현해야 하는 범주들을 만들기 위해 체계적으로 자료를 부호화하는 과정을 뜻한다. 그렇게 만들어진 범주들이 서로 적합한지 확인하고 자료로부터 이론으로 그리고 이론으로부터 다시 자료로 이어지는 과정을 반복하면서 초기 결론에 대한 타당성을 재평가한다.

근거이론은 실제로 근거한 자료들로부터 이론을 발견하기 때문에 붙여진 이름이다. 근거이론의 실행 과정을 7단계로 나누어 살펴보면 다음과 같다(이경순, 1987).

첫째, 연구문제의 발굴단계에서 이론을 증명하는 대부분의 연역적인 연구와는 달리 근거이론은 명확한 연구문제를 설정하지 않고 시작한다. 연구자는 모든 선입견을 배제하고 생활현장에 직접 참여관찰 하는 것으로 연구를 시작한다. 가설이 없는 상태에서 자료가 수집되고, 초기 자료는 주요 변수들을 결정하기 위해 사용되며 수집된 자료로부터 그 변수들 간의 관계에 대한 가설들을 도출한다. 둘째, 문헌고찰은 현장에서 자료를 수집한 이후에 실행되어야 함을 강조한다. 셋째, 표집단계에서는 양적연구에서 흔히 사용하는 무작위추출법(random sampling) 대신 이론적 적합성에 기초한 이론적 표집(theoretical sampling)방법을 사용한다. 표집은 수집한 자료에서 더 이상 새로운 범주가 발견되지 않는 범주의 포화상태에 이르기까지 실행하는데, 범주의 포화상태란 주요하게 되풀이되는 패턴이나 핵심변

인이 발견되었다는 사실을 의미한다. 넷째, 코딩단계로 근거이론에서는 자료수집, 코딩과 분석이 동시에 진행된다. 다섯째, 메모단계에서는 자료와 코딩의 범주와의 관계들을 어떻게 궁극적인 핵심 스키마로 통합시킬 것인가에 대해 연구자의 생각을 분석적으로 메모한다. 여섯째, 지속적인 비교방법과 자료의 기술을 통하여 하나의 핵심범주를 발견한다. 일곱째, 메모를 분류함으로써 최종 연구보고의 기초가 되는 이론적인 윤곽을 만들게 된다.

꽃다발 선물이 의미하는 것

1917년 찰리 채플린은 대스타로서 명성을 날리고 있었다. 그가 출연한 영화는 모두 성공을 거두었고, 그는 달러박스로 통했다. 그런데 채플린은 돌연 15세의 엑스트라 여배우 밀드레드 해리스와 사랑에 빠졌다. 채플린은 원래 쾌활한 사람이었지만 반면 고독한 성격도 지니고 있어 아름답고 젊은 여성에게 쉽게 매료되는 경우가 많았다. 밀드레드는 금발에 푸른 눈을 가진 미녀였고, 채플린은 첫눈에 그녀에게 사로잡혔다. 채플린은 꽃다발과 기다림으로 그녀에게 프러포즈했다. 열렬히 사랑한다는 표시로 매일 꽃다발을 보냈으며, 사랑의 진지함을 강조하기 위해 그녀가 일하고 있는 스튜디오에 차를 세우고 몇 시간이나 끈기 있게 기다렸다. 채플린의 사랑에 감동한 밀드레드는 그의 청혼을 받아들여 마침내 두 사람의 결혼식이 이루어졌다.

찰리 채플린 외에도 꽃다발로 여인의 마음을 사로잡은 남성은 수없이 많다. 언제부터 사랑의 표시로 꽃다발 선물이 유행하게 되었을까?

예로부터 서양에서 꽃은 '처녀성(處女性)'을 상징했다. 셰익스피어는 작품 속의 여주인공으로 하여금 순결이나 정조 같은 처녀성을 나타내게 할 필요가 있을 때마다 '꽃'으로 비유했다. 오필리어, 코델리아와 같은 순결한 처녀들에게 꽃의 의미를 부여하여 순결함을 강조하였다.

이 '처녀성'은 '순결한 여성'에서 다시 '사랑'으로 그 의미가 변하게 되었다. '처녀성 유린'을 '디플라워'(deflower: 꽃을 따다)라고 하는 것도 이 상징성 때문이다. 이것이 기원이 되어 서양에서 꽃을 주거나 받으면 사랑을 주고받는 것을 의미하게 되었다. '꽃을 준다'는 것을 '사랑과 정열을 바친다'는 마음의 외면적 고백으로 해석했던 것이다. 그 때문에 고대부터 수많은 꽃말들이 만들어지기도 했다. 꽃을 선물하는 행위의 상징성을 강화하기 위해 꽃들에게 아름다운 전설과 의미를 부여했던 것이다.

자료 : 박영수(1998), 유행 속에 숨어 있는 역사의 비밀

2. 소비문화 연구자료 수집방법

1) 참여관찰

참여관찰법은 조사현장에 직접 참여해서 현상을 관찰, 기술하는 방법이다(홍두승, 2002). 참여관찰을 하기 위해 연구자는 현장 참여 정도를 잘 계획해야 한다. 연구대상의 일상적 삶에 완전히 관여하는 완전참여자가 되면 관찰자는 내집단의 완전한 성원이 되고 관찰활동은 완전히 은폐된다. 반대의 역할은 완전관찰자로서 현장의 사회적 상호작용에 전혀 관여하지 않으며 관찰자로서 연구자가 완전히 드러나지 않거나(예를 들면 사람들이 북적거리는 공공장소에서 드러나지 않게 관찰하는 경우), 관찰활동을 완전히 공개적으로 한다. 완전참여자와 완전관찰자 사이의 역할로는 관찰자로서의 활동이 전적으로 은폐되는 것은 아니지만 주로 참여자로 활동하는 관찰자로서의 참여자와 관찰자의 활동이 처음에는 공개적으로 알려지고 따라서 사람들로부터 어느 정도 공개적인 지원을 받는 참여자로서의 관찰자 역할이 있다(홍두승, 2002).

관찰자의 역할이 중요한 것은 관찰자의 존재가 관찰중인 사회과정에 어느 정도 영향을 미치기 때문이다. 완전참여자로 참여함으로써 그 사회의 구성원으로 인식될 때 연구대상자들은 평소대로 자연스럽게 행동하고 마음을 열기 쉽기 때문에 신뢰할 만하고 타당한 자료를 얻을 수 있는 장점이 있다. 그러나 이 경우에 연구자 자신이 조사대상 사회에 원주민화 됨으로써 과학적 객관성을 유지하기 어렵게 되는 위험이 있고(Babbie, 고성호 외 역, 2002) 연구대상과의 관계에서 연구대상에게 관찰 사실을 감추고 비밀리에 연구하는 것에 대한 윤리문제가 발생한다.

관찰자가 노출되면 연구대상자들이 관찰자의 존재를 의식하게 되고 원래 상태와는 달리 그럴듯하게 보이려고 평소의 말과 행동을 수정한다던가 연구자의 존재로 인해 사회적 과정 전체가 바뀔 가능성이 있다. 이렇게 되면 관찰 중인 사회과정은 일상적이고 전형적인 모습에서 벗어나게 되고(Babbie, 고성호 외 역, 2002), 신뢰할 만한 자료수집이 불가능해진다. 완전관찰자로서 연구하는 사회에 관여하지 않으면 연구자가 노출되지 않기 때문에 연구대상에 영향을 미치거나 원주민화 될 가능성은 낮지만 연구대상을 완전히 이해하기는 어렵다(Babbie, 고성호 외 역, 2002).

스프래들리(Spradly, 1980)는 관찰자의 참여의 유형을 비참여, 소극적 참여, 중도적 참여, 적극적 참여, 완전참여 등으로 구분하고 적극적 참여를 가장 유용한 것으로 지적하고 있다. 브루인(Bruyn, 1966)은 참여관찰자는 피관찰자의 생활활동과 감정을 어느 정도 변화시킬 뿐만 아니라 이 과정에서 자신도 변화하지만 관찰하고자 하는 사람들의 문화와 생활의 일상적인 한 부분이 되어야 한다고 주장한다. 그러나 인위적인 행동을 유도해서는 안 되는 점을 분명히 하고 있다. 궁극적으로 연구자는 연구대상자의 관점을 수용하고 그들의 관점을 존중하되 뒤로 물러서서 객관성을 유지하고 왜 그러한 관점을 가지게 되었는가에 대한 이유를 생각하는 노력을 해야 한다(Bellah 1970, 1974).

관찰하는 동안 현장에서 무엇이 일어나고 있는가에 대해 풍부하고 정확한 기록을 남기는 것이 중요하다. 가능하면 많은 기록을 남기는 것이 바람직한데, 초기단계에서는 물리적 공간, 행위자, 행위, 상호작용, 관계, 느낌이나 감정 표현 등을 자세히 기록한다. 또한 관찰내용과 더불어 이에 대한 연구자의 해석을 모두 노드에 기록한다.

로프랜드와 로프랜드(Lofland & Lofland, 1995)는 공공장소에서는 연구자가 눈에 띄지 않기 때문에 관찰한 내용을 곧바로 노트에 기록하는 것이 문제되지 않지만 연구자가 노트에 기록하는 행위가 자연스러운 분위기를 깨뜨리거나 사람들의 기분을 상하게 할 수 있음을 지적하고, 이때에는 일단 짧게 메모를 하거나 녹음기를 사용해 녹음을 하고 관찰 직후 자세한 기록으로 옮기는 방법을 권장하고 있다. 연구를 시작하기 전에 관찰 내용에 대해 예측하고 예상했던 부분을 신속히 처리함으로써 예기치 못했던 부분에 관찰을 집중하고 예상하지 못했던 일들만을 기록하거나, 미리 표준화된 기록양식을 준비하고 속기를 위한 기호를 고안하는 방안 등 원활한 기록을 돕기 위한 다양한 방안들이 제안되고 있다(Babbie, 고성호 외 역, 2002).

2) 사례연구와 사례확장법

사례연구는 문화현상을 몇 개의 사례에 초점을 맞추는 연구방법으로서 특별한 사례에 주의를 기울이는 것이 본질적인 특징이다(Babbie, 고성호 외 역, 2002). 사례연구는 기술적이거나 설명적인 통찰을 제공하기도 하지만 주로 보편적 이론 개발에 활용된다.

사례확장법은 사전지식을 활용하여 현장에 들어가기 전에 미리 그 현장에서 무엇이 관찰될 것인지 가능한 한 자세한 윤곽을 그려내고 관찰을 통해 기존의 이론과 무엇이 어떻게 다른지를 찾는다. 연구자는 기존의 이론에 대해 풍부한 지식을 가지고 현장에 투입되고 기존 이론들 가운데 수정을 요하는 모순들을 밝혀내는 데 주력한다. 사례확장법은 기존 이론의 결점을 발견하고 그것을 수정하는 목적으로 적용되며 이론을 재형성하거나 발전시키기 위한 하나의 방법이라고 할 수 있다 (Michael Burawoy et al., 1991).

사례확장법의 사례로서 유행에 관한 지위표류(Status float) 개념을 들 수 있다. 지위표류란 어떤 추세가 하류층이나 중류층에서 시작하여 상위계층으로 확산되어 유행이 되는 현상을 가리키는데, 지위표류는 트리클다운 이론이라는 기존의 유행 이론과 상반된 사례들의 발견을 통하여 도출된 이론적 개념이라고 할 수 있다. 일반적으로 유행이란 상류층에서 출발한 추세가 하위 계층에 의해 모방되어 확산됨으로써 나타난다고 오랫동안 이해되었고 이러한 현상을 트리클다운(Trickle-Down)이라고 한다. 그런데 트리클다운 이론으로 설명되지 않은 유행 확산 사례들이 발견되었다. 예를 들면 미국에서 청바지는 기성세대에 대한 반항의 상징물로서 1950년대와 1960년대 하류층과 중류층 젊은이들 사이에서 인기를 누렸는데 점차로 상류층의 젊은이들 사이에 퍼져나갔고, 1970년대와 1980년대에 이르러 청바지에 유명 디자이너 상표가 도입되면서 패션품목으로 발전하였으며 심지어 청바지를 잘 입기로 유명한 왕족이 등장할 정도로 널리 확산되었다. 1990년대에 유행한 헐렁한 반바지, 랩송, 문신 등도 하류층에서 출발하여 상류층으로 이동하여 유행되고 있는 사례들이다.

3) 심층면접

심층면접은 면접자의 공감이나 감정이입을 통해서 조성된 안정감 있고 비비판적인 환경 속에서 면접 대상자의 생각, 느낌, 감정 등을 이끌어 내기 위한 면접이다(Weiss, 1994). 심층면접은 면접자가 응답자에게 질문할 일반적인 조사계획을 가지고 있지만 구체적으로 어떤 질문을 어떤 순서로 할 것인지 정하지 않고 시작하는 구조화되지 않은 면접이다. 따라서 면접은 면접자가 대화를 위해 일반적인 방향을 설정하고 응답자에 의해 제기되는 구체적인 주제를 따라잡는 대화이다. 연구자는 질문을 던지고 대답에 주의를 기울이고 그 대답이 갖는 의미를 해석하고 이전에 한 질문으로 끌어낸 대답들이 다음 질문으로 이어진다. 면접과정에서 연구자는 듣고, 해석하고, 질문하는 일을 동시에 수행한다.

심층면접은 면접자와 응답자 사이의 상호작용에 근거한다. 면접자는 잘 경청함으로써 관심을 보이고 상대방의 이야기에 흥미를 보이면서 대화의 흐름을 주도하는 기술이 필요하다. 면접자는 응답자가 말한 것을 있는 그대로 받아들이고 다소 이야기가 주제에서 벗어나더라도 응답자의 말을 중단시키기보다는 연구자의 목적에 적절한 방향으로 대화를 돌리도록 해야 한다. 심층면접은 응답자의 이야기 위주의 면접이 되어야 한다. 바비(Babbie, 2001)는 면접자의 이야기 시간은 5% 미만이 되어야 한다는 지침을 제시하였다.

로프랜드와 로프랜드(1995)는 연구자는 면접할 때 사회적으로 받아들일만한 무능력자의 역할을 할 것을 권하고 있다. 상황을 전혀 이해하지 못하는, 그래서 가장 기본적이고 분명한 면조차 이해하는데 도움을 받아야 하는 사람으로서의 역할이다. 베일(Kvale, 1996)은 면접자의 역할을 광부와 여행객에 비유한다. 연구대상자가 구체적인 정보를 가지고 있고 면접자의 일이란 광부처럼 캐내어 찾는 일이라는 것이다. 또한 면접은 경치 좋은 곳을 여행하면서 그곳에서 마주치는 사람들과 대화 속으로 빠져 들어가는 것으로서 연구대상자들이 자신들의 살아 숨 쉬는 세계에 대한 이야기를 풀어 놓도록 넌지시 질문을 던지는 것이다. 성공적인 면접이란 면접자가 관찰, 경청, 심층적 탐구, 정보를 즉석에서 종합해 낼 수 있는 능력을 발휘해 귀중한 정보를 많이 얻어내는 과정이라고 할 수 있다(Padgett, 유태균 역, 2001).

4) 표적집단면접

표적집단면접(Focus Group Interview)은 토론집단을 만들어 연구자가 토의 주제를 제공하고 집단토론 속에서 상호작용을 관찰, 기록하여 토론 내용을 분석하는 것이다(김민정 · 김성숙, 2005). 표적집단 참여자가 누구인가는 연구 전 과정에 결정적인 영향을 미치기 때문에 집단의 구성이 적절하게 이루어져야 한다. 논의할 연구 주제에 대하여 경험이나 관심이 있는 사람들로서 가장 생산적인 토의를 할 수 있는 참여자를 선정해야 하는데 명확하게 정의된 대상자 선정 기준을 가지고 참여자를 모집하는 것이 바람직하다. 또한 논의가 진행되면서 세대에 따른 생각 차이나 사회적 역할의 차이 등으로 인하여 연구주제에서 벗어난 논쟁이 발생할 수 있기 때문에 연령, 사회경제적 측면 등에서 동질적인 집단으로 구성한다(이군희, 2003). 집단 규모가 너무 작으면 다양한 의견을 듣지 못하게 되고 반대로 너무 많은 수로 구성이 되면 토의가 산만해지기 쉽고 한 주제에 대해 집중적으로 토의하기 어려워질 수 있는데(이군희, 2003), 대체로 표적집단면접의 규모는 6~12명이 적절한 것으로 알려져 있다.

표적집단면접에서는 진행자와 보조진행자의 역할이 매우 중요하다. 면접의 목적이 참여자의 관점을 알아보는 것이므로 진행자는 참여자들이 서로의 생각과 감정과 경험을 나누도록 촉진하는 역할을 해야 한다. 진행자는 토의 전에 면접 목적, 참여자 특성, 토의 질문 의도 등을 파악해야 하고, 토의 진행 과정에서는 편안하고 자유로운 토의 분위기 조성에 주력한다. 또한 토의가 진행되는 동안 토의 내용 분석을 동시에 실행해야 한다. 표적집단에서 논의되고 있는 내용 중 어떠한 내용이 중요하고 어떠한 내용이 중요하지 않은지를 구분하여 중요한 내용을 좀 더 깊이 있게 논의하고, 논의과정에서 다른 방향으로 토론이 흘러가더라도 주제와 관련하여 다른 측면이지만 중요한 내용이라고 판단되는 경우에는 논의를 계속 진행한다.

보조진행자는 그룹토의 진행을 관찰, 기록하고, 관찰실에 있는 관찰자와 연락을 취하는 역할을 하며 장비의 관리(녹음기, 마이크, 테이프 등을 작동하며 관리)를 맡는다. 현장노트는 꼼꼼히 기록하도록 하며, 인용구와 주제를 포착하고 추가할 질문을 기록한다. 현장노트에는 본인의 중요한 견해, 직감, 예감, 생각을 기록하고 심한 비평이나 비언어적 표현, 비언어적 활동들도 함께 기록한다(김성재 · 김후자 · 이경자 · 이선옥, 2000).

토론의 질문은 시작질문, 도입질문, 전환질문, 주요질문, 마무리질문으로 구성된다. 시작질문(opening question)은 참여자 모두에게 던져지는 질문이다. 참여자들이 편안한 느낌을 가질 수 있는 질문으로서 10~20초 이내에 단순하게 대답할 수 있는 질문으로 구성한다. 도입질문(introductory questions)은 토론해야 하는 주제를 소개하는 질문으로서 도입질문을 통하여 참여자들이 그 주제에 대한 경험 등을 이야기하게 하여 자신들이 주제와 동떨어져 있지 않고 면접하고자 하는 주제의 방향을 참여자들이 알 수 있다는 생각을 갖도록 한다. 진행자는 이 질문을 통하여 해당 주제에 대하여 참여자들이 어떻게 이해하고 있는가를 알 수 있다. 전환질문(transition questions)은 주요질문으로 들어가는 데 징검다리 역할을 하는 질문으로 광범위한 문제에서 좀 더 구체적인 과제로 들어가는 것을 참여자들이 알 수 있도록 해 준다. 주요질문(key questions)은 연구의 핵심을 추구하는 질문이며 주요질문에는 10~15분 정도 충분한 토론 시간을 할애한다. 마무리질문은 진행자가 주요질문에 대한 토론 내용이나 중요하게 토론되었던 부분에 대해 보조진행자로 하여금 짧게 요약하게 하고 참가자들에게 제대로 요약되었는가를 질문한다(김성재 · 김후자 · 이경자 · 이선옥, 2000).

토의 내용을 분석할 때에는 면접을 통해 확인하려는 '이미 알려진 내용' 은 무엇인가, 면접을 통해 확인하려는 '의문을 갖는 내용' 은 무엇인가, 미리 예측 못했던 '새롭게 확인한 내용' 은 무엇인가, 이러한 결과가 지닌 '함축적 의미' 는 무엇인가를 염두에 두고 자료를 분석한다(김성재 · 김후자 · 이경자 · 이선옥, 2000).

5) 내용분석

책, 잡지, 웹사이트, 시, 신문, 노래, 그림, 연설문, 서신, 전자우편, 인터넷 게시물, 법률, TV 프로그램, 광고, 영화 등에는 소비생활에 관한 풍부한 정보가 담겨져 있는데 이처럼 기존의 기록 내용을 분석하여 소비문화를 탐구하는 방법이 내용분석법이다. 내용분석방법을 적용하여 유용한 결과를 만들어낸 소비문화 관련 연구로는 현대 미국의 생활에 관한 『*Megatrent 2000*』(Nisabitt & Aburdencd, 1990)를 들 수 있다. 『*Megatrent 2000*』은 연구방법으로서 6,000여개 지방 신문에 대한 내용분석방법을 적용하였다.

내용분석을 하기 위해서는 분석하려는 내용이 무엇인지 명확히 할 필요가 있다. 예를 들면 남성 대상 상품 광고에 폭력적인 내용이 자주 등장하는가 하는 문제를 밝히고자 한다면 먼저 핵심 변수인 남성 대상 상품과 폭력적인 내용에 대한 조작적 정의를 내린다. 그리고 이와 같은 내용을 분석할 대상에 대한 표집을 하고 표집된 자료의 내용을 분류하고 기록함으로써 내용분석 자료를 수집하며 자료 수집이 끝나면 수집된 자료를 분석하여 여타 다른 상품 광고에 비해 남성 대상 상품에 폭력 장면이 많이 나오는지 최종적으로 규명해 내게 된다(Babbie, 고성호 외 역, 2002). 내용분석에서는 무엇보다도 분석하려는 내용이 명확해야 해당 현상의 발생 원인과 결과를 명확하게 알아낼 수 있다(Babbie, 고성호 외 역, 2002).

내용분석의 분석 내용은 현재적 내용과 잠재적 내용 모두 포함한다. 현재적 내용은 겉으로 드러난 가시적 내용으로서 마치 표준화된 설문지를 코딩하는 것처럼 어떤 내용이나 단어의 출현 빈도를 측정함으로써 계량적 분석기법을 적용할 수 있다. 잠재적 내용은 겉으로 드러나지 않고 숨겨진 내용이며 그 용어가 사용되는 맥락과 전체적 구조에서 그 용어의 의미를 질적으로 분석할 수 있다(Babbie, 고성호 외 역, 2002).

내용분석의 장점은 다음과 같다. 첫째, 시간과 비용 측면에서의 경제성이다. 내용분석에는 특별한 도구나 장비가 필요하지 않고 분석하고 코딩할 자료 혹은 내용이 있으면 연구가 가능하다. 둘째, 연구가 잘못 되어가고 있을 때 연구계획을 수정하고 반복하는 것이 용이하다. 셋째, 장기간에 걸쳐 일정 기간 동안 진행되는 과정에 대한 분석이 용이하다는 점을 들 수 있다. 그러나 내용분석은 기록이 이루어진 경우에 한해서 분석이 가능하고 기록되지 않은 사실은 알아낼 수 없다는 단점이 있다(Babbie, 고성호 외 역, 2002).

3. 질적 연구의 신뢰도를 높이기 위한 방안

질적 연구에서 가장 논란이 되는 문제 가운데 하나는 질적 연구를 통해 얻은 결과와 해석을 얼마나 신뢰할 수 있는가 하는 연구의 엄격성과 관련된 문제이다(Padgett, 유태균 역, 2001). 패짓(Padgett, 1998)은 질적 연구의 신뢰성을 저해하는 요인들로서 연구대상의 반응성, 연구자의 편견 그리고 연구대상의 편견을 들고 있다. 연구대상의 반응성은 위의 참여관찰에 대한 절에서 설명한 바와 같이 연구자의 존재 자체로 말미암아 나타날 수 있는 왜곡으로서 연구대상의 행동, 태도, 감정 등에 연구자가 영향을 미치는 데서 비롯된다.

연구자의 편견은 연구자의 관찰과 해석을 자신이 가진 선입견이나 주관이라는 렌즈를 통해 보는 것에서 비롯된다. 이것을 피하기 위해서 연구자는 객관적 거리를 유지할 수 있어야 하는데 객관적 거리의 유지는 자신과 다른 관점을 객관적으로 관찰하고 평가하는 능력을 일컫는다. 따라서 질적 연구에서 연구자에게 요구되는 중요한 덕목은 자기반영성이다. 자기반영성은 자기 자신을 고찰하는 것이다. 연구자 자신에게 어떤 편견이 존재하며 그러한 편견이 연구 과정에 어떻게 작용하는지를 성찰해야 한다(Agar, 1980).

연구대상자의 편견은 자신들의 사생활을 지키기 위해 또는 알리고 싶지 않은 사실을 드러내지 않기 위해 의도적으로 정보를 감추거나 거짓말을 하거나 반대로 연구자가 듣고 싶어 할 것이라고 생각되는 답만을 제시하려는 동기에서 발생한다.

패짓(1998)은 질적 연구의 신뢰성을 높이기 위해 매우 유용한 다섯 가지 방안을 제시하였다. 그 내용을 살펴보면 다음과 같다.

첫째, 연구대상자와 장기간에 걸친 관계를 형성한다. 연구자와 연구대상 간의 장기간에 걸쳐 형성된 관계는 연구대상의 반응성과 연구자의 편견을 줄이는데 도움이 된다. 연구자가 현장에서 오랜 시간을 보내면 연구자의 존재가 자연스럽게 연구대상이나 연구장소로부터 받아들여질 수 있고 연구대상이 어떤 사실을 숨기거나 거짓말을 하는 것을 방지할 수 있다. 그러나 단점도 있는데 연구자가 지나치게 연구대상에 익숙해지거나 몰입되어 객관적인 관찰과 해석을 위해 필요한 거리감을 유지하지 못할 위험이 생긴다.

둘째, 다원화(trangulation)로서, 고정된 하나의 점 또는 사항에 대해 포괄적인 이해를 얻기 위해 다양한 자원을 활용하는 것이다. 덴진(Denzin, 1978)은 이론, 연구방법, 관찰자, 자료의 네 가지 사항에 대한 다원화를 제시하였다. 이론의 다원화는 하나의 자료를 해석하기 위해 여러 가지 다양한 이론과 관점을 활용하는 것, 연구방법의 다원화는 한 연구에서 여러 가지 연구방법을 혼용하는 것(예를 들면 질적 연구방법과 양적 방법을 모두 활용), 관찰자 다원화는 한 연구에서 한 명 이상의 관찰자가 관찰하는 것, 자료 다원화는 한 가지 이상의 자료 출처, 즉 면접, 문서자료, 관찰자료 등을 사용하는 것을 일컫는다.

셋째, 동료집단으로부터의 의견수렴이다. 동료집단은 연구자가 편견에 빠지지 않고 연구 전 과정에 걸쳐 정직성을 유지할 수 있게 하는 감시기제로서의 역할을 한다. 또한 연구대상의 삶에 깊이 관여하는 오류나 논리에서 벗어난 생각을 하게 되는 오류를 잡아 줄 수 있다.

넷째, 연구대상을 통한 재확인이다. 수시로 연구현장을 다시 찾아가서 자신의 연구가 올바른 방향으로 가고 있는지, 자신의 해석과 코딩의 관련성 여부를 연구대상을 통해 확인할 필요가 있다.

다섯째, 부정적 사례분석(negative case)이다. 연구자가 예상했던 가설의 내용과 상반되는 사례들을 자료 검토를 통해 찾아내고 반증 혹은 부정적 사례들에 대한 세부적 검토를 통하여 애초의 가설을 기각할 것인지, 재조정할 것인지 결정한다.

소비문화 생각해 보기

자연주의, 현상학, 근거이론에서 추구하는 등 질적 연구에 대한 인식론적 차이가 소비문화 연구과정과 결과에 어떠한 차이를 불러올 것인지 생각해 봅시다.

도움이 되는 글

얼 바비, 고성호 · 김상욱 · 민수홍 · 유홍준 · 이성용 · 이정환 · 장준오 · 정기선 · 정태인 역(2002). 사회조사방법론. 도서출판 그린, 10장

10일 안에 남자친구에게 차이는 법

줄거리 _ 2003년 미국영화. 잡지 칼럼리스트인 앤디 앤더슨은 '10일 안에 남자친구에게 차이는 법' 에 대한 칼럼을 쓰기 위해 데이트 상대를 찾아 사랑에 빠지게 한 후 갖은 방법으로 남자에게 차여야 한다. 한편 광고회사직원인 벤자민 베리는 다이아몬드회사 광고를 따내기 위해 광조주가 지목하는 여성과 10일 안에 자신을 사랑하도록 만들어야 한다. 이런 각각의 임무를 갖고 앤디와 벤자민은 서로 파트너가 되어 결국 서로 사랑을 느끼게 되는 과정을 엮은 이야기다.

소비문화 _ 영화 속 여주인공은 여성잡지사에서, 남자주인공은 광고회사에서 일한다. 현대 소비문화 형성에 가장 영향을 미치는 두 수제에서 일하는 주인공들인 셈이다.

오늘날 여성잡지의 내용을 보면 대부분 여성패션과 같은 분야의 각종 신상품에 대해 소개하거나 아니면 의도적으로 트렌드를 창출하기도 하며 여성들의 관심을 외모와 패션, 명품소비 등에 묶어 놓는 역할을 한다. 이러한 경향은 영화 속의 여성잡지인 '컴포저' 기획회의에서 콜롬비아대 출신인 여주인공이 쓰고 싶어 하는 정치 주제는 안된다고 거절당하고 패션 · 유행 · 다이어트 · 성형수술 · 스캔들 그리고 남녀관계와 같은 주제를 개발하는 과정에서 잘 드러나고 있다. 원하는 정치 주제를 쓰고 싶어 10일 안에 남자친구에게 차이는 법이란 칼럼을 써내지만 정치는 물론, 경제, 종교, 기아 같은 주제는 다룰 수 없고 신발, 레이저 요법, 몸매별 옷 입기와 같은 주제를 다루도록 요구된다. 여성잡지를 열심히 들여다보는 앤디를 마주친 남자가 '쇼핑중독자 하나 더 만들게요?' 라는 대사에서 여성잡지의 역할에 대해 갖고 있는 인식의 핵심이 잘 드러나고 있다.

남자주인공이 일하는 광고회사는 광고를 따내기 위해 노력하는 과정에서 다이아몬드를 여성들이 열망하도록 어떻게 광고 컨셉을 만들 것인가에 대해 끊임없이 고민한다. 다이아몬드 액세서리 소비광고에 '서리를 뿌리세요' 와 같은 광고슬로건을 이용하는 시도를 볼 수 있다. 즉, 광고가 소비자에게 상품의 이미지를 만들어 제공하며 소비를 부추기는 역할을 하는 모습을 잘 보여준다.

참고문헌

강영안(2001), 과학적 합리성 이해의 세 모형: 1960년대에서 1980년 중반까지 과학철학, 현상학, 해석학을 통한 한국철학자들의 과학 이해, 서강대학교 동아연구소, 동아연구, 91~141

김민정 · 김성숙(2005), 소비문화와 트렌드, 태일사

데보라 K. 패짓, 유태균 역(2001), 사회복지 질적 연구방법론, 나남출판

로버트 보콕, 양건열(2003), 소비, 나는 소비한다 고로 존재한다, 시공사

얼 바비, 고성호 · 김상욱 · 민수홍 · 유홍준 · 이성용 · 이정환 · 장준오 · 정기선 · 정태인 역(2002), 사회조사방법론, 도서출판 그린

유창조(1997), 자연주의적 연구방법의 체계와 사례, 광고연구 36(가을), 9~37

이경순(1987), 간호연구를 위한 근거이론적 접근법, 대한간호학회지 17(2), 105~109

이군희(2003), 사회과학연구방법론, 법문사

제니퍼 메이슨, 김두섭 역(2004), 질적 연구방법론, 나남출판

한전숙(1998), 현상학, 민음사

홍두승(2002), 사회조사분석, 3판. 다산출판사

Agar, M. H.(1986), *Speaking of Ethnography, Qualitative Research Methods,* Vol. 2, Newbury Park: Sage Publications

Agar, M. H.(1980), *The professional stranger: An informal introduction to ethnography,* New York: Academic Press

Babbie, E.(2001), *Practice of social research*(9th ed.), Belmont, CA: Wadsworth Thomson Learning

Bal, M.(1997), *Narratology: Introduction to the Theory of Narrative,* Toronto: University of Tronoto Press

Bellah, R. N.(1970), Christianity and symbolic realism, *Journal for the Scientific Study of Religion* 9, 89~96

_______ (1974), Comment on the limits of symbolic realism, *Journal for the Scientific Study of Religion* 13, 487~489

Bruyn, S. T.(1966), *The human perspective in sociology: The methodology of participant observation,* Englewood Cliffs. NJ: Prentice-Hall

Cronon, W.(1992), A Place for Stories: Nature, History, and Narrative, *Journal of American History,* 78(4), 1347~1376

Denzin, N. K.(1978), *The research act: A theoretical introduction to sociological methods*(2nd ed.), New York: McGraw-Hill

Glaser, B., & Strauss, A.(1967), *The discovery of grounded theory,* Chicago: Aldin

Gubrium, J. F. & J. A. Holstein(1997), *The new language of qualitative methods,* New York:

Oxford University Press

Kvale, S.(1996), *Interviews: An introduction to qualitative research interviewing,* Thousand Oaks, CA: Sage

Lofland, J. & L. H. Lofland(1995), *Analyzing social settings: A guide to qualitative observation and analysis,* 3rd. ed. Belmont, CA: Wadswowrth

Mason, J.(1996), *Qualitative research,* Thousand Oaks, CA: Sage Publications

Padgett. D. K.(1998), *Qualitative methods in social work research: Challenges and rewards,* Thousand Oaks, CA: Sage Publications of Cognitive Psychotherapy: An Intranational Quarterly, 12(1), 39~55.

Riessman, C. K.(1993), *Narrative Analysis Qualitative Research Methods,* Vol. 30, Newbury Park: Sage Publications

Rosaldo, R.(1989), *Culture and Truth: The Remaking of Social Analysis,* Boston: Beacon

Savin-Williams, R. C.(1987), *Adolescence: An Ethnological perspective,* New York: Springer-Verlag

Shreve, S. R. & Shreve, P.(Eds)(1998), *How We Want to Live : Narrative on Progress,* Boston: Beacon Press

Spradley, J. P.(1979), *The Ethnographic Interview,* Harcourt Brace Jovanovich College Publiches

______ (1980), *Participant Observation,* New York: Holt, Rinehart & Winston

Weiss, R. S.(1994), *Learning from strangers: The art and method of qualitative interview studies,* New York: Free Press

ATLANTIS ADVENTURE
MAGIC PASS
STAND BY

2부

소비문화:
우리의 자화상

CHAPTER

05

입는 소비문화

옷에 의해 사람들의 세계관도 변하고,
사회적인 입장도 바뀐다.
우리가 옷을 입고 있는 것이 아니라
옷이 우리를 입고 있다.

-버지니아 울프-

CHAPTER

05 입는 소비문화

이루 말할 수 없이 허영과 자만에 찬 어떤 까마귀가 가장 아름다운 새를 뽑는 대회에 나가기로 하였다. 자신의 까만 깃털이 싫은 까마귀는 고민을 하다 공작새들이 떨어뜨리고 간 깃털을 주워서 자기 털에다 꽂았다. 여러 공작새들의 깃털을 꽂은 자기 모습은 그 어떤 공작새보다도 아름다워 보였다. 너무나 만족한 까마귀는 다른 친구들을 얕잡아 보며 자신만만하게 대회에 출전하여 공작새들 무리 속에 서 있었다. 그러나 이상하게 여긴 공작새들이 작은 까마귀의 빌려 꽂은 깃털을 주둥이로 쪼면서 하나 둘 뽑아 내었다. 서서히 드러나는 까마귀의 정체에 모든 새들은 놀라고 까마귀는 부끄러워 고개를 떨구며 사라져갔다.

-허영이 가득한 까마귀, 이솝우화-

어쩌면 까마귀는 현대를 살고 있는 우리의 모습일지도 모른다. 본래의 자기 모습을 숨기고 타인의 깃털로 장식하고자 하는 까마귀의 행동은 외형적으로 보이는 옷을 통해 자신을 나타내고자 하는 현대인의 소비행동과 흡사하다고 볼 수 있다. 우리는 누구의 어떤 깃털을 가지고 있을까? 이 장에서는 생활 속 입는 소비문화에 대해 생각해 보도록 하자.

1. 우리가 옷을 입는 의미는

1) 신체보호와 능률 향상을 위한 기본적 의미

의복이 추위로부터 몸의 체온을 지켜주고 동물이나 곤충의 공격으로부터 몸을 보호하기 위한 것이라는 기본적 의미는 의복의 기능으로 분류되기도 한다. 초기 의복의 가장 큰 의미는 바로 이 기본적인 이유에서 출발하였지만 사회의 발달과 함께 조금씩 퇴색되어 왔다.

사람들은 날씨의 변화에 반응하면서도 더러는 추운 날씨 속에 병이 날 각오를 하고 사회적 상황에 맞게 잘 차려입기도 한다. 이러한 경향은 연령층에 따라 차이를 보이는데, 젊은이들이 의복을 선택할 때에는 모임의 성격을 중요요인으로 여기는 반면, 나이든 사람들은 날씨를 더 중요하게 고려한다. 즉, 사람이 나이가 들수록 의복의 보호기능을 보다 중요시하지만, 젊은이들에게는 어떤 상황에 입는 것인지, 유행은 어떠지 등의 다른 고려사항이 더 지배적인 것이다(Corrigan, P., 이성용 외 역, 2002). 의복은 단지 우리 몸을 따뜻하게 보호하기 위해 존재하는 것이 아닌 그 이상의 의미를 담아내며 변화하고 있다.

2) 사회적 정체성 드러내기

가장 뚜렷한 소비형태의 하나인 의복은 사회적 정체성을 형성하는 데 중대한 역할을 한다. 의복은 사람들이 특정 형식의 문화를 자신의 목적에 맞게 어떻게 해석하는지 알 수 있는 좋은 대상이다. 또한 의복은 사회적 신분과 경제력의 뚜렷한 지표로서 상징적인 경계를 유지하거나 허무는 데 유용한 것으로 여겨지고 있다.

베블렌(Veblen)은 사람들이 입는 의복이 모든 보는 이들로 하여금 첫눈에 그들의 재정사정을 보여주는 명확한 징표로 작용하기 때문에 부를 드러내기 위해서는 자신의 옷에 대해 비용지출을 하는 것이 다른 어떤 방법보다 좋다고 언급하였다. "싸구려 코트를 입고 있는 사람은 싸구려 인간이 되었다"라는 그의 글귀에서 코트

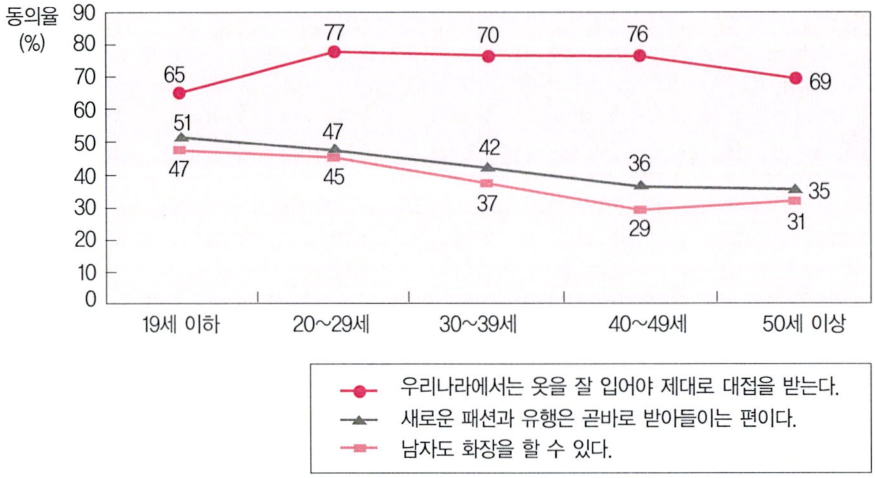

그림 5-1 의생활에 대한 성향

자료 : 대한상공회의소(2004), 한국인 라이프스타일 특성과 기업의 대응전략

는 단지 몸을 따뜻하게 하고 보호하기 위해 존재하는 것이 아니라 부를 드러내는 사회적 정체성을 나타내고 있다고 볼 수 있다. 이와 같이 문화가 발전하면서 입는 옷은 사회와 개인 간의 상호작용의 수단이 되었으며 무언의 언어로서 상징적 가치를 지니게 되었다. 사람들은 더러 상대방과 언어적 의사소통을 하기 전에 먼저 그 사람의 옷차림을 통해서 경제적인 능력과 사회적인 지위를 판가름하기도 한다.

한국인의 라이프스타일 특성 연구(2004)에서 의생활에 대한 성향을 보면 대부분의 연령층에서 옷을 잘 입어야 제대로 대접을 받는다고 여기고 있다. 이는 사람들이 의복을 통해 사회적 관계망을 형성하고 정체성을 유지하고 있음을 의미하는 것이다.

이와 같이 현대사회에서 의복의 상징적인 기능이 강조되면서 옷은 언어와 같이 사람들 사이의 의사소통을 가능하게 해 주는 하나의 수단으로 인식되고 있다. 고급스러움과 저급함, 아름다움과 추함, 부와 가난 등과 같은 수많은 용어들이 옷을 통해 전달되는 것이다.

3) 개인의 정체성 표현하기

의복을 선택함에 있어서 사람들은 특정 사회집단의 요구와 스타일에 동일시하기도 하지만 자아의 이해와 변화를 표현하는 방식으로 만들어가며 개인적인 정체성 작업(identity work)에 몰두하기도 한다. 많은 청소년과 젊은 성인에게 의복은 사회 신분보다는 개인적 정체성을 표현하는 수단이고 개인의 삶을 인식하는 수단이기도 하다. 여기에서의 의복은 멋을 내기 위한 개성 표현으로써의 수단이 강조된다.

옷차림은 그 사람의 지위와 위치를 드러내기도 하지만, 아울러 삶의 감각과 사고의 방향과 취향 등을 나타내기도 한다. 의복은 입는 사람의 안정과 자신감의 정도를 알게 하고 개인적인 정체성을 형성해 주는 것이다.

그래서 의복은 시각적 이미지라는 표현수단으로 개인의 성격, 역할, 태도, 분위기 등을 전달하는 것으로 외모에서 변형된 자아이며 물리적 신체의 확장 또는 전인격의 확장이기도 하다. 그러므로 옷을 잘 입는 감각적인 사람은 주변 사람들에게 '무언의 영향력'을 끼칠 수 있는 것이다. "옷으로 자신의 소망을 표현한다"는 말도 이와 같은 맥락이라 할 수 있다.

이처럼 의복은 다른 어떠한 표현수단보다 자신을 드러내는 가장 중요한 수단이며, 개인이나 집단의 정체성에 대한 일종의 시각적인 은유를 제공해주는 것이다. 우리에게 옷은 중요한 의미를 가지는 하나의 문화로 자리매김하고 있다.

2. 입는 소비문화의 변화 과정

입는 문화는 어떻게 변화되어 왔을까? 여기에서는 서구사회와 우리나라의 역사적 변화와 함께 의복이 지녔던 특징적인 소비문화적 의미를 살펴보도록 하자.

1) 사회적 신분을 나타내어 주던 옷

18세기 서구사회의 옷은 사회적 신분을 나타내는 역할을 하였다. 그 시대의 사람들은 마치 자신이 속한 지위 속의 세상을 아주 극명하게 보여주는 라벨을 입고 다니는 것처럼 보였다. 이러한 방식은 공적인 자리나 사적인 자리에서도 같은 영향력을 나타내었다. 유럽과 미국에서는 직업, 지방색, 종교, 사회계급이 의복에 표현되었는데, 런던과 파리 거리에서 사람들이 어떤 모자를 쓰고 어떤 리본이나 단추를 달고 있는지를 눈여겨보면 그 직종에서의 직위까지도 알 수 있었다. 변호사, 회계사, 상인 등은 각기 다른 장식과 위그(머리장식) 혹은 리본을 달았으며, 상층 계급은 하위 계급과 구분됨과 동시에 거리를 압도할 정도의 옷을 입고 다녔다.

또한 이 시기의 의복은 개인의 가장 귀중한 재산 중의 하나로 여겨졌다. 산업혁명이 일어나기 전인 이 시기에는 여러 사람의 손을 거쳐 옷이 완성되었기 때문에 가난한 사람들은 대개 한 벌의 옷을 가지고 있었으며 새로운 옷을 가지는 것은 지극히 힘들었다. 1780년 파리 부근 278명의 사람들 가운데 옷을 두 벌 이상 소유한 사람은 28명에 불과한 것으로 나타나고 있다(Diana Crane, 서미석 역, 2004). 이는 상당히 많은 의복을 소유할 정도로 부유했던 상류 계층의 사람들과는 대조되는 것이다.

우리나라에서도 의복은 전통적으로 사회계급이나 신분을 상징하는 역할을 하였다. 거리에 입고 다니는 옷차림을 통해 특권지배계층인 양반인지 아니면 천인인지 쉽게 알 수 있었다. 또한 색깔과 문양을 이용하여 다양한 계급과 신분이 표현되었는데, 예를 들어 문무백관들의 관복은 품계에 따라 색깔을 달리 하였다. 두루마기(포)의 경우 3품 이상은 홍포, 4, 5, 6품은 청포, 7, 8, 9품은 녹포로 하여 색깔에 따라 품계를 구분하였다. 그리고 가족 내에서도 의복은 상징적인 역할을 하였는데, 결혼을 한 여성과 결혼을 하지 않은 여성은 각기 다른 색깔의 치마와 저고리를 입었다. 결혼 전에는 홍색 치마에 노란 저고리를 입었지만 결혼을 한 새색시의 경우는 홍색 치마에 연두색 저고리를 입었으며, 출산을 하게 되면 남색치마에 옥색 저고리를 입었다. 이와 같은 직접적인 상징성으로 인해 의복만 보아도 그 사람의 계급과 신분을 충분히 알 수 있었다(박명희 외, 2003). 역사적으로 의복은 신분과 계급을 상징하는 역할을 수행하였다.

2) 공적인 신분을 벗어던진 개인적인 옷

18세기 말 서구사회에서 자본주의 산업화의 영향력이 증대하면서 입는 옷의 방식은 큰 변화를 겪었다. 신분과 계급을 나타내던 공적인 의복은 자연스럽게 표현되어야 한다는 의식이 생겨나면서 사람들은 군중 속 익명인이 되어 옷을 입기 시작하였다. 그리고 대량생산, 대량소비가 확산되면서 비슷한 옷차림을 착용하는 것이 가능해졌다. 의복은 가장 최초로 대량생산된 상품으로 전해진다(Corrigan, P.,

이성용 외 역, 2002). 근대적인 의복의 확산과정은 생산적인 측면에서 볼 때 저렴한 가격으로 많은 의복을 생산해 낼 수 있는 대량생산체제의 확립과정인 동시에 소비적인 측면에서 볼 때 많은 사람들이 다양한 의복을 저렴하게 구입할 수 있었다는 점에서 의복의 민주화가 진전되는 과정이기도 하다. 이에 사람들의 외양이 점점 닮아가게 되면서 옷차림은 그 사람의 사회적 신분을 읽는 것으로부터 개개인의 개성을 읽는 것으로 관점이 변화되었다. 사람들은 개인적인 차원에서 주목받기를 원했고 이러한 의도는 앞서가는 다른 이들의 모방을 일으키면서 유행으로 나타나게 되었다.

그림 속 하인들은 모두 홑겹 치마저고리에 쪽진 머리, 고무신을 신은데 반해, 신여성은 두꺼운 밍크코트에 얇은 양말과 짧은 치마 그리고 짧은 머리에 뾰족구두를 신었다. 바깥출입을 할 땐 시종을 옆에 끼고 다니며, 하인을 재산으로 자랑삼고 싶은, 근대적 풍류와 전근대적 풍류를 함께 누리고자 하는 당시 모던걸의 이중적 가치관이 이런 풍경을 낳고 있다. (조선일보 1930년 1월 16일자. 여성선전시대가 오면, 신명직(2003), 모던보이 경성을 거닐다. p. 35 재인용)

그림53) 털시대, 『가두풍경街頭風景』 (조선일보 1931.11.24.)

겨울이 왔다. 도회의 녀성은 털보가 되는 때다. 여호털, 개털, 쇠털, 털이면 조타고 목에다 두르고 길로 나온다. 구랭이도 털이 잇다면 구랭이 가죽도 목에다 둘럿슬가. (조선일보 1931년 11월 24일자. 털시대 가두풍경, 신명직(2003), 모던보이 경성을 거닐다. p. 101 재인용)

우리나라의 경우 조선시대 말기 개항과 함께 들어온 양복을 입기 시작하면서 의복의 직접적이고 공적인 상징들은 점차 사라져 갔다. 1920년대부터 남성양복이 확산되기 시작하였으며, 1930년대에는 유학생들의 귀국과 함께 양복이 급격하게 널리 퍼지기 시작하였다. 1940년을 전후하면서는 일반인들도 양복을 입기 시작하여 1950년대에는 대중화되기 시작하였다. 근대사회로의 전환이 이루어지고 산업화·도시화가 되면서 양복은 일상복으로 서서히 대체되었다.

이 시기의 의복은 기존의 계급과 신분의 의미와는 달리 새로운 문화를 수용한 집단과 그렇지 않은 집단을 구분하는 의미로 다가왔다. 개화기 때 실린 신문 내용을 통해 그 당시 신여성의 옷은 지식인으로서 앞서가는 선두주자 역할을 하며 새로운 시대의 권력을 상징하고 있음을 알 수 있다.

앞장의 그림에서 동일한 머리스타일, 동일한 길이의 외투, 동일한 하이힐 그리고 역시 동일한 목도리에 이르기까지 거리를 걷고 있는 6명 여성의 외모는 조금도 다르지 않다. 값비싼 여우 목도리를 두르고 나서야만 신여성의 대열에 낄 수 있다는 것을 보여준다. 여기서 값비싼 여우 목도리는 신여성의 상징이 되는 것이지 공적으로 규정된 신분을 나타내는 것은 아니다. 의복에 대한 관점이 개인적인 차원의 표현으로 변화되고 있음을 보여주는 것이다. 옷과 액세서리가 점차 자신을 드러내 보이는 것으로 여겨지게 되었다.

3) 새로운 사회적 구별 짓기 옷

후기 산업사회 포스트모던 사회로 접어들고 문화의 다양성이 증대되면서 생활양식의 다양화와 개인화가 급격하게 진전되었다. 이러한 사회문화적 추세는 사회계급과 소비의 관계를 더욱 약화시키며, 의복 소비는 더 이상 계층을 구별 짓는 상징으로 작용하지 않았다. TV와 같은 시각적인 영상매체가 발달함에 따라 기존의 지배적인 사회계급이 패션의 변화를 선도하던 방식은 점차 약화되고, 자신만의 정체성과 개성을 추구하려는 성향이 짙어지면서 의복은 다원화되어갔다. 의복이 지닌 사용가치보다는 디자인이나 스타일, 섬유의 소재나 장신구와 같은 미적인 요소들이 보다 중요성을 띠게 되었으며, 직업이나 성 혹은 연령과 같은 요인뿐만이 아니라 의복을 통해 드러나는 스타일은 개인의 정체성을 규정해 주는데 중요한 작용을 하게 되었다.

그럼에도 불구하고 의복은 많은 사람들을 배제시키면서 사회적인 거리감을 유지시키는 역할도 하였다. 사람들은 개성을 추구하면서도 자기가 속한 계층과 다른 계층 간의 차별화를 원했기 때문에 새로운 구별 짓기를 시작하였다. 유행과 경쟁 그리고 과시적인 표현은 또 다른 구별 짓기를 위한 하나의 현상으로 나타난다.

(1) 유행과 경쟁

'유행' 이라고 번역되는, 패션(fashion)은 '팍티오(facio)' 에서 유래한 말로 유행 · 풍조 · 양식을 일컫는다. 의복에서는 '패션' 을 유행이라는 측면에서 '집합행동의 표현으로서, 특정한 시기에 많은 사람들이 받아들이는 지배적인 스타일' 로 표현하고 있다. 유미주의 작가 오스카 와일드는 패션을 "참을 수 없을 정도로 보기 싫은 형태여서 6개월마다 바뀌어야 하는" 것으로 이야기했으며, 앰브로스 비어스는 "현명한 이들이 비웃다 결국은 복종하게 되는 독재자" 라 언급하기도 하였다(최현숙, 주간동아, 2004).

유행은 왜 하나의 스타일로 정착되지 못하고 계속 변화하며 새로운 것을 만들어 가고 있는 걸까? 그것은 크게 심리적 측면과 사회적 측면으로 나누어 설명할 수 있다. 심리적 측면에서 가장 보편적으로 언급되는 것은 싫증을 들 수 있다. 인간은 어느 하나가 아무리 좋은 것이라도 계속적으로 추구하는 것을 싫어한다. 특히 낮은 수준의 욕구를 충족한 계층이나 유행과 외모에 관심이 높은 사람들에게서 이러한 현상은 더욱 강하게 나타난다. 이외에 호기심, 모험심, 전통에 대한 반발, 자기표현 욕구 등이 심리적 원인에 속한다(최현숙, 주간동아, 2004).

한편 새로운 유행이 창조되고 많은 사람들이 이것을 받아들임으로써 유행이 형성되는 데는 '구별 욕구' 와 '동조 욕구' 라는 사회적으로 상반된 두 가지 힘이 작용한다. 구별 추구 집단은 남들과 다른 모습을 갖고자 하는 강한 욕구를 지닌 개성집단이다. 이들이 새로운 스타일을 시도하면 동조 욕구가 강한 집단이 모방하고 뒤이어 대다수의 사람들이 새로운 유행을 따르게 되는 것이다.

유행의 트리클다운론을 주장한 짐멜(Simmel)은 의복을 구별 짓기의 산물로 보았다. 그에게 있어서 사회 상층의 패션은 결코 사회 하층의 패션과 동일시 될 수 없다. 하층의 사람들이 상층의 사람들의 패션을 도입하게 되면 상층의 사람들은 기존에 형성된 자신들의 것을 포기하고 새로운 패션을 창출해 낸다. 즉, 상대적으로 하층인 사람들이 상층의 패션을 쫓아가면 상층의 이들은 그들과 구별되기 위해 새로운 패션으로 도망가는 것이다. 이러한 계층 간의 모방과 차별화를 통해서 유행의 변화가 역동적으로 일어난다.

또한 브르디외(Bourdieu)는 패션을 계층의 정체성뿐만 아니라 계층 간의 상징적인 경쟁이 이루어지는 것으로 보았다. 취향에 따른 의복의 선택은 객관적으로 자신의 위치에 알맞은 상품을 구별하는 문제이며 구별을 위한 의식적 노력은 의복의 변화를 추진하는 동인이 된다. 패션의 새로운 요소는 기본적으로 사회적 구별 짓기를 위한 상징으로 인식되는 것이다(Corrigan, P., 이성용 외 역, 2002).

이러한 사회적 구별 짓기는 우리나라의 입는 소비문화에서도 나타난다. 사람들은 다른 사람과 구별 지으면서 자신만의 개성을 나타내고자 하는 한편 유행의 변화와 함께 특정 집단의 패션을 모방하면서 그 집단에 소속되기를 바란다.

지식인들에 의해서 주도되던 서구적인 의복의 유행은 두 번의 전환과정을 거치면서 대중적인 현상으로 확산되었다고 볼 수 있다. 첫 번째 전환의 계기는 6.25 전쟁 이후 여성복에서 한복이 급격히 퇴조되고 양장이 지배하면서 이루어졌다. 두 번째 전환의 계기는 의류의 생산방식에 변화가 일어난 1970년대 중반 이후라고 볼 수 있다. 처음에는 개인의 삯바느질을 통해서 생산되었다가 그 다음에는 양장점이나 양복점에서 수공업적으로 생산된 맞춤의류가, 1970년대 중반에 이르러서 기계에 의해 대량생산된 기성복으로 전환되었다(이동원 외, 2001).

이러한 의복의 산업화는 옷에 대한 인위적인 수요를 창출하고 사람들의 욕구를 변화시켰다. 단순히 추위를 막는다거나 정장과 작업복과 같이 기능적인 목적에 의해서 의복을 착용하였던 이전 시대와는 달리 사람들은 의복을 통해서 자신의 개성과 집단의 소속감을 드러내고자 하였다. 의복광고는 의복에 대한 필요 욕구로부터 그것의 차별적 기호 가치를 더욱 부각시켰다.

1980년대에 들어와서는 주로 여성복에만 제한되어 있던 의복 시장이 남성의 의복에도 확대되었으며, 교복자율화조치가 시행되면서 청소년을 위한 새로운 의복시장이 창출되었다. 의복시장의 확대와 대중화 과정 속에서도 소수의 고객을 겨냥한 고가 의류시장은 다양한 방식으로 독자적인 영역을 유지해 왔는데, 50년대 후반부터 등장하기 시작했던 양장점의 형태가 70년대 중반에는 소규모 부티크, 즉 살롱 형태로 바뀌면서 고가의 맞춤복이 성행하였다. 1980년 중반 이후는 삼성, 반도패션, 코오롱 등의 기존 대기업들이 패션산업에 진출하기 시작하였으며, 논노, 서광, 나산실업, 동일레나운, 삼도물산 등의 의류제조업체가 대기업으로 전환하였다. 특히 80년대 후반 외국의 유명브랜드에 대한 수입자율화가 진전되면서 기성복은 더 이상 값싸거나 품질이 낮은 의복으로 인식되지 않게 되었다(이동원 외, 2001).

기성복의 고급화로 맞춤복의 상징적 의미가 점점 상실되어 가는 대신에 브랜드명이 구별 짓기의 상징이 되었다. 패션 전문 디자이너들이 대규모의 패션산업에 고용되었고, 이들에 의해서 최신 유행의 옷이 만들어지기 시작하면서 새로운 구별 짓기는 계속되었다.

(2) 과시적 표현

유행과 아울러 타인과의 차별화를 위한 의복의 또 다른 방법은 과시적으로 자신을 드러내는 것이다. 의복은 모든 사람들에게 특정인이 얼마나 부자인가를 과시하는 가장 적합한 수단이 된다. 그 사람이 어딜 가건 의복은 따라 다니고 전혀 낯선 사람들조차도 한 눈에 그가 얼마나 부자인지를 알아 볼 수 있게 하였다. 화려한 과시적인 의복은 타인과 구별 짓는 좋은 방법이다. 베블렌(Veblen)은 의복을 금전위주 문화의 한 표현양식으로 이해하였다. 그는 의복을 타인에게 자신의 금전적 지위를 나타내주는 가장 손쉬운 품목으로 보았으며, 과시적인 지불능력의 증거가 된다고 하였다. 사회적 지위를 드러내고 인정받기 위한 의복의 과시적 소비스타일을 의미하는 것이다.

과시적인 구별 짓기는 다양한 방법으로 이루어져 오고 있다. 브랜드 명 이외에도 계층 간 혹은 특정한 집단 간의 구별 짓기를 유지시키는 다양한 전략들이 의복의 소재와 색상, 디자인 등을 통해 강구되어 왔다. 예를 들면 처음 상층계급을 겨냥해 디자인된 의복은 중간계급이나 하층계급으로 전파되면서 보다 질이 낮은 섬유를 재료로 사용하거나 보다 숙련되지 않은 재봉사에 의해 만들어진다.

또한 의복 유통체계도 대상 고객에 따라 분리되어 다가감으로써 구별 짓기를 형성하고 있다. 대중들을 겨냥한 저렴하고 실용적인 의류가 재래시장이나 보세매장, 대규모의 의류할인매장을 통해서 소비되는 반면, 소수의 고객들을 겨냥한 브랜드 의복은 저명한 디자이너의 부티크나 백화점의 전문매장을 통해서 소비되고

동대문

백화점 명품센터

있다(이동원 외, 2001). 디자이너 의상은 일반적으로 화랑과 마찬가지로 고급문화의 이미지를 전달하기 위해 내부 장식이 세심하게 만들어진 매장에서 판매된다. 디자이너의 미적인 메시지를 강조하는 환경을 만들어내기 위해 고급 건축가와 실내 장식가들이 투입되고 이러한 상점들은 대중을 '걸러내는' 효과를 가지게 된다. 이러한 종류의 상점은 그 의상을 편하게 느끼지 못하는 사람에게 도저히 상점에 들어갈 엄두가 나지 않을 정도로 어떠한 자신감을 요구한다. 화랑에서처럼 판매자가 식견을 갖춘 고객에게 옷에 대해 설명해주고 해석해주는 개인적 관계를 통해 의복이 매매되는 것이다. 그러므로 갤러리아 백화점의 명품관과 유명 디자이너의 부티크 매장이 부의 상징으로 여겨지는 것은 유통체계에도 계급의 차이가 있음을 보여주는 것이라 하겠다.

그리고 차별화된 의복의 가격체계는 경제적인 능력이 제한되어 있는 중간계급과 하층계급의 접근을 배제시킬 수 있는 중요한 기제가 된다. 상층계급을 겨냥한 의복의 높은 가격은 그들이 다른 계층과 구별되는 객관적인 상징성을 나타내는 것이다.

사람들은 소비를 통해 자신의 라이프스타일을 드러내고자 하며, 소유물로서 자신이 속한 계층을 과시하고자 한다. 현대 신 귀족성향 소비계층은 일정한 수준의 품질이나 서비스 그리고 장인정신에 의해 만들어진 것을 선호하며, 역사와 전통이 있고 세련된 취향을 선호한다. 그리고 자신들의 가치를 만족시켜주는 것에는 가격에 구애받지 않는다(Joanne Lynne Finkelstein, 김대웅 · 김여경 역, 2005).

이와 같이 다른 이와 구별 지으며 자신을 인정받고자 하는 욕구는 우리를 고급 브랜드와 고급 유통 장소, 높은 가격이라는 명품의 세계로 이끈다.

3. 우리의 입는 소비문화 모습

현대사회의 분열, 더욱 복잡해지는 사회집단과의 관계, 다른 문화들 간의 접촉 증가로 의복은 점점 다양해지는 방향으로 발전해 가고 있다. 20세기 말 의복은 더 이상 파리나 런던, 상류계층에 의해, 즉 특정 지역과 계층에 의해서만 만들어지지 않는다. 수많은 나라의, 수천 개의 관련업체들이 소비자를 위해 다양한 선택의 폭을 만들어내고 있다. 계급 패션으로 특징 지워지던 과거의 입는 문화는 이제 개인적인 소비 패션으로 나타나고 있으며, 강력한 침투력을 지닌 대중매체의 발전과 다양한 이미지들은 의복의 확산을 증가시키며 더욱 모호하고 다양한 의복문화를 창출하고 있다. "동시적으로 유행하는 의상스타일과 개인적 옷차림이 복잡하고 많은 탓에…… 시장에서의 선택 범위는 거의 무질서에 가까운 상태를 야기한다"라는 의견이 나타나고 있다(Diana Crane, 서미석 역, 2004).

이러한 현대사회 속에서 우리의 입는 문화 모습은 어떠한가? 여기에서는 대항문화와 모방 및 개성문화로 특징 지워지는 청소년의 입는 소비문화와 신드롬처럼 번져가는 명품소비에 대해 알아보도록 한다.

1) 나는 나! 패션에 환호하는 청소년들

청소년기는 자신을 표현하는 도구인 의복에 대한 흥미와 욕구가 크게 증가하는 시기이다. 이 시기에는 신체적으로 급격한 변화를 겪게 됨에 따라 이성에 대한 관심이 증가하며 이성에게 좀더 매력적으로 보이기 위해 의복을 사용한다. 한국 청소년의 여가활동과 일탈행동 연구에서 청소년들은 이성 교제시 자신의 용모와 옷차림에 대하여 가장 많은 신경을 쓰는 것으로 나타났다(안귀덕, 1992). 그리고 여학생이 옷에 더 많이 관심을 가지며, 특히 이성을 의식할수록 또래들 사이에서 유행하는 스타일의 의복이나 머리모양을 적극적으로 따르는 것으로 나타났다(김회창, 1998).

유행은 청소년들에게 중요한 요소로 그들은 또래집단의 유행에 동조하면서 직접적인 소속감과 자부심을 느낀다. 남녀 고등학생을 대상으로 한 윤미경(1977)의 연구에서 전체 20%만이 유행에 뒤처지는 옷을 상관하지 않고 입는 것으로 나타났다. 또 청소년의 1/3 가량은 주변 친구들이 유행하는 상품을 가지고 있을 때 따라 사는 경우가 많고, 여학생이 남학생보다 외모와 유행에 많은 관심을 보이며, 유행하는 의복을 더 많이 소유하는 것으로 나타났다(김경희 · 정성지, 2000).

한편 청소년들은 자신이 다른 위치의 존재이고 싶은 욕구의 표출로 독립성을 나타내기 위해 자기만의 개성적인 옷을 찾아 나서기도 한다. 개성은 소속집단이 착용하는 의복과는 다른 의복을 착용하는 것으로, 청소년들은 다른 사람의 외모나 행동을 모방하고 유행을 추종하면서도 자기만의 개성을 추구하고자 하는 이중적인 모습을 가진다(전경란, 2005).

청소년에게 옷은 이상화된 자신의 정체성과 행동양식을 나타내고 나아가 또래와의 관계에서 중요한 매개체로 작용한다. 옷은 현실 또는 이상을 기호나 이미지로 전달하는 매체로 기능하고, 청소년들은 그 기호와 이미지를 소비한다. 그들이 바라는 이상화된 이미지와 요구가 옷에 담겨져 나타나는 것이다. 청소년은 옷을 통해 기성세대와의 구별을 추구하고 같은 세대에서는 동등한 그들만의 입는 문화를 소유하려고 한다.

(1) 기성세대에 대한 대항문화 – 청바지와 힙합바지

청소년기는 부모나 권위의 존재에 의존해 왔던 위치로부터 자아의 정체성 확립을 이행해 가는 단계이다. 이 시기의 청소년은 부모의 간섭을 싫어하고 기존의 기성세대에 의해 형성된 질서를 거부하는 경향이 있다. 이러한 성향은 의복 소비에도 영향을 끼쳐 청소년들은 기존세대와는 다른 형태의 입는 문화를 형성하고자 하고 이는 기성세대에 대한 반문화, 대항문화로 나타난다. 대항문화라는 말은 1960년대 중반에서 70년대 전반에 걸친 미국 젊은이의 반란, 즉 반전 · 반핵과 근원적인 사회혁명을 요구한 항의운동이 히피의 등장과 결부되어 확대됨으로써 등장한 것이다. 히피의 대항문화적 가치관을 한마디로 말하기는 어렵지만, 이는 2차 세계대전 후 만연했던 중산층계급의 물질주의에 도전하며, 그들의 가치관과 소비패턴에 반기를 드는 것이었다. 성취를 위한 직업윤리의 거부 등과 같은 가치관은 입는 문화에도 영향을 미쳐 그 시대의 히피들은 수염과 긴 머리, 정복과 넥타이 대신 노동자계급의 의복이었던 진과 티셔츠를 입었다.

우리나라 청소년들의 대항문화는 반학교문화의 견지에서 나타난다. 팝음악, 진과 티셔츠, 힙합바지와 레게 머리처럼 우리 청소년 문화는 외형상 서구사회 청소년들의 대항문화 내용과 흡사하게 보이나 미국 청소년들의 것과는 다르다. 거대한 기술 관료 사회의 아이들로 자라난 60년대 미국 청소년들이 과학기술주의/전체주의에 대한 반란을 일으켰다면, 권위/군사주의적인 입시 위주의 교육을 받고 가부장제의 사회에서 자라난 90년대 한국 청소년들은 전통적, 관습적 규범과 권위주의적이고 획일주의적인 사회로부터 탈피하기를 원하였다(손상희, 1997).

신세대들은 학교로부터 벗어나서 생동감 넘치는 새로운 세계에 돌입하기를 원

청바지와 레게머리

한다. 그들은 마이클잭슨과 흑인 랩을 감성적 교류의 대상으로 동일시하며, 기성세대와 다른 옷을 입음으로써 자유주의를 실현하고자 한다.

그렇다면 현대의 청소년들은 주류문화의 저항과 대항이라는 의미에서 청바지와 힙합바지를 입고 있을까? 지금의 청바지와 힙합바지는 대항의 속성을 청소년 문화인 것으로 은유적으로 사용하며 고급함과 유행이라는 측면에서 차별화된 상품을 선보이고 있다. 과거의 대항문화는 단지 상업성으로 전환된 하나의 광고물로 전락하고 있으며, 청바지는 청소년의 대표적인 물질문화로 전환되고 있다. 적절히 포장되어 나타나는 모호한 대항문화의 상품화에 청소년은 의식 없는 순응을 하고 있는 것은 아닌지 다시금 생각해 보아야 할 것이다.

(2) 공존하는 모방문화

앞에서 다루었던 기성세대와 학교에 대한 거부에 기저를 둔 청소년 소비문화는 대부분 상업화된 대중문화로의 순응을 통해 소극적 도피의 형태로 나타난다. 청소년의 순응성은 그들의 우상인 연예인이나 운동선수 또는 그들의 또래집단에 대하여 나타난다. 이는 취사선택이나 비판적 수용이 아니라 맹목적이고 감각적인 추종현상으로 모방을 통해 이루어진다.

1990년대 청소년들은 서태지와 아이들의 패션을 따라 입고 그들의 노래를 외쳤다. 2000년대 청소년들은 H.O.T를 외치며 똑같이 하얀색의 옷을 입고 흰 풍선을 흔들었다. 군중속의 그들은 똑같은 모습으로 스타들의 이름이 붙은 다양한 상품을 소비하고 있다. 성유리 시계, 김정은 헤어스타일, 김남주 목걸이, 박신양 정장, 김래원 츄리닝, 서태지 고글 등, '스타 따라잡기' 는 그 자체로 하나의 트렌드를 이루고 있다.

'드라마 속 패션' 은 어느덧 '머스트 해브' (must have; 꼭 구비해야 할 아이템) 트렌드로 자리 잡고 있다. 최고의 스폰서들과 스타일리스트들을 제공받는 드라마 주인공들의 패션과 액세서리는 유행의 첨단을 걸을 수밖에 없고 그것은 청소년들이 환호하는 대상이 되고 있다.

50%의 시청률을 자랑했던 '파리의 연인' 에서 김정은이 입고 나온 볼레로는 거리의 유행패션이 되었다. '미사 폐인' 이라는 말과 숱한 명대사를 유행시켰음은 물론 새로운 패션 아이콘으로 떠오른 '미안하다, 사랑한다' 에서의 임수정은 만화에

서 금방 나온 듯한 깜찍하고 발랄한 스타일의 '로맨틱 빈티지룩' 을 보여주었다. 보헤미안풍의 폭탄머리에 헤어밴드를 두른 소지섭의 히피 스타일은 관습에 얽매이지 않는 자유로움을 추구하는 캐릭터를 만들면서 청소년들의 유행 대상이 되었다. 그리고 '러브스토리 인 하버드' 의 김태희와 김래원은 심플한 화이트나 줄무늬 셔츠, 베이직한 컬러의 브이(V)넥 니트나 카디건 등으로 지적이며 학구적인 이미지를 연출해 새로운 유행을 만들어냈다(주간동아, 2005).

유행과 모방으로 연결되는 청소년의 입는 문화는 그들에게 동질적인 의식세계를 부여하고 비슷한 생활양식을 이끌어 냄으로써 공동체적인 또래문화를 공고히 한다. 그러나 그들의 소비문화는 너무나 상업적인 것과 연결이 되어있다. 청소년의 억눌린 잠재적 욕구를 분출하여 탈피하고자 하는 욕망이 쉽게 상업적 자본에 길들어지며 흡수되고 있는 것이다. 광고나 대중매체는 청소년이 원하는 생활양식 또는 스타일을 상품 구매를 통해서만 달성 가능하도록 조장한다. 그들은 기성세대와는 달리 미디어 문화에 진숙한 세대로 이들을 겨냥한 판촉활동은 TV, 인터넷, 뮤직비디오 등을 통해 다양한 이미지로 청소년들에게 전달된다. 청소년들에게 TV와 컴퓨터는 주요한 오락수단이자 세계를 보는 창이며, 청소년의 95%는 물건을 선

드라마 속 유행패션

택할 때 광고의 영향을 받는다고 인식하고 있다(손상희, 1997).

청소년들은 광고나 매체가 주는 허상에 대한 비판적 자각을 하기보다는 그것의 충실한 추종자가 되고 구매자가 될 수 있는 환경에 놓여있다. 추종하도록 만들어진 문화의 틀 속에서 우린 너무나 쉽게 모방을 하고 있는 것은 아닐까? 다시금 처음으로 돌아가 질문을 던져보자. 우린 왜 그토록 그것을 원하고 있는가? 상업성에 가려진 진정한 자아정체와 소비의 의미를 짚어 보아야 할 것이다.

(3) 차별화를 위한 개성문화

핸드폰, 인공선탠으로 그을린 구릿빛 피부, 유니섹스 모드의 의상, 목걸이에 이은 발찌, 흰 스쿠프 승용차, 구찌 손목시계, 게스 청바지, 폴로 재킷, 순금 1냥 목걸이, 캘빈클라인 제품의 향수……

이것은 1990년대 대표적인 소비 공간이었던 압구정동 로데오 거리의 모습이다. 개인주의적이고 향락적인 청소년 소비문화의 대표격으로 거론되었던 오렌지족은 옷, 구두, 액세서리, 헤어스타일 등을 통해 주변의 평범한 젊은이들과 차별화하고자 하였다. 오렌지족의 소비를 통한 차별화 욕구, 값이 비싸서 아무나 살 수 없는 외국 상표가 나타내는 무언의 상징 등은 현대 입는 소비문화의 한 단면을 보여주는 것이다. 압구정동은 모든 신세대 청소년들의 대표적인 소비공간이라기보다는 대부분 70년대 전후에 태어난 강남 출신의 부유층 자녀들로 구성된 특정의 오렌지족만을 위한 폐쇄된 세계라 할 수 있다. 이는 압구정동이라는 특정의 소비공간에서 소비에 의한 계층화가 이루어지고 있음을 의미한다(조혜정, 1994).

또한 홍대 앞 거리도 현대 청소년 소비문화의 특성을 잘 나타내는 또 하나의 소비공간이다. 홍대 앞 카페 골목은 공간 자체가 현대적, 이국적, 세련됨, 고급스러움 등의 상징적 의미를 가질 수 있도록 조직되어 있고 카페의 독특한 메뉴와 서비스 방식을 통해 다른 공간과 차별화 된다. 10대에서 20대 중반까지의 연령층이 카페의 분위기를 주도하는 집단인데, 그들은 수입음료와 담배, 외국잡지, 유행에 민감하게 꾸민 외양 등으로 다른 사람들과 차별화 된다. 그 곳에서 일하는 이는 대부분 고등학교를 졸업한 나이 어린 청소년들로, 입고 있는 옷을 통해 타인을 평가하고 상표와 유행에 민감하게 반응한다. 그들은 특정 소비행위 양식을 취함으로써 다른 집단과의 차별화를 통해 정체성을 형성하고자 한다(임성희, 1994; 2000). 압구정과 홍대 앞 공간의 소비문화는 소비를 차별화의 도구로, 나아가서 정체성 형성의 수단으로 삼고, 자신의 욕구를 옷에 의한 감각소비로 대체하고자 한다.

홍대 앞 클럽

특정 제품을 통한 차별적인 소비문화는 경제력을 필요로 하며 특정 청소년들만의 특권을 유지하게 한다. 그러나 경제력이 부족한 청소년들은 소비문화의 두드러진 행동양식을 나타내기 어려워, 매체를 통해 특정의 소비문화가 확산될수록 이들이 느끼는 상대적 빅탈감이나 소외감은 깊어진다.

계속적인 재화의 소비를 통해 이루어지는 차별화는 그들만의 개성추구라는 측면에서 개인적인 영역으로 인정해 줄 수 있지만 사회적인 관계망에서 타인에게 미치는 영향력은 간과할 수 없을 것이다. 더불어 사는 공동체 사회에서 소외계층의 양산은 보이지 않는 '갈등의 골'을 깊게 패이게 하고 사회문제로까지 확대될 수 있다. 따라서 개인의 욕구만을 추구하는 소비가 확대되고 지속될수록 사회 전체의 균열은 커져만 갈 것이다. 소비문화는 전체 사회 구성원이 함께 공감할 수 있는 공동의 장이어야 한다. 우리의 욕구는 개개인을 위해서뿐 아니라 공유 지향적이어야 하며 공동체적인 삶을 위한 문화를 가꾸는 형태이어야 한다.

2) 짝퉁을 만들어내는 명품 소비

오 신이시여 부디 제가 그 스카프를 차지하게 해 주소서!

-쇼퍼홀릭 중에서-

소피 킨셀라, 도은정 역

(1) 명품이란 무엇일까

명품이란 사전적으로 전통을 가진 뛰어난 물건, 훌륭하여 이름이 난 물품이나 작품으로 공들여 만든 뛰어난 제품을 의미한다. 최근에는 제품 자체보다는 제품의 상표에 주된 초점이 맞추어져 값 비싼 외제 상품을 일컫는 말로 쓰이고 있다. 명품이란 전통적으로 특정 상표 상품의 사용을 통해 소유자가 위신을 얻게 되는 상품으로 정의하고 있으며, 이러한 상품들은 보통 카르티에나 롤렉스시계, 에르메스 핸드백, 폴로셔츠, 메르세데스나 벤츠 자동차 등과 같이 고가이며 상류계층의 취향을 가진 상품을 말한다.

의복 명품의 특성은 제품 자체가 갖는 뛰어난 품질과 고가격 그리고 상표명으로 볼 수 있다. 우선 명품의 품질은 장인정신에 의한 완벽한 봉제와 제작, 독창적으로 개발된 고급소재로, 유행과 무관한 독창적인 컨셉의 디자인에 기인한다. 그리고 니아와 자이코브스키는 소비자가 지각하는 명품의 특성을 고가격과 상표명이라 언급하였는데, 만약 명품들이 고가격이 아니라면 그들의 희소성이나 독점적 특성은 잃게 될 것이라고 보았다(Nia, Zaikowsky, 2000). 살바토레 페라가모는 고급스럽게 장식된 가죽 구두를 8켤레만 만들어 한정 판매하고 있으며, 프라다의 400달러짜리 회색 플란넬 바지는 석 달을 대기자 명단에서 기다려야 구매할 수 있다. 소비자들은 명품소비를 통해 고가의 상품을 살 수 있는 준거집단에 속한다는 우월감을 얻고 그들의 지불능력을 전시한다. 소비자가 지각하는 명품의 또다른 특성은 상표명이다. 본래 명품이란 주택, 다이아몬드, 도자기, 그림 등 브랜드보다는 제품 자체로 인식되어 왔으나 최근 소비자들은 벤츠나 BMW와 같은 승용차, 아르마니나 샤넬과 같은 의상 등의 상호를 호화상품으로 인식하고 있다. 우수한 품질과 함께 오랜 기간을 두고 판매되는 전통 있는 상표명을 명품으로 여기는 것이다(최선형, 2001).

명품광고

이와 같이 명품의 특성은 고품질, 세련된 디자인, 고가격, 유명 상표, 희귀성으로 나타나며, 그 교환가치나 상징가치에서 사치스러우며 고급스러운 것으로 여겨지고 있다.

(2) 명품 소비의 실태

우리나라에서 명품 열기는 모든 계층에게 흡사 어플루엔자(affluenza)[1] 처럼 번져가고 있다는 특징을 갖는다(최항섭, 2003). 산업자원부 자료에 따르면 2005년 8월 16.6%의 매출신장률을 보인 정장의류, 넥타이, 구두, 핸드백 등 의류 · 잡화 명품시장은 꾸준히 두 자릿수 성장을 이어가는 것으로 나타났다. 명품의 매출신장률을 다른 품목군과 비교해 보면, 최고수치인 11.3%를 나타내며 백화점 평균 매출의 2배 가량 실적을 올리는 것으로 나타났다. 이는 일반품목의 잡화(5.2%), 여성정장(-1.1%), 남성의류(7.7%)와 비교할 때 단연 앞서는 것이다. 유통업계 관계자는 "아직 경기회복이 확인되지 않은 시점에서 한 품목군이 연속 10% 이상 성장한 경우는 이례적" 이라며 "지출 여력이 생긴 소비자가 명품을 우선적으로 구매한 결과"라고 분석하였다(파이낸셜 뉴스, 2005).

의복 명품 소비는 소비자의 소득, 학력, 직업 등과 같은 인구 통계적 변수와 관련이 있는 것으로 나타난다. 즉, 고소득자일수록 수입 캐주얼 상표의 추종성향이 강하고, 대학생이 대학원 이상의 학력 소지자에 비해 과시성향이 강하게 나타났다. 또한 미혼이며 월평균 소득이 200~250만원인 경우와 350~400만원인 경우에는 외국브랜드가 국내브랜드보다 광고나 디스플레이가 뛰어나고 품질이 우수하다고 생각하여 외국브랜드에 호감을 가지는 경향을 보였다(홍금희, 1996). 수입정장의류를 대상으로 한 연구에서, 국외 상표 정장의류 구매경험이 있는 집단은 경험이 없는 집단에 비해 학력이 높고 의복비 지출이 많았으며 가계 총수입 역시 높게 나타났다(김미숙 · 김태연, 1996). 수입 골프 웨어의 경우는 학력이 높을수록 비싸지 않다고 생각하며 고소득자의 경우 부속품에 대한 고급스런 디자인과 품질을 선호하고 있었다. 수입의류 유경험자들이 무경험자들에 비해 학력과 소득수준이 높게 나타나는 이유는 그들이 유행에 대한 관심이 높아 유명브랜드 및 수입브랜드를 접할 기회가 더 많을 뿐 아니라 구매 능력도 있기 때문이다(신상무, 2000). 이와 같

---

1) 고통스럽고 전염성이 있으며 사회적으로 전파되는 병으로 끊임없이 더 많은 것을 추구하는 태도에서 비롯되는 과중한 업무, 빚, 근심, 낭비 등의 증상을 수반함

이 명품소비는 명품이 가지는 특수성에 대한 요구와 함께 높은 가격을 지불할 의사가 있는 경제력을 가진 소비자에 의해 이루어진다고 볼 수 있다. 그러나 현재 명품소비는 점차 그 경계가 모호해지고 있으며 소비대상도 확대되어가고 있다.

최근 명품제품들은 주 소비자 층이 4, 50대 중년 부유층에서 10대나 20대의 신세대층까지 확산되고 있다. 최근 기사에 실린 현대백화점 부산점의 연령별 명품매출 분석에 의하면 20대의 매출비중은 1999년 3.1%에 그쳤으나 2002년에 13%로 급증하였으며, 30대 역시 최근 3년간 28%대의 높은 비중을 꾸준히 유지하고 있는 것으로 나타났다(연합뉴스, 2002). 롯데백화점 본점에 입점한 살바토레 페레가모 매장 직원은 손님의 80%가 20 · 30대라고 말한다(조선일보, 2003). 해외 명품소비를 통해 정체성을 확인하려는 젊은 L-제네레이션(Luxury-generation)인 이들은 명품계를 조직하기도 하며, 이러한 현상은 중고생 사이에도 번져 돈을 모으기 위한 인터넷 게임 사이버머니 되팔기, 홈페이지 제작 등 온라인상에서 아르바이트가 이루어지고 있다(이승희 외, 2003). 이것은 자신의 일정 소득으로 도저히 명품을 살 수 없는 그들이 명품에 대한 강한 소유욕 때문에 취하는 행동이라고 볼 수 있다. 이들에게 하나의 명품을 사는 것은 유토피아에 일시적으로 도달하는 것이다.

한편 명품은 개인적인 용도뿐 아니라 혼례의 예물로도 자주 사용되고 있는데, 이는 명품을 통해 집안의 가치를 드러내기 위함이다. 오늘날의 명품이 과거 혼례에서 사용되던 비단 옷감의 자리를 대신하며 어느 메이커의, 얼마짜리의 예물로 주고받았는지가 그 집안의 위세를 결정해 주기도 한다.

(3) 왜 명품이어야 하는가

많은 현대인들이 고가의 수입 정장이나 가방류, 구두, 액세서리 등의 명품소비에 열광하는 이유는 무엇일까? 소비자들이 명품소비에 심취하는 이유를 소유욕구의 재생산, 일치(conformity)의 욕구, 가치를 상승시키고자 하는 과시의 욕구, 사회적 연결망 형성과 유지의 필요성 측면에서 알아보고자 한다.

① 소유욕구의 재생산

명품을 구매해 본 대부분의 사람들은 한번의 구매로 그치지 않고 계속해서 명품을 소유하고자 한다. 명품을 구매했을 때 자신이 지금까지 겪어보지 못하던 찬사를 다시 한번 경험하려는 것이다. 이러한 욕구로 사람들은 계속해서 새로운 명품, 새로운 브랜드, 새로운 모델을 찾아다니며 그것을 구매하기 위해 애를 쓴다. 그러나 제품을 사게 되면 만족감과 희열도 잠시, 다시 다른 명품을 구매하기 위한 계획을 세워 나간다. 이는 라캉(Lacan)의 욕망이론으로 설명될 수 있다. 즉, 명품에 대한 욕구가 대단히 강할 때, 자신이 원하는 명품은 그것을 소유하게 된다면 세상을 다 가진 것 같은 기쁨을 줄 객체로 존재하게 된다. 그리고 그것만 소유하게 된다면 다른 소원은 없을 것이라고까지 생각한다. 이 수준이 라캉이 말하는 '상상계' 이다. 그리고 그것을 가졌을 때, 세상을 다 소유한 것 같은 기쁨의 수준이 '상징계' 이다. 라캉에 의하면 인간의 욕망에는 3가지 단계가 있다. 상상계(imaginaire)는 욕망의 대상을 실재라고 믿고 다가서는 과정이며, 상징계(symbolique)는 대상을 얻는 순간이고, 실재계(reel)는 여전히 욕망이 남아 다음 대상을 찾아 나서는 과정이다. 상징계에서 충만감을 느끼는 것도 잠시 이내 만족감은 또 다른 부족함으로 느끼며, 그 욕구는 새로 나온 다른 명품에 투영이 되는 것이나. 이는 하나의 명품을 사면 다른 하나의 명품을 또 사고 싶은 마음이 드는 과정을 설명해준다(최항섭, 2003).

계속되는 명품소비는 보드리야르(Baudrillard)의 '수집물 통일의 원칙(principle of unity of the collection)' 으로도 설명되는데, 즉 명품을 한번 사게 되고 그 상징을 즐기게 되면 다른 평범한 제품들을 사지 못한다는 것이다. 또한 이는 맥크래켄(McCrackeu)의 디드로 효과로도 볼 수 있다. 사람들은 명품을 구입한 후 얻어지는 문화적 특권을 누리기 위해 계속적으로 다른 명품을 구입하면서 가지고 있는 제품들 사이에 문화적 일관성을 유지하려고 한다.

② 일치(conformity)의 욕구

아무런 불편 없이 지내던 한 여성이 주위에서 새로운 스타일의 명품 옷을 사는 친구들이 하나 둘씩 늘어나면서 괜히 자신만 뒤떨어지는 것 같고 무시당할 것 같아 결국 명품의류를 구매하게 되는 경우, 남들처럼 살아가려는 일치의 욕구가 나타나는 것이다(최항섭, 2003). 사람들은 인식과 행위를 자신이 속해 있는 사회계층에 기준을 두고, 그 집단이 행하는 것과 일치되게 추종하려는 경향이 있다. 따라서 사람들은 준거집단의 변화와 기준에 많은 영향을 받으며 의복 소비를 하게 되는 것이다.

최근 들어 이러한 준거집단의 기준이 점차 상향 조정되어 가는 추세이다. 특히 한국사회의 중류층은 자신이 속해 있는 집단을 준거집단으로 여기는 경향이 점점 옅어지고 상류층을 그들의 준거집단으로 여기는 경향이 많아지고 있다. 그러므로 사람들은 자신보다 높은 상류층이 선호하는 명품을 구매함으로써 그들과 일치되고자 하는 것이다.

③ 과시의 욕구 – 가치상승 욕구

명품에 대한 요구는 과시의 욕구에서도 기인된다. 현대사회가 소비사회가 되었다는 것은 단지 사람들이 소비를 과거보다 더 많이 한다는 것만이 아니라 사회 성원들 간에 소비양식을 둘러싼 경쟁이 벌어지고 있다는 것을 의미한다. 사람들 간 경쟁에서의 승패는 어떤 브랜드의 옷을 입고, 어떤 자동차를 타고, 어느 곳의 집을 샀는가에 의해서 결정되기도 한다.

많은 이방인들과 함께 살고 있는 대규모 현대사회는 대부분 서로를 알지 못하며 익명으로 존재하기 때문에 자신의 지위와 부를 나타내 주는 것은 재화를 통해서만 가능하다. 과거에는 부를 소유하더라도 그 부를 밖으로 내보이는 데에 소극적이었지만 현대에는 부를 소유하고 사회적 명예도 바란다면 그 부를 밖으로 내보여야 한다. 그러므로 대도시와 같은 대규모 사회에서 이런 과시적 소비, 명품소비 경향이 더 많이 나타나는 것이다.

명품은 상류가 아닌 이들에게 상류적 이미지를 과시하는 것을 가능하게 해 준다. 명품의 가치로 인하여 자신의 가치가 그 재화만큼 높아져 보일 것이라고 여기는 것이다. 여기서 명품은 실체와 이상 간의 괴리를 연결시켜주는 다리로 맥크래켄이 언급한 옮겨놓은 의미(전치된 의미)의 역할을 하게 된다.

④ 연결망 형성과 유지의 필요성

명품이 구매욕구의 대상이 되는 이유 중에는 명품이 가지는 연결망 형성의 힘을 들 수 있다. 명품은 과시의 기능뿐 아니라 명품을 소유한 이들과의 사회적 연결망을 형성해 주는 기능도 가지고 있다. 이는 특히 상류층에서 두드러지게 나타나는 현상으로, 그들은 '명품을 사랑하는 이들의 모임' 과 같은 사교모임에서 자연스럽게 자신과 유사한 상류계층의 사람들을 만나면서 인적 연결망을 형성한다. 이 인적 연결망은 종종 혼인으로 이어지기도 하며 이들이 서로 예물로 주고받는 명품은 다시 한번 집안 간의 연결망을 공고히 해주는 역할을 하게 된다.

명품이 인적 연결망을 구성하는 한 예로 2002년 말 청담동에서 열린 명품시계

'프랭크뮬러' 의 판촉파티를 들 수 있다. 이 파티에는 엄밀히 선정된 상류층 젊은 이들 300여 명이 초대되었는데, 이 자리에서 그들은 자연스럽게 친구가 되고 배우자를 찾기도 하였다(최항섭, 2003). 고급시계의 판촉을 기회로 이루어진 청담동의 이 고급 사교모임은 재화가 사회적 관계를 형성하고 유지해 준다는 것을 보여준다. 소비자는 명품을 사서 그것을 통해 서로 이해할 수 있는 세계를 구축하고 사회적 관계를 형성하며 유지해 나가는 것이다(Corrigan, P., 이성용 외 역, 2002).

최근 명품소비가 확산되고 대량 소비되면서 명품을 통해 추구하고자 하는 전시적인 가치와 기능이 조금씩 약화되어 가고 있다. 사람들은 타인과의 구별을 위해 명품을 소비하지만, 명품소비의 유행은 결국 획일적이고 몰개성적인 소비로 전락하게 하였다. 또한 물신화된 명품은 맹목적이고 허위적인 욕구와 소비를 부추기고 있는 실정이다. 이러한 욕구를 충족시키기 위해 시장에서는 진품을 모방한 복제품이 나돌기도 하며, 소비자는 자신의 경제력을 넘어서는 무리한 구매를 강행하여 신용불량자로 전락하기도 한다. 가짜 명품을 통한 대리만족, 명품을 위한 과소비 현상은 옳지 못한 소비의식이 반영된 대표적인 모습이라 볼 수 있다. 명품에 대한 잘못된 끊임없는 욕구는 그 이미지로서만 경험되고, 그것으로 충족되는 만족은 허

패러디 티셔츠 – 파마, 다마, 구라다, 빈곤

2003년 네티즌에 의해 인터넷을 통해 알려지기 시작한 패러디 브랜드 티셔츠 열풍이 있었다. 파마, 다마, 구라다, 빈곤 등으로 이들은 각각 퓨마(Puma), 프라다(Prada), 빈폴(Bean Pole)의 브랜드 이름을 패러디한 것이다. 이것은 재치 있는 디자인의 티셔츠로 만들어져, 인터넷 쇼핑몰과 오프라인 시장인 남대문·동대문 의류시장에서 많은 인기를 얻었다. 한 미대생이 디자인한 '빈곤'은 풍자 의식이 돋보이는 대표적 패러디로, 원본은 영국 귀족이 자전거를 타는 모습을 형상화한 것이지만 '빈곤'은 이를 리어카를 끌고 가는 모습으로 바꿨다. 이렇게 유명 상표를 패러디한 후 마치 '난 가짜를 입었다'고 시위하듯이 이를 입고 다니는 것은 지나친 명품소비에 대한 카운터 컬처(반문화)라고 볼 수 있다.

상일 수밖에 없다. 정신적인 가치와 물질적인 가치의 균형감각을 잃지 않으며 자신의 신분과 능력에 맞는 소비행위야말로 진정한 '명품다운 소비'가 아닐까? 명품을 좇는 소비보다는 진정한 자아정체성을 가진 '명품 소비자'가 되어야 할 것이다.

4. 생각하며 입는 소비문화

1) 상징과 기호의 재조명 : 잃어버린 자아를 찾아

엄밀하게 말해서 옷은 언어 체계가 아니지만, 입는 사람의 정체성을 나타내주는 커뮤니케이션의 한 방법이라 할 수 있다(Joanne Lynne Finkelstein, 김대웅 외 역, 2005). 옷을 우리들 내부에서 발생하는 대화의 일부로 받아들일 수 있는 것은 의복이 개인의 영역과 공공의 영역 양자에 모두 걸쳐 있기 때문이다. 그래서 우리는 옷을 통해 남성다움과 여성다움, 젊음과 늙음, 가난과 부, 용기와 수줍음 등을 나타내며, 더러는 암묵적이고 치밀한 규칙에 따라서 타인을 배제하기도 하고 사회적인 차이를 과시하는 역할을 하기도 한다. 옷은 자신의 시각적 표현인 것이다.

의복의 겉모습은 개인의 정체성을 상징적으로 나타내기도 하지만, 제안 · 설득 · 거짓말을 하기도 한다. 의복은 진실을 은폐하는 도구이기도 하다. 그러므로 사람은 의복에 의해서 현실속의 자기가 아닌 다른 인간이 될 수 있다. 보다 유복하고, 보다 고귀하고, 보다 젊고, 심지어는 다른 성으로도 가능하다. 끊임없는 변화, 겉치레, 과시, 유혹, 새로운 것에 대한 열망은 우리를 더욱 치장하게 하고 가려진 모습으로 살아가게 한다. 이러한 의복의 외형적인 상징과 기호에 대한 지나친 치중은 서서히 의복 본연의 기능을 약화시키고 심지어 인간의 자아를 상실하게 한다. 비슷한 상징과 기호를 좇아가는 사람들의 모습은 비슷하며, 그들의 생각과 자아까지도 흡사하게 닮아가고 있다. 자신을 표현하는 수단이었던 의복은 궁극적인 목적으로 바뀌어 가고, 자신을 옷에 끼워 맞추게 되었다. 이제 우리가 옷을 입고 있는 것이 아니라 옷이 우리를 입고 있는 것이다.

의복은 문화를 표현하는 형식으로서 문학과 마찬가지로 내부에 있는 것을 겉으로 드러내는 것이다. 그러므로 옷의 '내부'는 곧 우리 자신이 되는 것이고 그것이

옷으로 자연스럽게 표현될 때 가치로운 것이 된다. 옷을 입는 주체는 바로 우리 자신이다. 왜 우린 옷을 입는가? 무엇을 보여주려 하고 무엇을 얻으려고 하는가? 그 대답의 중심에는 개인과 사회를 적절히 조화시키며 진실한 자아를 당당히 표현할 수 있는 현대인이 서 있어야 한다. 온갖 명품으로 전신을 장식하여 그 화려함에 사람들의 이목이 집중된다 하더라도 자아와 함께 하지 않을 때 명품의 매력은 오래가지 않을 것이다. 자아와 옷은 거울처럼 서로를 비추며 정화되어야 한다. '진정한 자아'가 없다면 어떠한 옷으로도 자기의 내면은 투영되지 않을 것이다.

2) 수동적인 추종자에서 능동적인 창조자로

풀스커트, 젤리슈즈, 볼레로, 시어서커 재킷과 흰 바지 등을 올 상반기 패션가를 휩쓴 히트상품들이다. 2005년 상반기 패션가는 온통 낭만적인 향기로 넘쳐 났다. '로맨틱 무드'의 절정기였던 올 상반기, 화려한 꽃무늬, 자유분방한 에스닉 패턴과 함께 점잖고 럭셔리한 패션 대신 여유롭고 개성 넘치는 패션 아이템이 패션가를 휩쓸었다(주간한국, 2005).

현대사회에서의 의복은 대체로 소비자들에게 일종의 의무로서 변화해야 하고 수용해야 하는 부담으로 여겨지고 있다 해도 과언이 아니다.

고급 패션과 산업 패션은 대중문화와 밀접하게 연결되어 있으며, 대중문화의 아이콘과 모티브, 테마를 한데 섞는다. 대중문화(영화 · 텔레비전 · 대중음악)와 의류산업은 비슷한 활동, 즉 다른 부문의 문화적 과거와 현재에서 가져온 의미들을 전용하고 재순환시킴으로써 새로운 의미를 만들어내는 데 몰두하였다. 의류 산업은 개성과 감성 중시의 상품 다양화를 중심축으로 하는 기업 마케팅 전략에 의해 의복의 이미지 소구나 욕구 유발에 초점을 맞추며 소비자들에게 보이지 않는 유혹을 보내어 왔다. 그리고 시장세분화 및 고급화 그리고 감성 가치 창출 등을 목표로 한 소비자욕구창조 마케팅에 소비자도 보조를 맞추기라도 하듯이 무비판적으로 사들이는 일에 열중하며 자신의 욕구를 상승시켜 왔다. 소비자가 이미 마케터가 주도하여 만든 소비문화에 이끌려 가며 수동적인 추종자로 행동해 온 것이다. 그러나 이제는 소비자가 변화해야 한다. 감각적인 소비에서 지성적인 소비로, 무조건적이며 수동적인 추종자에서 능동적인 창조자로서의 자기성찰이 이루어져야 한다.

이러한 변화의 요구는 일본에서도 나타나고 있다. 일본 역시 그간의 외부지향적인 소비패턴으로부터 탈감성, 탈트렌드 경향과 함께 자기성찰적인 내부지향의 소비패턴을 선호하는 흐름이 더해가고 있다. 실제로 일본의 젊은이들은 버블경제의 후유증을 체험한 이후 패션이나 소비트렌드에 기민한 반응을 보이지 않고 있다. 상품구입에 있어서도 신중하고 견실하며 성숙한 자세가 보편화되고 있다. 그 예로 일본에서 신제품은 고성능이라는 다기능의 도식을 깨고 저가의 단순기능 제품 또는 소부가가치 제품에 수요가 몰리는 등 과거의 감성전쟁으로부터 본질 중시로 회귀하는 경향이 뚜렷해지고 있다(정준, 1997).

소비자는 시장을 움직이는 주도적인 주체로서 소비문화를 창조하고 이끄는 자주적 역할로 변화되어야 한다. 우리는 의복의 의미들이 누구에 의해 어떤 환경에서 어떻게 생산되는지, 특정 유형에 구현되어 있는 일련의 의미들이 얼마나 널리 유포되고 있는지 그리고 그러한 의미들이 확산되는 특성에 대해 좀더 관심을 기울일 필요가 있다.

3) 새로운 자리매김 : 새 것보다 아름다운 옷

급격한 경제개발 속에 사람들은 보다 높은 가격과 좋은 품질의 물건들을 사는 기쁨에 젖어있었다. 빠르게 변하는 유행과 계속 쏟아지는 새로운 제품의 출시 속에서 늘 새로운 제품을 동경해 왔다. 그것은 사회분위기였고 구조였으며 우리의 내면 의식이었다. 따라서 헌 물건을 산다는 것은 창피한 일이었다. 특히 헌 옷을 산다는 것은 더욱 생각하기 힘든 일이었다. 나를 표현해주는 가장 가시적인 수단인 옷에 타인의 흔적이 남아 있다는 것은 참기 힘든 것이었다.

그러나 외국의 경우 유럽의 어느 도시를 가더라도 토요일과 일요일은 시장 한가운데에서 벌어지는 벼룩시장을 만날 수 있다. 자신의 집에서 쓰던 물건들을 꺼내 와서 판매하는 사람들도 있고 아예 직업적으로 헌 물건을 판매하는 사람도 있다. 옛날 귀부인들이 썼던 깃털이 달린 모자도 있고, 신세계를 향해 출항한 모험가들을 위해 만들어졌을 법한 멋진 외투도 있다. 벼룩시장은 역사와 삶이 살아 숨쉬는 공간인 것이다(그린삼성, 2003). 이렇게 헌 물건을 사고파는 행위의 근저에는 친환경적이며 실용적이고 공동체적인 소비문화가 배어있음을 의미한다.

이 새로운 소비문화의 자리매김은 우리나라에서도 나타나고 있다. 2002년 서울 종로구 안국동에 1호점을 내며 물품재사용 운동을 하고 있는 아름다운 가게가 바로 그것이다. 현재 10여 개로 확산되고 있는 아름다운 가게는 단순히 물건과 물건의 순환을 넘어서서 남을 위해 기꺼이 물건을 내 놓는 마음과 헌 물건을 아껴 쓰기 위해 기꺼이 사가는 소비문화 의식의 변화를 의미한다. 함께 공유하고 나누는 친환경적인 소비문화가 시속적으로 확산되어야 할 것이다.

벼룩시장

소비문화 생각해 보기

대학생들의 명품 소비 현상에 대해 생각해보고, 그 영향력과 대안을 논의해 본다.

- 나와 주위 대학생들이 소유하고 있는 명품은 무엇인지, 왜 구매하였는지, 명품이 의미하는 것은 무엇인지를 파악해 보자.
- 명품소비의 바람직한 점과 바람직하지 못한 점을 논의해 보자.
- 바람직한 소비문화 형성을 위한 대안을 생각해 보자.

영화속의 05 소비문화 엿보기

귀여운 여인

줄거리 _ 1990년 현대판 신데렐라 미국영화.

잘 생긴 젊은 갑부 에드워드(리처드 기어)는 귀엽고 순진한 비버리힐즈 고급 콜걸 비비안(줄리아 로버츠)에게 일주일 동안 함께 지낼 것을 제안한다. 비비안은 에드워드가 준 돈과 호텔 지배인의 도움으로 콜걸에서 상류층의 여인으로 변신하여 그와 함께 비즈니스를 위한 저녁식사에 가기도 하고 오페라에 참석하기도 한다. 부유하고 냉정한 에드워드는 비비안과 함께 지내는 동안 그녀에게 호감을 가지게 되어 계약 기간이 지난 후에도 그녀와의 만남을 계속 유지하려고 한다. 환타지 같은 프러포즈로 신분을 넘은 두 사람의 사랑은 시작된다.

소비문화 _ 상 · 하류 계층 간의 소비문화 차이를 대비하여 보여주는 영화

이 영화 속에서 비비안은 극명하게 대비되는 두 계층의 모습을 보여주고 있다. 사회 경제적 지위가 낮은 거리의 여인 모습에서 이와 반대되는 화려한 상류층 여인의 모습까지. 상스러워 보이는 거리의 그녀는 아주 짧은 기간에 상류층의 여인으로 변신한다. 최고급 명품 가게에서 산 이브닝드레스와 화려한 의상들, 비즈니스 미팅의 동행을 위해 선물 받은 다이아몬드 목걸이 그리고 고급 리무진 승용차와 호텔에서의 생활들이 그녀를 상류층의 여인으로 만든 도구들이다. 이제 상류층의 소비재를 두른 그녀를 더 이상 거리의 여인으로 생각하는 사람은 없다. 이것은 익명의 현대사회 속에서 소비재에 따라 변화하는 인간의 모습을 보여주는 것이라 할 수 있다. 명품을 선호하고 상류층의 생활을 모방하고 추종하려는 현대인의 욕구는 바로 이 현시적이고 과시적인 현대 소비문화의 특징 때문일 것이다.

아울러 이 영화는 로맨틱한 사랑과 상류층의 고급 소비재를 예쁘게 포장함으로써 신데렐라 환상을 자극시키고 있다.

여러분도 혹시 "뚜껑 열리는 차(?)"를 타고 장미꽃을 든 멋진 백마 탄 남자로부터 유리 구두를 기다리고 있는 것은 아닐까?

참고문헌

고부자(2003), 우리생활 100년 옷, 현암사

그린삼성(2003), 함께하는 사람들, 삼성지구환경연구소

김경희 · 정성지(2000), 중 · 고등학생들의 의복동조와 의복태도와의 관련 연구, 한국의류학회지 24(3), 401~411

김미숙 · 김태연(1996), 국외상표의 정장의류에 대한 구매행동 연구, 한국의류학회지 20(3), 481~492

김회창(1998), 청소년기 여학생의 심리적 특성과 또래 집단 수용이 의복행동에 미치는 영향, 연세대학교 교육대학원 석사학위논문

다이애너 크레인, 서미석 역(2004), 패션의 문화와 사회사, 한길사

데이비드 보스하르트, 박종대 역(2001), 소비의 미래, 생각의 나무

박명희 외(2003), 한국의 생활문화 과거, 현재 그리고 미래, 교문사

박재환 외(2004), 현대 한국사회의 일상문화코드, 한울아카데미

손상희(1997), 소비사회와 청소년 소비문화, 한국가정관리학회지 15(4), 341~353

신상무 · 류미령(2000), 국내 및 수입 브랜드 골프 웨어의 소비자 구매행동에 따른 구매집단별 제품 평가, 한국의류학회지 24(3), 772~783

안귀덕(1992), 한국 청소년의 여가 활동과 일탈행동, 한국청소년문화 II, 한국정신문화 연구원

윤미경(1997), 상품광고와 청소년의 구매행동과의 상관성에 관한 연구, 경희대학교 교육대학원 석사학위논문

이동원 · 함인희 · 박선웅 · 장미혜(2001), 의복의 소비문화와 계급 정체성, 가족과 문화 13(1), 133~155

이승희 · 이랑 · 정소연(2003), 패션 명품 브랜드에 대한 구매행동 연구, 한국의류학회지 27(1), 63~73

임성희(1994), 90년대 새로운 소비주의 문화의 성격 : 홍대 앞 문화 사례분석, 서울대학교 석사학위 논문

임성희(2000), 미로에서 길 찾기 -소비문화의 징후, 홍대 앞 거리분석-, 문화현실, 193~208

쟝 보드리야르, 이상률 역(1992), 소비의 사회, 문예출판사

전경란 · 이은희(2005), 청소년의 욕구가 성형 및 의복태도에 미치는 영향, 한국생활과학회지 14(1), 119~132

정준(1997), 소비사회의 실상과 바람직한 소비문화의 모색, 한국소비자보호원

조안 핑겔슈타인, 김대웅 · 김여경 역(2005), 패션의 유혹, 청년사

조혜정(1994), 탈식민지 시대 지식인의 글 읽기와 삶 읽기(3) 하노이에서 신촌까지, 도서출판 또 하나의 문화

존 더 그라프 · 데이비드 왠 · 토머스 네일러, 박웅희 역(2004), 어플루엔자, 한숲

최선형(2001), 패션명품에 대한 태도 연구, 복식문화연구 9(6), 36~48
최항섭(2003), 명품에 대한 사회학적 해석, 한국사회과학 26(1-2), 225~261
피터 코리건, 이성룡 외 역(2001), 소비의 사회학, 도서출판 그린
홍금희(1996), 수입 캐주얼상표에 대한 소비자 태도 차원과 상표 이미지에 관한 연구, 한국의류학회지 20(6), 1096~1106
황진숙 · 양정하(2004), 패션제품의 명품 추구 혜택과 상표충성도의 관계 연구, 한국의류학회지 28(6), 862~871
Nia, A. and Zaikowsky, J. L.(2000), *Do counterfeits devalue the ownership of luxury brands?*, Journal of product & brand management 9(7), 485~497.

〈기 사〉

대한상공회의소(2004), 한국인 라이프스타일 특성과 기업의 대응전략
연합뉴스(2002), 부산지역 명품관 유명브랜드 월 최고 4억원 매출, 12월 17일자
조선일보(2003), 명품이 젊어졌다, 1월 3일자
주간동아(2004), 사람들의 싫증이 유행을 만든다, 12월 16일자
주간동아(2005), 청바지 저항과 명품 사이, 6월 7일자
주간동아(2005), 명품인간과 짝퉁인간, 4월 9일자
주간동아(2005), 유행제조기 TV 드라마 'PPL의 힘', 2월 22일자
주간한국(2005), 2005 패션 상반기 결산, 7월 29일자
파이낸셜뉴스(2005), 명품의류 불황이 없다, 11월 30일자

〈사 진〉

신명직(2003), 모던보이 경성을 거닐다. "여성선전시대가 오면", 현실문화연구, p. 35
신명직(2003), 모던보이 경성을 거닐다. "털시대 가두풍경", 현실문화연구, p. 101
주간동아(2005), 유행제조기 TV 드라마 'PPL의 힘', 2월 22일자 사진
패러디 티셔츠 http://tab.search.daum.net/dsa/search?w=wagle&q
갤러리아 명품관 http://blog.naver.com/draco1005.do?Redirect=Log&logNo

CHAPTER

06

음식 소비문화

음식은 영화처럼 감상되는 것도, 청바지처럼 입어 경험하는 것도,
책처럼 읽히는 것도, 음악처럼 연주되는 것도 아닌,
사람들의 몸속으로 흡수되어 그 일부가 되는 것이다.

-슐로서(Schlosser, 2001), 패스트푸드의 제국 중에서-

CHAPTER 06

음식 소비문화

짧게는 24시간, 길게는 한 달이나 1년 동안에 먹은 음식들을 떠올리다 보면 내가 누구인지에 대해 금방 이해할 수 있게 되고, 음식들을 어떻게 생산하고 유통시키고 치장하는가를 살피다보면 한 사회가 가지고 있는 문화의 천박함에서 사유의 풍성함까지 만나게 된다.

-우석훈(2005), 음식국부론

경제성장으로 인해 허기를 채우는 단계를 넘어선 현대사회에서는 무엇을 먹느냐 뿐만 아니라 어떻게 먹느냐가 중요한 관심거리가 되고, 음식을 담는 식기, 식탁, 식당의 장식과 분위기, 요리에 곁들이는 술 등이 종종 요리 자체보다 더 중요하게 되었다. 식생활에 필요한 다양한 음식들이 상품으로 생산되고 시장을 통해 구매됨에 따라 음식의 소비는 시장논리와 상업주의의 지대한 영향을 받게 되었다. 음식은 먹는 것일 뿐만 아니라 그것을 통해 전달하고자 하는 의미와 상징의 도구로 기능한다. 따라서 음식과 음식소비의 방식은 현대 소비사회의 맥락 속에서 다루어져야 한다. 이 장에서는 음식과 관련된 소비문화적 현상들을 살펴보고 이해하며, 음식의 본질에 대해 재고해 보고자 한다.

1. 식품소비, 어떻게 변해왔나

1) 식품소비지출의 변화 : 주식비는 감소, 외식비는 증가

식료품비는 가계소비지출의 가장 기본적인 비목이다. 음식은 생명을 유지하기 위해 가장 먼저 충족시켜야 할 필수재이기 때문이다.

최근 20년간 우리나라 가계의 식품소비구조는 어떻게 변해왔는가? 표 6-1을 보면 총 소비지출에서 차지하는 식료품비 비중은 1985년 37.5%에서 2005년 26.4%로 11.1% 감소하였다. 그 중에서 주식비 비중은 34.7%에서 14.1%로 20.6%나 감소한 반면, 외식비 비중은 2.8%에서 12.3%로 9.5% 증가하였다. 주식비 비중은 꾸준히 감소하고 있는 반면 외식비 비중은 IMF 상황이었던 1997년~1999년을 제외하고는 꾸준히 상승하여 주식비 비중과 거의 근접하고 있는 것이다(그림 6-1). 식료품비에서 차지하는 외식비 비중은 1985년 7.5%에서 2005년 46.4%로 엄청난 차이를 보이고 있으며, 이는 우리 식생활이 크게 달라졌음을 시사한다. 즉, 가계 소비지출에서 차지하는 식료품비 비중의 감소, 특히 주식비 비중의 감소는 생활수준의

표 6-1 가구당 월평균 식료품비 지출 추이

(단위 : 천원, %)

구 분	1985년	1990년	1995년	2000년	2005년	% 차이 (2005-1985)
총 소비지출	317.0 (100.0)	685.7 (100.0)	1,265.9 (100.0)	1,632.3 (100.0)	2,091.9 (100.0)	0.0
식료품	118.9 (37.5)	220.8 (32.2)	367.1 (29.0)	447.0 (27.4)	551.6 (26.4)	−11.1
주식비	110.0 (34.7)	176.0 (25.7)	251.3 (19.9)	271.0 (16.6)	295.7 (14.1)	−20.6
외식비	8.9 (2.8)	44.8 (6.5)	115.7 (9.1)	176.0 (10.8)	255.9 (12.3)	9.5

자료 : 통계청 가계조사자료 1985~2005.

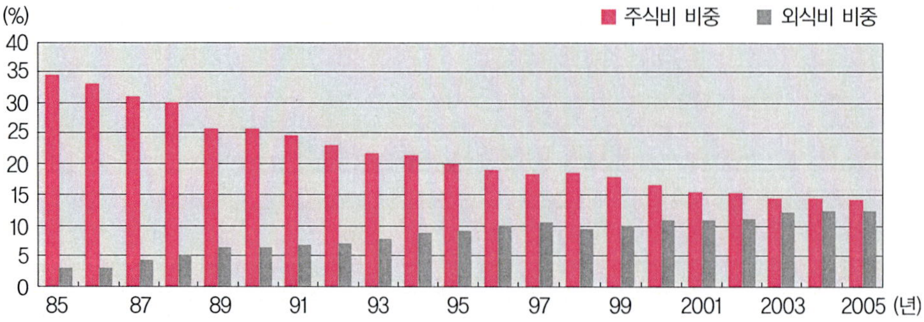

그림 6-1 총 소비지출에 대한 가구당 월평균 주식비와 외식비 비중 추이
자료 : 통계청 가계조사자료 1985~2005.

향상과 동시에 사람들이 집안에서의 식사만큼 외식에 의존하고 있음을 나타낸다.

2) 식품소비의 경제학

전통적인 경제학 이론에 따르면, 식품에 대한 수요는 소비자의 소득과 상대가격, 선호에 따라 달라진다. 일정시점에서 가격과 선호가 일정하다고 가정할 때 식품소비는 소득에 따라 달라진다. 소득이 증가함에 따라 식품에 대한 소비지출은 같이 증가하지만, 엥겔(Ernst Engel)은 가계소득이 높아질수록 식료품소비의 비중이 낮아진다고 하였으며, 이의 보편적 타당성이 발견됨에 따라 우리는 이를 엥겔의 법칙이라고 부른다.

소득의 증가는 식료품소비에 대한 의존을 낮출 뿐만 아니라, 선호와 취향의 변화도 가져온다. 소득수준이 상승함에 따라서 상품의 물질적 사용가치뿐만 아니라 상품의 미학적인 가치나 상징적 가치까지 고려하게 되고, 값싸고 저렴한 상품보다는 값이 비싸더라도 다소 양질의 상품을 추구하는 방식으로 소비자의 선호가 변화하게 된다. 토마스는 식품 기호의 변화에 대해서 허기를 채우는 단계(1단계), 쾌락을 추구하는 단계(2단계), 영양학적 기준을 충족시키고자 하는 단계(3단계), 건강식품을 찾는 단계(4단계), 이국적 음식을 찾는 단계(5단계)로 발전한다고 보았다(함인희 등, 2001에서 재인용).

베커(Becker, 1965)는 소비자가 소득과 시간 자원의 제약 하에 놓여있으며, 따라서 식료품을 포함한 소비지출은 소득뿐 아니라 시간의 비용에 따라 달라진다고 하였다. 주부의 취업, 어린 자녀의 존재와 같은 시간비용에 영향을 주는 요인들은 소비지출에 영향을 준다는 것이다. 베커의 이론은 현대사회에서 시간절감 식품과 외식의 증가현상에 대한 타당한 설명을 제공한다. 여성의 사회진출이 증가하면서, 즉 시간의 가치가 높아지면서 가사노동시간을 절감해 줄 수 있는 가공식품과 각종 조리식품, 외식에 대한 수요가 증가한다고 볼 수 있는 것이다.

식품소비구조의 변화는 이러한 수요측면과 더불어 공급측면의 요인이 복합적으로 작용한 결과이다. 상품을 생산해내는 방식, 즉 공급체계의 변화 역시 중요한 요인으로 작용한다. 1970년대에 접어들면서 본격화된 공업화와 경제성장은 종래 소규모 수공업 형태의 식품산업을 대규모 공업화된 형태로 전환하여 설탕, 밀가루, 라면 등 단맛과 포만감을 주는 탄수화물 가공품의 공업화와 장류 등 기본 조미료 산업 그리고 분유, 껌, 사이다, 콜라 등 기호식품 산업을 성장시켰다. 생리적 욕구 외에 영양가와 맛을 추구하는 식생활로의 변화가 이 시기에 시작되었다고 할 수 있다. 이후 계속된 산업화는 취식에 대한 가치관의 변화를 가져왔고, 시간과 인력이 절감되는 소비자의 편의식의 요구에 부응한 식품산업, 식품서비스산업, 외식산업 등의 발달을 가져왔다(오세영, 1993).

1980년대 경제성장 이후 여가문화의 대중화, 다양화 시대가 열리면서 외식산업도 급성장 하게 되었다. 요식업, 식당업, 음식업이라고 불리던 말이 외식산업이라는 용어로 불리기 시작하였다. 1984년에는 최초의 해외브랜드 외식업체인 웬디스, KFC, 피자헛 등이 국내에 진출하기 시작하였고, 패밀리 레스토랑이 생겨나게 되었으며, 80년대 말에는 맥도날드가 들어오게 되었다. 1990년대에 들어 경제적 안정을 이룸에 따라 외식산업은 규모와 질 면에서 큰 성장을 하게 되었고, 이러한 외

표 6-2 한국 외식산업의 현황

(단위 : 천점, 천명, 백억 원)

구 분	1997년	1998년	1999년	2000년	2001년	2002년	2003년
점포수	549	542	550	560	570	590	600
종업원	1,257	1,218	1,220	1,230	1,245	1,255	1,267
매출규모	3,023	3,196	3,200	3,300	3,600	3,700	3,800
증가율(%)	.	5.4	0.1	9.0	9.0	2.0	2.0

자료 : 삼성경제연구소, 2003.

식산업 성장은 소비자의 외식문화의 보편화에 큰 영향을 주었다(한국청소년개발원, 2003). 현재 한국의 외식산업 현황은 표 6-2와 같다. 2003년 현재 60여만 개의 점포가 연 3조 8천억 원의 매출을 내고 있으며, 지속적으로 증가하고 있는 추세이다.

3) 식품소비의 양

한국인은 예로부터 대식(大食)하는 것으로 외국인에게 알려져 있었다. 송나라 사신의 견문을 적은 『고려도경』에서 고려 사람들이 많이 먹는 것을 무척 좋아한다 하였고, 18세기 견문을 모아 쓴 달레의 『조선교회사서설』에도 조선 사람은 빈부반상(貧富班常) 할 것 없이 많이 먹는 것을 명예롭게 알고, 어릴 적부터 숟가락 자루로 배를 두들겨가며 많이 먹어서 배를 늘려놓는다고 했다. 그리피스의 『은자의 나라 한국』이란 책에서도 밥을 많이 먹는 것은 자랑스러운 일이요, 잔치의 가치는 음식의 질에 있는 것이 아니라 양에 있다 하고, 한국 사람이 밥 먹을 때 말을 하지 않는 것은 보다 많이 먹기 위해 입을 다른 일 하는 데 써서는 안 되기 때문이라는 독단적인 판단을 하고 있다(이규태, 2000).

과거 유럽 사람들도 배부르게 먹는 것을 이상적인 것으로 생각하였다. 코리건(1997)은 그 이유를 수세기 간의 경험으로 인한 '배고픔의 두려움'에서 찾았다. 과거에는 상층계급조차도 일년 내내 일정한 양의 음식물을 보장받은 것이 아니었으며, 가난한 사람들은 당연히 더욱 더 음식물 확보가 어려웠다. 상대적으로 열악한 수송시설과 저장시설은 음식물 공급을 불안정하게 했으며, 이는 '먹을 수 있을 때 배를 꽉 채워라'라는 철학을 만들어냈다는 것이다. 상거래가 확장되고 수송체계가 향상되어 음식물을 보다 쉽게 이동할 수 있게 되면서 광범위한 기근의 가능성은 줄어들었지만, 배고픔에 대한 두려움은 즉각적으로 없어지기는 어려운 것이었다. 따라서 어떤 음식물이건 확보할 수 있으면 양껏 먹어대는 경향이 지속되었다. 음식물 공급이 불안정하고 정규적이지 않을 때는 음식의 양이 강자와 약자를 가르는 기준이었고, 이 단계에서는 사회적 차이를 나타내는 세련된 취향을 필요로 하지 않았다.

고대 로마제국에서는 폭식으로 인한 비만이 너무나 만연했던 나머지 정부는 음식소비에 쓰이는 비용과 저녁식사에 초대되는 손님의 수를 제한하는 법률을 제정했다. 중세 유럽에서도 폭식은 귀족사회에서 아주 흔한 광경이었고, 이는 부를 과시하는 가시적 상징으로 여겨졌다. 반면, 교회에서는 폭식습관을 혐오하며 하나의 죄악으로 취급하였는데, 단테의 『신곡』 지옥편에서 12지옥 가운데 하나는 폭식가들을 위한 것이었다(Rifkin, 2002).

18세기 중엽에 이르러 식품이 보다 많은 구성원들에게 보다 규칙적이고 안정적으로 공급될 수 있게 되면서 사람들은 양적인 소비 대신 음식의 질과 맛을 추구하게 되었다. 코리건(1997)은 이를 상층계급이 하층계급과의 차별화와 사회적인 우월성을 드러내기 위한 것으로 보았다. 즉, 상층계급의 성원들은 자신들의 음식물 섭취관행을 모방하기 시작한 하층사람들과 자신들을 구분하고 우월성을 드러내기 위해 양적인 소비를 한다는 것의 한계가 뚜렷한 시점에서 세련되고 맛있는 요리를 만들 수 있는 요리사의 솜씨를 강조하기 시작했다는 것이다. 맛있고 세련된 요리가 이전의 양껏 먹는 향연을 대체함으로써, 맛있는 요리를 선택할 줄 안다는 것은 높은 사회적 신분의 징표가 되었고 이는 음식을 질제하는 관습을 포함하게 되었다.

오늘날에는 이전에 비해 상대적으로 적은 양의 음식을 먹는다. 언제나 먹을 것이 풍족하기 때문에 한번에 많이 먹을 이유가 없기도 하고, 소식이 건강에 좋다는 인식이 팽배하기 때문이기도 하다. 그럼에도 불구하고 비만인구는 왜 늘어나고 있을까? 보건복지부가 시행한 『2001년 국민건강 · 영양조사』에 따르면 우리나라 성인의 30.6%가 비만인 것으로 밝혀졌다. 이는 98년 조사에 비해 증가한 수치로, 성인 65% 정도가 비만인 미국에는 아직 미치지 못하지만, 비만인구가 프랑스 등 서구 국가 수준으로 증가한 것이 증명된 것이다(조선일보, 2005년 2월 4일자).

우리나라뿐 아니라 전 세계가 비만문제에 직면하게 된 것은 현대인의 생활패턴이 육식과 패스트푸드, 탄산음료 등 고칼로리 음식을 많이 섭취하는 데다, 자동차 · 컴퓨터 · 전화 등의 발달에 따라 활동량은 크게 감소했기 때문인 것으로 알려져 있다. 영국의 유기농 운동가인 샘(Sams, 2005)은 지구촌에 매일 4개의 맥도날드 체인점이 들어설 때마다 세계인들은 비만과 소화불량에 신음한다고 하면서, 자본가의 이익을 위해 소비자의 건강을 희생하는 거대 식품산업과 거기에 길들어지는 현대인의 식생활이 문제라고 지적하였다. 영화 『슈퍼 사이즈 미(Super Size Me)』는 맥도날드가 인체에 얼마나 해로우며 비만을 조장하는지를 밝혀냈다. 이에 대해 맥도날드는 유럽 30개 지역 체인점의 주방을 개방하고 음식재료와 제조과정

등을 모두 공개하여 비만에 대한 소비자들의 우려와 반감을 불식시킬 조치를 단행하는 등, 적극적으로 대항하고 있다(이데일리, 2005년 9월 22일자).

2. 음식은 무엇인가

1) 음식에 대한 소비가치

우리 조상들은 사람이 살아가는데 가장 기본적인 것이 먹는 것임을 알았고, 먹는 것을 무엇보다 중요시하였다. '금강산도 식후경', '수염이 석자라도 먹어야 양반', '사흘 굶어 도둑질 안 할 놈 없다', '열흘 굶어 군자 없다' 등의 속담은 이를 잘 나타낸다. 또한 음식은 생존의 수단 이상으로 신성시 되었다. 예를 들어 '밥이 약보다 낫다', '밥 한 알이 귀신 열을 쫓는다', '남은 음식을 버리면 가난해진다', '우물가에서 밥알을 떠내려 보내면 3대가 빌어먹는다' 와 같은 속담에는 음식을 소중히 여기는 것뿐만 아니라 음식을 소홀히 여기는 것은 죄가 된다는 의식, 즉 먹는 것을 신성시했던 생각이 담겨있는 것을 볼 수 있다.

그런데 지금 음식에 대한 의식은 어떤가? 한국 남성의 식생활 행태에 관한 한 연구(김정현 등, 1996)에서 연령이 높고, 저소득, 저학력, 1차 산업 종사자, 농촌거주자인 남성의 경우 음식에 대한 '생리적 욕구'가 강한 반면, 연령이 낮고, 고소득, 고학력, 전문기술직, 도시거주자의 경우 음식에 대한 '즐김의 욕구'가 강한 것으로 밝혀졌다.

이는 소득이 증가할수록 의 · 식 · 주 영역에서의 소비재들은 점차 물질적인 가치보다는 그것이 지닌 상징적인 의미를 갖는 하나의 표현매체 혹은 기호로서 자리매김함을 나타낸다. 소득이 증가할수록 사람들은 단순히 허기를 채워주거나 영양섭취를 해주는 것으로서의 음식기능에 만족하지 못하고, 맛이나 음식을 먹는 분위기, 그릇의 모양과 같은 미적인 요소를 고려하게 되는 것이다.

한편 음식에 대한 전통적인 소비덕목은 검소와 절약이라 할 수 있다. 이는 형이상학적 관점을 바탕으로 하여 물질보다 존재에 대한 본질적 가치를 더 우위의 관념으로 보았던 유교사상에 뿌리를 두고 있기도 했지만, 가내생산과 소비의 자급자족경제에서 화폐경제가 점차 확대되고 있었고, 토지를 가진 양반귀족에 비해 병작

인으로서 일반 평민의 생활이 매우 어려웠던 조선시대의 경제적 배경에서 요구될 수밖에 없었던 가치였다. 이러한 사상은 여러 학자들의 가르침에 나타나 있다. 『증보 산림경제』에서는 '검약은 도리가 있으니, 의복을 사치스럽게 입어서는 안 되며 추위를 막으면 족하고, 음식을 감미롭게 해서는 안 되며 굶주림을 면하면 되고, 거처를 편안하게 해서는 안 되며 병에 걸리지 않을 정도면 족한, 즉 이것이 분수를 알며 하늘을 두려워하는 마음이다. 음식을 대하면서 농부의 노고를 알고, 옷을 입으면서 베 짜는 이의 공을 알고 겸손해야 한다' 라며 지분(知分, 분수 지키기)을 강조하였다. 격몽요결에서는 자녀교육의 첫 단계를 음식에 대한 절제로 삼아 어릴 때부터 식탐을 경계토록 하였다.

오늘날에는 전통적으로 중요시되었던 음식에 대한 소비덕목인 검소와 절약의 국민적 공유 정도가 많이 둔화되었다. 한국소비자보호원(2002)의 전국 20세 이상 남녀 2,002명을 대상으로 한 연구에 따르면 조사대상자의 55.6%가 지나친 상차림으로 음식물 쓰레기를 양산하는 것이 문제점이라고 인식하고 있었다. 조사대상자의 35.1%는 고급화 되고 있는 외식소비를 우려했으며, 30% 정도는 일회용품 사용 증가와 편리하고 간편함을 선호하는 것이 문제라고 인식하였다.

2) 좋아하는 음식, 꺼려하는 음식

각 민족마다 좋아하는 음식과 꺼려하는 음식이 다르다. 유대인이나 이슬람교도들은 돼지고기를 혐오하고 인도의 힌두교도들은 쇠고기를 먹지 않는다. 프랑스인들과 벨기에인들은 말고기를 좋아하고 대부분의 지중해 사람들은 염소고기를 좋아한다. 쥐고기를 먹는 사회는 42곳이나 되며, 고대 로마인들은 썩은 생선소스를 가장 좋은 것으로 여겼다.

우리나라 전통사회에서는 삼가야 할 음식에 대해서 다양한 속담을 통해 말함으로써 교육과 전승의 효과를 나타내었다. '노루고기 먹으면 장사가 망한다', '제비고기를 먹으면 배를 타지 못한다', '까마귀 고기 먹으면 잘 잊어버린다', '비둘기 고기를 먹으면 죄 받는다' 등의 속담은 꺼리는 음식을 나타내고 있다. '산모가 닭고기를 먹으면 아이는 닭살이 된다', '산모가 오리고기를 먹으면 아이가 발가락이 붙는다', '임산부가 토끼고기를 먹으면 아이가 언청이가 된다', '임신 중 까마귀를 먹으면 아기가 까맣다' 등의 속담은 임산부의 음식에 대한 제약을 나타내는 것으로서, 태교 시에 음식의 비중이 크다는 것을 말해주고 있다.

왜 인간의 식습관은 그토록 다양한가? 특별한 음식선호와 기피가 어떤 문화에서는 나타나는데 다른 문화에서는 나타나지 않는 이유는 무엇인가?

해리스(Harris, 1997)는 음식의 선호와 기피에 대한 설명은 음식 그 자체의 본질이 아니라 사람들의 근본적인 사고유형에서 찾아야 하며, 사회경제적 분석이 필요하다고 하였다. 즉, 음식의 선호와 기피의 근저에는 영양학적, 생태학적, 경제적인 측면에서 실제적인 비용과 이익의 비교가 숨어있다는 것이다. 사람들이 선호하는 음식은 기피하는 음식보다 비용에 비해 이득이 실질적으로 더 많은 음식이다.

김광억(1994)은 특정 음식이나 맛에 대한 선호를 소비자에만 초점을 맞추어 그들이 선택하고 결정하는 듯이 설명을 유도하는 것은 그러한 선택을 이끄는 조건과 구조를 간과하게 만든다고 하였다. 상품으로서의 음식(행위)과 권력으로서의 음식(행위)에 대한 인식이 필요하며, 음식소비에 관한 보이지 않는 생산자(생산체계)와 소비자 사이의 헤게모니 또 이를 매개하는 대리자 혹은 중개자의 정체를 밝히는 일이 중요하다는 것이다. 이 중간자는 정부나 기업 또는 특정 개인일 수도 있고 이념, 역사, 권력, 문화체계일 수도 있다. 흰 밀가루로 만든 빵과 우유를 한 끼 식사로 하는 서구식 식단이 선진의 것으로 선전되었고, 분유가 모유보다 훨씬 영양가 있는 것으로 여겨졌으며, 화학조미료인 글루탐산나트륨을 많이 먹으면 머리가 좋아진다고 생각되었던 때가 있었던 것도 이러한 맥락에서 설명될 수 있을 것이다.

3) 음식에도 계급이 있다

음식이 많은 사람들에게는 영양의 원천일 뿐 아니라 일부사람들에게는 종종 부와 권력의 근원이 되어왔다. 우리 전통사회에서는 계급적 질서와 지역적 차이가 음식문화, 즉 음식의 종류와 제공되는 방식에 의해서 실천되어 왔다. 국가권력에 의하여 공식화된 등급체계가 물질소비의 영역에 관여하는 것으로, 궁중요리에서 사대부집 상차림과 여염집 상차림에 이르기까지 음식이 법도에 의하여 규정된 것은 복장과 가옥의 구조에 대한 규정과 상통하는 것이었다(김광억, 1994).

신분에 따라 반찬의 가짓수와 음식 상차림이 규정되었는데, 궁중에서 차리는 임금을 위한 수라상은 12첩, 양반집에서는 9첩 반상까지, 서민층은 3첩, 5첩, 7첩 반상이 허용되었다. 3첩 반상은 밥, 국, 김치, 장 이외에 3가지 반찬을 내고, 5첩 반상은 5가지 반찬을 내는 식으로, 반찬의 재료가 중복되지 않도록 하고 반찬을 놓는 위치가 정해져 있는 등 상차림 격식이 정해져 있었다.

대부분의 현대사회에서 계급에 따른 음식 등급은 더 이상 엄격하게 존재하지 않는다. 대량생산체제의 발달, 수송의 신속화, 저장기술의 발달, 소비시장의 확대 등은 특권적 음식 영역을 없앴으며, 이전의 물질적 소비에 대한 특권적 범주로서의 신분계급을 모호하게 만들면서 적어도 음식소비의 기회를 누구에게나 개방되도록 하였다. 급속한 산업발전을 겪은 한국사회에서 더 이상 굶주리지 않고 먹고 사는 것에 구애받지 않고 있다는 것은 식생활에 있어서 모든 계층이 평준화 경향으로 가고 있는 추세라고 생각한다. 음식 소비문화는 다른 소비영역에 비해 상대적인 박탈감을 덜 느끼는 분야이며 이는 함인희 등(2001)의 연구에서 인용한 다음의 진술에서도 확인된다.

> 요즘은 세 끼 밥 먹고 사는 것이야 다 똑같지 않겠어요? (45세의 회사원)
> 우리들도 먹는 것에는 꽤 비중을 두는 편이기 때문에 상류층과 비교할 때 별로 차이가 나리라고는 생각하지 않아요. (33세의 주부)

하지만 고유의 음식소유를 빼앗긴 '문화적' 특권층은 음식에 대한 계급적 경계가 모호해진 것을 인정하지 않으려 하며, 음식 자체보다 음식을 제대로 먹는 법과 식탁매너 등과 같은 소비격식을 발명해내고 그것을 습관화함으로써 다른 계층과 구분하려는 성향을 지닌다(김광억, 1994).

계층 간의 차별화는 특히 외식문화에서 가시화된다. 함인희 등(2001)은 1999년 5월 서울시 거주자 853명을 대상으로 한 연구에서 계층별 음식 소비취향이 다르게 나타남을 밝혔다(표 6-3). 서양요리는 요리를 내놓는 순서가 정해져 있고, 상차림과 음식을 먹는 태도와 몸가짐, 서빙하고 음식을 덜어먹는 방식에 관한 복잡한 식사의 규칙이 존재하는 데 비해서, 한식의 경우 계층 간에 복잡하게 규정된 식사예절이 상대적으로 적거나 아니면 엄격했던 과거의 전통적인 식사예절이 붕괴되었기 때문에 미묘한 계층 간의 차이가 식탁에서는 쉽게 드러나지 않음을 지적하였다. 따라서 외식을 통해서 보다 익숙하게 또는 세련된 매너로 양식을 먹을 수 있는

표 6-3 계층별 음식 소비취향

구 분	상 층		중산층	하 층	
좋아하는 육류	한우소고기		한우소고기/돼지고기의 혼용	돼지고기/닭고기	
특 성	무공해 식품, 자연식품, 건강식품 선호	담백하고 소화가 잘되는 가벼운 음식	맛있는 음식을 찾아다니는 것을 즐김	아침식사는 가급적 밥으로	먹어서 든든한 음식, 양념 맛이 강하고 자극적인 음식
외식 시에 선호하는 음식점의 스타일	고급스런 분위기의 음식점과 이국적인 음식 선호		가격과 분위기를 동시에 고려. 패밀리 레스토랑도 애용	저렴한 가격으로 온 식구가 배불리 먹을 수 있는 음식점	

자료 : 함인희 등, 2001.

가는 계층적인 징표가 된다는 것이다.

스트롱(Strong, 2005)은 어떤 사회든 식탁은 신분과 계급구조를 결정하는 매개체였고, 그 원칙은 현대사회에도 적용된다고 보았다. 유럽 상류층의 음식문화는 밖으로 신분과 부를 과시하고 안으로는 계층 간의 결속 수단으로 사용됨으로써 전에는 상류층만이 고급 음식을 먹을 수 있었지만, 이제는 돈이 있으면 누구나 원하는 음식을 먹을 수 있다. 그러나 상류층의 만찬은 왕궁, 귀족의 성, 부르주아의 저택에서 고급식당으로 옮겨갔을 뿐 식탁은 여전히 특권의식이라는 사회적 열망의 지표로서 그 힘을 발휘하고 있다.

4) 서구음식은 고급인가

음식소비도 세계화시대를 맞고 있다. 음식소비의 세계화는 '서구화' 혹은 '미국화' 과정에 다름 아니다. 맥도날드, KFC와 같은 패스트푸드점, TGI 프라이데이, 아웃백스테이크하우스와 같은 패밀리 레스토랑 등 미국의 자본과 기술력이 음식소비의 세계화를 주도하고 있다고 해도 과언이 아니다. 이들은 단순한 상품판매에 그치는 것이 아니라 문화적 취향도 동시에 소비하도록 한다. 예를 들어, 맥도날드는 단순히 음식만을 파는 곳은 아니다. 맥도날드에 가면 영어로 되어 있는 햄버거 명칭들, 밝고 깨끗한 인테리어, 세련된 디자인, 넓은 매장, 친절한 서비스, 각종 선물, 여러 가지 미국식 행사들로 미국사회의 이미지도 햄버거와 동시에 소비할 수 있도록 하고 있다. 즉, 햄버거나 단순히 열량을 공급하는 고기와 빵이 아니라 독특한 서구적 분위기를 자아내고 그를 동시에 즐기면서 먹게 하는 하나의 문화의 소비처인 것이다(이정덕, 1995).

명사급 인사들만을 상대로 한다고 선전된 '정통' 을 내세운 고급 이태리식당이나 프랑스식당 역시 음식의 정통성보다는 '정통' 이라고 주어지는 분위기와 식사법을 소비하는 곳이다. 초현대식 양식과 색깔의 건물, 귀족 집안의 문장 흉내를 낸 간판, 바로크 음악, 영어나 프랑스어로 쓰인 메뉴, 와인, 크리스털 잔, 샹들리에 밑의 촛불, 벽에 걸린 궁정과 고성의 빛바랜 갈색 사진 등은 새로운 소비계층을 만들어낸다. 사람들은 잘 알려지지 않은 '고급 외국요리' 에 대하여 그 요리와 그 요리의 원천이라고 말해지는 나라에 대한 지식과 경험을 과시함으로써 문화적 지위를 경쟁한다. 고급 요리에 대한 지식과 고급 식당의 단골손님이라는 자격의 과시를 통하여 그렇지 않은 사람을 문화적 수준이 낮은 부류로 범주화함으로써 거리를 만드는 것이다(김광억, 1994).

사람들에게 음식을 먹는 장소가 중요한 것은 특정 음식에 담겨있는 의미와 중요성이 특정의 공간 속에서 실현되기 때문이다. 이는 홍대 앞의 한 카페를 대상으로 한 임성희의 연구(1994)에서도 나타난다. 그에 따르면 홍대 앞 카페골목은 공간 전체가 현대적 · 이국적, 세련됨, 고급스러움 등의 상징적 의미를 가질 수 있도록 조직되어 있고, 카페의 독특한 메뉴와 서비스 방식을 통해 다른 공간과 차별화된다. 10대에서 20대 중반까지의 연령층이 카페의 분위기를 주도하는 집단인데, 수입음료, 수입담배, 외국잡지, 유행에 민감하게 꾸민 외양 등으로 다른 사람들과 차별화하고 있다. 흥미로운 것은 '닥터페퍼즈' 와 같은 일반음료가 그 카페에서는 비싼 가격으로 팔리며 특별한 음료로 부상한다는 것이다. 이는 미국에서 서민들이 값싸고 간편하게 한 끼를 때우기 위해 먹는 맥도널드 햄버거가 미국에서는 '정크푸드' 로 인식되는 반면, 우리나라에서는 몇 년 전까지만 해도 상대적으로 고가음식으로서 돈 있는 사람들이나 먹는 음식으로 여겨진 것과 같은 현상이다. 요즘은 우리나라에서도 다른 것에 비해 싼 값으로 먹을 수 있는 것이 되었고 패스트푸드의 문제점들이 공론화되면서 정크푸드라는 인식이 자라고 있으나, 그래도 아이들과 청소년들이 선호하고 그들의 문화코드에 맞는 음식으로 자리 잡고 있다.

이는 또한 제 3세계에서 피자와 햄버거, 소시지, 치즈 등이 영양보충원이 아니라 '멋진' 생활스타일과 지위상징으로 채택되고 있는 것과도 같은 맥락이다. 구디(Goody, 1982: 김광억, 1994에서 재인용)의 아프리카 가나에 대한 연구에서도 이와 같은 현상이 보고 되었다. 그의 연구에서 가나의 중산층은 비싼 영국식 케이크와 음료로 런던 교외의 중산층 영국인 가정보다 더 격식에 충실하고 정교하게 영국식 생일파티를 즐기며, 스스로의 전통적인 음식과 식사관행을 영국식 아침으로 대체하고 있다고 하였다. 이는 서구적 식생활이 고급화된 것으로 인식되어 계급과 성취수준의 변화를 표현하는 장이 되는 것을 보여준다.

서구적 음식소비는 유명백화점이나 호텔에서 '프랑스 주간', '이태리 축제', '영국의 주간' 등의 이름 하에 펼치는 식료품 전시회와 요리축제 등의 이벤트와 더불어 더욱 고급화된 것으로 인식되었다. 김광억(1994)은 '서구음식의 소비=고급' 이라는 등식은 '고급' 의 소비양식을 양산해내고 있는 서구의 음식산업과 국내 기업들의 마케팅 활동의 산물이라고 지적하였다. 피자, 스파게티, 햄버거, 스테이크, 위스키, 와인 등이 보편화되고, 성과 연령에 관계없이 생일파티는 서양식이 되어 주인공은 종이왕관을 쓰고 카드를 받고 '해피 버스데이' 노래 속에서 촛불을 불어 끈 후 케이크를 자르게 되었고, 회갑연과 혼인 피로연을 포함한 모든 잔치에도 별도로 케이크 자르기 프로그램이 마련되는데, 이는 케이크 제조업자가 생산하는 또 하나의 소비라는 것이다. 미국의 발렌타인데이가 우리나라에서 하나의 의례적 문화로 자리 잡은 것도 카드와 꽃을 포함한 선물을 판매하는 상인들과 초콜릿 제조업자들의 마케팅 노력의 결과다.

생일날 먹는 음식이 미역국에서 생일 케이크로, 미국식 피자나 패스트푸드로 또는 조금 더 특별한 축하를 위해 가는 패밀리 레스토랑의 음식으로 대체되고 있는 문화의 변화, 호텔에서 이루어지는 결혼식에서 식사대접이 대부분 서구식 스테이크를 메뉴로 하고 있는 것 등은 '서구음식=고급, 세련됨' 의 공식이 사람들 사이에 공유되고 있음을 나타낸다.

3. 상품의 논리와 음식 소비문화 현상

대부분의 음식과 음식재료가 상품화됨으로써 소비자는 돈을 지불하고 먹을거리를 사게 되었다. 소비자에게 선택의 자유가 있다고 하지만, 현대사회에서는 상품의 공급자나 가공업자가 음식 소비문화를 선도하는 관계를 쉽게 발견할 수 있다. 이 장에서는 이와 관련하여 나타나는 여러 현상들과 그 문제점을 살펴보기로 한다.

1) 빠르고 간편하게

빠르고 간편한 음식, 패스트푸드는 효율과 이윤의 극대화를 우선으로 삼는 산업화의 산물이다. 리프킨(2002)은 패스트푸드의 대표격이라 할 수 있는 햄버거가 미국 대중의 생활양식을 바꾸어놓은 새로운 운송형태였던 자동차와 유사한 가치와 특성을 담고 있음을 지적하였다. 새로운 자동차시대에 미국인들은 부산하게 움직여야 했으며, 빠르게 이동하는 생활양식은 식사습관에도 변화를 주어 신속한 음식을 요구함으로써, 햄버거는 자동차시대에 이상적인 대안으로 제시되었다.

빠르고 간편한 음식에 대한 선호는 여성취업의 증가나 독신의 증가와 같은 인

패스트푸드의 대명사, 맥도날드

구사회학적 변화와도 맞물린다. 따라서 햇반이나 레토르트 식품과 같은 즉석조리가 가능한 음식생산의 증가, 커피와 빵뿐만 아니라 크레페, 닭꼬치, 립바비큐, 초밥 등을 망라하는 테이크아웃 매장의 등장, 삼각 김밥, 전주비빔밥 등 밥의 패스트푸드화, 밥, 국 등 한식을 메뉴로 하는 아침식사 시장의 확산, 갖가지 음식배달업의 성행 등은 소비자의 수요에 부응한 식품산업의 변화로도 보인다.

그런데 한국의 전통음식을 전자레인지에 3~4분간 데우기만 하면 되는 패스트푸드형으로 개발해서 판매하는 모 업체가 달성하겠다고 내건 '빠르게, 맛있게, 저렴하게, 깨끗하게, 건강하게' 라는 모토가 과연 달성 가능한 것일까?

다음 세대를 책임질 부모로서 아이들과 생태계를 지키자는 취지로 모인 어머니들의 모임인 '다음을 지키는 사람들(다지사)' 은 안티패스트푸드운동을 벌이고 있으며, 그 출범식에서 햄버거가 아이를 먹는 연극공연을 통해 패스트푸드의 위험성을 고발하였다. '다지사' (2004)는 햄버거 세트메뉴의 경우 지방을 일일섭취기준량의 최대 82%까지 섭취하게 할 뿐만 아니라 고온에서 여러 번 사용한 기름을 재사용하는 문제, 질이 좋지 않은 고기를 그럴듯하게 포장하기 위해 들어가는 엄청난 양의 식품첨가물의 문제 등이 자라나는 어린이에게 특히 위험함을 경고하였다. 햄버거에 사용되는 고기와 감자튀김의 위험성에 대해서는 리프킨(Rifkin, 2002), 슐로서(Schlosser, 2001)에도 잘 지적되어 있다.

이와 관련하여 슬로푸드운동을 주목할 필요가 있다. 슬로푸드운동은 1986년 로마의 스페인광장에 맥도날드가 진출하자 이에 대한 저항으로 생겨난 운동이다. 패스트푸드가 전통적, 지역적으로 특색 있는 음식의 고유한 정신과 의미를 말살한다고 판단하여 식사의 소중함과 미각의 즐거움, 전통음식의 보존을 위해 시작되었다. 현재 50여 개국 7만 회원을 가지고 있고, 우리나라에서도 지부가 운영되고 있는 등 세계적인 운동으로 자리매김해 나가고 있다. 출발 당시에는 음식에 초점을 맞추었으나 점차 그 범위를 넓히고 있다. 1989년 프랑스 파리에서 발표된 '슬로푸드 선언문' 에서는 "우리는 속도의 노예가 됐다. 우리의 습관을 망가뜨리고, 우리 가정의 사생활을 침해하며, 우리로 하여금 패스트푸드를 먹도록 강요하는 빠른 생활 지상주의의 음흉한 바이러스에 굴복되고 있다" 며, 속도와 물량을 강조하는 현대문명에 대해 반대하고 있다(한겨레21, 2001년 9월 13일자).

패스트푸드에 대한 부정적 인식이 확산되면서 국내의 대표격 햄버거업체인 롯데리아, 맥도날드, 버거킹이 2003년을 전후로 매장수가 줄어들고 매출이 줄어들었다. 이에따라 패스트푸드점들은 건강메뉴를 개발하고 매장분위기를 카페처럼 바꾸면서 빨리 주문해서 바로 먹고 가는 곳이 아니라 느긋하게 시간을 보낼 수 있는 곳으로 이미지를 조정하고 있다(한겨레신문, 2005년 12월 7일자).

2) 특별한 맛, 맛집을 찾아서

맛있는 음식만큼 즐거움을 주는 것도 없다. 맛있는 음식을 찾는 소비자의 욕구에 맞추어, 언제부터인가 여러 TV채널에서 맛집 소개 프로그램이 제작, 방송되고 있다. 한국방송영상산업진흥원 프로그램 분석팀에 따르면 KBS, MBC, SBS 등 지상파 3사들의 4개 채널의 1주일간 프로그램을 분석한 결과, 웰빙 관련 코너가 모두 90건으로 조사되었는데, 맛집 소개에 편중되어 본래의 취지에서 벗어난 내용이 많다는 지적을 받았다고 한다(파이낸셜뉴스, 2005년 12월 20일자).

맛집 관련 정보를 제공하는 TV프로그램들은 전통적이고 다양한 음식문화 발굴과 소비자에게 유용한 정보와 때로는 대리만족을 제공한다는 장점이 있으나, 출연자에 대한 검증 부족과 특정 음식점의 반복 소개로 간접광고라는 논란을 일으키고 있다. 또 다른 문제점으로 휴일에 이런 프로그램을 집중적으로 편성하여 외식을 유도하는 점, 끊임없이 식욕을 돋움으로써 과식을 유도하는 점, 음식의 고른 소개가 아니라 TV화면에 맛있게 보이는 고기종류에 대한 소개가 많은 점, 입과 눈만을 즐겁게 하는 음식이 많다는 점 등도 제기되고 있다. 이와 함께 방송출연을 마케팅 수단으로 적극 이용하는 경우와 맛집 선정의 공정성 문제 등 상업적으로 이용 가능한 측면도 문제가 된다.

도시인들의 문제가 되는 식습관으로 '외식'과 '과도한 식사'를 꼽을 수 있다. 먹는 것으로 스트레스를 풀려는 무절제한 외식 습관은 점차 도시인들을 비만과 질병으로 몰아가는 하나의 도시병이 되어가고 있으며, 이는 음식으로 본능을 다스리는 절제의 중요성을 강조했던 한국의 전통적 가치와 너무나 동떨어진 것이다. 외식의 선택기준이 맛에만 있다면 영양의 균형이 고려되지 않아 영양은 불균형해지고 열량은 넘쳐날 것이다.

우석훈(2005)은 맛이 최고라는 논리는 지난 10년 동안에 사회가 만들어낸 일종의 신화로서, 음식이 반드시 맛있어야 한다는 논리는 정신적 성숙이 뒷받침되지

넘쳐나는 맛집 홍보

못한 풍요의 시대가 만들어낸 사회적 환상이라고 하였다. 이는 우리 입맛이 음식을 '맛있게' 만드는 화학조미료에 길들여진 탓이기도 하다. 우리가 얼마나 화학조미료에 노출되어왔는가에 대해 우석훈은 다음과 같이 말하고 있다(p. 49).

> 7, 80년대의 대중음식점은 거의 화학조미료의 전쟁터를 방불케 했고, 이 시기는 경제개발의 최초의 도약을 둘러싸고 온 나라가 살아야 한다는 집단적 강박관념에 휩싸이던 시기였다. 때때로 설렁탕의 빛깔을 내기 위해서 커피 프림 같은 걸 집어넣었다가 적발되기도 했지만, 그 정도는 오히려 애교로 여겨졌다. 먹을 수 없는 재료들을 듬뿍 사용한 것은 과거의 청요리집, 지금은 중국 음식점이라고 부르는 것들도 크게 다르지 않았다. 중국 소다라고 부르는 중국식 가성소다는 밀가루 반죽을 쫄깃하게 만들기 위해서 듬뿍 사용됐고, 이때 떨어진 맛을 감추기 위해서 더 많은 조미료들을 집어넣었다. 그야말로 먹을 수 없는 음식의 경연장이었다. 바삭바삭하고 깊은 맛을 내기 위해 사용한 기름과 화학조미료는 사람들을 속이는 마법의 감미료였다.

그는 식품제공자들이 문화의 전도사도 아니고 계몽자는 더더욱 아니며 돈을 벌기 위해 장사를 하는 사람들임을 인식해야 한다고 말하였다. 따라서 문화로서의 음식은 가장 좋은 음식이 살아남는 것이 아니라 사회적 여건과 문화적 여건에서 가장 '얄팍한 것', 즉 구조에 가장 잘 적응한 것이 살아남게 된다고 지적하였다. 온갖 맛집 정보를 가지고 있고 화학성분의 맛에 길들여진 소비자가 소박한 삶의 실천자인 니어링(Nearing, 1999, p. 13)의 다음과 같은 말에 얼마나 동의할지 의문이다.

> 음식이 입맛을 돋울수록 더 많이 소비되고, 건강에 더 해롭게 된다. 날씬해지고 싶은 사람이라면 식사량을 줄이라고들 한다. 버터와 소금을 뿌리지 않은 팝콘보다 뿌린 팝콘을 두 배쯤 더 먹게 된다면, 굳이 버터와 소금을 뿌릴 필요가 있을까? 아무것도 안 뿌린 팝콘을 적당량 먹다가 그치면 될 일이다. 소금을 넣지 않은 팝콘이나 버터와 잼을 바르지 않은 빵, 매콤한 소스를 치지 않은 샐러드가 입맛을 당기지 않는다면 그만큼 배가 고프지 않다는 얘기가 된다. 배가 고프지 않을 때는 굳이 먹을 필요가 없지 않은가. 배가 고플 때까지 기다렸다가, 자극적인 양념을 넣지 않고도 음식을 맛있게 먹을 수 있다면 좋지 않을까.

식생활의 요체를 주로 혀가 감지하는 맛에 둔다는 의미에서, 오늘날의 우리사회를 '식탐(食貪)시대'라고 부르는 사람도 있다(조선일보, 2005년 4월 22일자). 맛 자랑, 맛 기행, 맛 대결 등 갖가지 프로그램으로 소비자의 원초적인 미각을 자극하는 방송사와 구석구석 별미를 찾아다니는 신문과 잡지는 온 국민의 식탐을 돋우는 데 일조하고 있는 것이다.

3) 웰빙과 식품

사회적으로 불어 닥친 웰빙 열풍은 건강과 장수라는 소비자의 기본적 욕구를 활성화 시켜 '건강한 삶'을 무엇보다 중요한 것으로 추구하게 만드는 역할을 하였다. 소비자들은 유기농산물, 무공해식품, 자연식을 선호하게 되었고, 온갖 종류의 건강보조식품을 찾게 되었다. 2004년 초 광우병, 조류독감 등으로 건강에 대한 위협이 가시화되자 외식업계에서는 웰빙상품 개발에 박차를 가했다. 야채, 과일, 새우를 넣은 샐러드(베니건스), 단호박과 고구마 샐러드(파파이스), 호밀빵 웰빙버거(롯데리아) 등, 육류 대신 해산물과 야채를 중심으로 한 소위 건강메뉴 개발이 활발해졌다. 식품업계에서도 검은콩 시리즈, 감자면, 보리라면, 현미라면과 같이 건강과 효능을 고려한 신제품을 개발하였고, 주류업계에서도 웰빙형 상품으로 기능성 술을 새롭게 개발하였다. 예를 들어 콜레스테롤을 낮추는데 효과가 있는 메밀과 뽕잎을 첨가한 기능성 약주, 관절염 치료에 효과가 있는 기능성 술이 나왔다(삼성경제연구소, 2005).

웰빙음식에 대한 선호로 그동안 즐겨 먹어왔던 음식의 소비가 줄어들고, 잘 먹지 않았던 음식의 소비가 늘어나기도 하였다. 손쉽게 음식의 맛을 내기 위해 온 국민이 사용하던 조미료에 대한 선호는 급격히 떨어져, 좋은 음식점은 화학조미료를 안 쓴다는 것을 광고하는 형편이다. 음식이라 생각하지 않았던 숯과 황토도 건강에 좋기 때문에 먹을 수 있게 되었고, 우리나라 전통차도 건강차로 각광받을 뿐 아니라 쌀에서도 갖가지 기능성 쌀이 등장했다(조은정, 2002). 이처럼 웰빙열풍은 새로운 음식의 유행과 새로운 소비유형을 만들며 새로운 생산 및 유통구조를 형성하고 있다.

하지만 소비자들은 웰빙음식에 대한 올바른 이해를 가지고 있는가? 다시 말해 웰빙음식이라고 이름을 붙인 것이라고 해서 모두 웰빙음식이 아니라는 것은 자명한 일이다. 그 내용과 진실과는 상관없이 일종의 유행처럼 이름만 웰빙인 경우도 많다.

웰빙 상품 판매점

영양학자들은 건강을 위해 피해야 할 것으로 설탕과 화학조미료와 지방 그리고 각종 식품첨가물을 들고 있다. 예를 들어, 이종임(2004)은 설탕은 백해무익한 것으로 식품이라고 말할 수도 없는 것이라고 하였다. 문제는 이 설탕이 여러 음식에 숨어있다는 것이다. 우선 빵, 과자류, 케이크, 도넛 등 밀가루 식품과 함께 어울려 다닌다. 또 각종 음료에 포함되어 있는데, 주스도 예외가 아니고, 콜라를 비롯한 각종 탄산음료는 설탕물이다. 아이들이 즐겨 먹는 시리얼에도, 케첩에도 많은 양의 설탕이 숨어있다. 따라서 몇 가지 좋은 성분을 첨가해서 '웰빙' 이라는 이름을 붙인 가공식품들은 설탕과 몸에 해로운 지방, 식품첨가물에서 자유롭지 못하는 한, 웰빙음식이 될 수 없다. 16년 동안 과자 개발자로 일한 안병수(2005)의, 누구보다 많은 과자를 먹는 제과회사의 공장장들은 대부분 만년에 건강문제에 시달린다는 고백도 새겨볼 만 하다. 그래서 그는 가공식품에 들어 있는 유해물 문제, 영양 결핍 문제를 정확히 알고 그 위해요인에 적극 대처하는 일이야말로 이 시대의 가장 현명한 웰빙법이라고 말한다.

4) 줄어들지 않는 알코올 소비

음식은 생존을 위한 절대적 요소일 뿐 아니라 사회적 교제를 고양시키는 중요한 매체가 된다. 경사가 있을 때나 슬픈 일이 있을 때, 여러 사람들과의 회식자리에서 거의 빠지지 않는 것이 술이다.

우리 민족은 음주가무를 즐기는 민족으로 알려져 있다. 조선시대에도 술은 특별한 때에 마시는 것이 아니라 일상음료에 가까워서, 평상시의 힘겨운 노동에 흥과 힘을 돋우기 위한 활력소로 쓰였다. 손님에게도 차 대신에 술을 대접하였고, 차례에도 차를 쓰지 않고 술을 썼다. 하지만 술을 지나치게 마시다보니, 이에 대한 경계도 있었다. 이른바 삼금(三禁) 중 주금(酒禁)이 있었는데, 이는 정해진 기간동안 술을 빚어 팔거나 마시는 것을 금한 것으로서 대개의 경우 봄 가뭄에 내려져 가을 추수 때에 해제되었다. 금주령의 주된 목적은 흉년에 곡식을 아끼려는 것이었다. 술을 빚으면 열 사람이 먹을 곡식을 한 사람이 마셔 없애기 때문이었다. 술을 금한 또 한 가지 이유는 윤리와 사회기강을 무너뜨린다는 것이었다. 술은 신명을 받들고 손님을 접대하고 노인을 봉양하는 데 쓰이는 좋은 것이기는 하지만, 과하면 다툼을 일으키고 윗사람을 능멸하게 되고 남녀유별을 무너뜨리는 것이라 하여

금했던 것이다. 그러나 권세 있는 자들은 권력과 예외 조항을 이용하여 아무 문제 없이 술을 팔고 마시는데 힘없는 백성들만 걸려들어 금주령은 원성의 표적이 되곤 하였다. 양반들은 금주령이 내려도 약으로 마신다는 핑계를 대며 청주를 마셔서 약주가 청주의 별칭이 되었다는 말도 있다(한국역사연구회, 1996).

오늘날에도 우리나라는 음주에 대해 지나치게 관대하며, 폭음이 빈번하고 술을 강권하는 등 잘못된 음주문화가 상존하고 있다. 한국조세연구원에서는 2002년 현재 우리나라 국민의 일인당 소주와 위스키 등 고알코올주 소비량은 러시아, 라트비아, 루마니아에 이어 세계 4위이며, 여성과 청소년의 음주비율이 급격히 증가하고 있어, 주세 인상을 통한 고알코올주 소비를 줄이는 방안을 제시한 바 있다. 이에 따르면 음주자의 40.5%는 과음을 하며, 음주로 인한 사회적 비용손실은 4조 9,000억원으로, 국내총생산(GDP) 대비 0.65%에 달하는 것으로 추정된다고 한다(문화일보, 2005년 9월 13일자; 세계일보, 2005년 9월 14일자).

삼성경제연구소(2004)는 「직장인 음주행태와 기업의 대책」이라는 보고서를 통해 음주로 인해 발생하고 있는 직장인 음주문제와 대응방안 등을 제시하였다. 이에 따르면 우리나라의 술 소비량은 외환위기 이후 계속 증가 추세로, 2004년 1~6월 주류 출고량과 수입량은 전년 동기 대비 각각 2%와 7% 증가했으며, 음주에 의한 사망, 질병, 가족들의 간접피해 등 음주로 발생하는 사회경제적 비용은 연 14조 5,000억원에 이른다고 말하고 있어, 이는 한국조세연구원에서 제시한 것보다 높은 수치이다. 직장인 가운데 83%가 주 1회 이상 술을 마시고, 4명 가운데 1명은 알코올 중독의 초기단계에 접어든 것으로 나타났다. 이들은 음주로 인해 생산성 저하, 안전사고 등이 빈번하게 발생하면서 기업에 막대한 피해를 주고 있다고 한다. 술 소비가 계속해서 늘고 있는 원인으로 삼성경제연구소는 폭음과 잔 돌리기 등 잘못된 음주문화를 들었다. 직장인들은 사적인 음주보다는 직장 상사나 동료와의 회식, 고객접대 등 공적인 음주가 더 빈번하며, 직장인들의 음주로 인한 손실이 큼에도 불구하고 기업들이 음주를 업무의 연장이며 조직관리 차원에서 음주가 불가피하다고 인식하고 있는 점을 문제로 지적하였다.

술자리를 갖는다는 것은 현실적 사회관계를 반영하고 정치적 권력관계를 확인하는 의례로서 취해지기도 한다. 또한 학맥, 직업, 직책, 연령 등에 따라 주로 이용하는 술집이 분류되어, 어떤 술을 마셨느냐보다는 어느 술집에 갔는가 하는 사실이 중요하게 작용하여, 술집은 은밀한 문화의 공유자끼리의 의미소통의 장으로서 기능한다. 술은 그것이 인간의 두뇌와 심리에 특별한 작용을 한다는 사실로 인하여 특별한 이용의 대상이 되는 것이다(김광억, 1994).

소비자들은 잘못된 음주문화에 대해서 비판적으로 인식하고 있다. 한국소비자보호원(2002)의 조사에 따르면, 소비자들은 '술은 술잔을 돌려 마셔야 제격이다', '술은 취할 때까지 먹어야 직성이 풀린다' 와 같은 음주문화에 대해 매우 부정적 반응과 심리적 거부감을 나타내었으며, '어떤 술을 마시느냐가 개인의 품위를 결정한다' 라는 음주소비의 지위상징적 행태에 대해서 가장 부정적인 반응을 표출하였다.

이처럼 잘못된 음주문화에 대한 소비자 개인의 인식이 높아지고 있음에도 불구하고 공적인 자리에서의 술 소비가 여전한 상황에서, 음주문화를 바꾸고자 하는 운동이 일어나고 있다. 1997년 알코올 문제의 예방과 알코올 중독자의 치료를 위한 전문연구기관으로 「한국음주문화연구센터」가 설립되었고, 2003년에는 「음주문화시민연대」가 설립되어 시민들의 인식을 높이고 있다. 「음주문화시민연대」는 주류의 생산과 판매 그리고 소비에 이르기까지 행위자의 사회적 책임을 고취시키고, 교육과 홍보를 통해 알코올에 관련한 행위로 빚어지는 악영향을 최소화함으로써 건강한 국민, 건강한 사회, 건강한 나라경제 발전에 기여하는 목적을 갖고 있다고 말하고 있다. 음주를 소비자의 책임으로만 돌리지 않고, 생산과 판매 부분의 책임을 강조한 점은 음주에 대한 진일보한 사고라 하겠다.

이뿐만 아니라 서울시의 절주캠페인과 함께, 우리은행, KTF, 삼성전자, 대한항공, 포스코 등의 기업에서도 술잔 돌리지 않기, 자기 주량에 맞게 술 마시기, 상대방에게 술 권하지 않기, 2차 안하기 등의 새로운 음주문화 운동을 펼치고 있다. '술 잘 마시면 조직에 잘 적응하는 사람', '술 잘 사주면 능력 있는 상사' 라는 인식을 깨뜨리며, 오히려 과음은 업무생산성을 떨어뜨려 결국 개인과 회사발전에 방해가 된다는 생각을 확산시키고 있다(매일경제, 2004년 10월 17일자).

4. 생각하며 먹는 소비문화 : 생명, 감사, 즐거움, 나눔

지금까지 산업화와 상품의 논리에 따라 소비자의 음식에 대한 선호와 유행과 문화가 결정되어짐을 보았다. 오늘날의 소비사회에서 음식소비 또한 인간의 차별화 욕구와 자아정체성 구축을 위한 상징적 수단으로부터 자유롭지 못함도 보았다. 그렇다면 이러한 특성과 관련된 문제는 무엇인가? 첫째는 소비자 자신의 건강과 관련된 문제이며, 둘째는 생태계 전반에 끼치는 영향과 관련된 문제다.

먹을 것이 풍부해지고 질도 높아진 것 같은데, 사람들은 비만과 갖가지 질병에 시달리고 있다. 청소년 문제 전문가이자 심리영양학자인 오사와 히로시(2005)는 20여 년 전부터 일본 청소년들의 식생활을 분석했다. 그 결과 성격이 조급하고 인내심과 자제력이 부족해서 문제를 일으킨 비행 청소년 대부분이 일반 청소년들에 비해 어려서부터 가공식품과 인스턴트 음식을 많이 먹어 영양적으로 심각한 불균형 상태에 있었다는 점을 밝혀내었다. 또한 우리 몸에 부족하거나 과다한 영양소들이 정신건강에 미치는 심각한 문제점들을 실제 동물 실험을 통해 입증했다. 즉, 우리가 먹는 음식은 우리 몸의 건강뿐 아니라 성격과 정신건강을 결정하는 데도 중요한 요소라는 것이다. "You are what you eat"라는 말이 있다. 어떤 음식을 먹느냐에 따라 사람이 달라진다는 의미를 깊이 새겨보아야 할 시점으로 생각된다.

소비자들이 어떤 음식과 음식재료들을 선택하는가는 실제로 국민경제와 아이들의 미래를 결정하며, 생태계에 직접적인 영향을 주는 사회적이고 경제적인 행위이다. 리프킨(Rifkin, 2002)은 곡물사료로 사육된 쇠고기를 탐식하는 현상은 현재 우리 문명이 직면하고 있는 가장 핵심적인 문제라고 지적하였다. 그에 따르면 소의 사육 면적은 전 세계 토지의 24%를 차지하고 있으며, 소들은 수억 명을 넉넉히 먹여 살릴만한 양의 곡식을 먹어치우고 있다. 소의 방목은 현재 남아있는 열대우림을 파괴하는 주요한 원인이 되고 있으며, 사하라 이남 및 미국과 오스트레일리아 남부 목장지대에서 활발히 진행되고 있는 사막화의 주된 요인이다. 또한 사람들이 식품사슬의 아래쪽에 위치한 음식을 자발적으로 선택한다면 수백만의 다른 사람들이 생존에 필요한 최소한의 칼로리를 섭취할 수 있게 된다는 것이다.

이러한 점들을 살펴볼 때, 음식소비는 다른 무엇보다 인간의 생활에 있어서 중요하며, 소비자로서 그 본질적인 의미를 인식하고 올바른 선택을 할 필요가 있는 것이다. 음식의 본질은 크게 생명, 감사, 즐거움, 나눔의 네 단어로 압축될 수 있다고 생각된다.

1) 생 명

음식은 생명유지를 위한 절대적인 요소이다. 따라서 음식이라면 당연히 사람한테 해로워서는 안 되는 안전한 것이어야 하며, 몸과 마음을 건강하게 만드는 데 일조하는 것이어야 한다.

우석훈(2005)은 적어도 음식안전의 관점에서 우리나라 현재의 음식문화는 퇴행적이라고 볼 수밖에 없는데, 이는 기본적인 유통관리가 어려운 수입농산물의 증가, 전반적인 기술력의 증가와 생명산업 등의 발전으로 '음식 비슷해 보이는 것'의 증가, 외식비중의 증가 등에서 그 이유를 찾을 수 있다고 하였다. 시장이 개방되면서 유전자조작식품(GMO)의 생태학적, 환경적 위험과 사회경제적, 문화적 위험에 대한 논란도 크게 대두되고 있다. 임형백(2004)은 다국적 기업이 생명공학을 통하여 GMO를 개발한 가장 근본적인 이유는 기업의 이윤추구로서, 윤리보다 우선한다는 점을 직시해야만 한다고 지적하였다. 그에 따르면 한국, EU, 일본과는 달리, 미국의 경우 GMO와 기존의 농산물을 차별화하지 않는 입장을 취하고 있다. 한국에서는 GMO 표시제를 2001년 3월부터 강제시행하고 있으나, 실제 판매매장에서 표시제도가 거의 운영되고 있지 않아 소비자에게 유명무실한 제도가 되고 있다. 이미 GMO의 개발과 보급이 확산되고 있는 상황이므로, GMO의 안전성문제와 환경에 대한 영향 그리고 전 세계, 특히 제 3세계 농업에 미칠 영향에 대한 소비자의 인지와 올바른 선택이 매우 중요한 시점이라 하겠다.

생명유지는 내 몸에만 국한되지는 않는다. 채식주의자들은 나의 생명을 유지하고자 다른 생명을 죽이는 것에 반대하는 의식을 가지고 있다. 채식주의자가 아니더라도 다른 생명에 대한 배려는 나의 생명유지를 위해서도 필수적이다. 생명을 주는 먹을거리는 환경을 떠나 생각할 수 없기 때문이다. 따라서 '다음을 지키는 사람들' 이나 생활협동조합 등에서 강조하는 유기농 음식을 선택하는 것은 땅을 살리고 생태계를 살리고 사람을 살리는 일이라 할 수 있다.

혀끝의 맛에 따른 식탐과 편의성을 강조하는 오늘날의 사회에서 생명을 담은 음식을 선택하기 위해 소비자의 인식전환은 너무나 중요하다. 조선조 중종 때의 궁중음식 이야기를 주된 소재로 한 드라마 〈대장금〉이 한류열풍을 일으킨 것은 매회 다채로운 조선의 궁중음식을 선보였을 뿐만 아니라, 모든 음식조리와 음식재료를 사용하는 것에 과학과 지혜, 놀라운 맛의 조화가 담겨있는 우리의 수준높은 음식문화를 보여주었기 때문이라 사료된다. 이러한 수준높은 음식문화를 이어받아 음식소비에서만큼은 더욱 더 과학적이고 지혜로운 똑똑한 소비가 필요하지 않을까.

2) 감 사

슬로푸드의 핵심은 '음식에 대해 생각하고 음식을 만든 이에게 감사하며 음식을 음미하면서 먹는 것' 이라고 한다(이종임, 2004). 성경 출애굽기에 이스라엘 백성이 애굽에서 도망쳐 나와 광야길을 헤맬 때 하늘에서 날마다 '만나' 가 내려와 양식으로 삼을 수 있었던 사건이 나와 있다. 하늘에서 날마다 만나가 내려오는 것도 큰 기적이지만, 이 많은 수의 사람들이 먹을 수 있는 갖가지 종류의 과일과 채소, 음식이 태초부터 지금까지 이 세상에 주어졌다는 것 자체가 더 큰 기적이 아닌가. 인간은 생명 있는 것을 가꾸고 보존할 수 있을 뿐, 어느 하나도 직접 만들 수 없는 존재임을 인식할 때, 그러한 생명체와 먹을거리를 제공해 준 창조주께 감사하지 않을 수 없다. 또 오늘날 우리가 먹는 음식은 많은 사람들의 손길과 수고를 거친다. 음식을 먹을 때마다 이러한 분들에게 감사하는 마음을 가질 때 감동이 있는 식사를 할 수 있게 된다. 천천히 감사하는 마음으로 식사를 해보자. 음식의 맛을 음미하며, 그 향기와 모양과 풍성함과 그 안에 담긴 사랑과 수고, 먹을 것의 소중함을 느끼며 향유해보자.

3) 즐거움

정성스럽고 맛있고, 아름답게 차려진 음식을 대하면 기쁘고 즐겁다. 그런데 오늘날 정성이 깃든 음식을 찾아보기가 힘들다. 집에서 음식을 해먹지 않는 독신이나 가족이 늘어나고 있고, 적어도 입맛에 맞는 음식을 사먹을 수 있는 기회가 많으며, 정성을 들이지 않아도 쉽게 해먹을 수 있는 가공식품이 널려있기 때문일 것이다. 사람들은 음식을 만드는 일을 노동이라고 기피한다. 취업주부에게는 이중적 일이 되어 고된 작업일 수밖에 없다. 그렇다면 가족이 함께 음식을 준비하는 것은 어떨까? 함께 노동을 투입하고 함께 정성을 들인다면, 음식을 준비하는 작업이 힘들지도 않고 식사가 한결 즐겁지 않을까?

같은 음식이라도 가족이나 친근한 사람과 같이 먹으면 마음이 흐뭇해지고, 낯선 사람이라도 음식을 함께 나누면 쉽게 친숙해진다. 그런데 한 대학교의 학생들 218명을 조사한 결과, 가족과 함께 사는 142명 중 일주일에 가족과 함께 식사하는 횟수가 0~3회인 경우가 31%, 4~7회가 37%에 이르렀으며, 이 가운데 18.3%가 하루에 한번 이상 집에서 혼자 식사한다고 대답하였다.

가족이 있음에도 불구하고 혼자서 먹기의 증가현상은 일본에서는 아다치 미유키(2000)의 1999년 일본 전국 18개의 초등학교 5, 6학년 아동을 대상으로 실시한 '아이들의 식생태조사'에서 이미 문제로 제기되었다. '혼자서' 혹은 '아이들끼리' 먹는 아침식사는 조사대상 2,067명 중 50.9%나 되었고, 저녁식사의 경우에는 '혼자서'의 비율이 7.3%에 불과했지만 '온 가족이 함께'도 33.4% 정도에 불과했다. 아이들끼리만 저녁식사를 학원 근처의 편의점 등에서 사 먹는 경우도 30.3%나 되었다. 가장 즐거운 식사는 온 가족이 함께 먹을 때라고 말하는 어린이도 있는 반면, 혼자서 좋아하는 TV를 보면서 먹는 것이 더 편하고 좋다는 응답의 비중도 커서, 식생활에서의 가족과 사회라는 유대 면에서 상당한 문제가 있다는 것이 부각되었다. 음식소비를 어떻게, 어떤 방식으로 하는가는 일상의 생활양식을 결정한다. 가족과 함께 하는 즐거운 식사, 정성과 사랑이 깃든 음식으로부터의 즐거움을 너무 쉽게 포기해버린 것은 아닌지 우려하지 않을 수 없다.

4) 나 눔

사람은 누구나 음식을 먹어야 한다. 음식이 곧 생명이라고 할 때, 생명을 지켜야 할 권리가 사람에게 있기 때문이다. 따라서 가난한 사람에게도 좋은 음식을 베풀고 나눌 수 있는 사회가 좋은 사회라 할 수 있다. 나눔이란, 타인에 대한 배려를 비탕으로 하며, 음식과 관련해서는 결식인구와 좋은 음식을 접하지 못하는 절대빈곤층이 아직도 많은 것을 인식하는 데서 출발한다. 또 현재 나의 욕구에 국한된 시각을 미래의 다음 세대로, 타인으로, 자연과 환경으로 확대하는 것이라고도 할 수 있다.

우리 사회에도 음식 나눔을 실천하는 운동들이 자리를 잡아가고 있다. 성공회 푸드뱅크는 1998년에 출범하여 대형 농수산물 도매시장, 슈퍼마켓, 제과점 등에서 남는 음식을 기부 받아 조리, 가공해 전국 30개 지부를 통해 노숙자, 독거노인들에게 배식하는 일을 하고 있다. 비록 무료로 제공하는 것이기는 하지만 '최고의 식탁과 최고의 맛' 을 목표로 하고 있는 점은 급식대상자의 자존심을 존중해주는 사랑에서 출발했음을 알 수 있다(세계일보, 2005년 9월 8일자).

불교 수행공동체 정토회가 시작한 '빈 그릇 운동' 은 먹을 만큼 만들어 남기지 않고 먹는 실천이 지구의 환경문제를 근본적으로 해결하고, 어려운 이웃을 돕는 출발점이 될 수 있다는 취지에서 시작되었다. 빈 그릇 운동에 참여하고 있는 사람들은 빈 그릇 운동을 시작한 뒤 생활방식은 물론 가족들의 가치관도 환경과 가난한 이웃을 함께 생각하는 쪽으로 크게 바뀌었다고 말하고 있다(한겨레신문, 2005년 10월 5일자).

친구와 이웃들끼리의 나눔 문화는 어떠한가? 우리나라의 경우 손님에게 음식을 접대하는 것은 매우 소중한 것으로 여겨져 왔다. 그러나 요즘에 손님들을 집으로 초대하는 경우는 드물게 되었다. 아이들의 백일잔치, 돌잔치, 어르신들의 생일잔치도 음식점에서 해결하는 것을 당연하게 여기며, 심지어 집들이를 할 때도 음식점에서 식사를 대접한다. 이러한 현상은 집의 공간이 적절치 못한 이유도 있겠지만 남에게 근사하게 보이고 싶은 허영에 찬 접대심리로 인한 것이기도 하다. 외국의 경우처럼 각자 음식을 한 가지씩 해서 한 집에 모이는 것은 어떤가? 초대하는 자와 초대받는 자의 부담을 덜어주는 Potluck 문화는 지인들 간의 나눔의 음식문화를 살리기 위해 도입할 만한 것이라고 생각된다.

음식소비는 적어도 생명, 감사, 즐거움, 나눔의 본질을 추구하는 것이어야 한다. '얄팍한' 음식이 아니라 가장 좋은 음식이 살아남는 음식문화를 구현하고, 생산과 유통이 투명하여 소비자소외를 극복할 수 있는 건강한 사회경제체제로 전환할 수 있는 여부는 소비자의 음식소비의 본질에 대한 의식과 올바른 선택에 달려있다.

소비문화 생각해 보기

우석훈(2005)은 생활협동조합이 건강한 밥상을 위한 마지막 보루라고 하였다. 어떤 점에서 이 말이 타당한가? 또 어떤 점에서 이 말은 한계가 있는가? 주위의 생활협동조합을 찾아보고, 그곳에 참여하고 있는 소비자를 찾아 인터뷰를 한 후, 결론을 내려보시오.

슈퍼사이즈 미

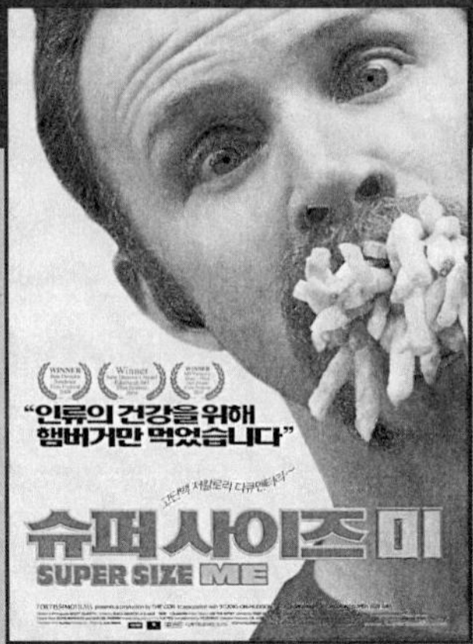

줄거리 _ 자신들의 비만의 책임이 맥도날드에 있다고 고소한 두 소녀의 뉴스에서 맥도날드 측이 '비만과 자신들의 음식은 아무런 상관이 없을 뿐 아니라 심지어 건강에 좋다' 라고 말하는 것을 보고, 감독 모건 스펄록은 패스트푸드의 폐단을 몸소 체험을 통해 고발하기로 결심한다. 한 달 동안 맥도날드의 음식만 먹으면서 변화하는 자신의 신체를 기록하고 각 도시를 다니며 의사, 영양사, 전문가들의 비만에 대한 각종 견해를 듣는 한편, 하루 아홉 개의 빅맥을 먹어치우는 빅맥 추종자에서부터 예수와 대통령의 얼굴은 몰라봐도 맥도날드 마스코트인 로널드는 정확히 알아보는 아이들까지 만나면서 우리 삶에 파고든 패스트푸드 문화의 놀라운 이면들을 담았다.

소비문화 _ 현대사회의 동적인 라이프스타일이 요구하는 바를 완벽하게 충족시키는 패스트푸드는 값이 싸고 가까이 있어서 평범한 미국인들의 삶의 일부처럼 되었다. 이 영화는 미국인 4명 중 1명이 매일 패스트푸드점을 찾고 있으며, 이는 미국 성인 60%가 비만인 것과 무관하지 않음을 지적하고 있다. 맥도날드는 미국 패스트푸드 시장의 43%를 장악하고, 전 세계 100개국에 3만개 지점을 운영하고 있으며, 매일 4,600만 명 이상이 그들의 제품을 먹고 있다. 이 영화는 실제 실험을 통해 패스트푸드의 인체에 미치는 영향을 밝히고 있다. 과도한 설탕과 나트륨, 높은 지방과 칼로리로 인해, 체중증가는 물론이고, 무기력증, 우울증과, 신경을 자극함으로써 먹기만 하면 기분이 좋아지는 중독증세까지 야기함을 밝히고 있다. 이러한 해악에도 불구하고 어린이 대상 마케팅과 학교 급식에까지 손을 뻗치는 식품산업의 영향력도 지적되고 있다. 자신들에게 불이익인 법을 막고, 이익인 법은 통과시키는 로비단체까지 공공연히 활동하고 있는 식품산업은 그야말로 거대한 조직이다. 2004년 미국하원은 패스트푸드 회사에 대한 고소를 일절 금하는 법안을 통과시켰다. "69센트 추가하고 슈퍼사이즈 드세요"라는 판매원의 권유를 전혀 문제삼아본 적이 없는 평범한 소비자들에게, "변화는 소비자가 움직여야 생겨요.", "세상은 안 변해요. 내가 변해야 살죠"라는 메시지는 우리가 어떻게 먹으며 살아야하는지 돌아보게 한다. 이 영화상영 6주 후, 맥도날드는 슈퍼사이즈를 폐지하고 '건강성인 해피밀'을 출시하였다. 이는 거대한 식품산업에 대항하는 소비자의 미약한 힘의 효과를 보여줄 뿐 아니라 건강이라는 화두를 놓고 깨어나려는 소비자와 그러한 소비자를 현혹시키려는 식품산업과의 보이지 않는 줄다리기가 지금도 계속되고 있음을 시사해주고 있다.

참고문헌

김광억(1994), 음식의 생산과 문화의 소비: 총론, 한국문화인류학 26: 7~50

김정현 · 이민준 · 박미영 · 문수재(1996), 한국 남성의 식생활 행태에 관한 연구 11(5): 621~634

다음을 지키는 사람들(2004), 차라리 아이를 굶겨라 2, 시공사

삼성경제연구소(2005), 웰빙 문화의 등장과 향후 전망

삼성경제연구소(2004), 직장인 음주행태와 기업의 대책

삼성경제연구소(2003), 한국음식의 상품화 · 국제화 전략

손상희(2006), 현대 음식 소비현상의 소비문화적 의미 연구, 한국식생활문화학회지 21(3): 241~246

아다치 미유키, 모수미 · 권순자 · 이경신 역(2000), 알고 계십니까, 아이들의 식탁, 교문사

안병수(2005), 과자, 내 아이를 해치는 달콤한 유혹, 국일미디어

오사와 히로시, 홍성민 역(2005), 식원성증후군, 국일미디어

오세영(1993), 생물학적, 문화적 측면에서 본 한국인의 식생활 행동: 지난 50년을 중심으로, 한국식문화학회지 8(4): 373~380

우석훈(2005), 음식국부론, 생각의 나무

이규태(2000), 한국인의 밥상문화 2: 음식 속 숨은 문화 읽기, 신원문화사

이성덕(1995), 세계화와 한국인의 소비문화, 한국의 사회와 문화 23: 221~256

이종임(2004), 식탁 위의 혁명, 시공사

임성희(1994), 90년대 새로운 소비주의문화의 성격: 홍대앞 문화 사례분석. 서울대학교 석사학위 논문

임형백(2004), 생명공학, GMOs와 사회에 대한 환경사회학적 의미: GMOs의 사회상, Biosafety, 5(2), 7~15, 한국생명공학연구원 바이오안전성정보센터

조은정(2002), 한국이 15명의 시장이라면, 지식공작소

한국소비자보호원(2002), 소비문화에 관한 국민의식조사

한국역사연구회(1996), 조선시대 사람들은 어떻게 살았을까, 청년사

한국청소년개발원(2003), 청소년 음식문화와 소비

함인희 · 이동원 · 박선웅(2001), 중산층의 정체성과 소비문화, 아산재단 연구총서 제80집, 집문당

Corrigan, p., 이성용 역(2002), 소비의 사회학, 도서출판 그린

Harris, M., 서진영 역(1997), 음식문화의 수수께끼, 한길사

Nearing, H., 공경희 역(1999), 헬렌 니어링의 소박한 밥상, 디자인하우스

Rifkin, J., 신현승 역(2002), 육식의 종말, 시공사

Sams, C., 이정식 역(2005), 우리가 꼭 알아야 할 음식에 관한 47가지 진실, 휴먼앤북스

Schlosser, E., 김은령 역(2001), 패스트푸드의 제국, 에코리브르
Strong, R., 강주헌 역(2005), 권력자들의 만찬, 넥서스 BOOKS

〈기 사〉
매일경제(2004), 기업 술문화 웰빙族이 바꾼다, 10월 17일자
문화일보(2005), 술…술…술 취한 한국사회, 9월 13일자
세계일보(2005), 술독에 빠진 대한민국, 연 4.5L 마셔, 9월 14일자
세계일보(2005), "최고의 멋진 식탁"을 불우이웃에/성공회 푸드뱅크 본부장 김한승 신부, 9월 8일자
이데일리(2005), 정크푸드라뇨, 직접 보세요. 맥도날드 주방공개. 9월 22일자
조선일보(2005), 병균 없는 전염병 비만, 年 40만 명 늘어나. 2월 4일자
파이낸셜뉴스(2005), "지상파 TV 웰빙프로 맛집 소개 편중" 방송진흥원. 12월 20일자
한겨레21(2001), 패스트푸드? 슬로푸드! 9월 13일자
한겨레신문(2005), 여&남/ '빈 그릇 운동' 김주옥씨 가족, 10월 5일자
한겨레신문(2005), 패스트푸드점 "느려야 산다", 12월 7일자

CHAPTER

07 주거 소비문화

집은 곧 사람이다. 우리 사는 집이 곧 자신을
표현한다는 것을 이해한다면,
우리는 우리가 사는 집을 통해서 자신을 더
잘 알게 될 수도 있으리라.

- 김진애(2000), 이 집은 누구인가 중에서-

CHAPTER

07 주거 소비문화

작은 꼬마 달팽이가 아빠에게 "나는 어른이 되면 세상에서 제일 큰 집을 지을 테야"라고 했습니다. "크면 나쁘고 작으면 좋은 것들이 있는 법이란다. 집은 가볍고 등에 싣고 다니기 쉽게 지어야 된단다"고 아버지가 말씀해 주었습니다. 하지만 꼬마 달팽이는 아빠의 말씀을 듣지 않고 커다란 양배추 잎사귀 뒤에 숨어서 이리저리 몸을 비틀어 대더니 드디어 집을 크게 만드는 법을 알아내었습니다. 꼬마 달팽이의 집은 자꾸자꾸 커졌고 이것을 본 달팽이들은 입을 모아 말했습니다. "정말 네 집이 세상에서 제일 커지겠다." 꼬마는 몸을 쥐어짜고 밀어내고 곰곰이 생각한 끝에 멋진 무늬와 빛나는 색깔을 칠하는 법도 알아냈습니다. 이제 그의 집은 정말로 이 세상에서 제일 크고 또 제일 아름다운 집이 되었습니다. 꼬마는 자랑스럽고 행복했습니다. 이제 세월이 지나서 달팽이 가족이 살던 양배추에는 먹을 수 있는 잎이 다 없어지고 아주 뻣뻣하고 질긴 이파리만 남았습니다. 그래서 그들은 이사를 가기로 했지요. 그러나 이를 어쩌면 좋겠어요? 꼬마 달팽이는 움직일 수가 없었답니다. 집이 너무 무겁고 컸기 때문이지요. 혼자 남게 된 꼬마 달팽이는 먹을 것이 없어서 하루하루 여위어 갔습니다. 이제 남은 것이라곤 집밖에 없었지만 그 크고 아름답던 집마저 하루하루 낡아서 무너지기 시작했고 마침내는 모든 게 없어지게 되었습니다.

- 레오 리오니, 『세상에서 제일 큰집』 중에서

사람들이 집을 통해 추구하는 것은 무엇이며, 그 안에 담아내고자 하는 의미는 무엇인가? 소비자들의 집과 관련된 욕구는 대부분 소비를 통해 표출된다. 집 자체가 가계에게 가장 중요한 소비 상품 중의 하나일 뿐만 아니라 그 안의 내용물들도 끊임없이 소비되고 있다. 소비와 생산 메커니즘과는 어떻게 관련되어 있을까? 또한 우리의 집은 우리의 사고와 생활방식을 어떻게 규정짓고 있는가? 이 장에서는 집을 둘러싼 이러한 의미들을 알아보고자 한다.

1. 집은 어떤 의미인가

1) 안식처로서의 집

심리학자 프로이트는 집을 어머니의 몸에 비유하였다. 인간에게 그만큼 안전하고 쾌적한 곳은 없다는 것이다. 매슬로우의 욕구계층에서 가장 기본적 욕구인 생리적 욕구와 안전의 욕구를 충족시켜주는 것으로 흔히 집을 든다. 한 지붕 아래 가족이 모여 잠을 잘 수 있는 곳, 외부의 위험으로부터 지켜지고 그래서 정서적 · 신체적 건강과 생명을 유지해나갈 수 있는 곳, 아무리 초라해도 다른 무엇보다 귀한 것이 내 집이라는 것은 다음의 속담에서도 확인된다. 여기서 내 집이란 소유의 개념이 아니라 내가 원하는 대로, 편안하게 살 수 있는 집이라는 뜻이다.

까막까치도 제 집이 있다.
우렁도 집이 있다.
내 집이 최고다.
아무리 화려한 궁전이라도 초라한 내 집만 한 곳은 없다.

최소한의 안식처인 집을 유지하기 위해 드는 비용은 필수적 지출의 성격을 띠는데, 이로 인해 다른 소비, 예를 들어 식품, 의복, 교육, 여가 등에 대한 지출이 부족해지기도 한다. 소득에 비해 집에 대한 지출부담이 커서 다른 필수재에 대하여 최소소비수준조차 충족시킬 수 없는 현상을 말하는 '주거빈곤(shelter poverty)'(Stone, 1990)이라는 용어까지 나올 정도이다.

표 7-1 최저주거기준 미달/주거비 지불능력 미달가구 비율

(단위 : %)

구 분	주거기준미달(A)	주거비 지불능력미달(B)	주거빈곤(A 또는 B)
전 체	29.2	20.8	48.2
저소득층[1)]	64.6	20.2	74.6

자료 : 고철 등 (2002), 주거정책과 복지정책의 연계방안 연구, p. 168, p. 170.

표 7-1의 도시거주가구 주거실태조사에 따르면 최저주거기준 미달가구 비율은 29.2%이고 주거비가 소득의 30%를 초과하는 지불능력 미달가구 비율은 20.8%로서, 주거기준 미달이거나 지불능력 미달인 주거빈곤가구는 전체가구의 48.2%에 해당하였다. 저소득층의 경우 74.6%의 가구가 최저주거기준에 미달하거나 또는 지불능력을 초과하여 주거비를 지출하고 있었다. 저소득층은 생활을 어렵게 만드는 요인으로 식료품비 다음으로 주거비를 부담스럽게 여기고 있었으며, 이중 월세 거주자들은 주거비가 생활을 가장 어렵게 만드는 요인이라고 인식하고 있었다.

이처럼 생활을 위해 가장 기본적 욕구인 안식처로서의 집을 영위하는 것이 모든 사람에게 쉬운 것은 아니다. 이에 따라 정상적인 주택시장에 자력으로 참여할 수 없는 가계를 위해 주거복지수혜를 위한 논의도 이루어지고 있다.

2) 자산으로서의 집

부동산 가격 폭등 이후 사람들은 집을 확보하기 위해 모든 생활의 욕구를 억제하고 내 집 마련에 주력하여 왔다. 우리 사회의 경제구조상 집은 인플레이션 속에서 가치가 절하되지 않는 자산일 뿐 아니라, 주택가격이 소득의 상승률을 상회하며 급속히 상승하고 있는 현실에서 내 집 마련은 생활의 안정을 가져다주는 중요한 요건이 되기 때문이다.

---

1) 여기서 저소득층은 국민기초생활보상법상의 수급자와 최상위층을 말하며, 영구임대아파트 거주자는 제외한 것임.

집을 장만하는 데 목적을 두면 사치를 못해요. 수입과 지출을 고려할 때 계산이 안 나와요.

(30대 중산층 여, 손상희 등, 1999: p. 114)

내가 중산층이 되려면, 어느 정도 부가 축적되어서 주생활 문제가 해결된 상태여야 지요. 그래야 일단 2년마다 이사를 가지 않아도 돼서 생활도 어느 정도 안정될 것 이고, 무엇보다도 주택마련을 위해서 저축을 하지 않아도 되고, 유지비 정도 이외 에는 집에 더 이상 돈이 들어가지 않아도 되니까……

(30대의 회사원, 함인희 등, 2001: p. 85)

90년대 중반부터 아파트 분양광고는 '아파트=투자' 라는 공식을 거침없이 쏟아 내었다. 아파트를 분양받으면 얻게 되는 프리미엄과 시세차익은 상당한 경제적 가치를 소비자에게 안겨주었으며, 주택시장에서 보이는 아파트 값의 상승세와 광고 등을 통한 투자 열기는 '묻지마 투자' 라는 사회적 붐을 초래하게 되었다. 90년대 중반 이후의 아파트 광고문구들에서는 이러한 사실이 잘 나타나 있다(은난순, 2004).

지금이 구입 적기! 내년 아파트 공급 축소로 가격 상승 예상, 한국형 한일아파트 (97년 12월 12일)
한강이 보이는 마지막 아파트!! 최고의 투자지역!! 최고의 시세차익을 노릴 수 있는 곳(98년 12월 19일)
수지맞는 아파트? 분양받는 그 순간 수지맞습니다 (99년 1월 29일)
딱 500만원만 묻어두면 2년 뒤엔 아파트 한 채가 생긴다 (99년 7월 21일)

자산으로서의 의미가 중요해지면서 사람들은 집을 선택할 때 지금 살기 좋은 집보다 팔기 좋은 집을 중요한 기준으로 삼게 되었고, 투자가치는 구매시 중요한 고려사항이 되었다. 집은 급변하는 사회와 경제 속에서 그야말로 안전을 제공하는 것으로 간주되었다. 집의 소유로 인한 경제적 이익과 소유하지 않을 때의 불이익에 대한 기대는 사람들의 마음속에 두려움과 불안, 상대적 박탈감과 소유에 대한 강박적 추구를 야기했다.

3) 사회적 관계형성 및 자아표현 도구로서의 집

사람들은 어느 정도 여유가 생기면 친구나 친지들을 초대하여 같이 즐길 수 있을 정도의 집을 마련하고 싶어 한다. 즉, 매슬로우가 말한 사회적 욕구를 집을 통해 충족시키고자 한다. 사적인 생활을 외부인에게 공개하게 되므로 집을 자신의 정체성을 알리고, 보여주고 싶은 자신의 모습을 나타내며, 그것으로 다른 사람으로부터 인정을 받는 대상물로 삼는다. 이러한 현상은 30, 40대 중산층 주부를 대상으로 한 연구(손상희 등, 1999)에서 나타난 다음의 진술 속에서도 확인된다.

> 거실 비중이 커요. 그리고 소파가 중요해요. 집안 전체 분위기를 좌우하고 주부의 수준이 나타나요. 거기에 카펫까지 구색을 맞추고 싶어요.
> 다른 사람들이 놀러 왔을 때 이런 거는 예쁘다, 그러면 기분도 좋고……
> 남이나 남편이 잘 꾸몄다, 잘 했다 하면 나의 장점, 능력을 인정받는다는 느낌이 들어요. 나의 안목이 인정받는다는 것이 좋아요.

주거의 자아표현에 관한 연구는 쿠퍼(Cooper)의 연구가 대표적인데, 그는 주거를 '자아의 상징' (symbol of self)으로 설명하고 있다. 인간은 실존의 가장 기본적인 원형으로 자아를 이해하고 이것에 구체적인 실체를 부여하려고 하는데, 자신의

북촌 한옥마을

신체 또는 사물, 나아가 주변의 물리적 환경을 통해서 자아를 구체화하고 표현한다. 인간이 가장 밀접하게 접하는 공간이 주거환경이며 결과적으로 주거는 인간이 자아를 표현하는 수단이 된다. 따라서 집의 위치, 규모, 형태, 내부공간의 꾸밈 등은 자아표현을 위한 중요한 요인이 된다는 것이다(천현숙 · 윤정숙, 2001).

우리의 옛집이 안채와 사랑채의 공간분화가 뚜렷해서 외부에 보이는 부분이 크지 않았음에 반해, 오늘날의 집, 특히 아파트는 현관에 들어서면 그 집 전체가 한눈에 들어오는 것이 특징적이다. 따라서 집을 통해 자신과 가족을 표현하고자 하는 경향은 더욱 커지고 있다.

2. 전통에서 현대로 : 집에 대한 소비의식, 어떻게 변해 왔나

1) 신분과 계급의 상징

집에 대한 의식은 시대와 사회문화적 흐름에 따라 변화를 겪어왔다.

조선시대의 집은 신분과 계급에 따라 사회적으로 규정된 것이었고, 유교적인 이념과 생활양식을 실천할 수 있는 장소여야 했다. 유교의 삼강오륜은 사회적 지위와 남녀 간에 차등을 두게 하였고, 이는 주택의 평면을 구성하는 기본개념이 되었다. 뚜렷한 계급사회로서 소비생활에 있어서도 계급적 차별을 유지하고자 하여, 상류주택은 양반으로서의 신분에 걸맞은 권위를 표현할 수 있어야 했고, 계급에 따라 영위할 수 있는 집이 다르게 규정되었다.

예를 들어 세종 13년에는 친자와 친형제, 공주는 50칸, 대군은 80칸, 2품 이상은 40칸, 3품 이하는 30칸, 서인은 10칸을 넘지 않도록 하였다. 장소, 칸수, 장식 등에 대해서도 법을 어기고 신분제한을 넘어 호화주택을 지을 경우 제재를 받기도 했다. 서민의 전형적인 주택은 초가였고, 서울 근교의 상인과 천민들은 성벽 바로 밑 또는 성 밖의 변두리에 수호, 수천 호씩 집단으로 살았다(강영자 등, 1999).

신분에 따른 거주지분화양상 또한 뚜렷하여 종각을 중심으로 북쪽에는 관료층 양반이 거주하고, 남산 기슭에는 하급관리나 관리직을 갖지 않은 양반들이 주로 거주하였으며, 일반 서민들은 종로통에 형성된 시전 행랑 근처 그리고 천인들은 성벽 밑이나 성 밖의 변두리에 거주하였다(박정희, 1992).

2) 초가삼간은 청빈의 상징

이처럼 집에 대한 신분의 구분이 뚜렷했음에도 불구하고 조선의 기본적인 이념이었던 유학사상은 사람들로 하여금 신분의 구분을 주어진 것으로 받아들이는 순응적 의식을 갖게 하였다. 또한 물질보다 존재에 대한 본질적 가치를 더 우위의 관념으로 보아, 물질소유에 대한 끝없는 욕심을 경계하고 정신과의 조화를 잃지 않는 범위 내에서 자족해야 함, 즉 지분(知分, 분수 지키기)을 강조함으로써 양반문화의 품격과 여유, 서민문화의 소박함과 질박함을 같은 맥락으로 이해하여 서로 다투지 않는 미덕을 갖도록 하였다(강영자 등, 1999; 주거학연구회, 1999).

물질에 대한 끝없는 욕망을 통제하고 물질 소유의 한계를 정하고 살아갈 때만이 행복할 수 있다는 형이상학적 철학은 전통적 경제가치관의 기본이 되었다. 이는 집에 관한 규범과도 연결되는데, 집에 5실(五實)이 갖추어지면 그 집에 사는 사람이 부귀하게 되는 것으로 알았고, 집에 5허(五虛)가 있으면 그 집에 사는 사람이 곤궁하고 패가하는 것으로 알고 기피하였다.

5실과 5허

1실: 집이 작고 사람이 많이 살 때	1허: 집이 크고 사는 사람이 적을 때
2실: 집이 크고 문이 작을 때	2허: 집문이 큰 데 비해 집이 작을 때
3실: 담벽이 두텁고 높을 때	3허: 담벽이 허술할 때
4실: 집이 작고 육축이 많을 때	4허: 샘과 부엌이 적처에 있지 않을 때
5실: 하수구가 동남쪽으로 흐를 때	5허: 집터가 너른데 집이 작을 때

출처 : 주거학연구회(1999), 새로 쓰는 주거문화, pp. 11~12.

이같이 작은 집에 청빈하게 살고자 했던 정신이 바탕이 되어 초가삼간은 수치의 대상이 아니라 청빈의 상징이었다. 서민들의 집은 대부분 허리를 굽혀야 방안에 들 수 있을 정도로 천정이 낮은 작은 집이었는데, 개화기 때까지만 해도 터 값이 없었다는 것을 생각하면 가난해서만이 아니고 이를 미덕으로 여긴 정신이 있었음을 알 수 있다(주거학연구회, 1999). 하지만 부를 축적한 중인들은 안채, 사랑채, 서고, 사당 등을 독립된 채로 건축하고 연못과 동산을 두는 등, 양반 못지않게 호화로운 주거생활을 하였다. 역관을 비롯한 중인들이 조선후기에 경제력이 커지면서 규정보다 큰 주택을 짓고, 양반들에게 수탈당하거나 벌을 받았던 사실도 있었던 것을 보면, 철저한 신분과 계급의 상징이었던 집에 대해 경제력을 이용해 양반의 것을 모방하여 신분의 차이를 줄여보고 싶어 했던 욕구가 중인계급에게 있었음을 짐작할 수 있다(강영자 등, 1999).

3) 돈과 상품의 논리와 문화적 평등주의

19세기 이후 문호개방과 함께 근대화가 이루어지면서, 신분계층의 폐지로 인해 신분에 따른 가사(家舍)제한이 사라지면서 경제적 여건에 따라 주거규모의 확대, 집을 높이 짓는 것, 장식의 가미 등과 새로운 벽돌과 유리의 사용 등의 변화가 이루어졌다. 개화파나 지식인들은 양옥의 우수성을 강조하여 양옥의 장식적 요소를 한옥에 가미하거나 커다란 양옥을 지어 그들의 사회적 지위를 나타내기 시작하였다. 새로 형성된 세도가, 자본가 등은 서구의 것을 그대로 받아들이는 형편이었으나, 최하층민들은 열악한 경제여건으로 인해 가장 최소한의 집을 영위하는 것에는 변함이 없었다(박정희, 1992).

일제시대와 한국동란을 거쳐 산업화가 시작된 1960년대 이후 우리 생활 가운데 가장 큰 변혁이 일어난 것은 주거문화였다. 도시화, 산업화로 인한 도시의 인구증가와 주택난은 불법정착지구를 중심으로 빈민주거계층을 확산하는 결과를 낳았고, 경제개발정책의 일환으로 택지조성과 과밀한 도심인구를 분산한다는 목적 하에 아파트 건설이 촉진되게 되었다.

1970년대 보급되기 시작한 아파트는 그 편리함과 중앙난방 기능으로 인해 주부들로부터 큰 호응을 얻었다. 그 시대의 노인들은 아파트를 '마치 줄행랑 같다' 라며 사람이 살만한 집으로 여기지 않는 경향이 있었으나, 주부들은 '아파트는 행복 그 자체였다. 연탄을 안 때는 것 때문에 행복했다. 단독주택에서는 연탄재를 포함해서 쓰레기 처리도 쉽지 않았으나, 아파트는 한동안 집안 통로를 통해 쓰레기를 집어넣으면 처리가 되어 너무 좋았다', '너무 몸이 편해져서, 이렇게 편하면 벌 받지 않을까라는 생각이 들 정도였다' 라고 평가하였다. 그래도 70년대 중반까지는

'장독대와 마당이 있고 나무 한그루라도 있는 따사로운 주택' 이 대부분의 사람들의 꿈이어서 좁은 아파트를 마련한 사람들 중에는 언젠가는 단독주택을 사서 나가겠다는 생각을 갖고 있는 경우가 많았으나, 70년대 후반 아파트 가격이 상승하고 아파트에 대한 인기가 급격히 높아지면서 이러한 현상도 달라졌다(EBS 문화사시리즈, 2005년 6월 25일, '7 · 80년대의 건축: 경제성장의 빛과 그림자' 중에서).[2)]

아파트는 인구분산이라는 본래의 목적은 달성하지 못한 채 부동산 투기를 일게 하는 주 원인이 되면서, 타 지역으로부터 선별적으로 동일계층 집단을 유인함으로써 거주지 분화를 유도하는 요체가 되었다. 일찍 건설된 대단위의 아파트는 시장성이 큰 재화로 변모하여 거래되었으며, 이러한 양호한 주택을 선택할 수 있는 계층과 선택에 제한을 받고 있는 계층 사이에 주택에 의한 주거계층을 출현시킨 셈이 되었다(박정희, 1992). 아파트는 전체적인 주택가격을 상승시켰으며, 높은 주택가격으로 인해 주택을 소유한 계층과 주택을 소유하지 못한 계층 간의 자산 격차는 점 점 더 벌어지게 되었다.

전통에서 현대로 오는 불과 100여년 사이에, '존재' 와 어우러졌던 전통적 삶의 양식은 자본주의 경제체제 하에서 '소유' 의 삶의 양식으로 전환되고 돈과 상품의 논리가 집에 대한 의식을 지배하게 되었다. 과거 수십 년이 걸리던 부의 축적이 부동산 투기로 몇 년 사이에 달성되는 이변을 낳고, 졸부라는 말이 공공연하게 통용되고, 땀 흘려 일하는 어리석은 일보다 부동산 경기에 힘입어 졸부가 되는 행운이 더 바람직하게 보일 수 있었다. 갑자기 부자가 된 사람이 결코 나와 크게 다른 출생신분에서 출발한 것이 아니라는 사실은 새로운 사회위계를 당연한 것으로 받아들일 수 없게 하였으며, 이는 극단적 평등주의를 낳게 되었다(박재환 등, 2004). 이러한 문화적 평등주의는 주택소비에 있어서도 드러나고 있는데, 즉 전통사회에서는 신분에 의해서 정해진 가사규정에 따라 사는 것이 당연했으나, 이제는 누구나 돈만 있으면 좋은 집을 선택하여 지위상승을 보장받을 수 있다고 생각하게 된 것이다.

---

2) 2005년 인구주택 총 조사에 따르면 주택유형별로 아파트의 비중은 절반을 넘어(52.5%), 연립주택을 포함한 공동주택이 전체의 66.1%를 차지하고 있다. 단독주택의 비중은 32.1%로, 해마다 꾸준히 줄어들고 있다(www.nso.go.kr). 살고 있는 집의 유형뿐 아니라 살고 싶은 주택유형으로도 아파트는 단연 선두이다. 서울시에서 서울시내 2만 가구를 대상으로 조사한 '2005년 서울서베이' 에 따르면 조사대상자의 70.5%가 살고 싶은 주택유형으로 아파트를 꼽았다. 단독주택을 꼽은 경우는 19.4%에 불과하였다(국민일보, 2005년 12월 27일자).

3. 사회적 구별 짓기와 정체성 만들기

1) 소유와 과시

코리건(이성용 외 역, 2002)은 주택소유의 의미를 첫째 '안전', 둘째 '통제와 독립' 이라고 보았다. 다시 말해 아무도 가져갈 수 없고, 더 이상 이사를 다닐 필요가 없으며, 커나갈 아이들을 위해 미래에 대한 보장을 해줌으로써 안전을 가져다준다. 또한 내 집이라면 누구도 간섭할 수 없고, 쫓아낼 수도 없으며, 벽에 못을 박는다든지 소란스러운 모임을 갖는다든지 원하는 대로 할 수 있는 통제와 독립을 보장해준다는 것이다.

한국인의 대부분은 내 집을 갖고 싶다는 욕구를 가지고 있다. 코리건이 말한 안전과 통제/독립의 의미 외에도, 우리 사회에서 집의 소유로 인한 경제적 이익이 크게 기대되는 경제구조가 바뀌지 않는 한, 작은 것이라도 내 집 갖기를 이루고자 하는 필사적인 '소유전쟁' (김진애, 1994)이 있는 것은 필연적인 현상이라고 할 수 있다. 우리 사회에서 집의 소유여부는 자신의 사회적 지위 인식에도 영향을 미친다. 집을 소유해야 비로소 '안정된 소득과 경제적 여유' 로 특징지어지는 중산층 대열에 낄 수 있다고 생각하는 것이다. 높은 주택가격으로 인해 집을 소유한 계층과 소유하지 못한 계층 간의 자산 격차가 커지면 커질수록 집의 소유여부는 사회경제적 지위 차이를 드러내는 지표로 인식된다.

일단 집의 소유가 이루어지면, 집을 사회적 지위 과시의 도구로 보는 '소비경쟁' (김진애, 1994)으로 돌입하게 된다. 실내장식은 집과 관련된 소비로서 중요한 부분을 차지하고 있으며, 요즘은 주택이나 아파트 주변에서 흔히 볼 수 있는 집 수리업체들도 즐겨 사용하는 용어가 되었다. 주거공간은 소비재를 전시하는 진열장이 되고, 가구는 사용가치보다 장식품의 성격을 띠게 되어 낡아서가 아니라 유행이 지나면 가족의 지위전달이 적절하게 이루어지지 않으므로 새로 구입된다.

거실은 전시를 위한 핵심적인 공간으로, 그 가정의 실제 혹은 바라는 사회적 정체성을 가장 잘 드러내고 싶어 하는 곳이다. 따라서 거실의 장식은 다른 방들에 비해서 경제적인 이유보다는 취향이나 스타일, 다른 사람의 이목을 고려해 선택이 이루어진다. 주부의 정체성을 드러내는 공간으로 부엌 또한 매우 중요하게 인식된다.

거실과 부엌을 중심으로 중산층 주부들이 추구하는 소비표준에 대한 한 연구

(손상희 등, 1999)에 따르면, 중산층 주부들이 특정한 거실이나 부엌 가구를 갖고 싶어 하는 것은 자기 취향이나 삶의 질 추구, 안정감, 부자 된 느낌과 같은 자신에 근거한 이유와 함께 다른 사람들의 인정이나 과시, 가족들에게 인정받기 위한 것 같은 타인에 근거한 이유들 때문이었다. 이들은 또한 자신을 둘러싼 외부의 기준에 조화를 이루고자 하는 경향과 이로 인한 획일적인 소비표준을 나타내었다. 이는 아파트의 주거문화적 특성에 기인하는 부분도 크다고 보이는데, 중산층 주부들의 다음 진술에서도 확인할 수 있다.

아파트 생활을 많이 하는데, 바로 문을 열면 다른 집이 보이잖아요. 보이는 게 많잖아요.

아파트는 전파력이 강해요.

저희 통로는 24평인데 에어컨을 많이 달더라고요. 한 집이 다니까 다른 집도 왕창 달아요.

남의 집에 갔을 때, 평수 40평 정도에 갔는데, 콘솔, 액자, 에어컨이 있으면 좋다, 잘 해 놨다. 나도 이 정도는 해 놓고 살아야지 하게 돼요. 평수에 맞는 가구가 필요하다고 생각해요.

아파트 평수에 따라 정해져요. 사정에 따라 다를 수 있지만 공간에 따라 가구가 정해져요.

아파트는 사회경제적으로 동질적인 사람들을 집합화 함으로써 동질성과 소속감을 확보해준다. 모두 일률적으로 동질성을 띠고 있지는 않지만, 수입이나, 직업, 가족관계에 관계없이 어디에 있는 몇 평의 아파트에 사느냐에 따라서 그 주민의 사회적 계층을 이해하려는 경향이 높아가고 있다(이기석, 1982; 박정희 1992에서 재인용). 천현숙 · 윤정숙(2001)에 따르면 평수의 구성에 따라 공동체의식이 달라지는데, 소형, 중형, 대형단지가 섞여있는 경우 생활수준의 차이 때문에 이웃관계가 소원하며 이웃관계에 대한 만족도도 낮게 나타났다. 즉, 아파트 평수에 차이가 나면 동질적인 소속집단으로 여기지 않는 경향을 나타내는 것이다.

한편, 아파트의 획일적인 평면 형태는 같은 평수의 이웃끼리 더욱 비교와 경쟁, 모방의 대상으로 만들었다. 어느 지역에 있건 아파트의 평면은 거의 획일적인 평면으로 제시되고 있으며, 이는 현관에 들어서면 같은 장소에 TV와 오디오가 놓이고, 장식장이 있으며, 그 반대편에 소파가 놓여있어서 같은 곳에서 같은 생활의 모습을 연출하는 역할을 한다. 이런 아파트의 특성은 이웃과의 비교를 더욱 용이하게 하며, 따라서 경쟁과 모방을 부추기는 요인이 되는 것이다.

소유와 과시를 통해 이웃과 동질적인 정체성을 확인하고, 다른 계층과 구별 짓기를 시도하는 것은 내구소비재의 소비에 있어서도 나타난다. 1980년대 중반 이후 급속하게 내구소비재가 보급되면서 일부의 최신 내구소비재나 에어컨과 같은 값비싼 가전제품을 제외하고는 거의 완전 보급률에 가까운 수치를 보이고 있다. 비슷한 TV와 냉장고를 소유할 수 있게 됨으로써 특정한 물품을 소유한다는 것이 더 이상 사람들 사이를 차별화시키는 기준이 되지 않게 되었다. 이에 따라 가전제품과 주방제품과 같은 내구소비재는 점점 더 고급화 되고 있다. 음식을 차게 보관시켜주는 기능을 가진 냉장고를 소유하고 있는가 아닌가는 더 이상 문제가 되지 않고, 냉장고의 크기나 그것이 국산인가 외제인가와 같은 것이 새로운 구별 짓기의 기준으로 작용하게 된다. 한국소비자보호원이 5대 도시 거주자 1,500명을 대상으로 조사한 자료에 따르면, 이들 가구는 평균 5가지 수입품을 가지고 있었고, 수입 주방용품을 소유한 가구는 41.4%가 넘었다(이정덕, 1995). 이는 이러한 수입 내구소비재가 부유층에서뿐만 아니라 중산층에 있어서 실용적인 도구이자 과시적인 도구로서의 역할을 수행하고 있음을 나타낸다.

2) 집도 끼리끼리 소비

아파트의 확산과 대규모 아파트단지의 형성은 동질적 성격을 갖는 가구들을 집합화 시킴으로써 계층 간 지역적 분화를 가속화시켰다. 1970년대 중반 이후부터 중산층아파트 지역을 중심으로 집락을 이루면서 중산층과 비중산층 간 물리적 주거지 분리가 이루어지고, 생활공간이 뚜렷이 구분되는 양상을 보여 왔다(천현숙·윤정숙, 2001). 더 이상 아파트를 지을 땅이 없어 고민하던 정부와 건설업자들은 도시빈민의 주거지를 새로운 개발의 대상으로 삼았고, 대규모 아파트단지가 들어섬으로써 중산층의 보금자리를 제공하는 대신 더 외곽의 열악한 환경으로 도시 빈민을 내몰았다. 또한 1990년대 후반 서민주거생활안정을 내세운 주택정책은 다세대, 다가구 주택을 양산하면서 셋방살이하던 서민들의 주거생활을 지하로 끌어내

귀족커뮤니티의 상징, 타워팰리스

리는 결과를 낳았다. 이들에게 아파트는 부의 상징이었다(은난순, 2004).

강남구, 서초구, 송파구 등 아파트가 대량으로 공급된 지역들은 중산층 주거지역으로 정착되었고(천현숙 · 윤정숙, 2001), 아파트 가격의 급상승과 함께 상층 주거지역으로 부상하였다. 서울 강남지역은 '교육특구' 라고 불리면서 아파트 값이 다른 지역과는 비교되지 않을 정도로 비싸며 동시에 전국 상권 중 소비자의 구매력이 가장 높은 상권으로서 특별소비세가 붙은 고급 외국 브랜드상품이 날개 돋친 듯 팔린다고 하여 '특별소비구' 라는 명칭으로 불리는 등 독특한 소비문화를 형성하고 있다(한국경제 2000년 9월 1일자; 문화일보 2002년 1월 12일자; 경향신문 2002년 1월 22일자).

끼리끼리 모여살기 현상은 최근 고급 초고층 주상복합아파트 거주에서도 거론되고 있다. 주상복합아파트는 대부분 도심의 교통이 편리한 곳에 입지하고 있으며, 조망권이 좋고, 헬스, 사우나, 수영장과 같은 편의시설과 생활에 필요한 상품을 살 수 있는 상가가 갖추어져 있어 원스톱 라이프가 가능한 것이 특징이다. 따라서 멀리 가지 않아도 편의시설을 즐기고, 원하는 시간에 빠르게 레저를 즐기기를 원하는 바쁜 도시인들이 선호하는 주거형태라 할 수 있다.

그런데 최근의 고급 주상복합아파트는 '귀족커뮤니티' 라고 불릴 정도로 평범한 시민들과는 차별화된 주거단지로 부상하고 있다. 1999년 착공된 서울 도곡동

타워팰리스는 '사람이 사는 최고 건물', '국내 첫 초호화 주상복합아파트', '귀족 커뮤니티'로 통하며, 숱한 화제를 불러 일으켰다. 호텔식 서비스, 전용커뮤니티 시설, 완벽한 보안설비 등을 갖춘 고급 주거공간일 뿐만 아니라 우리 사회 50대 부유층의 특별한 주거공간으로 인식된다. 아무나 들어오지 못하게 하는 첨단 출입통제 시스템을 갖추고, 집값을 떨어뜨릴 수 있는 사람은 단지로의 진입을 철저하게 막아 집의 가치를 보장받으려 하는 점 등은 '그들만의' 고급커뮤니티를 형성하고자 하는 노력의 일환으로 비쳐진다(한겨레21, 2001년 11월 21일자). 타워팰리스에 대한 일반 서민들의 평가에서도 이러한 끼리끼리 문화에 대한 인식이 확인된다.

> 서민의 눈으로 상상이 안 가죠.
> 서민들은 하루하루 입에 풀칠하기에 바쁜데 게스트룸(손님방)이 뭐냐, 솔직히 부럽다기보다는 화가 난다.
> 우리 같은 사람은 쳐다보지도 못할 곳입니다.

한 건축회사 소장은 타워팰리스는 부유층의 과시욕과 건설회사의 마케팅 상술이 서로 작용한 것이라고 보았다. 성북동, 평창동으로 대표되는 전통적 부유층의 주거공간이 좀체 드러나지 않고 잘 느껴지지 않으며 진입하기가 쉽지 않은 특성으로 인해, 강남쪽 신흥 부유층의 상류의식과 허영심을 충족시켜줄 무언가가 필요했다고 분석하면서 그 바탕에는 남들과 달리 산다는 차별화 욕망이 깔려있다는 것이다(한겨레21, 2002년 11월 21일자). 실제로 타워팰리스는 서울 시내 고급 주택가 3만~4만 가구에 사업계획서와 분양가, 평수 등에 대한 간단한 설문을 돌렸고, 회신을 보내 온 2,000~3,000명을 대상으로 집중적으로 마케팅을 펼쳐 계약으로 연결했다. 처음부터 서울 시내 고급 주택가에 사는 사람을 목표시장으로 삼은 것이라는 점에서 구별 짓기에 대한 욕망과 그것을 이용한 마케팅 전략이 부응한 결과라고 볼 수 있다(뉴스메이커, 2002년 10월 24일자).

끼리끼리 모여살기 현상은 특정 직업 분야에 몸담고 있는 사람들끼리 모여 마을을 이룬 사례에서도 볼 수 있다. 현재까지 처음의 취지대로 존속하고 있지는 않지만, 1969년에 대통령이 기자들에게 내 집 마련의 기회를 준다는 취지로 만들어진 서울 은평구의 기자촌과 1960년대부터 예술인들이 하나둘 자연스레 모여들어

1969년에 세워진 서울 관악구의 예술인마을이 그 예이다.

순수한 예술인마을 조성이라는 취지로 2002년에 경기도 파주에 세워진 헤이리 아트밸리는 인간과 문화예술, 자연이 하나로 어우러진 21세기형 대안마을로 알려져 있다. 기존의 도시개념을 탈피하고 문화예술의 중심이면서 생태적인 마을을 지향한 것이 특징이다. 헤이리아트밸리 회원은 '문화예술인 및 확실한 문화예술 관련 비즈니스 아이템을 갖고 있는 사람' 으로 작가, 출판인, 화가, 도예가, 연극인, 음악가, 방송인, 연예인 등 문화예술 각 분야의 사람들이 참여하고 있다. 국내의 대표적인 문화예술인의 창작공간이자 다양한 장르의 문화예술이 경연하고 협업하는 문화예술의 장이며 문화예술 상품 개발 및 수출의 전진기지로, 가족단위로 찾을 수 있는 문화예술 학습장으로 설립된, 철저히 계획된 마을이라고 할 수 있다. 이러한 측면에서 헤이리아트밸리는 생존투쟁의 세상에서 인간에 대한 고려가 없는 우리의 환경, 사회 메커니즘, 문화에 새로운 패러다임을 부여하려는 '본래의 사람다움을 회복하려는 집단적 노력' 이며 '대안의 유토피아 운동' 으로 주목받고 있다. 그러나 한편으로 '살만한 사람들 몇몇 사이의 유한놀음' , '경제적 여유를 가진 문화예술인들이 똘똘 뭉쳐 사는 닫힌 마을' 이 되지 않을까 하는 우려의 목소리도 있다(한겨레21, 2003년 6월 19일자; 문화일보, 2000년 4월 27일자; 문화일보, 2000년 5월 8일자). 최근 대규모 문화쇼핑몰이 들어서면서 순수 예술인마을 조성취지가 변질됐다는 논란도 제기되고 있다(경인일보, 2005년 1월 18일자).

4. 집, 삶의 테두리 혹은 상품

1) 아파트도 명품

외환위기(IMF) 이후 아파트분양가 자율화 등 주택경기 부양정책과 더불어 주택시장의 경쟁이 활성화되고 있다. 이에 따라 아파트는 만들면 팔리는 것에서 잘 만들어야 팔리는 상품으로 주택건설업체 및 소비자의 인식이 전환되고 있으며, 주택건설업체에서는 다양한 아파트 상품개발 및 차별화전략을 통해 분양률을 제고시키고 있다.

한국의 주거문화에 대해 고민하고 방향설정에 주력해온 건축가 중 한 사람인

김진애(1994)는 주택을 상품으로 생각하는 투철한 주택상품기획이 도입되어야 비로소 보편적인 주거문화발전을 기대할 수 있다고 주장하였다. 집은 하나의 상품으로서 그 상품의 성패여부는 시장에서 소비자에게 얼마나 어필하느냐에 달려있다는 인식 하에, 소비자들의 잠재욕구를 포착하는 새로운 상품을 만들고자 하는 마케팅적 수요기획에 근거한 주택기획으로 그 발상이 전환되어야 한다는 것이다. 목표 소비자집단을 상정하고 그 요구를 세부적으로 파악하고 풀어낼 방법을 찾는 적극적 사고가 마케팅적 주택기획의 출발점이다.

주택산업연구원(2000)에서는 소비자의 만족도 제고를 위한 아파트 상품개발 전략을 모색하기 위해 서울시에 거주하는 1,030가구의 소비자를 대상으로 하여 아파트 구매 시 고려하는 요인과 신규 아파트에 대한 요구사항 등을 조사하였다. 그 결과, 아파트 구매 시 소비자들은 교통 및 교육환경을 포함하는 입지여건을 가장 크게 고려하였으며, 다음으로 아파트 내·외부의 질적 수준, 업체 및 브랜드의 지명도, 투자가치, 분양조건 순으로 중요시하는 것으로 나타났다. 아파트 상품개발과 관련하여 소비자는 분양가격에 대한 관심이 매우 높았다. 73.5%의 소비자들은 아파트 개발 시 분양가격을 우선적으로 고려해줄 것을 희망하였다. 또한 주택내부의 침실, 거실, 화장실 등의 면적과 내장재 수준, 주차공간과 조경시설 확대에 대한 고려가 있기를 희망하였고, 무인경비시스템, 중앙냉방시스템, 초고속통신망에 대한 선호를 나타내었다.

주택산업연구원에서는 또한 주택건설업체의 아파트 상품개발과 관련된 전략을 파악하기 위해 1998년 1월~1999년 6월 사이에 수도권에서 일반 분양된 120개 단지 가운데 분양률 100%를 달성한 22개 단지, 21개 업체를 조사하였다. 사업단계별 비중으로 볼 때, 조사대상 업체 중 대형업체의 경우 기획과 홍보 및 분양단계에 비중을 두고 있는 반면, 중소업체의 경우에는 설계와 홍보 및 분양단계에 보다 많은 비중을 두고 있는 것으로 나타났다. 이는 중소업체의 경우 업체 및 브랜드 인지도가 상대적으로 낮기 때문에 상품개발의 수준을 높여 만회하려는 의도로 분석되었다. 조사된 주택건설업체의 상품개발 전략으로 주택 내부공간의 특성화(특히 발코니와 부엌 공간), 마감재와 내장재의 고급화, 외부 조경시설의 조성, 홈오토메이션, 초고속통신망, 중앙정수시스템, 무인경비시스템 설치, 사후관리와 관련된 차별화, 다양한 홍보 및 분양전략 등이 활용되고 있는 것으로 밝혀졌다.

그러나 위의 연구에서 조사된 주택건설업체의 개발목표는 '한국형 아파트', '지상에 차가 없는 건강아파트', '자연을 닮은 건강, 황토아파트'와 같이 뚜렷한 차별화전략이 나타나는 경우도 있지만, 대부분 '전원 속의 궁전 같은 아파트', '더 넓고 쾌적한 아파트', '최고의 아파트', '자연 친화형 아파트', '자연향의 건강단지', '미래형 전원 아파트', '고품격아파트', '고품질 아파트', '아름다운 아파트' 등 애매모호한 추상적인 단어를 열거한 경우가 많았다. 이러한 경향은 다음에 열거한 요즘의 아파트 광고들에서도 나타나고 있다.

당신의 이름이 됩니다. Change your life. (삼성물산 래미안)
여기선 당신을 더 사랑하게 됩니다. SK가 만드는 새로운 아파트. I Love View. (SK View)
늘 함께 하고 싶은 사람들, 자이의 사람들입니다. 모두가 꿈꾸는 그 곳. 이 곳은 자이입니다. Refresh your life. (GS건설 자이)
푸르지오에 산다는 것은 때론 친구들의 시샘을 받을 수도 있습니다. 두고보세요. 그녀의 프리미엄. 푸르지오. (대우건설 푸르지오)
당신의 자부심이 되도록. Pride Building. (경남 아너스빌)
당신은 캐슬에 사십니다. (롯데 캐슬)

대형건설업체와 대중매체의 집요한 마케팅 공세로 브랜드 아파트는 고품격 주거문화의 표상으로 떠오르고 있다. 그러나 광고내용을 보면 브랜드 아파트는 실제적 유용성이 아니라 환상으로 이루어져 있는 느낌이다. 실제로 분양가 자율화 이후 주택건설업체들은 기능이나 공간의 효율화 등 실질적인 질을 높이기보다는 자재의 고급화에만 치중하여 분양가의 급격한 상승과 이로 인한 엄청난 경제적, 사회적 비용을 낳고 있다는 비판을 받고 있다(헤럴드경제, 2004년 12월 22일자). 수입대리석 등 외제 명품 마감재로 치장하는 등의 물리적 고급화가 과연 제대로 된 주택단지 건설 방향인지는 재고할 필요가 있다. 명품 아파트란 무엇일까? 아파트에 명품이 있을까? 아니, 브랜드 아파트는 과연 명품인가?

2) 로하스 혹은 주거과소비

로하스(LOHAS: Lifestyle of Health & Sustainability)는 건강과 지속적 성장을 추구하는 생활태도로 개인의 건강과 행복을 추구할 때 환경 등 사회적 요소를 먼저 고려한다는 뜻이 담겨 있다. 개인의 삶의 질을 생각하는 웰빙보다 한 차원 높아져, 공동체나 사회의 삶의 질을 생각하는 '사회적 웰빙' 으로 해석되기도 한다.

주택건설업체들은 최근 아파트의 차별화 포인트로 '로하스' 를 꼽고 있다. 기존의 아파트에 친환경적 마감재, 베란다 외부정원, 첨단제품 등을 적용하는 것이 개인적인 측면의 웰빙트렌드였다면 최근 분양되는 아파트는 독서실, 휴게실, 생태공원, 체력단련장, 정수시스템 등 공동의 이용시설을 배치함에 따라 입주자들이 함께 누리는 공동체적 의미의 웰빙 추구를 표방하고 있다.

예를 들어 포스코건설은 인천 송도국제도시에서 분양하는 주상복합 '더 퍼스트 월드' 에 기존 아파트와 차별되는 중앙수로, 정수시스템 등을 도입할 계획이다. 중앙수로와 수변공원 등은 산책로로 이용될 수 있고, 정수시스템을 통해서 물 절약을 통해 환경을 보호하겠다는 취지이다. SK건설은 포항시 남구에서 분양한 아파트에 단지 내 습도 조절과 산책로 활용을 위한 수변공원을 만들기로 했다(매일경제신문, 2005년 5월 3일자). GS건설은 한 아파트 건설에서 보행자 중심의 단지동선을 확보하기 위해 지상주차장을 없애고 2,000평이 넘는 조경공간을 확보하였으며, 이는 시대적인 트렌드를 선도하고 공동체 주거문화를 다시금 살리기 위한 노력이라고 하였다. 현대건설은 김포 신곡리 현대아파트 단지를 뒷산과 연계 개발을 통해 등산로를 직접 개보수하고 단지 내 생태하천과 유실수 공원 등도 마련할 계획이다. 월드건설이 대구 노변동에서 최근 분양한 아파트는 단지 안에 4개의 대형마당을 만들어 각종 주민 행사를 열도록 했고, 유천동 '대곡역 화성 파크드림' 은 주말농장을 만들어 입주민들에게 제공한다. (주)신일이 동탄신도시에서 최근 분양을 시작한 아파트와 동탄 신도시 일대의 아파트도 대부분 실개천과 오솔길, 약수터, 야외무대 등을 갖춘 시골마을 같은 아파트로 꾸며진다(파이낸셜뉴스, 2005년 3월 29일자).

로하스를 표방하는 이러한 아파트들은 주거환경뿐만 아니라 투자가치 면에서도 주목받고 있다. 단지 내 생태천과 조경시설들이 잘 갖추어진 서울 구로구 신도림동 대림 e-편한세상 4차는 최근 평당 매매가가 지역 내에서 최고이다(이지용,

2005). 또한 단지 내 작은 숲과 실개천을 만들고, 2km의 조깅코스와 등산로, 수영장, 헬스장, 골프연습장, 스쿼시장 등을 갖춘 피트니스 센터와 커뮤니티 센터 등을 도입한 용인 구성 동일하이빌의 경우도 비슷한 시기에 입주한 인근 아파트보다 5,000만~1억원 가량 높게 시세가 형성되어 있다고 한다(헤럴드경제, 2005년 8월 3일자).

대형건설업체들이 로하스를 표방하면서 인간생태적 설계개념을 도입하여 친환경적 단지 설계를 시도하고 있는 노력은 높이 살만하다. 그러나 친환경, 자연과의 친화, 공동체문화를 위해 여러 가지 인공적인 고급 시설물을 만들고, 이러한 고급 주거시설로 인한 주거과소비의 부작용을 우려할 수밖에 없는 상황은 참으로 아이러니하다. 이전에는 모든 사람이 누릴 수 있었던 맑은 공기, 푸른 숲, 깨끗한 물, 이웃과의 교류와 같은 것들이 희소한 상품으로 변하게 되어 이제는 그것을 위해 지불능력이 있는 특권층만이 누릴 수 있게 된 것이다. 이러한 식의 소위 로하스 아파트는 과연 그 본래의 취지대로 건강과 환경, 사회에 기여하는 아파트인가, 아니면 주거의 사치적 소비수준 향상의 산출물에 다름 아닌가? 아파트 울타리를 넘는 공동체의 지속가능한 삶을 위한 것이 결코 아니라면 '로하스' 라는 용어의 사용이 적절한가 생각해볼 일이다.

3) 미래의 집, 유비쿼터스-편리와 첨단, 안전, 새로운 위험

현대의 우리나라 집은 기능적으로 볼 때 그동안 단순한 주거개념에서 시작하여, 건강과 환경을 고려한 웰빙 혹은 로하스 주택으로 그 개념이 발전하였고, 최근에는 미래형 최첨단 주택으로서 유비쿼터스 주택의 개념이 소개되었다. 유비쿼터스(Ubiquitous)란 언제 어디서나 자유롭게 네트워크 환경에 접속할 수 있는 정보통신 환경을 말하며, 특히 아파트에 도입되고 있다.

유비쿼터스 환경에서는 실세계의 모든 것이 컴퓨터화 된다. 즉, 모든 사물에 컴퓨터가 삽입되어 인터넷으로 연결되어, 지능적으로 작동하는 스마트 홈, 디지털 홈으로 만드는 것이다. 다음의 설명은 스마트 홈에서 가능한 생활의 모습을 나타내준다.

잠자는 동안에도 스마트 잠옷과 스마트 침대를 이용해 사용자의 건강상태를 모니

터링한다. 아침에 일어나서 화장실 문을 여는 순간 손잡이에 장착된 센서는 사용자를 확인한다. 사용자가 아침식단을 선택하면, 스마트 주방은 선택된 아침식단을 준비하기 위해 스마트 냉장고로부터 필요한 요리 재료를 확인하고 부족한 재료는 인근 마켓에 배달 요청을 한다. 아침에 챙겨야 하는 서류나 물건은 스마트 태그를 이용해 점검한다. 스마트 자동차는 도로교통상황을 즉시 파악해 최단 시간에 사무실로 이동할 수 있도록 한다. 자동차에 문제가 발생할 때는 자동으로 감지해 원격검진을 받게 하거나 위치 정보망을 이용해 가장 가까운 정비소로 안내하는 것도 가능하다(한겨레 21, 2003년 12월 25일자).

실제로 이미 상용화한 삼성전자의 홈비타 솔루션은 가정에 필수적인 냉장고, 에어컨, 세탁기, 전자레인지 등 디지털 정보가전과 조명, 전동 창문 같은 생활기기, 방범서비스를 유선, 무선 전화기나 인터넷으로 제어하는 기술이다. 가령 한겨울에 외출했다가 집으로 돌아갈 때 미리 난방기를 작동해 집을 따뜻하게 할 수도 있고, 퇴근길에 아침에 전자레인지에 넣고 나온 음식을 적당히 데울 수도 있다. 또 도둑이나 강도가 창문을 열거나 깨고 들어가면 방범 센서가 작동해 주인의 휴대전화나 경찰서에 알리기도 한다. (주)유비큐가 선보인 '홈 네트워킹 시스템'은 노인이나 장애인이 있는 가정에 특히 유용할 수 있다. 위급상황이 발생하면 노인은 손에 쥐고 있는 비상버튼만 누르면 그 신호는 바로 가족의 휴대전화에 연결된다. 음성명령으로 높이가 자동 조절되는 침대와 집안 온도를 자동 조절하는 공기조절시스템이 나오고, 노인의 건강상태를 동영상 카메라로 찍어 병원에 전송하는 서비스도 실용화할 계획이다(시사저널, 2003년 7월 10일자).

주택업계가 유비쿼터스 기술에 상품차별화의 초점을 맞추고 있고, 아파트 광고에 부쩍 유비쿼터스 컨셉이 강조되고 있는 것은 유비쿼터스가 21세기 새로운 문화코드로 부상하고 있음을 실증적으로 보여주는 증거이다. 유비쿼터스 아파트라야 브랜드 가치가 높고 값도 비싸며 잘 팔리는, 이를 내세우지 않고는 치열한 경쟁에서 살아남을 수 없는 상황이 펼쳐지고 있다. 이에 따라 대형 주택건설업체들은 미래형 주택시장을 주도하기 위해 최근 유비쿼터스 아파트를 잇달아 공개하고 있다. 삼성건설은 개별단위 세대까지 광케이블을 연결하여 원격의료, 금융 · 행정서비스, 레저 · 엔터테인먼트 서비스를 온라인으로 제공받을 수 있는 초기 유비쿼터스

시스템을 실현할 계획이다. GS건설은 가정 내뿐만 아니라 입주단지와 단지를 연결, 지역 내 안전관리와 생활정보를 공유할 수 있게 할 홈 네트워크 구축계획을 세우고 있다. 또한 현대건설은 출퇴근 때 날씨와 교통정보 등 생활정보를 알려주며 에너지 절약시스템을 구축한 첨단 정보통신 아파트를 건설하기로 하였으며, 또 개별단위 세대에까지 광케이블을 연결하는 홈 네트워크 및 '특등급 아파트' 건설에 적극 참여하기로 했다(서울경제신문, 2005년 8월 1일자).

유비쿼터스 아파트는 보다 똑똑하고 편안하며 좀더 쾌적하고 안전한 주택의 기능을 선호하는 소비자의 기호를 충족시켜 준다고 볼 수 있다. 그러나 이러한 편리 뒤에는 새로운 위험이 감추어져 있다. 유비쿼터스는 세상 모든 사람이 서로 만날 기회를 제공하지만, 반대로 누군가로부터 감시를 받을 수도 있게 만들기 때문이다. 예컨대 침입자를 막기 위해 설치한 무인 감시카메라가 어느 날 갑자기 집 주인의 일거수일투족을 감시하는 눈이 될 수도 있다. 미국의 정보관리 및 사이버 범죄 전문가 리처드 헌터는 유비쿼터스 시대가 도래하면 인간의 일상이 모두 기록되고 감시될 가능성이 높다고 경고한다. 또 바이러스 유포, 해킹에 의한 정보 누출 같은 각종 컴퓨터 범죄에도 취약할 뿐 아니라 국가의 정보 수집 및 정보 독점 위험도 가능하여, 유비쿼터스 사회는 '빅 브라더'가 지배할 가능성이 높다고 말한다(시사저널, 2003년 7월 10일자). 네트워크로 모든 것이 연결되고 공개되는 상황에서 사생활을 어떻게 보호할 것인지는 유비쿼터스 시대의 도래와 함께 고민해야 할 일이다. 누구나 편리함만 추구하는 것은 아니기 때문이다.

4) 자유로운 노후를 위한 주거

노인들의 가족구성과 주거형태가 급변하고 있다. 손자, 손녀들을 돌보는 전통적 역할을 거부하고 황혼을 편하게 즐기려는 노인들이 갈수록 늘고 있기 때문이다. 보건복지부 통계에 따르면 1990년 이후 55세 이상 노인가구의 소득은 해마다 10%씩 늘어나고 있고, 2010년에는 연금수급권자가 400만 명에 달할 것으로 전망되어, 독립적인 생활을 할 만큼 경제력 있는 노인들이 증가할 전망이다.

노인들은 주거, 건강, 여가활동까지 해결할 수 있는 복합 실버타운을 선호하는데, 한 실버타운이 2004년 10월에 경기도에 있는 한 노인사회복지관의 60대 이상 노인 300명을 대상으로 설문조사를 실시한 결과, 응답자의 63%가 '자녀와 근거리에 있는 독립가구나 노인 전용시설 등에서 살고 싶다' 고 응답했다(국민일보, 2005년 7월 19일자). 전북의 한 노인종합복지타운에 거주하는 노인들도 "자식들과 함께 살다 보면 손자라도 봐줘야 되고 서로가 불편한 점이 많다" 면서 "노후를 좀더 자유롭게 보내기 위한 결정이었다" 고 말하였다(서울신문, 2005년 4월 18일자).

이처럼 노인들의 주거개념이 바뀌면서 유료로 운영되는 노인복지주택과 요양시설들이 늘고 있으며, 노인복지법에 따른 유료양로시설과 유료노인복지주택을 실버타운이라 일컫는다. 2005년 현재 유료로 운영되는 노인전용 복지주택과 요양시설은 124곳에 달하나, 비용이 상당하기 때문에 중산층 이상 노인들만이 선택적으로 혜택을 누릴 수 있다. 경기도 용인시에 있는 한 실버타운의 경우 36평짜리 주거시설 보증금은 3억원, 매달 내는 생활비만 240만원 선이다. 60평형의 경우 보증금 9억원에 생활비 300만 원 이상이 든다. 삼성 노블카운티, 서울 시니어스 타워, 인천실버타운 등은 이처럼 고가로 차별화하는 고급화전략으로 운영되고 있다. 이들은 전문강사가 진행하는 운동과 수영, 헬스, 영화관, 도서관 등 각종 복지시설 및 식사와 일대일 의료서비스까지 제공하기도 한다. 이외에 전북 김제시 지방정부가 관리하는 노인종합복지타운은 입주금이 저렴하고 비교적 시설도 잘 되어 있어 인기를 모으고 있지만, 저렴하면서도 제대로 시설을 갖춘 이와 같은 실버타운은 그리 많지 않다(서울신문, 2005년 4월 18일자; 문화일보, 2005년 6월 21일자).

이러한 실버타운의 고급화 경향에 따라 경제적 여유가 있는 노인들은 실버타운에 기거하며 편안한 노후를 즐길 수 있지만, 경제적으로 여유가 없고 자녀의 부양마저 어려운 노인들은 고달픈 노후를 보내게 되는 양극화현상이 두드러지는 현실은 노인의 주거문제를 더욱 심각한 양상으로 이끌고 있다.

최근 정부는 공적 보증 역모기지를 고령화 사회의 중요한 대책 방안으로 구상하고 있다. 이는 금융기관에서 내놓은 역모기지론 상품과는 달리, 집을 담보로 하면 죽을 때까지 그 집에서 계속 살 수 있도록 보증해줄 뿐만 아니라 연금처럼 매월 일정액을 지급받을 수 있게 한다는 점에서 주거안정과 노후소득을 동시에 보장해주는 이점이 있다. 하지만 이러한 혜택은 중산층 이하로 국한된다. 역모기지가 도입되어도 그 활성화를 위해서는 해결해야 할 문제들이 많지만, 우선 사람들이 집을 상속대상으로 여기는 정서가 바뀌어야 할 것이다.

유료노인복지주택의 경우 정부에서도 상대적으로 저렴한 비용으로 들어설 수 있도록 각종 규제를 완화하여 활성화를 돕고 있다. 그러나 건설업체나 투기세력이 이에 편승해 폭리를 취하려고 나설 경우 적절하게 작동할 최소한의 제동장치가 준비되어 있지 않아 건설업체의 투기수단으로 변질되는 경우가 생겨나고 있는 등 아직 이러한 체계는 매우 미흡하다(세계일보, 2005년 8월 10일자). 노인주택은 고급 의료서비스 및 재활프로그램 등의 서비스가 제공되는 너싱홈으로부터 여러 가지 유형의 시설을 갖춘 실버타운에 이르기까지 다양한 상품으로 개발될 필요도 있지만, 무엇보다도 대다수 노인들의 삶의 테두리로 인식함으로써 빈곤층을 위한 복지서비스와 함께 중산층 노인들을 위한 지불 가능한 실버타운의 형성이 활발하게 이루어져야 할 것이다.

5. 생각하는 주거 소비문화

사람들이 집에 부여하고 있는 믿음과 생각은 그 사회의 주거문화 혹은 주거 소비문화를 형성한다. 지금까지 우리 사회에서 통용되는 집의 의미와 집을 매개로 한 소비현상과 소비트렌드 그리고 그 이면의 소비자 욕구 등을 살펴보았다. 우리 사회의 주거문화는 바람직한가? 이대로 좋은가?

맥크래켄(이상률 역, 1996)의 말처럼 주택의 외장과 내장, 장식은 의복이나 식품과 마찬가지로 우리의 세계를 구성해 온 문화적 의미의 표현매체 역할을 한다. 오늘날의 집은 우리의 전통주택의 사랑채나 장독대 등이 오랜 삶을 바탕으로 한 문화를 표현하는 것과는 달리, 많은 부분 생산체계의 마케팅 활동에 의해 부여된 의미, 자기정체성 찾기의 도구로 사람들이 부여한 의미를 나타내고 있고, 사람들은 그런 의미를 대개 진실로 받아들인다. 이러한 현상은 집의 투자가치가 어느 나라보다 높은 우리나라의 사회경제적 환경과 사회적 구별 짓기와 차별화에 대한 욕망을 부추기는 아파트의 마케팅 경쟁과 상호작용을 하며 어우러져 나타난다.

이러한 주거 소비문화는 소비사회의 인간이 거대한 집단적 자기도취에 이끌려 사회가 준 이미지와 자신을 혼동하는 존재로의 전락, 연기하는 자아, 인간소외의 문제 등을 낳는다. 1장의 현대소비사회에 대한 비판에서도 논의되었듯이, 미리 기성품화 되고 광고의 이미지로 코드화 된 상품으로서의 집을 구매하고 소비하는 소비자는 창조성과 자율성을 잃어버리게 된 소외된 인간이다.

그동안 주택시장 환경이 공급주도적 시장에서 수요주도적 시장으로 바뀌는 현 시점에서 주택소비자의 의식이 어떠한가는 향후 주거문화를 결정짓는 중요한 요인이 될 것이다. 김진애(1994)는 인간의 기본적 욕구를 찾아서 풀어주며, 다양한 삶의 모습을 담는 것이 주택혁신이라며, 그 예로 다음 8가지 유형의 집을 제시하였다.

✲ 가사부담에서 해방된 집

필수불가결한 가사를 부담이 되지 않고, 최소한으로, 즐겁게 할 수 있는 수많은 아이디어, 가사의 종류, 가사 개념의 변화, 가족원의 참여, 시간절약방법, 시간 즐기는 방법 등을 활용한 가사가 즐거울 수 있는 집.

✲ 생활서비스가 따라오는 집

집 관리(세탁/청소/요리, 손님치레 등), 건강관리, 어린이 돌보기, 방과 후 학생 교육프로그램, 의료서비스, 취미생활 등 필요불가결한 서비스를 제공하는 집.

✲ 내 맘대로 선택하는 집

고물가시대에서 부담할 수 있는 만큼 부담하면서 살 수 있는 집. 마감재 옵션, 집구조 옵션, 설비수준 옵션, 시불방식 옵션, 소유/임대 옵션, DIY 확대 등 부담능력에 따라 선택할 수 있는 폭이 넓은 집.

✲ 우리의 모듬살이 집

모여 살면서 교류하고 싶은 욕구를 만족시키면서도 서로 간섭받기 싫은 현대가족의 이중적 욕구를 슬기롭게 만족시키는 집. 조합주택, 동호인 주택과 같이 처음부터 같이 짓거나, 우연히 모여도 자유스럽게 서로 의지하면서 사는 집.

✲ 세대교류를 이어주는 집

노부모 부양 혹은 자식세대와 사는 일을 슬기롭게 원하는 형태로 살 수 있는 집. 서로 보살피는 지혜와 충돌소인을 피해가는 지혜로운 집.

✲ 끼리끼리 사는 집

날로 늘어가는 독신, 부부, 초자유형 가족, 임시거처 가구들이 가사의 부담을 되도록 피하고 관리부담도 줄이면서 시설을 공유하면서 사는 호텔식 집. 자유스러우면서 믿을 수 있는 새로운 서비스 방식.

✲ 일하는 집/배우는 집

컴퓨터시대, 멀티미디어시대, 재택근무 확산, 계속 배워야 하는 시대에 일하고 학습하는 시간을 많이 낼 수 있는 집. 하이테크를 도입한 새로운 차원의 집.

✲ 하이스타일로 사는 집

이왕이면 멋있게, 개성 있게 살고 싶은 모든 이의 욕구를 풀어주는 스타일 하우스 시대. 초호화급이 아니더라도 높은 품격, 첨단시설, 환경주택, 전통센스, 코스모폴리탄센스 등 집의 품위, 아름다움, 멋을 만끽하는 21세기 집.

집은 소비자의 잠재욕구를 파악하여 충족시키는 상품으로 적극 기획되고 개발되어야 할 뿐 아니라, 그 안에 담고자 하는 삶의 테두리로서 그 삶을 잘 담아내는 것이어야 한다. 사치적인 주거 소비수준 향상만을 추구하는 주거 소비문화를 극복한 집에 대한 소비자의 진실한 욕구는 무엇이며, 이러한 욕구를 충족시켜주는 집은 어떤 집일까?

소비문화 생각해 보기

여러분은 집에 대해 어떤 기억을 가지고 있는가? 다음 두 글을 읽고 여러분의 집에 대한 기억을 서로 나누면서, 여러분이 '살기를 원하는 집' 혹은 여러분의 자녀에게 '살게 하고 싶은 집'은 어떤 집인지를 얘기해 보시오.

집이란 참으로 많은 정서들이 오가는 곳이다. 외로움, 서러움, 아픔, 두려움, 무서움과 같은 것도 있고, 가까움, 아름다움, 소박함, 단출함, 포근함, 따뜻함, 친밀함 같은 것도 있다. 집 밖에서 체험한 많은 경험들이 집을 통해 다시 걸러지고 소화되고 자기 것으로 만들어진다…… 부엌 한쪽에는 채 1평도 못 되는 '골방'이 있었는데, 나는 이 골방에서 뒹굴며 소설 읽기를 너무도 즐겼다. 마당 장독대 밑에는 '찬광'을 두었는데, 역시 먹을 것 찾기에 그만이었다. 마루 밑에는 또 '연탄광'이 있었다. 막상 쓸 연탄을 가지러 연탄광에 들어가기란 싫었지만 시커먼 연탄들이 줄대로 서 있다가 차례로 없어지는 것을 세어보는 재미도 좋았거니와 친구들과 '술래잡기' 할 적이면 무척 요긴한 구석이었다…… 연건동 한옥에 대해서 남는 기억은 시각보다 오히려 '소리'다. 처마에서 떨어지는 빗방울 소리는 무엇보다 선명하다. 온돌방에 엎드려 문지방에 팔을 괴고 듣던 빗소리, 처마에 붙은 고드름이 녹아떨어지는 소리, 미세기문 사르륵 열리는 소리…… 삐거덕대며 대문 열리던 소리 그리고 목소리 높여 애들을 부르던 엄마 목소리, 멍멍이 소리들이다.

(김진애(2000), 이집은 누구인가, pp. 28, 273, 280)

이사 가면서 우는 사람이 있단 말을 요즘 통 들어보지 못했다. 집과 사랑을 주고받지 못하면 사람과도 사랑을 주고받기 어려울 게 뻔하다. 아이들의 커 가는 키를 기록한 문짝, 걸음마를 배울 때 부딪쳐 넘어지던 기둥, 이빨 자국이 남은 계단 참, 그런 게 남아있는 집이 귀한 집이다. 보물은 돈으로 환산할 수 없다. 집도 가족의 역사가 새겨지면 보물이 되어 금전가치를 뛰어넘는다. 사람들이 제각기 고작 평당 몇 천만 원씩으로 계산되는 재산이 아니라 평당 수억 원을 줘도 못 파는 보물을 가졌으면 좋겠다. 남의 보물은 내 보물과 다르니 그토록 소모적으로 서로 키를 잴 필요도 없으리라(동아일보, 2005년 8월 19일자).

첫키스처럼 달콤한 남자, 보석처럼 눈부신 남자
그 사이에 그녀가 있다!

영화속의 07
소비문화 엿보기

스위트 알라바마

줄거리 _ 2002년 뉴욕과 알라바마를 배경으로 한 로맨틱 코미디 영화. 고교시절 멋모르고 결혼한 남편으로부터 벗어나 뉴욕에서 패션 디자이너로 성공한 멜라니 카미첼(리즈 위더스푼)은 뉴욕 최고의 신랑감과의 혼사를 앞두고 7년 만에 고향 알라바마를 찾아간다. 꿈만 같은 새로운 출발을 앞두고 남편 제이크와의 관계를 포함한 자신의 어두운 과거를 깨끗하게 정리하려 하나, 남편 제이크(조쉬 루카스)는 이혼을 거절하고 추억속의 사랑을 일깨워 주려한다. 마지막 결정의 순간까지 많은 변수와 돌출상황을 일으키며 첫사랑을 찾아가는 환타지 영화이다.

소비문화 _ 미국 뉴욕 여피와 알라바마 시골 소녀의 소비 모습이 드러나는 영화.

극중에서 주인공 멜라니는 뉴욕 여피와 알라바마 시골 소녀를 오가며, 화려함과 촌스러움, 강인함과 유약함, 대도시와 시골 도시의 정서를 보여주고 있다. 과거 멜라니는 엉뚱하고 충동적이며 다혈질적인 성미로 악명 높았던 말썽꾸러기 알라바마의 시골 소녀이다. 조금은 촌스러워 보이는 그 시절의 모습은 어설프지만 진솔하다.

반면 현재 뉴욕을 들썩이게 만든 새로운 패션 아이콘으로 변신한 주인공은 뉴욕 여피의 우아하고 화려한 모습으로 나타난다. 화려한 조명 아래 세련되고 화려한 모델과 온갖 명품들 그리고 화려함의 극치를 대변해주는 뉴욕 티파니 매장의 실내장식과 다이아몬드 광채들. 여기에 구혼의 손을 내미는 아일랜드로의 환상적인 여행과 호화로운 호텔 예식장.

이러한 멜라니의 분열된 자아가 충돌하면서 알라바마와 뉴욕의 대비되는 모습과 감정이 영화 속에서 드러난다. 꾸며지지 않은 알라바마 시절의 "참 자아"와 화려한 소비재와 고상한 생활양식으로 포장된 뉴욕의 "만들어진 자아"는 현대를 살아가는 우리의 갈등을 대변하는 듯하다.

"모든 사람들은 남들로부터 인정받고 환영받고 싶어 한다. 그러면서도 남들로부터 환영받지 못하는 이유는 자기 자신의 참모습을 인정하지 못하기 때문이다"라는 영화 속 대사처럼 현대를 살아가는 우리도 어쩌면 자신의 참모습을 뒤로 한 채 보이는 소비에만 너무 열광하고 있지는 않은지 생각해 볼 문제이다.

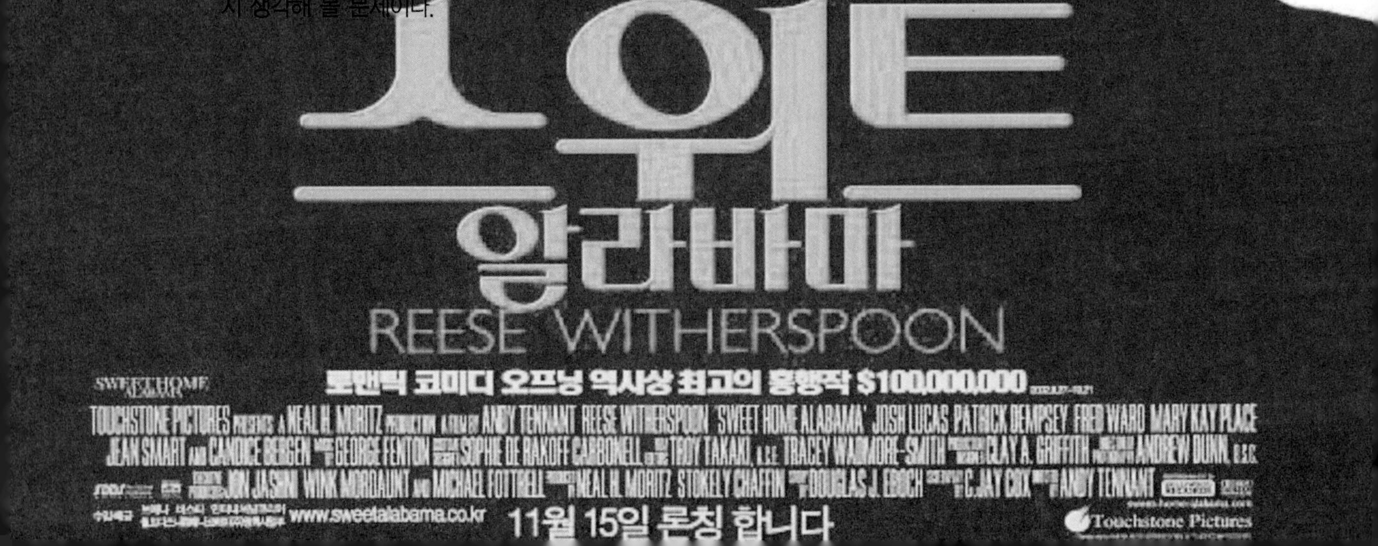

참고문헌

강영자 · 박성옥 · 손상희 · 차성란(1999), 생활문화와 예절, 교육과학사
고철 · 천현숙 · 박능후 · 이태진 · 최현수 · 노언정(2002), 주거정책과 복지정책의 연계방안 연구, 국토연구원
그랜드 맥크래켄, 이상률 역(1996), 문화와 소비: 소비재와 소비행위의 상징적인 성격에 대한 새로운 접근, 문예출판사
김진애(1994), 우리의 주거문화 어떻게 달라져야 하나? (주)서울포럼
김진애(2000), 이 집은 누구인가, 한길사
레오 리오니, 김영무 역(1998), 세상에서 제일 큰 집, 분도출판사
박재환 등(2004), 현대 한국사회의 일상문화코드, 한울아카데미
박정희(1992), 도시주거계층 연구: 분석모형의 탐색, 경희대학교 박사학위 논문
성영신 · 장인숙(2003), 한국인에게 '집' 이란 무엇인가? 한국소비자학회 학술대회 발표논문집, 225~238
손상희(2005), 집, 삶, 그리고 소비: 소비사회에서의 주거 소비문화 분석, 소비문화연구 8(4): 163~183
은난순(2004), 1980년대 이후 한국 주거문화에 나타난 근대화의 재평가, 한국가정관리학회지 22(4): 59~73
이기석(1982), 주택건설과 도시내 지역분화 -서울을 중심으로 , 주택 42: 109~118
이숙임(1987), 서울시 거주지 공간분화에 관한 연구, 이화여자대학교 박사학위 논문
정기선 · 정태인 역(2002), 소비의 사회학, 도서출판 그린
주거학연구회(1999), 새로 쓰는 주거문화, 교문사
주택산업연구원(2000), 소비자 만족도 제고를 위한 아파트 상품개발 전략 연구
천현숙 · 윤정숙(2001), 아파트 주거문화의 진단과 대책, 국토연구원
피터 코리건, 이성용 · 유홍준 · 이정환 · 고성호 역(2002), 소비의 사회학, 도서출판 그린
함인희 · 이동원 · 박선웅(2001), 중산층의 정체성과 소비문화, 아산재단 연구총서 제80집, 집문당
Stone, M. E.(1990), *One-Third of a Nation: A New Look at Housing Affordability in America*, Economic Policy Institute

〈기 사〉

경인일보(2005), 토공, 아트밸리 부지매각 조건부 특약, 1월 18일자
경향신문(2002), '대치동 집 값' 과 교육개혁, 1월 22일자
국민일보(2005), 통계로 본 2005년 한국사회: 10명 중 1명만 "노후에 자녀와 살겠다", 12월 27일자

뉴스메이커(2002), 타워팰리스 높이만큼 차별화 성공할까, 10월 24일자
동아일보(2005), 낡고 작은 집이 더 좋다, 8월 19일자
매일경제신문(2005), 아파트에 '로하스' 바람 분다, 5월 3일자
문화일보(2005), 이렇게 다른... '유전 · 무전 황혼', 6월 21일자
문화일보(2000), 헤이리, 대안의 삶: (상) '문화의 理想村' 꿈꾼다, 4월 27일자
문화일보(2000), 헤이리, 대안의 삶: (하) 헤이리에선 무슨 일이 벌어지나, 5월 8일자
문화일보(2002), 강남공화국 (3)소비문화 1번지, 1월 12일자
서울경제신문(2005), 이제 '미래의 집' 에서 산다. 〈1〉 유비쿼터스 아파트, 8월 1일자
서울신문(2005), 황혼의 쉼터 아쉽다-주거문화 현주소, 4월 1일자
세계일보(2005), 실버타운, 의욕만 앞선 행정 "투기" 부채질, 8월 10일자
시사저널(2003), e-편한 세상 상상 초월하네, 7월 10일자
주간한국(2002), 저기가 귀족들이 사는 세상이래, 11월 14일자
파이낸셜뉴스(2005), 더불어 잘사는 '로하스' ...아파트 트렌드 바꾼다, 3월 29일자
한겨레21(2002), 과시욕과 상술의 절묘한 만남, 11월 21일자
한겨레21(2003), 낮에만 살고 밤에는 죽을라, 6월 19일자
한겨레21(2003), 유비쿼터스로 마음을 읽으렴, 12월 25일자
한겨레신문(2005), 정부 "고령화 대비 역모기지론 활성화", 12월 23일자
한국경제(2000), 2000년 전국 소비자조사: 서울 강남 구매력 '전국 최고', 9월 1일자
헤럴드경제(2004), 신주거문화캠페인, 12월 22일자

CHAPTER

08 여가 소비문화

우리는 지금 가만히 멈추어 서서 바라볼 시간이 필요하다.
우리는 혼자 있을 시간이, 타인과 관계 맺을 시간이, 창조적인 일을 할
시간이, 즐거움을 주체적으로 즐길 시간이, 아무것도 생산하지 않고
그저 자신의 근육과 감각을 사용할 시간이 필요하다.
그리고 바라건대 동지들과 함께 건강한 세상을
만드는 방법을 기획할 시간이 필요하다.

-프레드 톰슨-

CHAPTER 08 여가 소비문화

'新 개미와 베짱이'

여름 내내 몸을 혹사한 개미는 산업재해로 허리디스크가 발병해 모아둔 돈을 모두 치료비로 써버리고 빈털터리가 되었다. 그러나 개미가 일할 동안 여행이나 다니며 노래나 불렀던 베짱이는 여름에 돌아다녔던 이야기로 책을 써서 베스트셀러 작가가 되었다. 뿐만 아니라 허리 다친 개미들을 모아 놓고 자신의 이야기로 토크쇼를 진행하는 유명 엔터테이너가 되었다. 뿐만 아니라 흥얼거리던 노래들을 취입하여 '인기가요 톱 10' 과 같은 음악프로에 빠지지 않는 인기가수가 되었다.

우리가 잘 아는 '개미와 베짱이' 이야기에서는 여름 내내 열심히 일했던 개미가 주인공이고 열심히 일한만큼 겨울에는 행복하고 따뜻하게 잘 살았다. 좀 황당할 수도 있지만 인터넷에 회자하고 있는 새로운 버전의 이야기에서 개미와 베짱이의 뒤바뀐 운명은 21세기를 살아가는 사람이 어떠해야 하는가를 잘 보여준다. 이제는 문화적 상상력과 창의력이 필요한 시대이며 이는 주 5일 근무제 실시를 계기로 일 중심사회에서 여가 중심사회로의 변화를 꾀하고 있는 우리사회의 변화에서도 나타나고 있다. 즉, 노동하는 인간을 의미하는 호모파베르(Homo Faber)시대에서 여가를 즐기는 인간을 의미하는 호모루덴스(Homo Ludens)시대로 이동하고 있다. 사람들의 주된 삶의 관심 자체가 일이 아닌 여가로 이동하고 일상적인 경험을 변화시키는 여가공간과 여가상품이 늘어나고 있고, 여가에 보내는 시간과 소비하는 돈의 규모도 점점 커지고 있다. 금요일이면 각종 신문이나 방송, 인터넷 등의 대중매체에서는 주말 여가소비자를 겨냥한 관광상품 정보나 특집물들을 쏟아낸다. 주 5일 근무제의 확대는 레저, 스포츠, 외식, 교통, 관광 등 여가문화와 관련된 산업을 중심으로 문화, 예술분야의 발달과 소비자들의 라이프스타일의 변화를 가져올 것이라 예견된다.

1. 여가란 무엇인가

1) 여가의 정의는

오늘날 사용하고 있는 여가의 어원은 '자유스러워지다' 라는 뜻을 가진 라틴어 리세레(licere)에서 유래하였고 오늘날 영어의 레저(leisure)로 진전되었다. 여가에 대한 관점은 시대 가치관과 함께 변해 왔으며, 최근까지도 여가개념과 현상에 대해 다양한 주장들이 제기되고 있다. 여가는 어느 속성을 중심으로 하느냐에 따라 시간적, 활동적, 상태적, 제도적, 포괄적 정의로 나뉠 수 있다(김광득, 1997).

시간적 정의는 인간의 생활시간을 크게 생활필수시간, 노동시간 및 자유시간으로 대별하게 될 때 여가를 생활필수시간과 노동시간 등 구속시간을 뺀 나머지 자유시간으로 본 개념이다. 여가의 활동적 정의는 여가사회학자인 듀마즈디에르(J. Dumazedier)가 정의한 것으로 여가를 개인이 노동, 가족 그리고 사회적 의무로부터 벗어나 휴식, 기분전환 혹은 지식의 확대, 자발적 사회참여 그리고 자유로운 창조력의 발휘를 위해 이용하는 임의적 활동의 총체로 정의하고 있다. 여가의 상태적 정의는 철학자나 심리학자 그리고 종교학자들에 의해 대변되어 왔는데 그리스의 철학자 '아리스토텔레스(Aristoteles)에 의하여 대표되는 고전적 여가 정의는 여가를 '존재의 상태' 로 보고 삶의 목적으로서 여가 그 자체를 위하여 삶을 영위해야 한다고 하였다. 사색, 지식과 계몽을 위한 토론과 정치를 여가의 대표적인 예로 보고 있다. 여가의 제도적 정의는 사회제도의 상태나 가치패턴과의 관련성을 검토하여 그 의미를 규정하고자 하는 것이다. 여가란 노동으로부터 생기는 피로, 권태감, 압박감에서 해방됨으로써 에너지를 보충하여 재생산하는 수단으로 여가의 본질을 정의한다. 그러나 이와는 반대로 현대사회에서는 여가가 생활의 목적이 되고 노동이 여가를 가능케 하는 수단적 역할로 변질되어 가고 있는 상황에 있다. 한편 개인이 처한 조건과 상황에 따라 여가는 노동의 대립개념이 아니라 노동이 즐거운 여가의 형태가 된다든지 하는 복합적 형태로 나타나고 있기도 하다.

여가의 포괄적 정의로서, 기스트(N. P. Gist)와 페바(S.F. Feva)는 여가를 개인의 노동이나 그 밖의 의무적인 일로부터 해방되어 자유로이 긴장을 풀며 기분전환을 하고 사회적 성취를 이루며 또한 개인적 발전을 위하여 사용할 수 있는 시간으로 정의하였다. 포괄적 정의는 여가의 시간적, 활동적, 상태적, 제도적 요소가 적절히 배합된 속성을 가지며 현대사회의 여가를 잘 정의하고 있다고 본다.

2) 어떻게 발달해 왔는가

여가의 문제가 대중적인 관심사로 등장하게 된 것은 산업사회 이후의 일이다. 전통사회로부터 근대까지의 여가문화의 발달, 현대자본주의의 여가문화의 발달을 살펴보기로 한다.

(1) 유한계급의 전유물 – 산업사회 이전 전통사회

산업사회 이전에는 여가가 특권 유한계층에 편중되어 있었고, 그들이 사회의 모든 문화적인 영역을 독점하고 있었다. 특권 유한계층은 노동과 괴리된 상태에서 관조적 여가문화를 향유할 수 있었던 반면 일반 평민층의 여가는 노동의 세계와 밀착된 가운데 형성되는 것이 일반적인 현상이었다.

이렇게 생활양식상에 있어서 계급 간에 뚜렷이 구별되는 여가문화는 당연히 당시 사람들의 가치관에 반영되어 노동을 천시하는 이데올로기로 유한계급의 삶이 생활세계에서 정당성을 확보하게 되었다. 이것은 부정적 의미를 지닌 노동관과 긍정적 의미를 지닌 여가관이라는 현상으로 표상된다. 과거 전통사회에서 유한 특권층의 여가문화 중 가장 큰 독특성을 지니는 것은 경제적, 시간적 여유를 바탕으로 형성된 생활예법-여기에는 각종 여가활동에서 형성되는 교양과 취미생활이 포함된다-의 발달이다. 생활예법은 노동으로부터 면제된 유한계급적 삶의 상징적 표상이면서, 노동하는 피지배계급의 생활양식과는 사회적으로 구분해 준다는 함의를 갖는다(박재환 · 김문겸, 1997).

우리나라의 경우도 과거 전통사회는 육체노동과 정신노동 간의 분업이 확연한 신분사회였기 때문에 여가에 대한 관념 자체도 신분사회의 질서 속에서 구성되었다. 즉, 정신노동은 직접적 생산노동에서 면제된 유한계급의 전유물이었고 따라서 노동보다 여가에 더 큰 가치가 주어졌다.

(2) 노동에 대립된 개념 – 근대자본주의와 여가문화

종교개혁에서 싹튼 근대적 노동관은 산업혁명을 거치면서 극단적인 성격을 띠게 되었다. 산업혁명기를 거치면서 노동시간이 극단적으로 길어지자 노동계급의 여가문제가 보편적인 사회문제로 등장하게 된 것이다. 근대적 여가는 노동과 대립되는 개념으로서 단지 *'노동을 위한' 부수적인 시간으로, 노동으로 지친 몸을 회복하는 시간*으로나 존재했을 뿐, 재미나 행복, 즐거움 등과는 아무런 관계가 없었다. 이러한 노동에 대한 강조에 대응하여 라파르그(Lafargue)는 "게으를 수 있는 권리"를 말하면서 노동자들의 여가를 부르짖게 되었다.

자본주의의 발달과 더불어 사회적 생산력이 증대됨에 따라 부르주아들의 생활방식에도 커다란 변화가 일어나기 시작하는데 1830년대에서 1880년대의 영국에서는 자본가계급의 새로운 여가문화가 창출되기 시작하였다. 변모된 부르주아의 여가문화를 간단히 정리하면 그들은 하계휴가, 연중휴가를 즐기고 피아노 연주를 교양의 필수로 여기며 디너파티, 가든파티 등이 각광을 받으면서 정원에서 즐길 수 있는 놀이가 발달한다. 이후 1890년대 영국의 여가문화는 20세기 대중문화에 비하면 미미하지만 대중오락을 중심으로 상업화의 서곡을 울리게 되었다(박재환 · 김문겸, 1997).

우리나라의 경우 전통적 여가문화는 근대화가 이루어지면서 붕괴하기 시작했는데 일제 식민지 시기는 공동체적 풍습이 담겨있는 전통적 민속문화가 쇠퇴함으로써 한국의 전통적 여가문화에 단절구조를 가져왔고 이는 오늘날까지 영향을 미치고 있다. 이 시기에는 서구문화의 영향에 의해 도입된 연극, 영화, 스포츠 등의 '신식오락' 이라는 도시 중심의 여가문화가 유입되었는데, 전통적인 상층여가문화가 쇠퇴하고 인텔리계급 중심의 새로운 여가문화 도입이라는 계층적 차별성이 나타나고 있다(송석하, 1960: 김문겸, 1993 재인용). 1960년대 이후 대다수의 한국인은 자본주의적 노동의 세계로 급격하게 편입되었다. 그 결과 대다수 한국인의 생활상태는 노동시간과 노동 강도에서 매우 열악한 상태를 면치 못하고 이런 점은 한국인 전체의 여가관에도 그대로 반영된다. 그것은 여가라는 것을 가장 수동적인 의미를 지닌 '휴식' 이라고 인식하는 데서 극명하게 드러난다.

(3) 상업화 – 현대자본주의와 여가문화

20세기에 들어 선진자본주의 사회에서 일어난 큰 변동 중의 하나는 노동 중심의 생활양식에서 여가 및 소비 중심의 생활양식으로 변모한 것이다. 세속적인 물질적 향유로 나타나는 소비주의는 20세기 자본주의 사회에서 물화와 지배의 새로운 형태로서 자리 잡게 된다(Alt, 1976: 김문겸, 1993 재인용). 이러한 현상은 자본주의 사회의 선두주자인 미국에서 가장 대표적으로 찾아볼 수 있다.

1890년대 이후 미국의 자본가계급의 여가양식은 전통적 금욕주의 생활양식에서 쾌락적인 소비생활양식으로 변모하기 시작하였다. 이는 베블렌(Veblen, T., 정수용 역, 1983)이 1899년 『유한계급론』을 출판하게 되는 배경을 이루게 된다. 베블렌은 유한계급의 생활양식 속에는 여가의 영역에서 그들의 성공적 삶을 과시함으로써 그들과 구별되는 피지배계급으로부터 그들의 성공적 삶을 사회적으로 인정받으려는 경향이 생긴다고 보았다.

1920년대는 대량소비 중심의 새로운 자본주의가 도래하면서 미국사회의 여가문화에 심대한 영향을 미치는 기본골격을 형성하게 되는데 대량소비의 상징인 자동차의 보급이 크게 진전되고 영화산업과 스포츠분야가 번성하게 된다. 1930년대는 여가가 대중화됨에 따라 대중문화론과 대중예술론이 등장하게 되었다. 이때부터 미국은 '현대 대중오락의 메카' 로 자리 잡기 시작하며 전 세계를 대상으로 여가상품시장을 개척하기 시작한다. 1940년대에는 라디오의 보급이 대중화됨으로써 여가문화에 새로운 전환점을 맞게 되며, 1950년대는 여가와 관련된 소비지출이 크게 증가하며 외식산업이 본격적으로 발달한다. 텔레비전이 주된 방송매체로 등장하게 되고 여가시설과 여가상품이 증가하게 된다. 이 시기의 미국문화는 유희와 오락, 전시, 쾌락에 관심을 둔 향락주의로 변모하였으며, 이러한 변모에는 대중매체의 발달과 광고 및 마케팅전략의 발달 등이 결정적 기여를 하였다. 1960년대는 주휴 이틀제를 실시하는 기업이 확산되면서 일반 대중들의 여가활동과 문화활동이 더욱 활성화되어 독서, 음악, 연극관람, 미술관, 박물관 방문이 급증한다. 1970년대 이후에는 여가가 노동이나 가정생활과 더불어 총체적 차원에서 '삶의 질' 이란 문제와 연관되어 논의되어야 한다는 주장이 나오기 시작하였다.

우리나라의 경우를 살펴보면, 1980년대 후반부터 한국인의 노동관과 여가관은 변화의 조짐을 보이기 시작하는데, 특히 젊은 세대를 중심으로 '힘든 일 기피' 와 '일요노동 기피' , '서비스업종의 이상 비대' 현상으로 나타난다. 이는 60년대 이후 근대화 과정에서 기성세대들이 생존의 문제에 급급하여 강요된 노동의 세계에 함몰되어 있었다고 한다면 새로운 세대들은 '즐기는 삶' 쪽으로 방향전환을 하고 있음을 의미한다. 1980년대 들어와 일어난 가장 중요한 변화 중의 하나는 향락, 즉 퇴폐업소의 증가이다. 이 시기에 높은 소비성과 사치성을 내포한 여가양식이 대도시의 중산층과 일부 소수의 부유층을 중심으로 확산되었다고 한다면 생존의 문제에 쫓겨야 하는 일반 서민들이나 노동자계층의 여가양식은 매우 제한적이었다. 90년대 한국사회에는 소비적이고 쾌락적인 여가생활이 광범위한 중산층의 생활윤리로 자리 잡았다(김문겸, 1993). 2000년대 이후에는 주 5일 근무제를 실시하는 기업이 늘어나면서 건전한 여가문화가 확립되지 않은 한국사회에서 늘어난 여가시간을 어떻게 보낼 것인가에 대한 사회적 관심이 증대하고 있으며 여가 관련 산업이 성장하고 있다.

탈산업사회에 접어들면서 여가와 일의 관계에서 대역전을 전망하는 미래학자들이 많다. 일보다는 여가를 우선시하는 가치관의 전이현상을 예고하는 것이다. 다시 말해 '노동을 위한 여가가 아닌 여가를 위한 노동' 으로 삶의 가치관이 새롭게 성립된다는 것이다.

3) 무엇을 하나, 무엇을 원하는가

오늘날 오락산업, 환상과 유희의 산업, 강렬하고 유쾌하면서도 살아 있는 체험의 산업은 공산품과 서비스에서 문화상품으로 관심을 돌리고 있는 현대인의 삶에서 압도적인 영향력을 행사하고 있다. 즐겁고 의미있는 체험을 유료로 만끽하는 것은 특히 전 세계의 중산층에게 생활의 일부로 자리 잡았다. 오락산업이 급속히 부상하는 현상은 물건을 축적하고 재산을 소유하는 것을 낙으로 삼아온 세대가 체험을 축적하고 관계를 선호하는 세대로 바뀌고 있음을 웅변한다. 현대인들은 영화, 비디오 대여, 놀이공원, 책과 잡지, 음반, 기타 연예오락 부문에 많은 돈을 소비하고 있다(제러미 리프킨, 이희재 역, 2001).

최근 우리나라에서도 주 5일 근무제가 확대되면서 "여가를 어떻게 보내는 것이 바람직한가?"에 대한 개인적 · 사회적 관심이 높아지고 있다. 주 5일 근무제는 단순히 노동시간 축소가 경제 및 산업분야에 미칠 직접적인 영향을 넘어 사회문화 전반에 걸쳐 매우 큰 폭으로 영향을 미칠 것으로 예상된다.

통계청(2005)의 "2004 생활시간 조사결과"에 의하면 10세 이상 전 국민은 하루 24시간 중 잠자고 식사하는 시간에 10시간 34분, 일하고 공부하고 이동하는 시간에 8시간 13분, 여가활동에 5시간 13분을 사용하는 것으로 나타났다. 주된 여가활용방법(복수응답)은 TV 시청(56.7%), 휴식, 수면(50.7%), 가사잡일(32.9%), 가족과 함께(24.7%), PC 관련(18.9%), 여행(12.4%), 감상 · 관람(10.7%), 스포츠(9.0%), 자기계발(4.3%), 창작적 취미오락(3.1%), 기타(5.1%)의 순으로 응답하였다. 따라서 우리 국민 대다수의 여가활동은 비교적 단순하고 소극적이라고 할 수 있다. 이러한 여가활동에 대해서는 만족이 27.3%, 불만족이 72.7%로 높게 나타났는데 그 이유로는 경제적 부담이 38.1%, 시간부족이 18.2%를 차지하였다.

한국문화관광정책연구원(2005)이 주 40시간 근무제 도입 1주년을 맞아 수도권 직장인을 대상으로 설문조사한 결과 여가생활에 '불만족' 하거나 '매우 불만족' 한다고 응답한 비율이 전체의 57%에 달하는 것으로 나타났다. 이는 상당 부분 선호하는 여가활동과 실제 영위하고 있는 여가활동 사이의 괴리에 따른 것으로 보인다. 응답자들은 선호하는 여가로 여행, 생활스포츠, 레포츠, 자기계발 등을 들었으나 실제로는 영화관람, TV 시청, 독서, 음주 등의 순으로 여가를 보내는 것으로 조사됐다.

주 5일 근무제는 국내 여가환경을 변화시키는 동시에 여가산업의 발달을 가져오는 계기가 되리라 본다. 여가생활의 세분화, 다양화, 고급화 및 여가산업의 급속한 발달은 소비자들의 여가 및 레저 스타일도 적극적이고 모험적인 체험, 자아실

현, 자기계발, 창조성 등과 같은 가치지향적인 활동으로 변화시키고 있다. LG경제연구원(2000)은 스페인, 이탈리아, 일본 등 1990년대에 주 5일 근무제를 실시했거나 확대한 나라들의 여가산업이 급성장했음을 제시하였다. 주 5일 근무제는 휴식과 여가시간 증가라는 물리적 측면 이외에도 자기계발과 같은 심리적 측면, 가족유대감 강화와 같은 사회 · 심리적 측면에도 긍정적인 변화를 미침으로써 사회 전반적으로 삶의 질 수준이 상향 조정되는 매우 긍정적 변화가 나타날 것으로 기대된다. 반면 가정의 경제적 지출이 급증하며, 반사회적 행동의 증가, 계층간 갈등의 심화 등의 부정적인 측면도 예측된다. 계층간 여가활동의 격차는 서울시정개발연구원(2004)의 조사결과에서도 나타나는데 여가활동을 분석한 결과 경제적 · 문화적 우위집단은 스포츠, 레저, 영화관람, 관광 등의 여가활동이 많았고, 비우위집단은 휴식과 옥내활동 등 단순활동의 비중이 높게 나타났다.

앞으로의 여가 소비트렌드의 변화는 FREEDOM으로 표현된다(삼성경제연구소, 2002). 가족간의 유대 강화(Family), 휴식과 오락 선호(Recreation), 체험형 소비의 일반화(Experience), 학습기회의 증가(Education), 복수직업 보유(Dual job), 야외활동 강화(Outdoor), 마니아의 활동 활발(Mania) 등 산업에 영향을 줄 수 있는 7대 트렌드가 나타날 것이라고 보고 있다. 이러한 트렌드에 따라 개인의 여가활동은 다양화되고 소득이나 개인의 직업, 취향 등에 따라 다르게 나타날 것이다. 주 5일 근무제가 정착됨에 따라 여가시간을 집에서 취미생활을 하거나 텔레비전을 보면서 소일하는 여가활용 유형인 코쿤형(cocoon)에서 늘어난 여유시간을 집 밖에서 엔터테인먼트를 적극적으로 즐기며 소비하는 활동형이나 늘어난 여유시간을 소득 향상을 위한 기회로 활용하는 실속형이 늘어날 것으로 전망된다.

한국레저산업연구소에 따르면 레저시장 규모와 국민 1인당 연간 레저비 지출이 증가하고 있으며 레저 종류별로는 비용이 많이 드는 장거리 숙박여행, 스키, 골프보다는 인라인스케이트, 등산, 낚시, 당일여행 등을 선호할 것으로 예상했다. 이는 여가문화가 실속형으로 점차 변화해 나갈 것이라는 전망을 말해준다.

2. 현대사회의 여가 소비문화의 현상들

현대사회에서는 여가활동이 일상생활에서 중요한 부분을 차지하게 되면서 능동적이고 적극적인 의미로 받아들이게 되었다. 다양한 여가산업의 소비자로서 여가를 보내는 모습들은 어떠한지를 몇 가지 범주로 나누어 살펴보고자 한다.

1) 문화상품 소비로서의 여가

영화와 연극, 공연, 전시회, 드라마, 가요, 게임 등 문화산업으로 통칭되는 이들은 단순히 흥미나 취미의 차원을 넘어 소비와 여가 등 삶의 패턴에 깊은 영향을 주고 있을 뿐만 아니라, 이를 즐기는 소비자들을 대상으로 한 산업의 번창을 초래하고 있다.

이는 자본주의 사회에서 자본의 운동논리에 따라 야기되는 "노동의 상품화" 및 "시간과 공간의 상품화"라는 전체적 문맥 속에서 진행된다. 문화와 문화향유의 문제가 '인간의 기본적인 권리' 가 아닌 '돈을 지불해야만 얻을 수 있는 상품' 으로 인식되는 문제를 야기하고 있는 상황이다. 문화산업은 대중적인 영화, 스포츠, 텔레비전, 희극, 잡지, 소설 그리고 대중오락과 관련된 여러 형태들을 망라한 개념으로서 여가의 영역에 자본의 운동논리가 침투한 현상을 분석하기 위해 아도르노와 호르크하이머가 제시한 개념이다(Rojek, C., 김문겸 역, 2000).

전통적 개념의 예술이 지녔던 현시성과 신비스런 거리감의 역사적 의미가 점진적으로 약화되어 이제는 예술과 대중 간의 관계가 일상적 소비생활의 한 부분으로 자리매김하게 되었다. 한때 소수의 사람들에게 한정되었던 '신비스러운' 예술이 산업화되어 대중적으로 소비되고 있는 것이다. 대중문화로서 영화는 감성과 의식의 형성에도 영향을 주고 있으며 영화감상은 적은 비용으로 누구나 손쉽게 즐길 수 있는 일상적 여가생활이기도 하다.

현재 한국 영화산업은 21세기 르네상스를 맞고 있다는 평가를 받는다. 이는 단일한 문화상품이 산업적 규모를 달성할 수 있을 만큼의 경제 실현이 가능해졌음을 말해준다(김택환 · 이상복. 2005).

영화 이외에 연극과 뮤지컬, 음악회 등 다양한 종류의 공연예술이 인간의 문화적 욕구를 충족시켜주고 있다. 최근 공연예술도 단순한 문화의 영역을 뛰어넘어 하나의 문화산업으로 자리잡아가고 있다. 해외뮤지컬과 대형공연에 투자의 손길이 뻗치고 있으며, 좀더 색다른 공연, 좀더 품격 있는 문화생활을 향유하고 싶어 하는 문화소비자의 욕구가 밑바탕이 되어 하나의 새로운 트렌드를 형성해 가고 있다. 최근에는 문화체험 프로그램들이 잇달아 개설되면서 주말여가를 활용하려는 가족단위 참가자들의 인기를 끌고 있다. 궁궐기행, 문화유적지 답사, 미술관 답사 등 다양한 유형의 유적답사와 전시, 공연 등 문화예술 체험 프로그램들이 있다.

문화상품에 대한 평가는 각양각색인데 비판적 관점(정영근, 2003)에서 볼 때 소비자의 주머니를 겨냥해서 만들어진 문화로 이해하는 입장이 있다. 소비자들이 항상 현명한 선택을 하는 것이 아니라는 점과 상업주의적 문화생산은 저질의 문화상품을 통해 소비자의 판단을 현혹시키고 소극적인 문화소비자로 전락시키는 역할을 한다는 것이다. 문화상품의 소비자들이 지불한 대가에 만족을 얻는다면 그다지 큰 문제가 되지 않는다는 입장(강준만, 1997)도 있다. 문화산업의 상품화 전략은 비판될 수 있지만 그래도 과거에는 상류계층의 사람들에게 제한되어 있던 문화예술을 사회구성원 모두가 향유할 수 있도록 개방했다는 점에서 나름의 긍정적 의미를 지닌다고도 볼 수 있다.

영화 상품의 소비

2) 심신의 건강과 휴식 - 웰빙형 여가

자타가 공인하는 웰빙족인 K씨는 일주일에 3회 이상 헬스클럽에서 웨이트트레이닝을 한다. 한달에 두세 차례 두피마사지며, 발마사지, 피부마사지도 빠짐없이 받는다. 그녀가 웰빙을 하기 위해 쓰는 비용은 수입의 절반에 이른다. 그녀는 그 정도의 지출이 과하다거나 아깝다고 생각하지 않는다. 건강을 해쳐서 발생하는 지출비용보다 평소에 이처럼 꾸준히 자기관리를 하고 심신의 안정을 취하는 것이 낫다는 생각이다.

2003년부터 불기 시작한 '웰빙' 바람은 주 5일 근무제가 본격적으로 확산되면서 하나의 트렌드로 자리 잡고 있다. 개인이 삶의 질을 높이고 여가를 효율적으로 활용하기 위한 욕구가 강해지면서 웰빙산업이 더욱 각광받고 있는 것이다. 여가가 늘어나면서 여가를 의미 있게 보낼 수 있는 것이 잘 사는 중요한 방안의 하나가 되었다. 미국과 유럽의 정신문화운동의 다양한 측면이 웰빙문화에 영향을 주면서 세상을 보는 안목과 인생에 대한 여유로운 태도를 중요시 하는 문화가 생겨나게 되었으며, 이는 여가문화에도 다양한 형태로 모습을 드러내고 있다.

여유와 자신의 가치를 중요시하는 현대 소비자들의 웰빙트렌드의 수용은 생활 곳곳에 웰빙이라 이름을 붙인 산업으로 나타나고 있다. 명상산업, 아로마요법, 헬스케어 등의 산업을 중심으로 웰빙트렌드 관련 산업군이 더욱 확장되고 있다. 소비자들은 요가 및 명상을 통한 참선, 몸과 마음을 안정시키고자 하는 휴식적인 측면에서 떠나는 웰빙투어, 온천 및 스파패키지를 즐기기도 한다.

최근 웰빙붐이 일면서 이를 상업적으로 이용하려는 움직임에 대해 부정적인 시각도 있지만, 근원적으로 볼 때 웰빙은 인간답게 살기 위한 최소한의 행위이며 이러한 모습들은 우리사회가 질적으로 성장하고 있다는 증거이기도 하다. 다만 웰빙이 인간의 모든 면을 균형있게 포괄하여 고려해야만 달성되는 것이라는 인식에 바탕을 두고 수립된 것, 나아가 개인적 차원에서뿐만 아니라 미국의 LOHAS(Lifestyle of Health and Sustainability)처럼 환경의 지속가능성과 같은 소비의 사회적 차원까지 고려하는 생활양식이 된다면 더욱 바람직할 것이다.

웰빙라이프의 대안으로 최근 슬로라이프 운동이 일고 있다. 여유와 성찰, 음미를 하며 살자는 것이 슬로라이프 운동이다. 최근 슬로라이프 운동이 일고 있는 곳은 비문명권 국가가 아니라 미국, 유럽, 일본 등 선진권 국가들이다. 이제는 황금만능주의, 물질만능주의가 아니라 진정한 웰빙라이프를 추구하고 있기 때문이다.

3) 놀이로서의 여가

사람들은 끊임없이 즐거움을 추구한다. 인간에게는 유희의 욕망이 있으며 이 욕망을 충족시키는 것은 놀이문화이다. 마르크스가 공상적 사회주의자라고 부른 프랑스 사회사상가 샤를 푸리에(Charles Fourrier)는 노동이 매력적인 것이 되려면 놀이와 조화를 이루어야 한다고 주장하였다. 네덜란드의 문화사학자인 호이징하(김윤수 역, 1994)는 그의 저서 『호모루덴스(Homo Ludens)』에서 유희, 즉 놀이에서 모든 문화가 탄생되었다고 하였다. 놀이란 사회의 긴장과 욕구를 해결하려는 노력으로 볼 수 있다. 조성된 긴장을 놀이의 규칙 속에서 해소함으로써 놀이에 참여한 사람들은 해방감과 즐거움을 경험하고 긴장을 해소하는 방식에 대해 서로 소통한다. 새로운 놀이문화가 생겨나고 사라지지만, 사실 놀이의 기본속성은 변하지 않는다.

일상을 벗어난 놀이로서의 환상은 일상을 지탱해주는 힘이다. 환상(illusion)이란 말의 어원은 놀이에 관여하고 있나는 뜻이다. 놀이공간이 세공하는 즐거움의 하나는 '환상' 이라는 의미공간이다. 예를 들면, 50년 전 출현한 디즈니랜드는 월트 디즈니가 창출해 온 만화세계의 환상을 다채롭게 구현하였다. 장 보드리야르(Baudrillard, J., 하태환 역, 2001)는 원본과 유사한 세상을 '시뮬라크르' 라는 개념으로 설명한다. 시뮬라크르는 실제로는 존재하지 않는 대상을 존재하는 것처럼 만들어 놓은 것을 말한다. 이 원본 없는 이미지가 그 자체로서 현실을 대체하고, 현실은 이 이미지에 의해서 지배받게 되므로 오히려 현실보다 더 현실적이 된다.

> **디즈니랜드는 다른 세상을 사실이라고 믿게 하기 위해 상상적 세계로 제시된다. … 이 세계가 어린애 티를 내려 하는 이유는 어른들이란 다른 곳, 즉 실제의 세상에 있다고 믿게 하기 위해 그리고 진정한 유치함이 도처에 있다는 사실을 숨기기 위해서이며, 어른들의 유치성 그 자체가 그들의 실제 유치성을 환상으로 돌리기 위하여 여기서 어린애 흉내를 낸다.**

이것은 로제 카이와(Caillois, R., 이상률 역, 1994)가 놀이의 핵심요소로 통찰한 경쟁(Agon), 운(Alea), 모의(Mimicry), 현기증(Illinx) 중에서 '모의(mimicry)' 의 개념과도 유사하다. 놀이문화의 대명사로 자리매김한 에버랜드, 롯데월드 등의 테마파크는 환상의 패러다임을 충실하게 따르고 있다. 모험, 미래, 꿈, 판타지 등의 영역 구분이 그러하고, 그 안에 성, 밀림, 무인도, 동물, 해골, 악당, 유령, 마법사, 요정, 백설공주, 피노키오 등이 등장하는 것도 그러하다. 그리고 야외거리에는 마술쇼, 삼바춤 등의 퍼레이드가 펼쳐지고 야간에는 불꽃놀이와 레이져쇼가 이어지면서 몽환의 분위기는 계속된다(한겨레, 2005년 8월 4일).

현대사회에서는 더욱 짜릿한 흥분을 제공하는 놀이기구들이 계속 출현하였다. 청룡열차에서 롤러코스터로, 자이로드롭, 번지점프로 진화했다. 그 핵심요소는 속도와 회전의 스릴이다. 이러한 체험의 강도는 점점 세지고 있으며, 이는 놀이충동의 중요한 본질을 이룬다. 로제 카이와는 이것을 '현기증(Illinx)' 이라는 개념으로 그 정체를 파헤치고 있다. 극한의 스릴과 모험을 즐기는 산악자전거(MTB), 인공암벽등반, 인라인스케이트, 스케이트보드, 스카이서핑 등의 익스트림(extreme) 레포츠인 X-게임도 이 개념으로 설명할 수 있을 것이다.

현대사회가 소비사회로 가면서 놀이도 점점 상품화되고 있으며, 소비공간이나

스릴과 흥분을 제공하는 놀이문화

다양한 소비영역에도 놀이의 요소가 도입되고 있다. 삼성동 코엑스몰, 반포 센트럴시티 같은 초대형 쇼핑몰은 소비와 엔터테인먼트 기능을 동시에 제공하며 젊은 이들의 문화공간으로 자리잡았다. 그 밖에도 멀티플렉스 극장이나 대규모 게임센터를 갖춘 패션타운, 신세대 취향의 재래시장이나 백화점 같은 할인점 등 퓨전형태의 쇼핑공간이 속속 등장한다. 레스토랑이 먹고 마시고 노는 공간으로 바뀌는 이터테인먼트(eatertainment), 놀면서 배우는 에듀테인먼트(edutainment) 등의 트렌드로 나타나고 있다. 최근에는 한 공간에 PC방, 노래방, DVD방, 멀티플렉스관 등의 다양한 놀이공간을 통합한 개념의 멀티놀이방이 나타나고 있으며, 백화점과 할인점들이 쇼핑과 여가를 함께 즐기는 문화센터와 스포츠센터 등을 함께 갖춘 복합문화공간으로 자리잡고 있다.

미래사회는 노는 것의 종류가 지금보다 훨씬 다양해 질 것이다. 이런 변화 속에서 '노는 것' 들을 제공하는 상품개발은 계속 발전할 것이다. 언제부턴가 우리는 놀이문화의 생산자라기보다는 소비자로 기능하기 시작했다. 미디어를 통해 유행하는 이미지를 소비하고 또 그것에 자신을 끼워 맞추느라 점점 수동적인 모습으로 길들여졌다. 상업화된 시설과 놀이공원 등에서 느끼는 즐거움은 상업적으로 만들어진 재미다. 논다는 것이 단순히 여가를 즐기는 유희가 아니라 생산적이고 창조적으로 간다면 문화의 질을 높이는 데도 도움이 될 것이다.

4) 진지한 여가 – 마니아(mania)적 여가

여가시간의 증가는 가족 구성원들이 개별적으로 여가에 몰두하게 되어 결국 개별적으로 여가에 깊이 빠져들 가능성이 있다고 보는 입장도 있다(Stebbins, 1982; Buchanan, 1985). 이들은 여가가 생활방식의 중심이 되는 상태를 '진지한 여가(serious leisure)' 라고 명명하고, 진지한 여가에 빠져 있을 경우 특정한 여가를 지속적으로 소비하며 애착을 갖게 되어 다른 삶의 부분들을 희생시키고 특정 여가활동에 대한 물질적 · 심리적 투자가 늘어날 것이라고 보았다. 또한 가족과 함께 여가를 즐기기보다는 친구나 동호회와 함께 여가를 즐길 가능성이 높아진다고 예측했다.

여가에 깊이 빠져 여가가 생활방식의 중심이 되어 있는 상태인 '진지한 여가'를 우리 식으로 말하면 레저 마니아쯤 된다. 주 5일 근무제 등 여가시간이 많아지면 레저 마니아들은 더욱 늘어난다. 레저 마니아들은 접사 카메라를 들고 야생화 탐사를 다니거나 탐조 활동을 하기도 한다. 동남아로 스킨스쿠버 투어를 떠나는 사람도 있고, 마라톤, 인라인 스케이팅, 댄스스포츠, 플라이낚시 등에 깊이 빠진 마니아도 늘고 있다.

보드광' 박우진씨는 레포츠가 너무 좋아 지난 3월 휴학했다. "돈 벌어 맘껏 놀기 위해서죠." 그는 주중에는 인라인을 타고, 주말에는 수상스키나 웨이크보드를 탄다. 겨울엔 3개월간 스키장에 살면서 밥 먹고 보드만 탄다. "장비값 마련하려고 일주일에 5일 과외하고, 밤에는 레스토랑에서 서빙해요. 자정까지 일하지만 그 돈으로 맘껏 즐길 생각을 하면 피곤한 것도 몰라요." 동영상을 보며 자세를 연구하고, 침대에서 상상연습을 할 정도로 보드의 매력에 흠뻑 빠져있다. (조선일보, 2005년 5월 28일자)

특정 제품을 중심으로 한 마니아도 있는데, 예를 들면, 모터사이클 할리데이비슨은 특정 브랜드에서 느낄 수 없는 문화적 상징성과 종교적 맹신에 가까운 컬트라고 표현할 수 있는 독특한 분위기가 있다. 할리데이비슨은 단순한 모터사이클이 아니고 삶의 방식이며 신분의 증표인 것이다. 할리데이비슨 팬은 단순한 팬으로 머물지 않고 할리데이비슨을 중심으로 자기들끼리 뭉치며, 기업에서는 다양한 이

마니아적 여가문화–레프팅

벤트와 모임을 통해 할리데이비슨의 유대를 강화시킨다. 할리데이비슨 팬을 일컬어 호그(HOG: The Harly Owners Group)라고 부르는데 전 세계에 60만 명에 이르는 호그들은 모임을 갖고 할리데이비슨에 대한 정보도 교환한다. 더 나아가 서로 우정을 나누고 그들만의 문화를 만들어낸다. 여기서 소비는 단순한 소비가 아니라 열광적으로 지지하고 추종하는 컬트(cult)로서의 삶의 방식, 문화현상으로서 의미가 커진다.

마니아적 여가에 몰입하게 돼 전문화의 정도가 높아지게 되면 가족보다는 친구나 동아리 사람들과 함께 여가를 즐길 가능성이 높다. 우리 사회에도 조만간 마니아적 여가가 여가문화의 한 형태로 자리 잡을 것이다. 여가 레퍼토리가 거의 없는 여가 장애자들이 많이 존재하는 상태에서 마니아적 여가가 늘어난다면 여가의 양극화가 초래되어 여가불평등과 여가갈등이 커질 것이라는 우려도 있다.

5) 일상에서의 탈출 - 관광

얼마 전 많은 사람들에게 공감을 주는 광고 문구가 있었다. "열심히 일한 당신, 떠나라." 땀 흘려 일하던 남자와 여자가 자유를 만끽하는 표정을 지으며 차를 타고 떠나며 카드를 흔들어 댄다. 자유는 그만한 가치가 있다고 속삭이는 것이다. 빠져 나갈 구멍 없이 꽉 막힌 일상에서 벗어나고 싶다는 간절한 욕망을 잘 이용한 광고다. 관광은 일상생활을 벗어나서 다름(otherness)을 통해 보다 높고 진실한 수준의 실제를 발견하는 것이다. 탈출의 개념은 관광의 중심으로 여겨진다.

관광은 근대 서구 유럽에서 귀족과 부유한 계층들의 자녀를 위한 교육목적과 시인이나 예술가들이 지식과 견문을 넓히기 위한 목적으로 한 '그랜드 투어(Grand Tour)' 시대로부터 시작하여 산업혁명 이후 상품여행이 광범위하게 일어나게 되었다. 우리나라에서의 관광은 1980년대 이후 노동자들의 권익이 향상되고 소득이 증가되면서 나타나기 시작하였는데 1980년대 후반에 해외여행이 자유화되면서 국민들의 여행범위가 전 세계로 확장되었다. 최근에는 주 5일 근무제로 홍콩, 중국, 필리핀, 싱가포르, 일본 등으로 '주말반짝여행' 이 증가하고 있으며, 해외여행의 성수기가 따로 없을 정도로 오늘날의 관광은 보편적이고 대중적인 여가활동으로 정착되었다.

독일의 소비문제 전문가인 다비트 보스하르트(David Bosshart, 박종대 역, 2001)는 여행이 일상화하는 사회의 특징을 '삶의 공항화' 로 표현하며, 관광의 동기를 다음과 같이 말한다.

> 관광객은 분명한 목적 없이 여행을 한다는 점에서 다른 여행객과 근본적인 차이를 보인다. 관광객은 호기심만 있을 뿐이다. 그는 자신의 경험을 비밀로 할 수 있다. 비밀스러운 것을 간직하고 싶은 마음, 위험과 금지된 것을 하고 싶은 욕망이 관광객의 동기이다. 이들은 이야깃거리를 마련하기 위해 특별한 장소를 찾는다. 그들의 이야기는 아무도 검증할 수 없기 때문이다.

맥캔널(MacCannell)의 관점에서 보면 관광객들은 진짜를 찾고 있다.

> 관광은 잃어버린 실체, 가볍지 않은 아주 깊은 삶, 크고 복잡한 이익사회에서 제공하는 가짜가 아닌 진짜의 경험을 찾는 것이다. 관광객이 되어 에펠탑, 시드니의 오페라하우스, 엠파이어스테이트 빌딩, 타워 브리지, 타지마할, 앙코르 와트 사원 등의 광경을 봄으로써 오늘날 이해되고 있는 사회의 진짜 일부분이 된다. 진짜 관광적인 경험은 표시를 경치에 연결시키는 것뿐만 아니라 다른 사람에 의해 이미 표시된 경치를 자신의 표시와 연결시키면서 집단적인 의식에 참여하는 것을 포함한다.

그러나 존 어리(Urry)는 관광소비의 심리적 기제에 대해 실제로 중요한 것은 진짜가 아니라 정상적인 주거/일의 장소와 관광객의 시선이 되는 대상 사이에 존재하는 차이라고 제시한다.

> 관광객들의 시선은 일상적인 경험에서 격리시켜 주는 경치의 측면들에 향해 있다. 시선은 자연적으로 주어진 것이 아니라 만들어지는 것이다. 관광객들은 진짜가 아니라 사진첩이나 비디오테이프에서 인지하고 수집한 진짜를 나타내는 표시를 찾고 있다. 관광은 이러한 표시의 수집이다. (Corrigan, P., 이성용 외 역, 2002)

이들의 견해는 관광욕구란 진짜보다 가짜가 더 많은 단조롭고 반복적인 일상에

일상에서의 달출–관광문화

서 소외된 노동의 보상, 지겨운 일상의 탈출, 새로운 경험의 상징임을 말해준다. 이러한 관광소비는 현대사회에서 외면할 수 없는 하나의 집합의식이 되고 있다.

여가문화의 상품화는 그 활동영역에서 다양성이 단일성으로 대체되는 하향평준화현상으로 나가는데 획일화되고 진열된 상품의 형태로서 관광상품도 범람한다. 예컨대, 개인의 기호와 욕구를 무시한 일괄적인 패키지 관광 등이 그 예가 될 수 있다. 최근에는 다양한 형태의 체험관광, 스포츠 주말여행, 연수여행 등이 나타나고 있으며, 시간적인 차원에서도 하루 동안에 한 도시를 다 둘러보는 피크닉관광부터 안식년 휴가여행까지 다양하다. 이제 관광은 현대인에게 하나의 라이프스타일이며 삶의 가치가 되고 있다. 의식의 전지구화가 가속화될수록 관광은 중요한 관심사가 되고 새로운 관광체험의 욕구는 계속될 것이다.

3. 왜곡된 여가 소비문화

1) 쾌락추구와 여가의 잘못된 만남

볼펜쉬타인(Wolfenstein)은 1950년대 미국인의 가치관 변화에 대해 '오락-도덕(fun-morality)'이 도시 중산층의 가치관에 보편적으로 자리 잡게 되었다는 말로 대변한다. 이것은 일반대중의 가치관이 어떻게 소비하고 즐기느냐에 관심을 가지게 된 것을 의미한다.

우리나라의 경우도 80년대 이후 향락, 퇴폐업소가 급증하여 건전한 여가활동을 위협하였다. 향락지향적인 여가산업의 성업은 음주, 매춘, 윤락, 청소년비행의 원인으로도 작용하였다. 전통문화가 난맥상을 보이며 그저 먹고 마시고 놀고 쉬는 단순한 여가문화로 전락한 것은 지난 1세기 동안의 일이었다. 일제강점과 한국전쟁에 이어 비판없이 들어온 서구의 물질문명, 개발지상주의, 사회구조의 산업화 등으로 삶의 여유가 상실되었다. 우리나라는 서구사회가 100년 이상 걸린 산업사회를 30년 만에 돌파하였지만, 그 와중에 충분치 않은 여가는 과소비, 퇴폐, 향락으로 점철되었다. 재미 추구라는 본성을 억누르고 일만 했던 한국인들에게 어느 정도 먹고 살만한 여유가 생기게 되자 자극적이고 쾌락적인 재미만을 탐닉하는 변질된 모습을 보이게 된 것이다.

도박이나 섹스관광 등은 사회적 문제로까지 발전하고 있으며 그동안 관광문화의 부재로 인해 남의 시선을 아랑곳하지 않고 추태를 보이는 경우도 흔하게 목격되었다(동아일보, 2005년 7월 6일자).

최원기(2002)는 IMF시대 이전의 한국사회는 거품에 의한 여가로 규정한다. 충분치 못한 예산의 부족함을 인식하지 못하고 부족한 자유시간은 거품예산의 집행을 통해 가능한 한 단기간에 오감을 만족시키고자 하는 노력으로 나타나게 되었다는 것이다. 술과 매춘을 포함한 밤문화의 기형적 발달, 단체 외국여행의 급성장, 고급쇼핑센터의 호황, 외식산업의 성장 등 자극적이고 물질적이며 외형중심적인 사회성이 강세를 나타내기 시작하였다. 이와 같은 현상들은 단기적으로 생존을 위해서는 집단 속에 묻혀 있어야만 하고, 자신을 잊은 채 유·무형의 유행을 좇아가야만 하며, 그러한 사실마저도 망각해야 편안해질 수 있는 한국적 집단정서에 기인한 기형적 여가의식으로 해석될 수 있다. 개인의 주체성을 바탕으로 한 '능동적 삶' 이 아닌 집단성에 마비된 현대적 개인의 '수동적 삶' 만이 강화된 것이다. 진정한 의미에서의 '삶의 질' 은 사라지고 왜곡된 의미에서의 '삶의 양' 만이 중요하게 된 것이다.

다행히 최근에는 소모적이고 향락적인 여가문화에 변화의 조짐이 서서히 일어나고 있다. 주 5일 근무제 확산 이후 직장인의 여가풍속도도 점차 변화를 모색하고 있는 듯한데 이러한 변화가 올바른 여가문화의 정착으로 이어질지는 앞으로 지켜봐야 할 것이다.

2) 강제된 여가 - 변질된 여가의 모습

적어도 겉으로는 충족을 위한 행위처럼 보일지 모르지만, 실제로는 햇볕에 살을 그을리는 것에 대한 강박관념, 이탈리아와 에스파냐로의 관광여행 및 각지의 미술관 순례, 의무적이 된 해변에서의 일광욕, 특히 피곤한 줄 모르는 「미소」와 「사는 즐거움」 등은 모두 사람들이 의무와 희생 그리고 금욕의 원칙에 맹종하고 있다는 것을 증명한다. (보드리야르, 1992)

자본의 논리가 여가영역에도 침투하면서 여가상품의 다양화는 소비자에게 여가선택의 폭을 넓히고 탈출과 휴식의 공간을 확대시킨 것처럼 보이지만, 소비자는 자신이 통제할 수 없는 상품의 홍수 속에서 오히려 무력감을 느끼게 된다. 현대 한국인의 여가문화도 여가산업에 의해 일차적으로 지배되고 있다는 점은 누구라도 부인하기 어렵다. 산업사회를 움직이는 경제의 원리는 시장 메커니즘을 통한 이윤의 추구이며, 여가시간의 확대는 여가경험을 시장에서 상품으로 취급하게 할 가능성을 높이고 있는 것이다. 여가산업은 이윤추구를 목적으로 하여 일반 대중의 여가활동을 조직화하고 여가상품과 서비스를 필요로 하는 소비자들을 창출하기 때문에 여가활동은 자본의 논리에 따라 끊임없이 조장된다.

이러한 시스템에서 '여가' 의 개념을 '노동이 아닌 그 무엇인가를 하는 것', '기왕이면 남들에게 말했을 때 과시할 수 있는 특별한 그 무엇인가를 하는 것', '돈을 많이 쓰더라도 화려한 체험의 기억을 남기는 것' 으로 인식하기 쉽다. 노는 것도 의무이자 중노동이 되고 마는 것이다. 즉, 여가도 소외된 노동의 이데올로기와 마찬가지로 강제(forcing)의 윤리를 보이는 것이다.

소비를 부추기는 대중매체의 집요한 이미지 조작은 '여가=소비' 라는 생각을 자연스럽게 받아들이게 만든다. 정보화 사회에서 매체환경의 변화는 사회 구성원들의 여가욕구와 여가문화의 확산과정에 큰 영향을 미치게 된다. 사적 이윤추구나 허위적이고 과잉적인 소비욕구를 조장하기 위해 인간의 가장 깊은 욕구, 환상, 에로티시즘에 호소한다든지, 여가상품에 행복, 효도, 로맨스, 이국적 풍취, 성공 등의 이미지를 투입해서 사회적으로 승인 받는 가치, 자기정체성에 대한 욕구실현을 여가소비욕구로 전환시킨다(인태정, 2004). 결국 자본주의 사회에서 노동이 보여주었던 비인간적 측면이 여가활동에 의해 보상받기는 커녕 더욱 조장되는 결과를 낳을 수 있으며 이러한 여가활동은 시장의 힘에 의해 그 의미나 가치가 부여되고 여가활동의 인간적 가치나 의미는 소외될 수 있다.

3) 과시와 구별 짓기로서의 여가

소비수준이 높아짐에 따라 여가양식에서 계층분화 현상이 더욱 뚜렷이 나타난다. 한국의 60년대 여가문화에서는 바캉스, 테니스, 커피, 팝송, 텔레비전 등의 요소가 사회적인 신분상징 효과를 가지고 있었다. 1980년대에는 자동차, 스키, 골프, 콘도미니엄, 해외여행 등의 요소가 신분상징의 효과를 지니게 되었다. 최근에는 여가문화가 대중화, 보편화 되어 많은 소비자들이 여가상품을 소비하고 있지만 신분상승을 위해 상류층을 모방하는 소비의 거품은 아직도 계속되고 있다.

소비문화의 확산 속에서 여가활동은 과시와 사회적 '구별 짓기' 의 중요한 척도가 되기도 한다. 전통사회에서는 여가가 특권계급의 지위를 규정했지만, 현대에도 매우 불평등하게 분배되고 있는 여가는 여전히 선별 및 문화적 차별의 요인이 된다. 보드리야르(이상률 역, 1992)에 의하면 경제적으로는 비생산적인 여가시간은 차이 · 지위표시적 가치, 위세가치를 만들어 내는 생산적 시간이다. 즉, 얼마나 많은 돈이 드는 레저활동을 하는가 또는 얼마나 멀리 여행을 다녀왔는가가 한 개인의 사회적 지위를 나타내는 것이다. 이런 상황에서는 여가활동이 구매력과 소비패턴에 휘둘리고, 한 개인에게 여가는 값진 경험이기보다는 정체성 확보를 위한 경쟁적인 것이 되어 매달리고 추종해야만 하는 또 다른 굴레가 된다. 고가 여가장비의 소지는 하나의 지위상징이자 상층 소속감의 징표이기도 하다. 예를 들면, 한국인들은 고가의 골프 장비를 보여주기 위한 것, 신분과 관련된 것으로 여긴다. 이는 성공과 부의 과시가 여가산업의 판매 전략과 맞물릴 때 빚어지는 현상이다.

이러한 현상은 자녀에게까지 나타나는데 부유층은 자녀들의 골프, 스키 등 레저형 스포츠에 드는 돈을 아끼지 않는다(국민일보, 2001년 11월 14일자). 해외여행의 경우도 초호화판 여행과 초저가 여행으로 양극화되어 계층간 위화감도 발생하고 있다.

고급과 하급문화 간의 엄격한 구분이 현대사회에서 사라져가고 있지만, 구별짓기는 경제적 자본 이외에 문화자본이나 취향에 의하기도 한다. **"나는 여행가이고 너는 관광객이며 그는 소풍객"** 이라는 말은 상류층, 중간층, 하류층의 여행풍습에 대한 엘리트의 견해를 적절하게 특징지어 주고 있다. **"반관광객은 에어컨이 나오는 관광버스의 안락감에서 편히 쉬기보다는 비스킷, 치즈, 포도주에 젖은 지도를 갖고서 야생 속을 여행한다."**

야생 속을 여행하는 것은 브르디외(Bourdieu)에 의하면 '지식인' 과 연관되며, '포도주' 는 고급의 문화적 자본을 의미한다. 코리건(이성용 외 역, 2002)에 의하면 앞으로는 보다 낮은 수준의 여러 가지 자본유형을 가지고 있는 사람들의 대중관광도 여전히 존재하지만 미래의 엘리트적 관광범주에 속하게 될 탈관광객이나 반관광객이 증가할 것이라고 본다.

4) 여가소외현상

노동시간이 줄고, 여가소비가 중요한 사회적 덕목으로 자리 잡는다면 과거에는 없던 새로운 빈곤이 등장할 수 있다. 여가를 가능하게 하는 필수조건이 예산과 자유시간이라면, 예산과 시간과의 관계 속에서 여가의 유형을 생각해 볼 수 있다(최원기, 2002). 이 두 가지는 상호교환관계(Trade Off)에 있는데 돈을 벌기 위해서는 개인의 자유시간이 줄어들고 개인의 자유시간을 즐기기 위해서는 돈버는 시간을 줄여야 하기 때문이다. 예산이나 자유시간이 부족할 경우는 여가소외현상이 나타날 수 있다. 여가소외에 대해 힌만(Hinmann)은 몇 가지 유형으로 정리한다.

첫째는 기본적인 생계유지를 위해 노동의 세계에 함몰됨으로써, 자유로운 자기시간을 갖는 것이 구조적으로 제약될 때 여가는 소외되었다고 말할 수 있다. 이 경우는 '남들 놀 때 자신은 놀지 못한다' 는 불만과 상대적 박탈감을 심화시킬 수 있다.

둘째, 여가가 단지 생산의 문제에 종속된 수단으로서만의 가치를 지니는 경우,

여가의 진정한 자유를 박탈했을 때 그것은 소외된 여가라고 할 수 있다.

셋째, 여가시간이 더 많은 돈을 벌기 위해 희생되어야 하는 경우이다. 여가시간에 부업을 하는 경우가 대표적인 예에 속한다. 주 5일 근무제가 보편화되더라도 사회적 임금이 보장되지 않는다면, 늘어나는 소비를 감당하기 위해 노동시간은 더 늘어나고 여가시간은 그만큼 더 줄어들 가능성이 크다. 여가비용의 조달과 소비 열망을 충족시키기 위해 과잉노동이 증가하고 오히려 여가가 줄어드는 국면으로 접어들 가능성도 있다. 산업사회에서 개인의 노동은 살아가기 위해 어쩔 수 없이 해야만 하는 필요악이 되었는데, 아이러니컬하게도 사람들은 노동으로부터 벗어나기 위해 노동을 하는 현상도 나타나게 되었다.

넷째, 여가활동이 자본의 운동논리에 따라 끊임없이 조장되는 시장 확장의 논리에 포섭됨으로써 존재보다는 소유에 의해 지배되는 경우 그것은 소외된 여가라 볼 수 있다. 상품화된 여가를 남이 다 하니까 맹목적으로 소비하는 경우이다. 예를 들면, 현대사회에서 떠나지 않고 이동하지 않는 것은 집이나 자동차나 중요한 자산을 소유하지 못한 것과 같은 박탈감과 남보다 떨어진 낙오자로서의 소외감을 느끼게 한다. 이러한 현상은 문화관광정책연구원(2005)에서 행한 여가에 대한 태도의 심층면접 결과에서도 나타난다.

> **"상대적 박탈감이랄까? 누구는 어디 갔다 왔다. 그런 얘기를 들으면 상대적 박탈감도 들고, 우리 같은 경우는 돈 안 쓰면서 가족이 함께 할 수 있는 것을 찾아야 하니까(대기업 40세 과장급)."**
>
> **"놀이공원, 차 기름값, 톨게이트 비 내고 그러면 돈이 너무 많이 들어갑니다(중기업 32세 과장급)."**

다섯째, 여가가 단순히 노동소외로부터 도피나 보상의 의미만을 지닐 때 그것은 소외된 여가라 할 수 있다. 이러한 경우는 여가가 향락적이고 쾌락적 여가 또는 과시적 여가로 흐를 가능성이 있다.

4. 미학적 여가를 위하여

미학적이라는 것은 최원기(2002)에 의하면 삶의 질 추구의 최초 출발점이 '타자'가 아닌 '나'인 주체적 성향이 강한 삶의 질 추구형태이다. 이러한 자발적인 주체성을 근원으로 한 삶의 태도는 왜곡된 여가문화의 극복을 위해 필요하다. 여기서는 미학적 여가를 위한 개인적, 사회적 차원의 내용들을 살펴보기로 한다.

1) 여가 개념의 재음미

프랑스의 여가사회학자인 듀마즈디에르는 여가의 긍정적 기능을 휴식, 기분전환, 자아개발이라는 세 가지 차원으로 구성된다고 보았는데, 한국의 여가문화는 앞의 두 가지 차원에 주로 머물러 있었다고 할 수 있다. 여가는 단지 노동에서 지친 몸을 회복하는 시간이 아니다. 아무런 의식 없이 반복되는 일상에 대한 자기반성과 좀 더 나은 미래를 위한 준비의 시간이다.

여가를 개인적 발전을 위해 사용할 수 있는 자유시간이라고 할 때 현대자본주의 사회에서 다분히 의무와 강제의 성격을 갖는 여러 활동들을 과연 여가라 할 수 있을까? 우리에게 즐길 수 있는 자유와 행복을 줄 것처럼 여겨졌던 여가시간의 증가가 오히려 우리의 자유를 얽매이는 족쇄가 되는 현상이 현대사회에서 보편적으로 나타나고 있다.

자신이 진정 행복해 하는 일을 발견하고 삶의 재미를 회복하는 것이 진정한 여가의 의미이다. 산업화 과정에서는 여가가 그저 노동을 위한 에너지 재충전 차원의 시각으로 수용되었지만, 앞으로는 삶의 질과 관련하여 노동하느라 잃어버렸던 자신의 존재가치를 재발견하고 삶의 의미와 목표를 재조명하는 시간이 되어야 할 것이다. 문화의 시대, 문화 붐이라는 풍조가 만연한 이 시점에서 자본으로 구성되는 문화는 있어도 진정한 여가와 놀이는 없다고들 한다. 주말이 되면 모두들 뭔가 새로운 재미를 기대하지만 항상 돌아오는 것은 후회와 불만족이다. 이런 식의 여가문화에서 그 어떠한 경쟁력 있는 문화 생산과 소비를 기대할 수 없다. 우선 휴식과 노동의 철학부터 바꿔야 한다.

"무엇 때문에 바쁜가?", "영혼의 가치를 고양시킬 수 있는 사람만이 진정한 여가를 즐길 수 있다." 헨리 데이비드 소로우의 말처럼 그 사람이 진정한 삶을 살았는가는 그의 여가생활을 들여다 보면 알 수 있다.

여가는 문화생산과 문화소비가 이루어지는 곳이다. 여가소비에 있어 표준화되고 상업화되고 획일화된 여가상품을 소비해야 된다는 관념에서 벗어나 자기 나름의 재미와 경험과 멋을 추구해야 할 것이다. 스스로 재미를 느낄 수 있는 여가소비 유형을 찾아내고 개발할 필요가 있다. 사소한 것에서 재미를 느끼고 나만의 재미와 좋아하는 일을 찾고 거기서 감동을 찾는 것이 여가의 참의미가 아닐까? 일주일에 한번이라도 TV를 끄는 일은 사소한 재미를 찾아나서는 기회가 될 것이다.

2) 창조성을 통한 여가의 회복

유대인은 노동의 철학이 타 민족과 확실하게 구별된다고 한다. 그들의 노동철학은 '열심히 일하라'가 아니라 '우선 잘 쉬어라'다. 이렇게 수천 년 전부터 노동의 핵심을 쉬는 것에 두었기 때문에 유대인의 다른 민족이 따라갈 수 없는 창의적인 민족이 된 것이다.

주 40시간 근무제 이후 여가가 강조되면서 여기저기서 다양한 여가활동이 선보이고 있고 신문과 잡지에서도 명소와 맛집, 다양한 레포츠활동들을 소개하기에 정신이 없다. 그런데 남들이 하는 대로 해보면 그렇게 재미있지 않다는 것을 금방 알게 된다. 휴일이면 가족과 함께 일단 무조건 차를 끌고 서울 근교의 놀이시설이나 신문과 TV, 인터넷 등에서 소개한 명소에 가서 사람들에 치여 돌아다니다 비슷비슷한 음식들을 제공하는 식당에서 식사를 하고, 돌아오는 길은 끊임없는 차 행렬에 밀려 지치는 여가는 아니었는지…….

'느리게 산다는 것의 의미'를 쓴 피에르 쌍소는 삶의 여유와 깊이를 느끼기 위해서는 느림이 중요하다는 것을 강조하고 있다. 피에르 쌍소(Pierre Sansot, 김주경 역, 2000)의 느림의 미학은 대체로 다음과 같다. 한가로이 거닐기, 경청하기, 권태를 느끼기, 꿈꾸기, 기다리기, 마음의 고향을 떠올리기, 글쓰기, 포도주 음미하기, 모데라토 칸타빌레. 소유와 향락보다 더 소중한 상위의 목적을 찾아야 할 때가 되었다. 진정한 자아를 발견하고 자신에게 소중한 가치를 실현하는 삶을 추구할 때가 되었다. 이제 바쁜 시간 속에서나마 한가로이 숨돌릴 수 있는 시간의 오아시스가 필요하다. 그 오아시스에서 우리는 문화적인 삶을 만들어 갈 수 있다.

늘어난 시간을 개인의 재충전과 가족 화합의 기회로 삼아 그동안 못했던 분야에 도전해 보거나 가족과 보내는 시간을 늘리거나 지역사회 봉사 등에 더욱 관심을 쏟는다면 사회 전체적으로도 도움이 될 것이다. 즐거운 여가활동을 위해서는 먼저 몰입할 수 있는 자신만의 여가활동을 발견하는 것이 중요하다. 가족여가의 경우에도 가족원이 원하는 여가활동이 무엇인지를 파악하는 것이 선행되어야 한다.

사소한 재미를 추구하는 사람들이 많아지면 여가문화의 콘텐츠는 다양하고 풍부해질 것이다. 다양한 문화생산과 문화소비의 상호작용을 통해 상업화되고 획일적인 여가문화의 변화를 기대해 볼 수 있다.

3) 생태형 여가

인간은 자연으로 돌아갈 때 가장 편안해진다. 생태주의자들은 생활수준의 향상보다는 삶의 질 향상을 추구하며 무분별한 욕구와 지나친 소비를 혐오한다. 이들은 덜 소비하지만 더 행복한 삶의 양식을 찾아내어 실천하면서 내면적인 자유와 행복감을 느낀다. 생태주의의 기본가정은 경제성장 한계론과 탈물질주의적 행복론이라고 부를 수 있을 것이다.

오늘날 인류가 겪고 있는 환경문제는 인간중심주의적 자연관과 세계관에 기초한 과학기술문명과 소비중심적이고 물질만능적인 경제 · 사회구조에 기인한다. 여가활동을 담기 위한 기반기설을 개발하기 위해 자연지역을 필연적으로 훼손하게 되고 방문객이 집중되면 그 지역의 환경과 문화가 훼손된다. 90년대를 지나면서 환경문제에 대해 사회적 인식이 확산되면서 '지속가능한' 사회를 만들어 가기 위한 생산과 소비행태의 전환에 대한 논의를 하기 시작하였다. 유엔지속개발위원회(UNCSD), 경제협력개발기구(OECD) 등의 국제기구에서는 지속가능한 소비와 생산패턴의 전환측면에서 관광을 다루면서 관광객의 집중으로 인한 환경오염, 지역사회 붕괴, 환경오염으로 인한 관광산업의 위기 등을 지적하고 있다.

여가행태의 변화를 유도하기 위한 정책과 함께 소비자들의 개별적 여가행태의 변화를 모색할 필요성이 있다. 관광지의 자연, 문화 등의 지역성을 존중하고 지속할 수 있도록 배려하는 행위, 예를 들면 쓰레기를 아무데나 버리지 않거나 자연생태적으로 민감한 지역에서 자동차 운행을 자제하는 것, 낚시나 자연산림 훼손과 같은 자연생태계에 직접적으로 영향을 미치는 행위를 자제하거나 향락적 소비를 억제하는 등의 세부적 지침이 제시될 수 있을 것이다. 생태적 여가를 위해서는 여가활동을 풍성하게 할 수 있는 프로그램의 제공과 동시에 소비자들의 인식이 선행되어야 한다. 최근에는 대자연을 찾아가 자연의 아름다움과 생태계의 신비로운 체험을 해보는 '그린 라이프스타일' 의 생태기행과 생태관광 등이 늘고 있는데 본래의 의미가 훼손되지 않도록 해야 할 것이다.

4) 여가 교육과 정책

앞으로 주 5일 근무제가 모든 업종으로 더욱 확대되면 여가소비 시간은 더욱 늘어나며 여가산업이 발전하고, 여가상품의 소비는 더욱 늘어날 것이다. 소비자들은 여가가 삶의 질을 높일 수 있는 계기가 될 수 있도록 해야 할 것이다.

경제력도 생기고, 여유 시간도 생겼는데 여가 인프라나 여가기술이 없으면 부정적 여가에 빠지기 쉽다. 한국의 폭탄주 문화, 고스톱을 빼버리면 썰렁해지는 명절, 경치 좋다는 곳마다 들어서 있는 식당 등, 여가문화는 향락과 퇴폐문화로 흘러가기 쉽다. 여가사회의 내용이 되는 문화의 생산과 소비를 위한 인프라 구축은 아직 걸음마 단계에 불과하다. 대다수의 한국인이 여가를 즐기기 위한 다양성이 부족한 것도 어떻게 보면 여가에 대한 교육이 부족한 것에 한 원인이 있다고도 볼 수 있다. '재미' 를 느끼기 위해서도 학습과 노력이 필요한 것이다. 사회적 측면에서는 소비자들이 적합한 여가유형을 선택하는데 도움을 주는 여가교육과 정보, 건전한 여가를 위한 사회적 분위기 조성이 필요할 것이다. 학교에서도 문화 예술에 대한 공교육을 강화하여 단순히 생산된 문화의 소비자가 아닌 자신이 직접 문화의 창조 작업에 참여하는 문화생산자로서의 역할도 하여 사회 전체의 문화수준이 높아지도록 해야 할 것이다.

정부 차원에서도 소득의 격차가 여가소비를 결정짓는 현실에서 벗어나는 방법을 강구해야 할 것이다. 따라서 충분한 여가 공간, 문화시설, 다양한 프로그램 등 여가서비스에 손쉽게 접근할 수 있는 정책이 필요하다. 정부는 지방자치단체, 기업 등 다원화된 주체에 의해 여가개발이 이루어질 수 있도록 후원하고 저소득층, 노년층, 청소년 등 여가향유 주체를 다양화할 수 있도록 해야 할 것이다. 또한 문화예술분야, 관광, 체육 등 다양한 분야별, 연령과 소득계층, 지역 등의 소비자 집단별 정책이 필요할 것이다. 또한 기업은 여가산업을 통한 단기적인 이윤 창출에만 급급하지 말고 장기적인 안목에서 지속가능한 여가개발을 주도해야 할 것이다.

소비문화 생각해 보기

현대인의 여가경험의 상품화는 진정한 여가에 이르는 길인가, 아니면 소비주의에 대한 수동적인 추종의 결과인가? 현대적 삶에서 여가의 어떠한 속성이 현대인들로 하여금 여가상품의 소비로 나가게 하였는가? 상업화된 여가에 대한 대안은 없는가?

도움이 되는 글

이유선 외(2005), 현대사회와 소비문화, 5장 현대인의 여가생활과 소비양식, 일신사

태풍태양

줄거리 _ 태풍태양은 어그레시브 인라인스케이팅을 소재로 한 영화로서 속도와 위험에 매료된 소년의 성장담을 그렸다. 영화의 화자인 고등학생 소요(천정명)가 사업에 실패한 부모님이 해외로 도피한 사이 인라인스케이터들과 친분을 나눈다. 어그레시브 일인자이며 자유롭고 타협하지 않는 성격의 모기(김강우), 스케이팅 팀 리더로서 큰형 같은 역할을 하는 갑바(이천희), 모기의 연인이자 비디오그래퍼 한주(조이진) 등을 중심으로 인라인팀 내에서 일어나는 갈등, 젊음의 열정과 성장의 아픔을 그렸다. 서툴고 부족한 소요가 부서지고 깨지면서 스케이팅에 몰두해 마침내 LA에서 열리는 세계선수권대회에 참가하는 과정은 이를 압축적으로 보여준다. 뜨거운 한여름에 시작해 비바람과 태풍을 거쳐 가을에 접어들어 마무리되는 이야기의 시간적 배경은 상징적이다.

소비문화 _ 어그레시브 인라인스케이팅을 소재로 한 마니아적 여가문화를 보여주는 영화이다. 이 영화는 인라인을 통해 도시의 콘크리트 바닥에서 안식을 취하는 청년들의 역동적인 이미지와 약동하는 에너지를 스크린에 담아 새롭게 부각하고 있는 젊은이들의 여가문화를 보여주고 있다. 이 영화에서 인라인스케이팅은 달콤한 쾌락을 제공하는 놀이이자 하고 싶은 일이 아무것도 없었던 청년들에게 닫힌 세상의 문을 열어주는 열쇠다. 이들은 인라인을 위해 돈을 벌고 돈을 쓴다. 이들은 인라인을 타면서 과거를 후회하지 않고 미래를 걱정하지 않는다. 오직 인라인만을 생각하며 삶을 즐긴다. 영화 초반부는 인라인을 타는 아이들의 신나는 놀이 공동체를 찬미한다. 아직 어떤 사회적 계약관계도 맺지 않은 그들은 영화 속 대사대로 과거를 반성하지 않고 미래를 계획하지 않으며 그저 현재를 살 뿐이다.

노동 대신 놀이를, 의무 대신 쾌락을 추구하는 세상의 질서에서 스스로 빗겨난 영웅적 몸짓으로 자신을 표현하는 모기와 현실적인 태도를 지닌 갑바 사이에서 노는 것(여가)과 일하는 것(노동)의 관계를 생각하게 한다. 갑바는 취미를 직업으로 삼으며 놀자는 주의이고 모기는 취미가 직업이 될 때 노는 것의 본질도 사라진다고 생각하는 쪽이다. "나중에 남들이 자동차를 몰고 다닐 때 우리는 목발을 짚고 다녀도 후회하지 않을 자신 있어?", " 내가 좋아하는 일을 통해 미래를 만들고 싶었어"라는 대사에서 그들이 곧잘 현실과 미래를 생각함을 보여준다. '한번의 성공을 위해 수백 번 넘어지는 친구들에게 바친다' 는 마지막 자막은 영화의 주제를 말해주고 있다.

참고문헌

강준만(1997), 대중문화의 겉과 속, 한샘출판사

김광득(1997), 현대사회와 여가, 백산출판사

김문겸(1993), 여가의 사회학-한국의 레저문화, 한울아카데미

김택환 · 이상복(2005), 미디어빅맥, 한국이 바뀐다, 박영률출판사

다비트 보스하르트, 박종대 역(2001), 소비의 미래, 생각의 나무

로제 카이와, 이상률 역(2002), 놀이와 인간, 문예출판사

로젝, 김문겸 역(2000), 자본주의와 여가이론

맥크래켄, 이상률 역(1996), 문화와 소비, 문예출판사

박재환 · 김문겸(1997), 근대사회와 여가문화, 서울대학교 출판부

베블렌, 정수용 역(1983), 유한계급론, 동녘

삼성경제연구소(2002), 주 5일 근무와 소프트산업의 변화

서울시정개발원(2004), 서울시민의 문화격차: 실태와 정책과제

LG경제연구원(2000), 주 5일 근무제 도입에 따른 뉴 트렌드

인태정(2004), 관광이 넘쳐나는 사회, 〈현대 한국사회의 일상문화코드〉, 한울아카데미

장 보드리야르, 이상률 역(1992), 소비의 사회, 문예출판사

장 보드리야르, 하태환 역(2001), 시뮬라시옹, 민음사

정영근(2003), 디지털문화시대의 영화와 교육, 교육인류학연구 6(2), 205~224

제러미 리프킨, 이희재 역(2001), 소유의 종말, 민음사

최원기(1998), 스트레스성 여가와 미학적 여가, 〈일상속의 한국문화〉, 나남출판

피에르 쌍소, 김주경 역(2000), 느리게 산다는 것의 의미, 동문선 현대신서

코리건, 이성용 등 역(2002), 소비의 사회학, 도서출판 그린

통계청(2005), 2004 생활시간조사결과

한국문화관광정책연구원(2005), 주 40시간 근무제 실시 이후 근로자 여가생활 실태조사

호이징하, 김윤수 역(1994), 호모루덴스, 까치

Buchanan, T.(1985), *Commitment and leisure behavior: A theoretical perspective,* Leisure Sciences 7, 401~420

Stebbins, R. A.(1982), *Serious leisure: A conceptual statement,* Pacific sociological Review 25, 251~272

〈기 사〉

국민일보(2001), [몰락하는 중산층] 아이들 놀이문화도 차별, 11월 14일자

동아일보(2005), 해외여행, 국민모두가 나라의 얼굴이다, 7월 6일자

조선일보(2005), 놀이는 Na의 힘, 5월 28일자

한겨레(2005), 광기와 몽환의 공간 놀이공원, 8월 4일자

CHAPTER

09 몸을 위한 소비문화

아름다움을 위한 방법

샘 레븐슨

매혹적인 입술을 갖고 싶다면 친절한 말을 하라.
사랑스러운 눈을 갖고 싶으면 사람들에게서 좋은 점을 보아라.
날씬한 몸매를 갖고 싶다면 네 음식을 배고픈 사람들과 나눠라.

……………………………………………

여자의 아름다움은 화려한 외모에 있는 것이 아니라
그녀 영혼에 비추어지는 것이다.

CHAPTER

09 몸을 위한 소비문화

일반인보다 세배나 큰 얼굴 때문에 '선풍기 아줌마' 로 불리는 한미옥(43. 가명)씨는 20대 초반부터 밤무대 가수로 활동했다. 최고가 되기 위해서는 더욱 예뻐져야 한다는 욕망에 평소 불만이었던 사각 턱을 교정하려고 얼굴에 실리콘을 주입하게 되었다. 이후 한씨는 성형후유증과 함께 정신분열증까지 얻게 되었다. 한미옥씨는 '넣어라' 는 환청이 들릴 때마다 자신이 직접 콩기름, 파라핀 등을 얼굴에 집어넣었다고 고백하였다(KBS 순간포착, 2004).

TV에서 방영된 '잃어버린 얼굴-선풍기 아줌마' 는 많은 이들에게 충격을 주었다. 도대체 무엇이 20대에 본래의 모습으로도 충분히 아름다웠던 그녀로 하여금 '예쁘게, 더 예쁘게' 를 외치도록 만들었을까? 이는 단순히 예뻐지려고 갈망한 한씨의 지나친 개인욕망 때문으로 간주하기보다는 우리 사회 곳곳에 스며들어 있는 외모중시현상에서 그 근원을 생각해 보아야 할 것이다. 이 사례는 외모로 평가되고 평가받고자 하는 사회가 어떤 부작용을 낳게 되는지 여실히 보여주는 것이다.

오늘날 외모는 얼굴만을 언급하는 것이 아니라 체형까지를 포함하는 것으로 재개념화되고 있다. 얼굴을 위주로 했던 외모가 "작은 얼굴, 길고 가는 다리와 팔, 큰 키에 마른 몸"으로 표현되고 있으며, 얼짱과 몸짱이 되기 위해 현대인들은 몸살을 앓고 있다. 몸에 대한 관심이 집중되고 있는 지금, 현대사회 속에서 몸의 의미를 다시금 제고해 보아야 할 것이다. 과연 우리의 몸은 누구를 위한 몸인가?

1. 소비대상으로서의 몸

현대인들은 각종 살 빼기와 몸매관리에 많은 관심을 가지고 있으며, 대중매체들은 몸의 이미지, 성형수술, 육체를 젊고 아름답게 유지할 수 있는 방법들에 관한 다양한 기사와 프로그램을 제시하고 있다. 지금의 몸은 보여지는 상징이 되고 있다.

과거에는 부모로부터 물려받은 신체에 칼을 대어 몸을 변화시키는 것은 부도덕한 것으로 여겼으며 몸을 다스린다는 것은 정신을 수양하기 위한 방편이었지, 결코 육체를 다스린다는 것 자체가 목적은 아니었다(김헌숙, 2004). 그러나 현대 소비문화 속에서 몸은 시간과 금전을 투자해서 끊임없이 재구성해야 하는 대상으로 여겨지고 있으며, 자아를 표현하는 대표적인 수단으로 부각되고 있다(임인숙, 2002).

몸은 내적인 몸과 외적인 몸으로 구분된다. 내적인 몸은 사회 안정을 위해 욕망과 열정을 구속하고 통제하는 것과 관련되며 금욕주의와 연관된다. 외적인 몸은 사회적 공간 속에서 몸들의 재현과 그들에 대한 규제와 통제를 의미한다. 개인적인 측면에서 외적인 몸은 인간의 겉에 나타난 모습으로 주로 외모라는 말로 언급되는데, 이는 소비를 통하여 재현되고 상품화된다. 이때 몸은 사회에 적합해지기 위하여 여러 가지 상품들의 도움을 필요로 하게 된다(Corrigan, 이성용 역, 2002).

외모와 이미지를 중시하는 현대 소비문화 속에서 외적인 몸이 내적인 몸보다 더욱 중요하게 여겨지는 가운데 현대인의 몸은 전시되고 있다. 외모를 유지하는 것은 많은 노력을 필요로 하고 여러 종류의 몸 유지 관리를 요구한다. 몸은 사람들이 자신에게 얼마나 관심을 쏟는지 또는 무관심한지를 보여주는 생생한 증거가 된다. 한 눈에 어떤 사람이 적절한 다이어트를 하는지, 체력단련 운동을 하는지, 화장을 잘 했는지 혹은 그 무엇인가를 통해 그들의 몸을 관리했는지 안했는지를 판단한다. 다이어트, 체력단련운동, 화장 등은 끊임없이 타인의 시선을 의식해야 하는 현대사회에서 지켜야 하는 과제가 되고 있다.

보드리야르(1992)는 현대사회에서 '몸' 이 소비의 가장 아름다운 대상이라고 하였다. 현대 자본주의 사회에서는 몸에 자본과 똑같은 지위를 부여하고, 더 나아가 소비대상으로 몸을 중시한다. 이러한 몸은 주체적인 자율성을 갖는 것이 아니라 자산으로서 관리 · 정비되고, 사회적 지위를 표시하는 여러 기호형식 중의 하나로서 조작되는 것이다. 몸에 대한 숭배는 남성과 여성 모두에게 적용되지만 특히 여성에게 아름다움은 더욱 절대적으로 작용하고 있다. 미인이라고 하는 것은 더 이상 타고난 결과도 아니며 정신적인 것에 덧붙여지는 것도 아니다. 그것은 사회 내에서 만들어지는 것이며 육체적인 것이다(김은실, 2001).

소비와 관련된 몸의 의미는 프랭크(Frank)가 제시한 "행위 하는 몸 유형" 에서도 나타나고 있다. 그는 몸 사용법의 네 가지 이상형들(ideal types)을 상이한 방식으로 해결하는 각 유형들의 행위 매체를 구분하고 있다. 그에 의하면 행위 하는 몸은 훈육된 몸, 반영적 몸, 지배하는 몸 그리고 의사소통적 몸으로 분류된다. 훈육된 몸(disciplined body)의 매체는 통제이며 그 모델은 합리적인 금욕주의적 질서이다. 반영적 몸(mirroring body)의 매체는 소비이며, 그 모델은 백화점이다. 지배하는 몸(dominating body)의 매체는 힘이며, 그 모델은 전쟁이다. 의사소통적 몸(communicative body)의 매체는 인정(recognition)이며, 공유된 서사나 공동체 의례, 보살핌의 관계가 그 모델로 제시되고 있다. 여기서 "반영적 몸" 은 소비 가능한 것들을 투영함으로써 이루어진다. 자신이 욕망을 결여하고 있음을 의식하지 않기 위해, 소비를 통해 욕망을 끊임없이 생산해 낸다. 반영적 몸은 장식되기 위해 존재하는 자신의 표면과 관계 맺고 그 표면에 몰두하려고 한다. 반영적 몸의 전형적 예로는 자아도취적 인간을 들 수 있는데, 그들은 몸을 감각적 만족의 도구로 취급하는 사람들이며 인위적으로 틀지어진 삶의 양식을 추구하는 사람들이다(Chris Shilling, 임인숙 역, 1999).

페더스톤(Featherstone, 1993)에 따르면 소비문화 속에서 지배적인 자아는 연기하는 자아이며, 이것은 외모, 전시와 인상관리에 보다 큰 강조를 두고 있다. 연기하는 자아는 규칙적인 운동, 건강관리, 식이요법 그리고 패션감각 등을 통해 조율되고 전시해야 할 일종의 기계로서 자신의 몸을 취급한다. 우리는 항상 무대 위에서 연기하는 연기자가 된다. 다른 사람들에게 올바른 이미지를 연기함으로써 성공을 이루어 내는 것이다. 결국 현대 소비사회에서 자아관리 수단은 점점 소비상품과 직접적으로 연계되며, 사회적 성공은 어떠한 자아 이미지를 표현하느냐에 달려 있는 상황이 전개됨에 따라, 몸 관리와 몸 장식이 자아 이미지를 표현함에 있어서 중심적 위치를 차지하게 되었다.

사회적으로 합당하게 여겨지고 있는 알맞은 몸의 형태를 갖춘 이들은 그렇지 않은 이들보다 자신을 관리 잘하는 능력 있는 이로 비추어지며 그 합당함에 부합하기 위해 노력한다. 사회적으로 만들어진 또는 개인이 갈망하는 영웅적인 모델을 갈망하며 몸은 훈련되고 가꾸어진다. 좀 더 아름답게, 좀 더 날씬하게, 좀 더 매력적으로 몸은 많은 기준과 척도에 의해 관리된다. 인간의 몸은 더 이상 본질적인 속성을 갖는 자연적 실체로 인식되지 않는다.

이제 몸은 끊임없는 노력과 세심한 주의를 기울여야 할 대상이 되었다. 건강 및 몸 가꾸기 지침서, 화장 가이드, 영양 보충제 등의 폭발적 양산은 몸이 소비 대상이 되었음을 실증적으로 뒷받침해주는 예이다. 이들 소비제품은 사람들의 육체를 믿음직스럽게 보이고 육감적으로 느낄 수 있도록 하기 위해 경쟁하며, 젊고 건강하다는 메시지를 발산할 수 있는 피부와 근육을 만드는 프로그램을 제공하고 있다. 또한 얼굴 성형시술, 지방 흡입술, 배 탄력수술, 유방 확대수술 등의 성형수술은 지방과 살 그리고 뼈를 더하고 빼는 것을 가능하게 함으로써, 몸을 개조할 수 있는 직접적인 방법을 제공해주고 있다(Chris Shilling, 임인숙 역, 1999). 몸은 단순히 몸의 외부에 있는 것으로 꾸밀 수 있고, 개조될 수 있는 소비대상으로 간주되고 있다.

2. 변화하는 몸의 소비문화

몸은 상징가치를 담고 있는 매개체이다. 그러므로 자신의 위치와 자아를 드러내는데 몸은 중요한 역할을 담당한다. 몸은 규정된 계급에 기반하여 소비되는 반면, 역동적이고 다원적인 형태의 모습으로 나타나기도 한다. 여기에서는 몸의 소비에 관한 변화과정을 알아보도록 한다.

1) 사회적 구별 짓기로서의 몸

몸은 사회적 지위의 획득 및 차별화의 중심 기제로 작용하며 사회적 불평등을 유지하는 데 필수적이다. 몸은 개인이 속한 사회계급을 드러내는 명백한 흔적을 지니며 발달해간다. 이러한 측면에서 논의를 한 이는 브르드외(1995)인데, 그는 몸을 계급 취향의 물질화(the materialization of class taste)로 보며 각 사회계급의 성원들이 자신들의 신분을 분명히 증명할 수 있는 몸 관리 방식을 취함으로써 서로 다른 몸의 형태를 드러낸다고 하였다. 또한 그는 몸을 육체자본(physical capital)의 한 형태로 보았는데, 육체자본이란 다양한 자원을 축적하는 데 필수적인 권력과 지위, 나아가 타인과 구별되는 상징을 소유하고 있음을 의미한다. 즉, 육체자본을 생산한다는 것은 사회분야에서 가치를 인정받을 수 있는 방식으로 몸을 계발한다는 것을 뜻한다.

그러므로 각 계급집단은 자신의 위치를 드러내기 위해 명확하고 두드러지는 몸을 형성하고자 하고, 이는 결과적으로 다른 계급성원과 구별되는 몸의 형태를 야기한다. 예를 들어 궁핍으로부터 벗어날 길이 거의 없는 노동자 계급은 자신의 몸과 도구적 관계를 맺는 경향이 있기에 역도나 근력지향 활동과 같이 그들의 육체적 우수성을 부각시킬 수 있는 영역에 신경을 쓴다. 반면 중류 계급의 경우는 외모 및 몸에 내재한 기능에 보다 관심을 갖기에 조깅을 즐기며 건강하면서도 가느다란 몸매를 만들고자 한다(함인희, 2005).

또한 특정 유형의 몸은 그 무엇보다 상징적 가치를 많이 갖는다. 특정 형태의 몸 유형에 부착된 상징적 가치는 정체성에 있어 일정한 함의를 갖게 되며, 몸은 "구별 짓기"가 진행되는 대상이 된다(Bourdieu, 1995). "구별 짓기"는 지배계급이 자신들의 몸을 우수하고 가치 있는 몸으로 만들어가는 과정으로, 이는 다양한 사회계급의 소비 관행을 통해 몸의 계급문화가 형성되는 것이다. 노동계급이 대체로 몸과 도구적 관계를 맺고 있다 해서 그들의 몸이 상징가치를 지니지 않는 것은 아니다. 예를 들어 강인함이 가치 있는 것으로 인정되는 상황에서는 근육질의 남성 몸이 특별한 상징적 비중을 지닌다. 그러나 노동계급의 몸이 지닌 전반적인 특징(자세, 말투, 옷차림새 등)은 일반적으로 다른 사회계급이 창출한 몸의 형태만큼 높게 평가 받지 못한다. 반면 상층 계급의 몸은 최고의 가치를 지닌 것으로 그들은 이를 위해 내적 · 외적으로 우아한 몸가짐을 유지하려고 노력했으며, 화려한 화장과 의상들 그리고 장식들을 이용하였다.

이러한 사회적 구별 짓기는 현대사회에서도 다양한 몸상품의 소비와 연관되어 나타나고 있다. 경제적인 발달로 계급 간의 구분이 모호해지면서 다국적 기업들은 사회집단들이 자신들의 상징으로 사용할 수 있는 의복 스타일과 소비재의 증식을 조장함으로써 차이의 생산에 개입하였다. 이러한 생산의 변화는 부분적으로 디자인, 유행 및 광고에서 나타나는 중산층의 분화로 야기되고, 산업구조가 전 지구적 형태로 재구성되면서 가속화되었다. 여러 스타일이 범람하고 소비상품과 생활양식이 빠른 속도로 국제화되고 순환되는 변화 속에서 상층계급은 자신들의 몸을 최고의 상징가치를 지닌 것으로 정당화하고 유지시키기 위해 특별한 몸 소비상품과 소비공간을 이용하며 구별 짓기를 하고자 한다. 고급 브랜드 화장품, 명품 의류, 고가의 성형수술, 고급 피트니스 클럽 등의 과시적인 소비상품이 또 다른 구별 짓기의 기호로 작용하게 되는 것이다.

2) 개인화되고 있는 몸

포스트모던 관점에서 볼 때 몸은 더 이상 전통적 질서에 따른 사회적 의례 및 관행에 따라 자동적으로 행해지는 것이 아니며 개별적으로 시장에서 결정하는 행위에 의해 구성되는 것이다. 따라서 사람들은 자기만의 독특한 자아정체성을 드러내기 위해 다양한 방식으로 자신의 몸을 표현하게 되었다.

보드리야르(1992)는 소비문화가 점차 일관성을 상실하고 파편화됨에 따라, 개개인의 정체성도 변화되어 점차 "중심을 상실한 자아"가 나타난다고 하였다. 정보의 과부하 및 상징의 과잉 생산이 기존 정체성의 탈안정화를 가져온다는 것이다. 소비주의와 TV에 의해 만들어진 다양한 상징과 이미지는 소비자로 하여금 현실과 가상을 구분하지 못하게 하여 소비자는 그 속에 부합되며 다양한 개인적인 자아를 만들어 간다. 점차 개인적인 몸이 소비문화의 중심이 되는데, 그 핵심을 구성하는 것은 몸 자체가 아니라 몸을 둘러싼 이미지이며 근대적 자아는 그들의 이미지 속으로 붕괴되고 자아 정체성은 자유롭게 유동해간다. 따라서 시각화된 이미지들은 항상 자신과 타인과의 비교를 조장하고, 동시에 자아와 이상화된 자아를 혼동하게 하면서 계속 새로운 자아 개념을 찾게 한다. 그리고 이러한 자아가 소비에 참여할 수 있는 수단을 확보하고 있는 한, 누구든 자신이 원하는 자아를 구성해낼 수 있다

(Turner, 임인숙 역, 2002). 결국 소비문화 속에서 자아 정체성은 몸과 밀접한 관계를 가지며, 그것은 소비를 통해 몸으로 표현된다고 볼 수 있다.

오늘날 가장 탐닉되는 대상인 몸은 현대인에게 있어 중요한 목표가 되고 있다. 경제발전이라는 노동의 도구로서 생계의 수단으로 움직여 온 몸은 이제 휴식하고 가꾸고 관리해야 하는 배려의 대상이 되었으며, 개인적인 관심이 집중되는 대상이 되고 있다. 개인의 몸, 정확히 몸의 표면은 그 사람의 내적 기질과 태도의 재현물로 인식되고 정체성은 자신의 몸 치수와 형태에 부여된 사회적 가치들과 연결되어 나타난다(김현숙, 2004). 몸의 관리방식이 집단에서 개인에게 맡겨지면서 몸은 개인을 담는 그릇이 되었다.

이와 더불어 몸 관리 산업이 팽창하며, 자신의 몸에 금전과 시간을 투자하라고 설득하는 광고들이 쏟아지게 되었다. 특히 시각적 이미지들이 영향력을 발휘하는 사회가 되면서 어느 때보다도 자신의 몸과 스타일에 비판적인 눈을 갖지 않을 수 없고 즉석 사진기나 비디오 같은 도구들도 개인들의 나르시시즘과 자기감시를 조장하였다. 날씬해지고 싶은 욕망을 가진 사람들에게 다이어트 식품을 복용해라, 헬스클럽에 들어 운동을 해라, 비만/체형관리실을 이용해라, 성형외과에서 지방흡입술을 받으라고 경쟁적으로 외친다(임인숙, 2004). 몸 관리는 자기의 콤플렉스를 극복하기 위해 벌이는 자신과의 싸움이 되고, 몸의 문제가 자기 육체를 통제하는 개인적인 문제가 되고 있다.

3) 광고를 통해 본 몸 소비문화

역사적으로 미의 이미지, 즉 신체모습에 대한 사회문화적 기준이 미술, 문학 등의 예술영역을 통해서 점진적으로 전파되었던 것과는 달리, 오늘날은 대중매체에 의해 보편적으로 전달되고 있다. 우리는 항상 접하고 있는 대중매체를 통해 실체적 외모에 대한 사회적 이상을 지각하며 자신의 외모에 대한 인식을 하게 된다. 대중매체는 사람들의 공통적인 경험의 토대를 넓히고 공통성을 형성하는 한편, 사고방식을 획일화함으로써 문화의 다양성을 감소시킬 수 있다(김선희, 2003). 소비사회에서 개인들은 더 이상 자신의 육체를 자연스러운 것으로 여길 수가 없게 되는데 이는 광고의 영향력이 크다. 생생하고 드라마틱하며 아름다운 몸의 이미지는 날씬함, 섹시함, 건강, 즐거움, 힘, 에너지와 같은 표현들과 함께 광고들을 통해 재현되면서 몸은 표현되는 주요 수단으로 인식되었다.

여기에서는 광고를 통해 나타나는 한국사회의 몸에 대한 소비문화 변화를 알아보도록 하자. 여성잡지는 『여성동아』이며, 시기 구분은 한국사회의 산업화 과정에서 의미 있는 획을 그은 사건을 고려하여 ① 경제개발 초기(1961~1962년) ② 유신시대 개막(1972~1973년) ③ 고도성장 초기, 3저 호황시대, 컬러 TV 도입 시기(1981~1983년) ④ 민주화 및 개방화 시기(1987~1988년) ⑤ 세계화 및 소비자본주의 시기(1991, 1995, 1999, 2001, 2003년)로 나눈 다음, 해당년도의 『여성동아』 광고를 분기별로 4회분(3월, 5월, 8월, 12월)을 선택하여 분석하였다(함인희, 2005). 시기별 몸 광고의 양적 팽창을 보면, 유신시대 개막(1972~1973년) 기간 중 18개, 고도성장 초기(1981~1983년) 45개, 민주화 및 개방화 시기(1987~1988년) 31개를 거쳐, 세계화 및 소비자본주의 시기에 해당되는 90년대 중반 이후부터는 1995년 40개, 1999년 127개, 2001년 220개, 2003년 115개로 몸 광고가 기하급수적으로 팽창하였다.

몸을 대상으로 한 광고는 질적인 측면에서도 의미 있는 변화를 나타내는데, 1970년대 고도성장기 진입 이전까지의 몸 광고는 아름다움의 기준이 "피부"에 있음을 강조하였다(피부미용을 위한 연고제 광고 72년 5개, 73년 6개, 피부 관리실 광고 73년 4개). 1980년대 초반 고도성장 초기로 들어서면서는 성형외과 광고가 등장하기 시작하였고(82년 2개, 83년 3개), 더불어 헬스클럽 광고(81년 5개, 82년 4개, 83년 여성전용 헬스클럽 광고 2개)가 등장하면서, "날씬한 몸매"와 "건강한 몸매"를 등식화시켰다. 1990년대 중반 이후 본격적인 소비 자본주의가 시작되면서부터는 다이어트 광고가 폭발적으로 증가하였는데, 주목할 만한 것은 다이

광고속에 그려지는 몸

어트 프로그램의 내용이 관련 식품을 섭취하는 소극적인 방법으로부터 수술과 같은 보다 적극적인 방법을 권장하는 방향으로 변화되었다는 점이다. "여성의 사회 진출이 활발해지면서 외모가 경쟁력의 한 부분이 되었습니다"란 광고 카피처럼, 여성으로 하여금 보다 적극적으로 자신의 외모를 개조하고 관리할 것을 요구하고 있음이 눈에 띈다(표 9-1 참조).

또한 이 시기에는 성형외과와 피부과의 몸 광고가 꾸준히 증가하였는데, 초기의 병원 광고는 주로 질병 치료 및 건강한 몸 유지에 초점이 맞추어졌으나 점차 몸매를 디자인하고 얼굴을 재구성함으로써 아름다움을 창조할 것을 강조하고 있다.

이어 2000년 초기부터 미용 산업의 기업화 현상이 진행되며, 눈 · 코 중심의 성형에서 성형의 대상이 확장되어 황금곡선 전문 클리닉, 윤곽 성형, 작은 얼굴 만들기 등 미용을 목적으로 한 성형이 세분화 · 전문화 되는 추세에 있다.

표 9-1 시기별 다이어트 광고의 변화 추이

시기별	종 류	갯 수	비 고
1981년	다이어트, 체형관리 기구	3개	
1982년	다이어트 식품	8개	
1983년	다이어트 식품	3개	
1987년	체형관리 기구, 단식원, 체형관리시설	9개	체형관리 시설을 이용한 다이어트
1988년	식품, 약품, 프로그램	5개	제품을 통한 다이어트
1991년	식품, 단식원, 관리실	3개	
1995년	야채효소, 식품, 프로그램, 비만관리 전문샵	12개	
1999년	아로마, 한방, 효소, 제약회사 약품, 참숯	65개	다이어트 식품 및 프로그램 폭증, 제약회사의 다이어트 제품 출시
2001년	속감법, 스피드, 루틴, 김치, 고추 다이어트	104개	다이어트 식품 및 프로그램, 다이어트 브랜드 등 99년 대비 약 2배 증가
2003년	훈증, 헥산 겔, 한방 다이어트	22개	다이어트 광고 감소 및 성형수술 권장 광고 증가

자료 : 함인희(2005), 1960년대 이후 한국사회 몸의 "식민화" 현상 연구, 제3회 한국학특성화 학술대회집. p. 14.

이 과정에서 아름다움이란 타고난 것이 아니라 만들어지는 것임을 강조하고, 외모가 표방하는 이미지를 미화하며 정당화하는 광고 카피가 현저하게 증가하고 있다. 이러한 경향은 최옥선(2004)의 연구에서도 나타나는데, 2003년부터 2004년까지의 여성잡지 몸 담론에서 광고가 여성의 몸을 세분화 하고, 결점화 하며, 이상화시키고 있는 것으로 나타났다.

선천적으로 타고난 아름다움보다는 가꿈의 미학을 선전하는 몸 관련 광고들은 몸을 끊임없이 가꾸어야 할 대상으로 취급하고 있다. '1%의 유전과 아름다워지기 위한 자신의 노력이 99%가 되어야만 진정한 미인이 되는 법', '아름다움은 타고난 것이 아니라 가꾸어 가는 것' 이라는 광고에서 몸은 개인의 관심과 투자 여하에 따라 얼마든지 개조와 통제가 가능한 대상으로 그려진다. 이런 광고들을 통해 우리는 불만족스러운 몸을 초월할 수 있다는 환상을 갖게 되고 자신의 몸을 가꾸고 길들이는 작업을 고통스러운 과정이 아닌 창조적인 자아 구성 활동으로 생각하게 된다. 소비자들이 광고 속의 이미지만을 쫓으며 자신의 몸을 언제든지 변화시킬 수 있는 상품으로 여길 때 광고는 끊임없이 변화를 주장할 것이고 소비자는 이에 부응하며 더 많은 소비를 행할 것이다. 소비자는 광고 속 몸의 이미지를 통해 새로운 욕구를 가지고 이상적인 몸을 향해 관리하게 된다.

3. 지금은 몸과의 전쟁 중

1) 얼짱 · 몸짱 신드롬 : 외모지상주의의 시대

최근 현대인이 관심을 갖는 화두 중 하나를 꼽으라면 '얼짱' 과 '몸짱' 을 들 수 있다. 네티즌 사이에서 생겨난 '얼짱', '몸짱' 이란 말은 '얼굴이 매우 예쁘다', '몸매가 매우 좋다' 라는 의미의 신조어로 신문이나 방송뿐 아니라 일반인에게도 화제거리이다. '얼짱 신드롬' 은 인터넷상에서의 일반인 얼짱뿐만 아니라 연예인, 정치인 혹은 범죄자에게까지 얼짱이라는 말을 붙여 외모 중시 현상이 급격히 퍼져나가고 있으며, 섹시하고 날씬한 몸매를 선호하는 '몸짱 신드롬' 또한 성인남녀 및 주부, 청소년에게까지 나타나고 있다. 다음 커뮤니케이션에 개설된 '5대 얼짱' 까페는 현재 회원수가 20만 7천여 명이 넘어서는 기록을 갱신하고 있으며, 딴지일

몸매 가꾸기
신드롬을 일으킨
"몸짱 아줌마"

보를 통해 '니들에게 봄날을 돌려주마' 라는 칼럼을 연재해서 화제가 된 몸짱 아줌마는 현대인들을 런닝 머신 위로 옮겨 놓았다(매일경제, 2004).

이러한 문화 형성은 디지털 카메라와 폰 카메라, 초고속 인터넷과 친숙한 네티즌들에 의해 표출된 자기 표현욕구와 문화 생산욕구에 의한 것으로 그들에게 얼짱 문화는 아바타 문화로부터 이어진 이미지 생산이자 이미지 소비의 문화로 자신을 표현하는 것이다.

그러나 이러한 문화가 신드롬을 일으키며 대중적으로 확산되도록 유도된 것은 본질적으로 몸의 외형, 즉 외모중심적인 현상과 소비사회의 융합에 의한 것이다. 얼짱 · 몸짱이 등장하기 전에도 어떤 분야에서 최고를 의미하는 '짱' (장(長)의 발음이 경음화 된 속어) 문화는 존재했고 그 종류도 다양했다. 그러나 유독 '얼짱', '몸짱' 만 뜨는 이유는 그것이 상업성과 연결되기에 가장 적합하기 때문이다(국민일보, 2004). 몸짱 열풍이 불면서, 살을 빼고 싶어 하는 사람들의 심리는 넘쳐나는 다이어트 상품 소비로 이끌어졌고 아름다워지고자 하는 욕구는 여러 미용 산업의 소비로 나타났다. 육체가 자본과 똑같은 지위를 부여받으면서 소비의 대상이 된 것이다. 이와 같이 상업성과 결합된 외모는 인터넷의 보편성과 신속성, TV와 광고 등 대중매체와 연결되면서 더 많은 이들이 관심을 쏟게 되었다.

현대인들의 외모에 대한 관심과 중요성은 여러 조사결과에서도 나타나고 있는데, 세계 여성의 날을 맞아 아시아 6개국 7,235명을 대상으로 한 '21세기 여성이 원하는 것' 이라는 설문조사에서 '아름다운 외모' 가 21.9%, '사회적 성공' 이 19.2%로 나타나 외모를 가장 중시하고 있음이 드러났다(스탁데일리, 2005). 또한

20 · 30대 남녀 1만 명을 대상으로 실시한 설문조사에서 '외모가 취업이나 직장생활에 영향을 끼치냐'는 질문에 여성 89.9%, 남성 86.4%가 그렇다는 답변으로 외모중시 경향을 보였다(경향신문, 2003). 그리고 제일기획에서 실시한 여론조사(13세~43세 여성 200명)에서 70%가 '외모가 인생의 성패를 좌우한다'라는 견해를 보였다. 연령층별로는 13세~18세의 경우는 친구들의 관심을 끌기 위해 외모에 신경을 쓰며, 19세~24세는 외모 가꾸기를 취미로, 25세~34세의 여성들은 외모를 경쟁력을 높이는 수단으로 생각하고 있으며, 35세~43세의 중년 여성들은 외모를 '부(富)의 상징' 또는 '사회적 지위를 평가하는 중요한 기준'으로 여기고 있었다(동아일보, 2002).

이처럼 오늘날 우리 사회에서 외모는 자신의 경쟁력이며 성공에 많은 영향을 미치는 요소로서 평가되고 있다. 사회적인 지위를 성취하는 데에 있어서 재산과 지적인 능력뿐만이 아니라 외모도 상당한 영향을 끼치며, 외모지상주의가 암묵적으로 팽배해지고 있음을 보여준다. 외모지상주의는 루키즘(Lookism)으로 명명되고 있는데 이는 외모가 개인 간의 우열뿐 아니라 인생의 성패까지 좌우한다고 믿어 외모에 지나치게 집착하는 경향 또는 그러한 사회풍조를 말한다. 이는 현 소비사회에서 몸이 사회적 구별 짓기를 위한 중요 기제로 작용되고 있음을 보여주는 것이다.

그러나 이러한 외모중시 경향은 몸이 가지는 근원적 함의를 고려하지 않고 단지 외부로 보이는 이미지에만 집착하는 것이다. 우리가 몸에 대한 관심에 더욱 더 매달릴수록, 인간이 지닌 가치 있는 것들이 몸으로 환원될수록 외모가 가지는 권력은 더욱 더 커지게 된다. 그러므로 외모가 인간을 판단하는 중심 척도가 되면 될수록 우리는 진정 몸으로부터 자유롭지 못하게 되고 몸에 의해 해석되는 인간이 될 것이다. 명문대학을 나와 졸업성적도 우수했고 능력 또한 탁월했던 어느 여대생이 외모 때문에 아파트에서 투신자살을 했던 사건은 외모지상주의 문화에 반성을 촉구하는 사례이기도 하다(국민일보, 2002). 최근 맘짱이 등장하면서 지나친 외모중심 현상에 대한 의식 전환의 요구가 나타나기도 한다. 이것은 외모에 의해 판단되는 현대 소비문화에 대해 일침을 가하는 풍자로 바람직한 대안 문화의 바램이라 할 것이다. 몸의 외형인 외모는 능력이 아니라 단지 서로 다른 모양새일 뿐이다.

TV 속에 그려지는
현대의 몸

비키니심사 · 성형 프로그램……, 외모 지상주의 끝이 어딜까?

'우이독경' 아니 '마이동풍' 이라 해야 맞을 듯하다. 방송위원회와 시민단체 등의 끊임없는 경고와 지적에도 아랑곳하지 않고 선정적인 프로그램을 계속 내보내는 케이블 · 위성 텔레비전의 행태를 두고 하는 말이다. 특히 몇몇 방송은 프로그램이 만들어진 나라에서도 지나친 선정성으로 비난받은 프로그램을 수입해 방송하는가 하면 이를 그대로 베낀 프로그램까지 나타나고 있다.

〈동아 TV〉는 미국 〈ABC〉에서 방송한 리얼리티 프로그램 '아 유 핫(Are you hot)?' 과 비슷한 'R. U. HOT?' 이란 프로그램을 제작해 방송할 계획이다.

〈동아 TV〉는 이 프로그램에 대해 '한국 최고의 섹시남, 섹시녀를 뽑는 대회' 라며 노골적으로 선정성을 부각시킨다. 이 대회는 전국 5개 지역의 유명 클럽을 돌면서 비키니 심사 등을 통해 선정하는 방식으로 치러지는데, 〈동아 TV〉는 '최고의 섹시남녀' 로 선정되면 상금 3천만 원과 연예계 진출 기회까지 준다고 선전하고 있다.

〈ABC〉의 '아 유 핫?' 을 이미 방송하고 있는 〈동아 TV〉는 이번에 프로그램 제목뿐 아니라 섹시한 의상을 입고 무대에 오른 후보자를 심사위원들이 '핫' (HOT · 섹시함) 또는 '낫' (NOT · 섹시하지 않음)으로 심사하는 방법까지 그대로 흉내낸다고 한다. 순간의 결정에서 오직 얼굴과 몸매만이 기준이 되는 것이다.

지난해에도 이 회사는 시청자 가운데서 몇 명을 뽑아 성형수술을 시켜주는 미국 〈폭스 TV〉의 프로그램 '더 스완' 과 비슷한 '도전 신데렐라' 를 제작 · 방송해 외모 지상주의 논란을 일으켰다. '더 스완' 은 〈USA 투데이〉가 2004년 '최악의 텔레비전 쇼 프로그램' 으로 선정하고, 미국의 시청자단체인 피티시(PTC) 등이 왜곡된 외모 지상주의를 심어준다고 비판한 프로그램이다. 여성 채널 〈온스타일〉도 '더 스완' 을 '미운 오리 백조 되기' 로 제목을 바꿔 방송하고 있다.

시청률을 의식한 무분별한 상업방송의 선정적이고 자극적인 프로그램의 그 끝은 어디일지 궁금해진다. 상업방송사들에게 방송으로서의 최소한의 '공공성' 을 요구하는 것은 입만 아픈 일일까? (한겨레신문 2005년 7월, http://www.hani.co.kr)

2) 다이어트(바비 인형) 신드롬

바비 인형은 전 세계 여자 어린이들에게 선망의 대상이다. 여자 아이들은 미래의 바비 인형을 꿈꾸곤 한다. 풍만한 가슴과 개미허리, 실제 할 수 없는 비율의 긴 다리와 탐스럽게 굽실대는 헤어스타일이 환상임을 깨닫지만 어릴 적 꿈을 버리지 못하고 열심히 몸 관리를 하기도 한다. 오늘날 몸에 대한 관심과 투자는 그 어느 때보다도 치열하다. 특히 날씬한 몸매의 허상을 따라잡기 위해서 많은 이들이 몸과의 전쟁을 치르고 있다 해도 과언이 아니다. 보건복지부 의뢰조사에 의하면 조사대상(만 11세~17세) 중 정상체중 여학생의 64.9%와 저체중 여학생의 29.3%가 체중조절 경험을 가지고 있는 것으로 나타났다(한겨레, 2003). 정상과 저체중 여학생까지 다이어트를 하는 것으로 보아 다이어트가 단지 비만 탈출을 위한 것이 아님을 알 수 있다. 실제로 한국여성민우회(2003)의 조사에 의하면, 마른 몸매가 예뻐 보이기 때문에 다이어트를 하고 싶다는 반응이 가장 많이 나왔고(65%), 건강상의 이유를 지적한 비율은 3.4%에 불과했다.

오늘날 표준화 되고 있는 몸의 이미지는 남성의 경우 근육질의 몸, 여성의 경우 지나치게 마른 몸이다. 1990년 초부터 선을 보인 한국판 외국 패션잡지들(예를 들어 BAZZAR, Marie-Clair, Elle, Vogue 등)에서는 근육질의 남성들과 도달하기 어려운 서구형 체형의 극단적으로 마른 몸 이미지들이 넘쳐나고 있으며, 대중매체를 통해 전달되는 연예인들의 이상적인 몸 또한 그러하다(문경덕, 2003). 대중매체 속의 이미지는 부분적으로 가공 · 조작되어 제시되는 것임에도 불구하고, 매체가 집중적으로 제시하는 특정한 이미지는 일반인들의 관념과 실천을 변화시키는 이상이 될 수 있다. 자신의 몸에 대한 준거집단은 일상적으로 상호 작용하는 주변 인물이라기보다는 대중매체 속의 몸 이미지라고 해도 과언이 아니다. 정상이거나 저체중이면서도 다이어트를 감행하는 여성들에게 시각매체 속의 날씬한 몸 이미지들은 정상적인 몸에 대한 의학계의 제시보다 더 큰 위력을 발휘하고 있다.

임인숙(2004)의 '다이어트와 사회문화적 환경' 에 관한 연구에 의하면 다이어트 경험이 있는 여성들은 경험이 없는 여성들에 비해서 대중매체가 제시하는 몸 이미지를 추종하는 경향이 더 높은 것으로 나타났다. 또한 다이어트 경험 여부를 떠나 대중매체에 나타나는 마른 몸 이미지를 기준으로 자신의 몸을 평가하는 여성일수록 몸에 대한 만족도는 더 낮게 나타났다. 이와 같이 대중매체의 몸 이미지를 추종하는 성향이 개인적인 특성이라 해도, 개인이 추종하는 대중매체의 몸 이미지는 사회문화적으로 생산되고 있다는 점을 간과해서는 안 된다. 만약 대중매체 속에 뚱뚱한 몸 이미지도 긍정적으로 그려지고 심지어 그런 몸이 이상적으로 부각되는 상황이라면, 외모 지향성과 대중매체 이미지 지향성이 강한 현대인들은 그런 몸 이미지를 따르게 될 것이다.

그렇다면 다이어트의 의미는 역사적으로 어떻게 변화되어 왔을까?

서구의 역사에서 잘 먹을 수 있는 사람들이 아름다운 몸매를 위해서 계획적으로 음식을 거부하기 시작한 것은 빅토리아 시대 후반기였으며, 다른 문화권에서도 이러한 측면은 나타나고 있다. 그리스의 가족문화는 극기와 중용을 획득하는 방안으로 음식 섭취의 규정을 만들었으며, 중세에는 육체를 지배하고 정신적인 정화를 위한 단식이 기독교적 실천에서 중요한 위치를 차지하였는데, 이러한 형식의 다이어트는 분명 '자아'의 발달을 위한 도구로 간주되었다. 기독교인의 '내적 자아'든, 그리스인들의 '공적인 자아'든, 다이어트는 가장 깊은 의미에서 인간 자아의 발달을 위한 것이었다. 따라서 단식의 의식과 금욕주의는 귀족이나 성직자 같은 선택된 소수에게 제한되었으며, 선택된 소수만이 뛰어난 정신을 획득할 수 있다고 생각하였다. 그러나 이러한 의미는 쇠퇴해 갔으며, 19세기 후반부터 몸 관리가 중산층의 관심사가 되기 시작하며, 다이어트는 이상적인 몸무게와 몸매를 갖기 위한 것이 되었다.

다이어트는 영혼을 위한 것이 아니라 몸을 위한 일이 되었다. 식욕과 욕망이 아니라 비만이 공공연한 적이 되었고, 사람들은 음식 섭취를 충동과 무절제의 측면에서 보는 것이 아니라 체중계의 숫자로 측정하기 시작했다. 부르주아의 '날씬함'이 특히 여성들에게 주도권을 주기 시작했으며, 그와 함께 여러 가지 기술들, 즉 다이어트, 운동, 각종 미용제품 및 약품들 그리고 성형수술은 육체적인 아름다움만을 목표로 하게 되었다(Susan Bordo, 박오복 역, 2003). 현대사회에서 정신과 영혼을 다스리기 위한 다이어트의 의미는 극히 일부분으로 남아있으며 많은 부분에서 이상적인 육체적 의미로 다가오고 있다. 날씬함을 이상적으로 선전하는 소비문화적 환경 속에서 자유로울 수 있는 이는 많지 않다. 넘쳐나는 다이어트와 운동 프로그램은 극도의 날씬함의 이미지를 제시하며, 아무 노력 없이도 손쉽게 만족을 얻을 수 있다는 이미지를 심어주기도 한다.

65kg에서 40kg으로 비만탈출 놀라운 몸매 만들기
7일 다이어트가 화제를 모으고 있습니다.
월 7~8kg은 가뿐히 100% 확실한 성공다이어트
상체비만, 복부비만, 하체비만 등 모든 군살을 제거해 드리는 특수 프로그램으로 몸을 디자인해 드립니다.(소비자보호원, 2002)

또한 일부 연예인도 자신만의 이름으로 다이어트 프로그램을 만들며(옥주현 요가 프로그램, 황신혜 다이어트 등) 소비자의 욕구를 자극시키고 있다. 이상적인 이미지로의 욕구는 소비자들을 다이어트 상품소비의 욕구로 옮겨 놓고 있다. 근육질과 날씬한 몸이 잘 관리된 자아라고 여기는 현대의 이상적인 코드는 몸 관리 상품을 소비해야 함에 정당성을 부여하지만, 한편으로 지나친 소비욕구 조장과 함께 심각한 고통을 안겨주기도 한다. 그러한 소비 욕구에는 균형, 절제, 합리성, 통찰을 추구하려는 성향은 배제되어 나타난다. 한해에도 수십 명의 여성이 다이어트 과정에서 목숨을 잃고, 심지어 한창 신체적 성장이 필요한 10대에까지도 다이어트로 인한 스트레스와 우울증으로 정신과 치료가 필요한 상태가 나타난다(김현숙, 2004). 무리한 다이어트는 음식을 거부하는 거식증과 한번에 엄청난 양의 음식을 먹고 토하는 폭식증 등의 식이장애를 일으키는데, 이러한 장애를 겪는 이들은 엄청난 정신적 고통과 함께 몸의 기능을 상실하는 육체적 이상을 가지는 것으로 나타났다. 53kg이었던 중학생 Y양은 무리한 다이어트를 하여 두 달 만에 12kg을 감량해 41kg이 되었으나 그 결과 정상적인 생활을 유지하지 못하는 거식증 환자가 되었다. 현재 식이장애를 호소하는 사람들의 80%는 여성으로 나타나는데, 주로 20대 계층에서 나타나던 분포가 점차적으로 10대 청소년에게까지 확대되고 있는 실정이다(KBS 추적 60분, 2005). 백상신경정신과 식이장애클리닉의 조사 결과 거식증 환자의 35% 정도가 10대 청소년이며, 이 중 30%는 초등학생으로 나타났는데, 이는 3년 전보다 15배나 증가한 수치이다(동아일보, 2004).

거식증 환자의 야윈 몸은 현대 여성의 이상인 앙상한 몸을 과장하여 특징적으로 보여주는 것이라 할 수 있다. 이렇게 정상적인 생활조차 거부하는 현상은 잘못된 몸 소비문화의 극단적인 한 단면이라고 볼 수 있다. 질병과 죽음으로까지 치닫고 있는 다이어트는 왜곡된 현대 소비문화의 치부를 극명하게 드러내고 있다. 외

지나친 날씬함을 추구하는 현대여성

형적인 몸에 비중을 두고 인간의 가치를 평가하는 사회와 그런 사회에서 일상화된 몸 차별 풍토가 지나친 다이어트로 나타나고 있는 것이다. 날씬한 체형에 대한 가치 부여, 완전함의 추구, 일상적인 다이어트, 마른 체형의 가치를 부각시키는 대중매체의 역할 등과 같은 사회문화적 요인들이 지나친 다이어트와 식이장애발생에 영향을 미치고 있다(김은주, 2001).

자신의 몸에 대한 지나친 관심이 적절한 자기 절제와 통제를 상실한 채 이상적인 이미지만을 무분별하게 추구해 갈 때 몸은 본연의 기능을 상실해 가며, 온전한 자신과는 멀어지게 된다. 그러한 몸은 더 이상 자신을 반영하는 몸이 될 수 없으며 더 나아가 정신과 분리된 하나의 객체가 되어 몸 안의 자아는 상실하게 된다. 설령 이상적인 몸을 가지게 되더라도 그것을 지속적으로 유지하기 위해 자신을 온전히 느끼지 못하고 일정한 틀에 가두게 될 것이며, 단지 몸에 의해 지배를 당하는 이로 살아가게 될 것이다. 진정 자아와 분리되지 않은 육체, 즉 건강과 생기를 잃지 않는 당당한 자신감이 배어 있는 몸이 무엇보다 역동적이고 매력적이라 할 수 있겠다. 평생을 나와 함께 하는 몸은 단지 타인만을 위해, 단지 이상적인 아름다움을 위해 존재하는 것은 아니다. 보여주는 아름다움만을 위해 정상적인 생활을 할 수 없다면 무슨 소용이 있을까? 팔뚝이 굵어질까 봐 사랑하는 자기 아이조차 안기를 거부한다면 아름다운 몸매가 무슨 의미가 있을까? 소비자들은 아직도 환상속의 바비 인형만을 꿈꾸며 몸 소비제품을 구매하고 있지는 않은지 생각해 보아야 한다.

3) 성형 신드롬

자신의 몸을 근본적으로 재구성하기 위해서 성형이란 수단을 동원하는 이가 갈수록 늘어나고 있다. 불과 20세기 초반까지만 해도 성형수술은 선천적인 기형, 전쟁이나 사고로 인한 외모의 손상을 복원·교정하거나 비정상적인 몸의 기능을 정상화시키기 위해 실시되었는데, 지금은 건강한 사람의 몸에 칼을 대는 미용성형으로 확장되고 있다. 이러한 현상은 남녀노소를 막론하고 빠른 속도로 우리 사회에 퍼져가고 있다. 한편 의료서비스 차원에 머물러 있던 미용성형도 최근 들어 수천억대 시장 규모로 급팽창하면서 산업화되고 있다. 2000년도의 성형외과 매출액은 1999년보다 17% 가량 늘어난 1,700억원에 달했으며, 피부과나 일반의 등 비전문의나 피부 관리실 등에서 행해지는 성형수술까지 합하면 전체 매출 규모는 2~3배 이상으로 추산할 수 있어, 음성적인 매출을 감안할 때 실제 시장 규모는 1조원 대에 달할 것으로 전문가들은 추측하고 있다(우경자, 2002). 위의 현상들로 볼 때 성형수술에 대한 관심과 경험은 향후 계속적으로 늘어날 것이라 볼 수 있다.

성형수술을 한다는 것은 사회분야에서 가치를 인정받을 수 있는 방식으로 몸을 개발한다는 의미로 나타나고 있다(Shilling, 임인숙 역, 1999). 시대와 사회가 설정한 미를 나타내는 몸은 경제적 자본이나 사회적 자본으로 전환이 가능한 일종의 자원이 될 수 있다. 수려한 외모를 가진 이들은 친구들이나 동료로부터 인기를 얻을 수 있으며, 타인의 도움이나 사회생활에서 더 많은 혜택을 받는 것으로 나타난다(임인숙, 2004). 최근 '꽃미남' 이란 단어까지 유행하며 여성들의 전유물로만 알려졌던 피부 미용이나 성형 고객의 상당수를 남성이 차지하고 있는데, 그들은 취직자리를 얻기 위해, 직장에서 인정받기 위해, 결혼에 유리하기 위해 그리고 인간관계에서 자신감을 가지기 위해 자신의 몸에 소비하는 것으로 나타나고 있다(조은정, 2002).

아름다움을 구현한 이의 몸에 주어지는 사회적 보상은 그들이 자신들의 몸을 상품가치가 있는 대상으로 만들게끔 유도한다. 마치 성형수술을 '컴퓨터 업그레이드 하듯이 자신의 가치를 올리는 방법' 으로 생각하는 이들이 등장하는 것도 바로 이런 맥락에서이다. 잘 생기거나 예쁜 사람을 보았을 때 성형수술을 하고 싶다는 욕구를 갖게 되는 것은 단순히 아름다움에 대한 경배라기보다는 아름다운 외모가 갖는 사회적 영향력에 대한 욕구라고 해석할 수 있다(우경자, 2002).

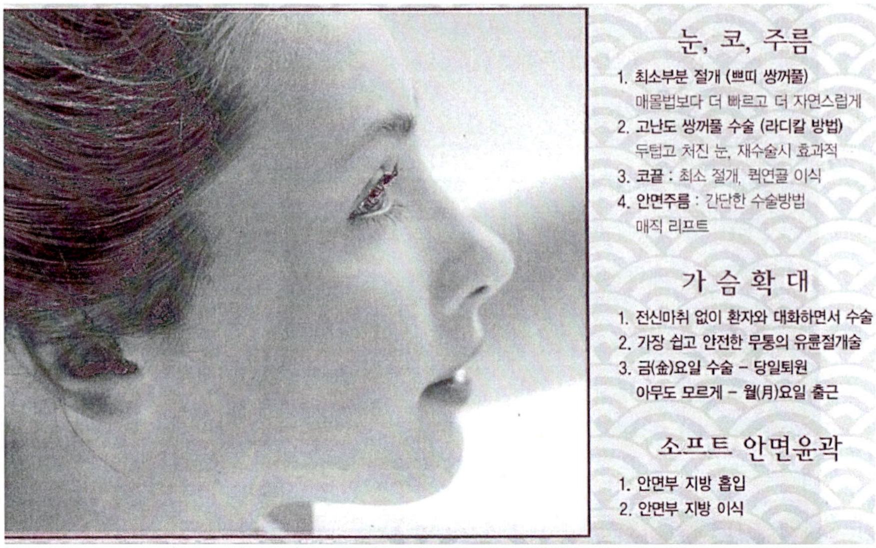

대중화 되는 몸 성형

성형문화는 시대와 사회가 요구하는 미를 기준으로 인간을 이해하고자 하는 사회적인 현상과 이와 관련된 미용 성형산업의 발달, 대중매체의 영향력이 결합하며 가속화되고 있다. 현대인은 중요한 가치인 몸의 아름다움과 젊음을 유지하기 위해 노력하고 성형수술이라는 신체적 고통까지도 감수한다. 그러나 아름다움이라는 것은 일시적이고 그것의 기준이 자신이 아닌 외부에 있기 때문에 사람들은 지속적으로 불안에 시달리게 된다. 또한 가치를 확인하는 기준은 비교를 통해서 가능하기 때문에 요구되는 기대 수준은 계속 상승하며 새로운 미의 기준과 유행을 만들어 가게 된다.

동그랗던 눈에서 눈꼬리가 긴 동양형으로, 도톰한 입술에서 얇고 지적인 입술로, 황신혜와 같은 서구적인 얼굴로, 김태희와 같은 현대적이면서도 지적인 얼굴로 (뉴스메이커, 2004)

몸과 관련된 소비문화의 유행은 끊임없이 몸의 불완전성과 콤플렉스를 조장함으로써 사람들의 심리와 정서를 통제하고 있다. 또 외모를 '치료'의 대상으로 삼는 성형은 몸을 결함 있는 부위들로 구성된 것으로 다루며 몸에 대한 불만을 끊임없이 수정·변형하도록 유도하고 있다.

> **큰 바위 얼굴, 굵은 허리, 넓은 등판, 비어져 나온 등살, 빈약한 가슴, 처진 히프 피부나이 스톱, 하얗고 투명하고 잡티 없는 피부는 우리의 소원. 나이를 먹지 않은 몸, 탄력 있는 가슴과 날씬한 각선미를 만들어라** (국민일보, 2005)

TV에 등장하는 수많은 얼굴들은 지방제거술, 피부 박피술, 유방성형, 얼굴 윤곽술, 보조개성형, 배꼽성형, 입술을 도톰하게 만들어 주는 기술, 주름제거술의 전시장이 되었다. 미국의 "디테일" 지는 '늘리고 잡아당기고 지방을 흡입하는 성형수술' 을 '또 하나의 멋진 액세서리' 라고 표현하고 있으며, 몸의 한 부위의 지방을 다른 부위로 옮기는 것은 마치 모자를 바꿔 쓰는 것처럼 가볍게 묘사하고 있다(Susan Bordo, 박오복 역, 2003). 급기야 수술중독이라는 현상까지 나타나고 있는데 이는 결코 충족시킬 수 없는 엄격한 기준의 '완벽한 몸' 을 얻기 위해 반복해서 수술을 받는 현상을 일컫는 것이다. 그러나 그 이면에는 반복되는 수술로 인한 부작용 그리고 실패한 수술로 인한 신체적·심리적·사회적으로 치명적인 결과가 나타나기도 한다. 바로 이 장의 서두에 나온 '선풍기 아줌마' 의 사례가 그러할 것이다.

미용 성형은 몸의 근본적인 구조까지 변형시키면서 이루어지는 가장 극단적인 몸 관리 양식이다. 성형하는 몸 소비문화는 그대로의 몸을 부정하게 하고 변형하도록 권유하고 있다. 점차 성형의 대상이 눈, 코, 입 등의 얼굴에서 몸 전체로 확장되는 '몸의 식민지화 현상' 이 양산되고 있는데, 이는 자신의 몸을 정신의 식민지로 여기며 언제든지 조작하고 변용시킬 수 있는 대상으로 간주하는 성향이 확대된다는 것이다(함인희, 2005). 사회적으로 정형화된 획일적 아름다움의 확대 재생산은 성찰성의 뿌리가 취약한 경우 더욱 큰 문제가 될 것이며, '중심을 상실한 자아' 에게 몸의 성형 소비를 더욱 부추기게 만들 것이다. 이것이 가속화되면 결국 '몸 따로, 마음 따로' 라는 주체의 분열이 진행될 수밖에 없다. 그러므로 이제 인간의 주체와 몸을 자연스럽게 관련짓고 몸 가꾸기를 당연시하는 사회에 대해 문제제기를 해야 한다. 현대 소비문화에서 몸에 대한 강박관념을 되짚어 보고 미의 추구에 대한 자율성을 찾아갈 수 있는 노력들을 시작해야 한다.

4. 생각하는 몸의 소비문화

1) 몸 소비에 대한 재조명

영국의 사회학자 기든스의 지적처럼 '우리는 이제 우리 자신의 몸을 디자인할 책임까지 가지게 된 시대'를 살고 있다. 프로젝트로 인식되기 시작한 몸은 재구성 및 변형의 가능성을 활짝 열어 놓고 있다. 다이어트와 운동, 성형수술 등을 통해 몸을 재구성하는 것은 외모에 대한 매혹이자 현대 소비문화의 나르시시즘의 표현이다.

1970, 80년대 서구에서 진행된 피트니스, 건강 및 다이어트 붐은 몸의 관리를 위한 모든 종류의 상품과 기술이 시장에서 거래될 수 있는 방법을 지원했다. "뷰티 산업"은 아름다운 몸이라는 꿈을 판매했고, 신체와 정신을 주조할 수 있는 광범위한 기술 및 치유법을 제공했다. 현재의 불만족스러운 몸을 이겨낸 후 매력적인 몸으로 만들어낼 수 있는 다양한 기법으로서, 다양한 다이어트 식품 목록, 지방 흡입술, 비디오테이프, 다이어트 성공 프로그램, 여성을 위한 보디빌딩 프로그램 및 의약품 등이 소개되고 있다. 1990년대 중반을 기점으로 고도 소비사회로 진입한 우리나라에서도 미용 산업이 급격한 속도로 팽창하고 있다. 이러한 미용 산업의 성장은 소비자에게 몸과 관련된 상품의 선택 폭을 다양하게 해 주었지만 동시에 정형화된 획일적 아름다움을 사회적으로 확대·재생산하고 있다. 상품의 소비에 길들여지는 몸이 자아를 상실한 몸으로 변해가고 있다.

최근 유행처럼 번지는 몸 관리는 몸을 배려하는 방식이 아니라 억압하는 차원에서 이루어지고 있다. 몸에 관심을 갖는 것은 우리에게 가장 가까운 '자연'인 몸과의 친화성을 회복하는 과정으로 볼 수 있는데, 현대 소비문화 속의 몸은 기계와 같은 존재로 여겨지고 있다. 몸을 기계에 비유하는 것은 몸이 근본적으로 자아에 대한 타자임을 의미하는 것이다. 몸이 다이어트, 규칙적인 운동, 나아가 성형수술을 통해 잘 조율되고 유지될 수 있는 기계로 다루어지고 있음을 의미한다(shilling, 1999).

그러나 몸에 대한 배려는 겉모습에만 매달리지 말고 몸의 내면으로부터 전달되는 소리에 귀 기울이면서 이루어져야 한다. 단지 육체제일주의, 외모지상주의로 빠지는 것은 자아를 상실해 가는 것이다. 날씬한 몸매에 대한 이상은 진정한 자아

정체성이 아님을 깨달아야 한다. 몸은 수동적이기도 하지만 욕구에 저항하면서 한계를 보여주는 능동적인 존재이기도 하다. 몸이 지나친 억압을 받게 될 때, 몸은 내적이나 외적으로 한계를 드러낸다. 그 예로 외모강박증에 의한 정신질환과 많은 육체적 장애를 들 수 있다. 신체에 대한 불만이 대인공포증과 우울증을 낳고 자신의 외모에 과도한 결함이 있다고 믿는 '신체변형장애'와 '망상장애'를 불러오기도 한다. 신체변형장애와 망상장애, 식이장애는 20세기의 대표적인 병으로 많은 여성에게 나타나고 있다. 식이장애증 환자의 몸에는 현대의 여성성을 지배하는 왜곡된 규범이 직접적으로 새겨져 있는 것이다.

'정신은 고귀하고 육체는 천하다'는 생각은 '나는 몸이며 몸은 곧 나'라는 생각으로 변화해 가고 있다. 육체를 혐오하던 시절을 보상이라도 하듯 현대인들은 몸을 가꾸고 다듬는 데 많은 돈과 시간을 할애한다. 그러나 우리가 가꾸는 것은 여전히 몸의 외피이다. 몸은 욕망에 의해 다스려지고 있는데, 그것은 자신이 아닌 타자에 의해 다스려지는 욕망이요, 상업성에 길들여진 욕망인 것이다. 그래서 이 욕망은 인간에 대한 온전한 이해를 방해하고 있다. 그러므로 우리는 그것이 자신에 의한 것인지 아님 타자에 의해 다스려지고 상업성에 길들여진 욕망인지를 인지해야 한다. 즉, 자신의 욕망에 대한 온전한 이해가 이루어져야 하는 것이다. 여성의 육체적 매력을 상품화하는 사회에서 여성은 몸으로써만 존재 가치를 인정받는 대상으로 전락할 수 있으며, 타인에 의해서 길들여진 욕망은 또 다시 인간의 몸과 마음을 불행하게 만들기 때문이다. 몸이 사회적 관계로부터 자유로우면서도 스스로 자율성을 확보한다는 것이 불가능할지라도 소비자는 정신과 정체성을 담고 있는 몸에 대한 새로운 시각을 가지도록 노력해야 한다. 몸을 향한 모든 시선으로부터 진정 자유로워질 때 자주적인 정체성은 다시 살아날 것이다(정주원, 2006).

2) 건강한 몸 문화를 위해

(1) 외모지상주의의 벽을 넘어

외형적인 몸의 가치에 치중하는 외모지상주의는 사람을 이해하는 마음의 눈을 좁게 만들고 있다. 이성 친구를 선택하는 조건으로 외모를 꼽는 비율은 남성들이 여성들보다 5배나 높기 때문에 연애나 결혼시장에서 자신의 가치를 높이기 위해서 성형수술도 불사할 의향은 여성들이 남성들보다 4배나 높게 나타나고 있다(임인숙, 2004). 또한 예쁘지도 날씬하지도 않은 여성들은 조롱과 편견의 대상이 되거나 무관심의 대상이 되고 있는 현실이 사람들을 자유롭지 않게 하고 있다. 식이장애를 가지고 있는 여성들에 대한 연구(문경덕, 2003)를 보면, "얼굴과 몸매가 형편없다고 남자친구에게 채여서", "날씬한 애들만 미팅 시켜주고 나만 쏙 빼놔서", "통통하니까 남자들이 여자로 안 봐줘서"라는 이유들이 다이어트를 결심하도록 하였다.

이와 같은 외모적으로 많은 이점을 가진 이가 더 많은 보상을 받고 외모를 통해 사람을 판단하고자 하는 가치관은 자신을 굴레 속으로 더욱 더 갇히게 하고 불안한 존재로 만들고 있다. 그러므로 비록 외모지상주의적인 현실의 벽 앞에 주체적인 노선을 유지하는 것이 상당히 어렵더라도 조금씩 의식의 전환을 위한 노력들이 이루어져야 한다.

임인숙(2004)의 연구에 의하면 외모 이외의 대안자원 여부가 성형 의향에 영향을 미치는 것으로 나타났다. 전문직 커리어를 지향할 만한 비전이나 능력이 있는 여성들, 즉 사회적 성공을 위해서 외모 이외의 자원을 동원할 수 있는 여성들은 몸으로만 경쟁하라는 압력으로부터 상대적으로 더 자유로운 것으로 나타났다. 반면, 자신의 몸을 끊임없이 감시하고 완벽한 미모를 만들기 위해서 노심초사하는 성향, 즉 외모지향성을 가진 이들은 동일한 환경에서도 몸 변화의 욕구를 더 많이 보이는 것으로 나타났다. 따라서 외모 이외의 다른 대안적인 자원을 개발함으로써 외모지향적인 생각에서 조금씩 벗어나고자 하는 노력도 가능할 것이다.

몸은 단순히 보여지는 것이 아니라 나의 정신과 주체를 담고 있다. 따라서 외적인 화려함보다는 내적 · 외적인 몸 자체의 건강을 위해 꾸준히 노력하며, 자신만의 아름다움과 개성을 추구해야 한다. 다이어트나 성형수술이 자신의 삶을 한 순간에 바꿀 수 없음을 인식하고, 있는 그대로의 자신을 받아들이고 사랑할 줄 알아야 한다. 시대와 사회에서 요구되는 미의 기준에 자신의 외형적인 이미지만 맞추려고 하는 것은 나 자신의 존재를 거부하는 것이다. 그러므로 외모에 의해 모든 것을 판단하려고 하는 외모지상주의에 대한 비판과 함께 건강한 삶을 위한 개인적인 자성이 이루어져야 한다. 이러한 노력은 최근 외모에 대한 스트레스로 무리한 성형, 다이어트에 집착하게 될 뿐 아니라 열등감으로 인한 우울증이나 대인기피증, 자신감

저하 등의 고통을 겪는 이들에게 더욱 요구된다.

자신의 몸을 사랑하고자 시행되는 노력을 알아보도록 하자.

한국 여성 민우회는 5월 6일 '세계 NO 다이어트 데이' (International No Diet Day)에 맞추어 '내 몸의 주인은 나 - NO 다이어트, NO 성형캠페인' 을 진행하고 있다. NO 다이어트 데이 행사는 1992년 5월 6일 거식증 환자였던 영국의 메리 에

나의 외모차별 지수는 얼마나 될까?

* 외모 차별 지수 체크 목록

1. 친구나 주위 사람의 외모에 대한 인사나 평가를 하는 것은 관심과 애정의 표현이다.
2. 살 찐 사람은 솔직히 둔하고 게으르다고 생각한다.
3. 예쁜 사람이 공부도 잘하고 일도 잘한다.
4. 소개팅에서 상대방의 외모가 맘에 안 들면 외모에 대해 말하는 편이다.
5. 미니스커트 등 몸매가 드러나는 옷은 날씬한 여성만 입어야 한다.
6. 내가 부르는 친구의 별명 중 외모와 관련된 것이 있다.
7. 여학생은 교복치마를 입어야 단정해 보인다.
8. 입사지원서에 키, 몸무게 등의 외모 관련내용을 기재하는 것은 당연하다.
9. 채용공고에 '용모 단정한 자' 라고 명시하는 것은 당연한 일이다.
10. 기업에서 같은 조건이면 외모가 뛰어난 사람을 뽑는 게 당연하다.
11. 뉴스의 여성 앵커는 젊고 예뻐야 한다.
12. 여성정치인의 옷차림이나 외모 관련 기사가 나오는 것은 당연하다.
13. 외모가 뛰어난 사람이 물건을 팔면 더 관심이 간다.
14. TV 연예 오락 프로그램에서 연예인의 외모를 평가하거나 농담을 하는 것은 재미있다.
15. TV나 영화에서 못 생긴 사람이 주연을 하는 것은 참을 수 없다.
16. 성형 부작용이나 무리한 다이어트의 책임은 사회적 영향보다는 개인의 욕심에 있다.

체크된 항목이 0~3개면 '아주 훌륭한 당신', 4~6개는 '아쉽지만 그래도 훌륭한 당신', 7~10개는 '외모차별에 물든 당신', 11~16개는 '외모로 모든 것을 보는 당신' 임.

자료 : 동아일보(2005), 당신의 외모차별지수는 얼마일까요?, 5월 5일자

번스영이 무리한 다이어트로 숨진 여성들을 추모하며 시작한 것을 계기로 미국과 독일, 러시아, 노르웨이 등 12개국에서 열리고 있다. 국내에서는 한국 여성 민우회가 올해로 3년째 열고 있는데, 외모에 대한 왜곡된 인식으로 신체적 · 정신적 고통을 겪는 현실을 개선하자는 취지에서 기획되었다.

또한 여성 민우회는 이번 행사를 위해 일상생활에서 흔히 접할 수 있는 16개 항목으로 '외모차별 지수' 체크 목록을 만들어 얼마나 외모 차별적 시각을 갖고 있는지를 가볍게 점검해 볼 수 있도록 했다. 당신의 외모차별 지수는 얼마나 될까?

요즈음 회자되고 있는 맘짱은 마음이 따뜻한 사람이라는 뜻으로 점점 더 외모 중심적으로 돌아가는 사회에 다시 한번 사람의 내면이 중요하다는 것을 일깨워 주는 단어라 할 수 있다. 보여지는 세상, 모습까지 변화 가능한 세상일지라도 진정으로 아름다운 것이 무엇인지, 소중한 것이 무엇인가에 대해 숙고해 보는 시간이 필요하다.

(2) 기업과 정책적인 노력의 필요

개인적인 측면에서 가치관의 전환과 몸에 대한 온전한 이해가 이루어진다 하더라도 이는 사회적인 측면과 함께 진행되어야 한다. 사회적으로 형성된 외모에 대한 잣대와 기준에 영향을 받지 않고 자유로울 수 있는 현대인은 그리 많지 않기 때문이다. 그러므로 사회적인 풍토를 개선할 수 있도록 기업과 미디어, 국가의 노력도 함께 이루어져야 한다.

한국여성개발원(2003)의 조사에 의하면, 대학을 졸업한 여성의 17.5%가 취업을 위해서 성형수술이나 다이어트를 하는 것으로 나타났는데, 이는 외모를 따지는 기업들의 직원 채용 풍조에 의한 결과라고 볼 수 있다. 취업 전문 업체 스카우트가 2004년 기업 인사담당자 243명에게 '채용시 구직자의 외모가 영향을 미치는가' 라고 물었을 때, 66.7%가 '그렇다' 고 답해, 2년 전 조사했을 때와 비교해 무려 26.5%나 증가한 수치를 보인 것으로 나타났다. 특히 73.7%의 인사담당자들은 '실력이 뛰어나지만 외모가 비호감형인 사람보다, 실력이 부족하지만 외모가 호감형인 사람을 택하겠다' 고 답해, 외모의 중요성을 실감하게 했다(한겨레, 2004). 이와 같은 기업의 용모 차별적 선발 관행이 구직자에게 외모의 중요성을 인식하도록 강요함으로써 몸 관리 소비를 부추기고 있다. 이제 기업은 외모차별을 개선하기 위해 외모를 선발의 변별력으로 볼 것이 아니라 기업에 적합한 개인적인 능력을 기준으로 채용하도록 지속적인 노력을 강구해야 한다.

이러한 기업의 인사 채용 변화와 아울러 대중매체의 변화도 요구된다. 광고를 비롯하여 각종 쇼, 오락 프로그램, 드라마에서 보여주고 있는 지나친 외모 중심적인 모습들은 미에 대한 왜곡된 가치관을 가지게 하고 있으며, 지나친 다이어트와 성형을 당연시 하도록 조장하고 있다. 성형수술을 제대로 한 미모의 여성들만이 TV 프로그램의 대표가 될 수 있고 이들이 최고의 여성으로 평가받는 현실과 성형수술의 붐이 무관하지는 않을 것이다(장훈, 2005). 외양적 아름다움을 지나치게 강조하는 대중매체는 성인뿐 아니라 가치판단이 미숙한 청소년과 어린이들에게까지도 아름다움만이 최고라는 그릇된 인식을 심어줄 수 있다. 그러므로 몸에 대한 이상적인 이미지만을 양산하기보다는 좀 더 사실적이고 자연스러운 실체로 다루어야 할 것이며, 성형과 다이어트에 대해 올바른 전달을 함으로써 미에 대한 바르고 긍정적인 가치관이 형성되도록 노력해야 한다.

다음으로 정부의 정책적인 측면에서의 역할도 요구되는데, 다이어트와 성형에 관한 무분별한 과대광고를 규제하고 외모차별을 개선하기 위한 공익광고 및 외모지상주의의 실태와 문제점을 제작, 보도해 줌으로써 그 심각성을 환기시켜 주고 바른 길라잡이 역할을 해야 할 것이다. 이와 함께 기업의 귀감이 될 수 있도록 정부나 공기업이 앞장서서 외모를 포함한 갖가지 차별을 없애는 사회적 분위기를 조성해야 한다. 현재 진행되고 있는 정부의 노력을 살펴보도록 하자.

최근 보건복지부는 외모 신드롬이 10대 소녀들의 신체적 · 정신적 건강에 부정적 영향을 미치고 있다는 판단에 따라 '외모 지상주의 인식 개선' 에 적극 나서기로 하였다. 보건복지부측은 "10대 소녀들이 외모주의에서 벗어나 스스로를 사랑하며 자신의 몸에 대해 자긍심을 갖고 건강하고 당당하게 성장할 수 있도록 해야 한다" 고 강조하였다. 보건복지부가 이러한 대책을 강구하게 된 것은 2003년 전국 남녀 대학생 2,034명을 상대로 설문조사 한 결과 응답자의 52.5%가 미용성형수술을 받았고 수술 희망 비율도 82.1%로 나타났기 때문이다.

보건복지부가 이러한 대책을 강구하게 된 것은 2003년 전국 남녀 대학생 2,034명을 상대로 설문조사한 결과 응답자의 52.5%가 미용성형수술을 받았고 수술 희망 비율도 82.1%로 나타났기 때문이다. 인식 개선 프로그램은 '무엇이 우리에게 외모 지상주의를 강요 하는가', '나의 몸, 나 자신을 있는 그대로 사랑하기', '세상에 하나뿐인 나와 너… 독특한 존재로서의 우리 인식하기' 등으로 짜여져 있다(경향신문, 2005).

이상과 같은 의미 있는 노력들은 교육적인 차원에서 지속적이고 체계적으로 이루어져야 할 것이며, 학생들뿐 아니라 일반 성인에까지 확대 시행되어 점차 의식의 변화를 이루도록 해야 한다. 개인의 인권과 다양성을 존중하는 사회 분위기를 만드는 것이 중요하며 사회 전반적으로 외형적인 몸 소비문화에 빠져 있는 현상을 당연하게 볼 것이 아니라 이러한 측면을 심각한 문제로 인식하고, 보다 바람직하고 건강한 몸 소비문화의 정착을 위해 우리 자신뿐 아니라 기업, 미디어, 정부의 개선 노력이 지속적으로 이루어져야 할 것이다.

소비문화 생각해 보기

몸에 대한 소비를 통해 육체의 상품가치를 높이는 사회적 현상에 대해 논의해 본다.

- 몸 가꾸기(외모관리) 상품소비를 하는 이유는 무엇인가?
  - 무엇이 몸 가꾸기 상품소비를 하도록 만드는가?
  (취업, 결혼, 가부장제 사회, 육체자본 축적 등의 관점에서 바라보기)
- 다양한 몸 관리상품과 서비스를 통한 몸 관리는 몸에 대한 배려인가, 억압인가?
- 건강한 아름다움이란 무엇이며, 그 기준은 어떻게 세워지는가?

영화속의 09

소비문화 엿보기

내겐 너무 가벼운 그녀

줄거리 _ 주인공인 할은 아버지의 유언에 따라 오직 겉모습이 섹시하고 아름다운 여자만을 여자 친구로 삼으려고 하지만 그의 변변치 않은 외모 때문에 번번히 여자들에게 거부당한다. 그러던 어느 날 할은 저명한 상담사인 로빈스와 함께 엘리베이터 안에 갇히게 되고 로빈스는 그에게 내면의 아름다움만을 볼 수 있도록 최면을 건다. 그 후 할은 거구인 로즈메리라는 여인을 만나게 되지만 할의 눈에 그녀는 더 없이 날씬하고 아름다운 여성으로 보인다. 그녀의 착하고 고운 심성이 겉모습으로 투영된 것이다. 할은 친구 모리치오에 의해 최면이 풀리면서 잠시 혼란에 빠지지만 곧 로즈메리의 진정한 아름다움을 깨달으며 그들은 진실한 사랑을 하게 된다.

소비문화 _ 몸의 외형이 아닌 내면의 아름다움을 생각하게 하는 영화.

이 영화는 여자들의 겉모습에만 십착하던 할이 진정한 아름다움의 의미가 무엇인지에 대해 깨닫게 되는 과정을 그리고 있다. 영화 초반부 할이 추구하는 아름다운 여성의 조건이란 젊은 나이와 섹시하고 완벽한 가슴모양, 엉덩이, 날씬한 다리 등 오직 몸의 세부적인 외형으로만 언급된다. 영화 속에서 이야기하듯이 사람들이 아름답다고 여기는 것은 TV나 영화, 잡지 등에서 볼 수 있는 성형화된 몸이다. 그들에 의해 규정되는 획일화된 아름다움은 마음의 눈을 멀게 하고 이상적인 환상만을 꿈꾸게 만든다. 어쩌면 우리 자신이 몸의 외형에만 매달리도록 최면에 빠져있는 것은 아닐까?

극중에서 할의 최면을 풀어주기 위해 찾아간 친구 모리치오에게 상담사 로빈스는 이렇게 말한다. "할에게 최면을 건 것이 아니라 인간의 겉모습만을 보게 되는 최면을 풀어서 내적 아름다움을 볼 수 있게 해준 것이다." 영화에서 말하듯 예쁜 외모는 단지 잘 짜여진 분자들에 불과하다. 이제 우리 자신도 영화 속 할처럼 외모지상주의라는 최면에서 깨어나 진정한 아름다움을 바라볼 수 있는 마음의 눈을 다시 떠야 할 것이다.

참고문헌

권수현 외(1996), 외모 가꾸기에 대한 여성학적 분석, 이화여자대학교 대학원 연구논집 30권

그랜트 맥브라이언 터너, 임인숙 역(2002), 몸과 사회, 몸과 마음

김선남(1998), 여자는 외모로 승부하는가, 일진사

김선희(2003), 외모에 대한 사회? 문화적 태도와 외모관리행동에 대한 연구, 대한가정학회지 41(5), pp. 99~108

김은실(2001), 여성의 몸, 몸의 문화정치학, 도서출판 또 하나의 문화

김은주(2001), 여대생의 외모관리행동에 관한 연구, 이화여자대학교 대학원 석사학위논문

김준기(1997), 먹고 싶다 그러나 마르고 싶다, 푸른 숲

김현숙(2004), 몸살 앓는 몸, 〈현대 한국사회의 일상문화코드〉, 한울아카데미

맥크래켄, 이상률 역(1996), 문화와 소비, 문예출판사

문경덕(2003), 현대 한국사회에서의 날씬함의 '컬트화' - '다이어트 장애자' 들의 몸 프로젝트를 중심으로, 서울대학교 대학원 석사학위논문

수잔 보르도, 박오복 역(2003), 참을 수 없는 몸의 무거움, 도서출판 또 하나의 문화

우경자(2002), 여성의 외모주의와 성형의료산업, 연세대학교 대학원 박사학위논문

이영자(2000), 소비자본주의 사회의 여성과 남성, 나남출판

임인숙(2002), 한국사회의 몸 프로젝트: 미용성형산업의 팽창을 중심으로, 한국사회학 제36집 3호, pp. 183~204

임인숙(2004), 다이어트의 사회문화적 환경, 한국사회학 38(2), pp. 166~187

임인숙(2004), 외모차별 사회의 성형 경험과 외향, 한국여성학 20(1), pp. 95~120

장 보드리야르, 이상률 역(1992), 소비의 사회, 문예출판사

정주원(2006), 몸의 소비문화적 의미와 현상에 대한 고찰, 소비문화연구 9(1), pp. 83~101

조은정(2002), 한국이 15명의 시장이라면, 지식공작소

최옥선(2004), 여성잡지에 나타난 몸 담론 연구 -성형의료산업과의 관련성을 중심으로-, 한국출판학연구 46, p. 261~313

크리스 쉴링, 임인숙 역(1999), 몸의 사회학, 나남출판

피터 코리건, 이성용 등 역(2002), 소비의 사회학, 도서출판 그린

한국여성연구소(2005), 여성의 몸 -시각, 쟁점, 역사-, 창비

한국소비자보호원(2002), 다이어트 제품 광고의 문제점 및 개선방안

함인희(2005), 1960년대 이후 한국사회 몸의 "식민화" 현상 연구, 제3회 한국학특성화 학술대회집

〈기 사〉

경향신문(2003), 2030 1만 명에게 물었더니, 1월 27일자

경향신문(2005), 복지부 일선학교 '외모 지상' 개선 나서, 3월 25일자
국민일보(2002), EBS 'PD리포트' 성형다이어트 늪 헤매는 10대 집중분석, 8월 7일자
국민일보(2004), 미디어 칼럼 이인희, '외모 지상주의' 부추기는 언론, 2월 16일자
국민일보(2005), 여성잡지가 성형수술 부추긴다, 8월 28일자
뉴스메이커(2004), 미모는 권력, 성형 권하는 사회, 12월 10일자
동아일보(2002), 여성 70%, 외모가 인생 좌우, 제일기획 200명 대상 조사, 8월 11일자
동아일보(2004), 밥 싫어, 10대 거식증 환자 급증, 5월 16일자
동아일보(2005), 당신의 외모차별지수는 얼마일까요?, 5월 5일자
매일경제(2004), '오대 얼짱' 에서 '몸짱 아줌마' 까지, 2월 16일자
문화일보(2002), 외모 콤플렉스에 빠진 아이들, 9월 26일자
스탁데일리(2005), 한국여성 외모에 가장 불만족, 3월 7일자
스포츠투데이(2004), 日신문 '강도 얼짱 신드롬' 비꼬기, 2월 27일자
장훈(2005), 외모가 부각되는 사회, 교육교회 2월호
주간한국(2004), 살과의 전쟁 '비만', 뚱뚱한 건 용서받지 못해, 4월 27일자
한겨레(2003), 요즘 10대 여학생은 3명 중 2명 정상체중 불구 살 빼기, 4월 8일자
한겨레(2004), '실력 위에 외모' 더 높은 취업 장벽, 12월 7일지
한국여성민우회(2003), 다이어트와 성형에 관한 인식조사, www.womenlink.or.kr
KBS 추적 60분(2005), 거식과 폭식의 진실, 9월 21일
KBS 순간포착(2004), 세상에 이런 일이- 잃어버린 얼굴, 11월 25일
YTN TV(2004), 목숨까지 위협하는 다이어트, 11월 17일

CHAPTER

10 디지털 소비문화

생활(living) 속에서 잃어버린 우리의 삶(life)은 어디에 있는가.
지혜(wisdom) 속에서 잃어버린 우리의 생활은 어디에 있는가.
지식(knowledge) 속에서 잃어버린 우리의 지혜는 어디에 있는가.
정보(information) 속에서 잃어버린 우리의 지식은 어디에 있는가.

-T.S. 엘리엇의 시 '바위' -

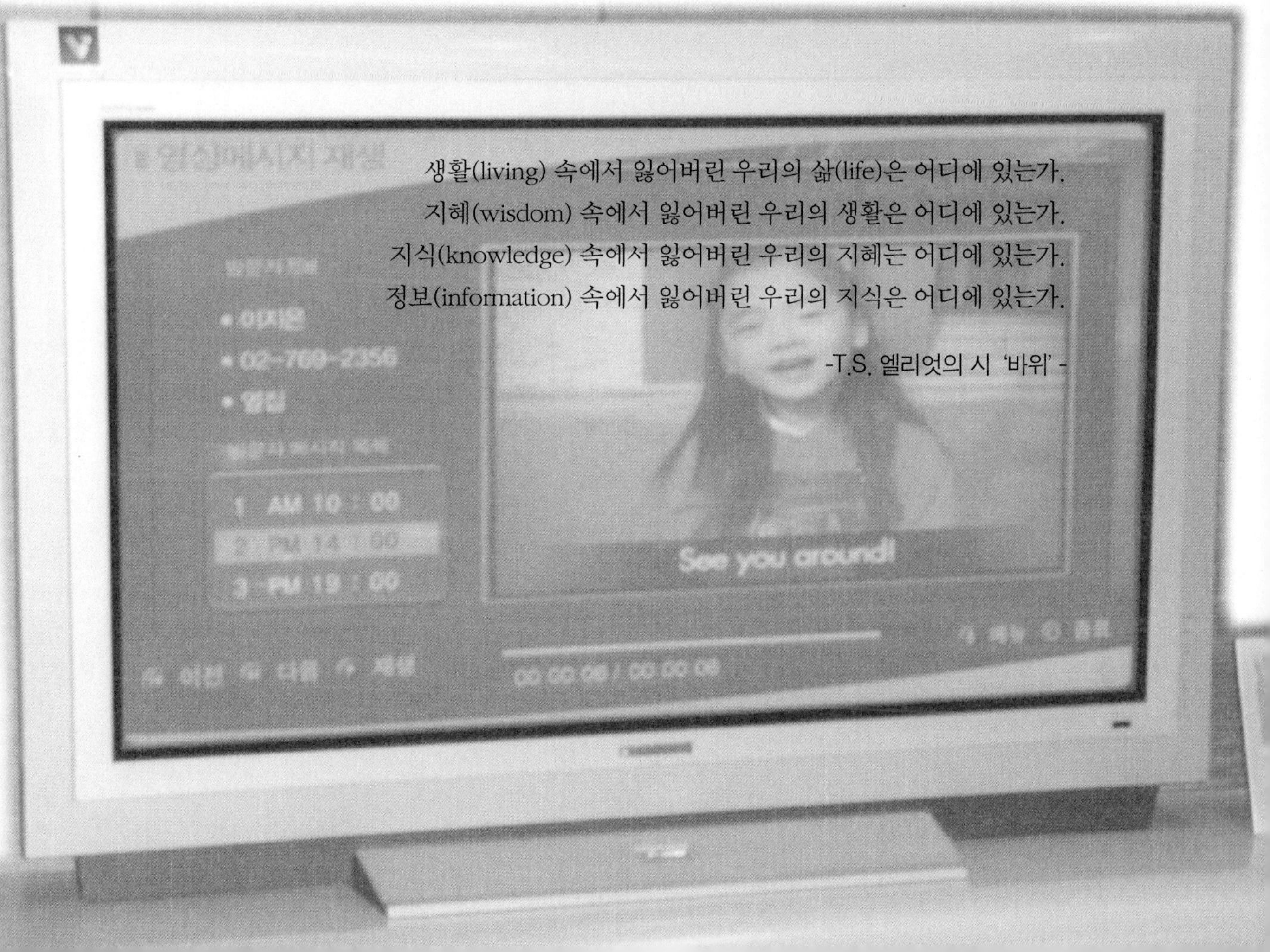

CHAPTER

10 디지털 소비문화

디지털시대의 새로운 용어 정의

미시적 독서 - 휴대폰에 다운받아 읽는 전자책 읽기를 일컬음. 미시적 독서에 길들여지면 진짜 책을 읽을 때도 한 줄이 너무 길어 당황하게 된다.

언행일치 - 화상전화가 등장하면서 말과 행동이 일치해야 창피를 면한다는 이론

부르주아 - 휴대폰으로 보던 영화를 틀어놓은 채로 한참을 자리를 비우는 친구. 액정에 MSN 메신저, 모바일 NATE ON 로그인을 알리는 노란색 아이콘이 늘 떠있는 친구

박애주의 - 공공장소에서 위성 DMB폰을 꺼내어 나 아닌 다른 사람과 TV를 함께 보는 행위

원격코디 - 혼자 쇼핑하면 꼭 실패하는 사람들에게 권장할만한 노하우. 옷을 대보고 셀카를 찍어 친구에게 전송한다. "어때? 이거 살까?"

무인도 - 오늘 하루만은 누구의 방해도 받지 않고 자유로운 로빈슨 크루소가 되고 싶다면 휴대폰만 꺼둘 것. 무인도가 따로 없다.

- SK텔레콤, 현대생활백서 중에서 -

한 이동통신사가 소개하고 있는 현대 라이프스타일은 고개를 끄덕이게 하는 공감을 자아낸다. 이는 디지털 생활이 이미 우리의 일상 깊숙이 파고들었다는 것을 말해주는 것이라고 할 수 있다. 디지털(digital)이 21세기 문화의 핵심임을 증명해주듯 많은 소비자에게 '인터넷은 곧 생활'이 되고 있으며, 최근에는 언제 어디서나 접속이 가능한 유비쿼터스 환경이 구현되고 있다. 인터넷은 정보뿐만 아니라 쇼핑, 학습, 놀이, 커뮤니티 등의 다양한 분야에 이용되면서 쇼핑문화를 변모시킨 동시에 아바타, 아이템 소비, 미니홈피 열풍, 블로그 문화, 디지털 프로슈머 등 다양한 사이버상의 소비문화를 탄생시키고 있다. 그러나 '인터넷 폐인', '싸이홀릭' 등의 신조어가 의미하듯 디지털이 가져온 여러 가지 사회적 문제들도 있다. 본 장에서는 디지털경제의 의미와 디지털 소비문화의 현상들-아바타 소비문화, 블로그, 미니홈피 문화, 유비쿼터스-을 살펴보고 디지털 소비문화에 대한 문제점 및 미래의 바람직한 방향에 대해 짚어보고자 한다.

1. 아날로그에서 디지털경제로

디지털경제란 재화와 서비스의 생산, 분배, 소비 등 주요 경제활동이 '디지털화되고 네트워크화 된 정보와 지식'이라는 생산요소에 주로 의존하는 경제를 의미한다. 좁은 의미에서는 IT산업과 인터넷을 기반으로 하는 전자상거래의 역할을 중시하는 개념이다(이용만 등, 2000).

인터넷경제, 정보경제, 네트워크경제, 지식기반경제 등의 용어들이 디지털경제와 유사한 개념으로 사용되고 있으나, 포괄하는 범위나 강조하는 측면에서는 다소의 차이가 있다. 아날로그경제에서 디지털경제로의 진전은 정보와 지식에 대한 수요 증가, 디지털기술의 발전, 네트워크화의 진전에 기인하며 이러한 디지털화는 경제활동과 정치, 사회, 문화적인 측면의 변화를 유도하고 있다.

시장은 네트워크에 자리를 내주며 소유는 접속으로 바뀌는 추세다. 물적 자본의 소유권은 점점 주변적 지위로 밀려나는 반면, 지적 자본은 새로운 시대를 이끌어가는 원동력이 된다. 새로운 경제에서는 물건이 아니라 개념, 아이디어, 이미지가 실리를 가져온다. 소비자의 의식도 소유에서 접속으로 서서히 기울 것이다(제러미 리프킨, 이희재 역, 2001). 컴퓨터와 정보통신기술이 급속하게 발전하면서 디지털기술을 응용한 다양한 상품과 서비스가 대거 등장하게 되었고 빠른 속도로 보급되고 있다. 디지털재화와 서비스에 대한 수요가 늘어가고 있으며, 인터넷을 이용한 전자상거래, 사이버금융의 확대는 기존 거래방식을 변화시키고 있다.

1) 소비의 디지털화

소비의 디지털화란 재화와 서비스의 디지털화를 말한다. 통신, 교양, 오락부문을 중심으로 디지털재화 및 서비스에 대한 수요가 꾸준히 확산되어 가고 있다.

표 10-1 소비지출의 디지털화

소비지출 품목	디지털화
식료품	정보검색을 통한 재화의 선택 전자상거래를 이용한 재화의 구입
주 거	부동산거래의 디지털화 인텔리전트 빌딩 자동제어시스템
교 육	사설학원의 디지털화 정규교육의 디지털화 사이버교사 전자서적
가구 · 가사	일렉트로메카닉스를 이용한 가사
보건의료	홈닥터 디지털 건강검진
교양오락	쌍방향 전송으로 영화와 게임, 통신이 통합된 취미생활 가상현실 디지털예술품 가상애완동물 사이버신문
교통 · 통신	E-mail 인터넷 영상전화 네비게이션 운항시스템
기타 소비지출	디지털방식의 가전, 가구 등 내구재

기존의 내구재나 유형의 상품에 있어서는 디지털기술을 활용하거나 응용한 시스템을 장착하게 되었다. 예를 들면, 카세트테이프와 그것을 재생하던 워크맨은 디지털 시대로 넘어오면서 mp3 파일과 mp3 플레이어로 바뀌었다. 이는 상품, 즉 '쇼핑의 대상' 자체가 변화한 것이다. 네비게이션 운항 시스템을 장착한 자동차, 자동제어 및 원격조절이 가능한 가전제품들이 보급되고 있다. 또한 서비스 부문에 있어서는 통신, 오락, 의료, 학습 등의 수요가 확산되고 있다. E-mail, 초고속망을 통한 데이터통신 서비스가 일반화되고 있으며, 영화와 게임 등의 엔터테인먼트가 확산되고 있다. 정보와 밀접한 관련이 있는 교육, 의료부문도 디지털화가 확산되고 있다. 원격의료시스템으로 건강진단을 하고 의학적 지식을 프로그램화 한 사이버닥터가 의사의 업무를 보조할 것이다. 인공지능을 갖춘 가사용 로봇이 통신과 결합하여 가사업무를 지원하는 것 등 디지털제품은 변형, 융합 등으로 전개되고 있다.

2) 거래의 디지털화 – 인터넷을 통한 전자상거래

'인터넷(internet)' 으로 인해 '전자상거래' 가 나타나면서 기존의 상거래 시장은 물론 각 개인의 쇼핑문화에도 엄청난 변화가 일어났다. 전자상거래의 등상으로 기존의 생산자-판매자-소비자 사이의 역학 관계, 거래의 형태, 거래 대상이 변화하고 있다. 제품의 동질성이 강하고 보존이 쉬운 서적, CD, 비디오테이프의 경우 사이버거래가 보편화되어 있으며 가전, 승용차, 대형내구재와 의류, 식품, 일반생활용품으로까지 확대되고 있다. 또한 실물 상품시장 외에도 금융, 지식, 서비스, 무형의 컨텐츠 등 거래의 형태로 상행위가 발생하는 모든 '상거래' 는 점차 '전자상거래화' 되고 있다.

1995년부터 전자상거래가 본격화 된 이래 10년간 전자상거래 규모는 꾸준히 증가되어 왔다. 우리나라의 경우 이미 전체 상거래에서 차지하는 전자상거래의 비율이 2004년 20%에 육박할 정도이다. 2004년 우리나라 전자상거래 총규모는 314조 790억원으로 조사되었으며 이는 전년에 비해 33.6%가 증가한 수준이다. 이중 기업-소비자 간 전자상거래(B2C)는 6조 4,430억원인 것으로 나타났다(통계청, 2005).

인터넷 쇼핑의 이용으로 소비자는 기존의 쇼핑에서 겪어야 했던 불편함에서 벗어날 수 있게 되었다. 또한 국내 판매 시장에서 찾아볼 수 없거나 미유입된 상품들을 해외 온라인 쇼핑몰에서 구매 가능하게 되었다. 물건을 사기 위해 돌아다니던 행위는 가격비교 사이트에 접속해 제품의 가격을 비교하고 가장 만족스런 판매자를 선택해 직접 방문하지 않고 온라인으로 구매하는 모습으로 변했다. 게다가 수많은 온라인 쇼핑의 경쟁으로 각종 마일리지와 할인쿠폰 등이 제공되고 있다.

인터넷이 시장구조와 기업의 마케팅 방법론을 변화시킨 데 이어 상품의 개념까지 바꾸고 있다. 아바타와 아이템 같은 무형의 상품들이 인기를 끄는 등 상품의 개념도 획기적으로 달라졌다. 인터넷 문화의 확산으로 확고하게 자리 잡은 트렌드 중 하나는 아바타와 아이템 같은 무형의 디지털 상품을 사기 위해 소비자가 지갑을 열고 있다는 점이다.

인터넷을 통한 사이버결제방식이 보편화되고 있는데 신용카드 결제방식과 함께 전자화폐나 스마트카드를 이용한 대금결제도 확대되고 있다. 또한 사이버 증권거래, 인터넷뱅킹 등이 개인 재무관리 프로그램 및 인터넷 사이트와 함께 개인금융의 디지털화를 이끌어가고 있다.

래쉬와 어리(박형준 · 권기돈 역, 1998)는 급속하게 이루어지고 있는 정보화와 세계화에 주목하여 현대사회의 소비주의적인 경향에서 긍정적인 기호를 읽어내고 있다. 급속한 인터넷의 발달은 재화와 정보의 소통에 있어서 장벽으로 여겨졌던 시간과 공간의 제약을 무너뜨린 획기적인 사건으로 간주되고 있다. 사회구조가 일국적 범위에서 지구 차원의 정보통신구조로 바뀜으로써 전례 없는 '기호와 공간의 경제' 가 존재하게 되었다. 네트워크를 통한 기호의 빠른 소통은 개인화를 가속화 시키고, 네트워크를 통해 소통되는 이미지와 표출되는 상징들은 개인을 심미적인 성찰성을 가진 주체로 만들며 만일 이렇게 될 경우 예술과 상품의 경계가 약해지고 개인은 소비의 과정에서 개성을 실현할 수 있는 기회를 얻게 된다고 본다. 반면 리처(이유선 등, 2005, 재인용)는 인터넷의 발달로 인한 소비의 탈물질화가 앞으로의 소비문화를 결정할 것이라고 예측하며 인터넷의 발달로 인해서 소비가 엄청나게 증가할 것이라고 보고 있다.

3) 발언권 커진 소비자-디지털 프로슈머

디지털문화로 인해 소비자는 보다 유리한 입장에서 쇼핑을 하게 되었다. 가격비교가 불가능하거나 어려웠던 과거와 달리 제품의 객관적 정보들을 접하며 가격

비교를 손쉽게 할 수 있게 되었다. 또한 상품 후기와 부당한 판매 및 제조에 대한 손쉬운 여론 형성으로 과거에는 기업에 비해 상대적으로 열세였던 개인 소비자 집단의 입지가 강화되었다.

디지털 혁명은 우리를 수동적 소비자에서 능동적 소비자로 그리고 능동적 소비자에서 디지털 프로슈머로 진화시키고 있다. 공산품에 대한 소비뿐 아니라 문화, 정보, 예술, 오락 등 인간이 향유하는 모든 것에 있어 생산자가 곧 소비자이고, 소비자가 곧 생산자인 프로슈머(Prosumer)의 시대가 도래하고 있다. 원래 프로슈머란 용어는 미래학자 앨빈 토플러가 그의 저서 '제 3의 물결' 에서 공급자(producer)와 소비자(consumer)를 합성해 사용한 것으로, 소비는 물론 제품 개발, 유통과정에도 직접 참여하는 생산적 소비자를 뜻한다. 즉, 정보생산을 위한 지식정보의 프로슈머가 성장하고 있는 것이다.

인터넷의 상품거래에서는 소비자가 결정한 가격에 생산자가 응찰하는 역경매 방식이나, 다양한 형태의 경매 및 공동구매 그리고 소비자들이 제시한 상품평이나 상품에 대한 의견교환공간 등을 통해 소비자가 생산과 판매에 적극적인 참여를 하는 것이 일반화되고 있다. 네티즌들의 상품에 대한 평가와 사용후기 등이 구매에 결정적인 역할을 하면서 제조업체들도 신제품 출시에 앞서 인터넷 등을 통해 사용자의 의견을 수렴하고 사용자의 선평가를 받고 있다.

그간 인터넷의 확산을 통해 디지털 프로슈머(Digital Prosumer)의 가능성을 몇해간 경험해왔다면, 이제부터는 본격적인 디지털 프로슈머의 시대가 도래했다고 볼 수 있다. 생산에 있어 의견을 제시하고 요구를 하는 조언자 역할의 초기 프로슈머에서 진화하여, 이젠 직접 생산을 하기도 하는 디지털 프로슈머가 양산되고 있는 것이다. 보다 적극적으로 자신의 의견들을 담아 온라인과 오프라인을 넘나들며 사회적 영향력을 만들어 내거나 지속적인 정보의 프로슈머로서 정보생산이라는 사회적 생산활동을 하며 경제적인 성취까지 이루어내는 2세대적 디지털 프로슈머가 점차 증가하는 경향을 보이고 있다.

디지털 프로슈머의 단상은 자신이 직접 만든 음악이나 동영상, 뉴스, 정보 등을 유통시키거나, 인터넷방송 혹은 개인 홈페이지 등의 퍼스널 미디어를 적극 활용하여 자신의 의견과 여론, 문화를 생산하는 것이다. 또한 안티(anti)사이트를 만들거나 해당 회사 웹사이트에 글을 남기고 아예 경영자에게 장문의 이메일을 보내기도 한다. 안티사이트가 사회적으로 이슈가 된 것은 2000년부터이지만 최근에는 하나의 일상 문화적 현상으로 자리 잡았다. 안티문화가 일상화된 것은 디지털의 발달로 이루어진 사이버 공간의 익명성과 정보성에 기인한 결과로 볼 수 있다. 기존의 신문과 방송에서 할 수 있는 반대와 비판은 한계가 있을 수밖에 없었다. 이러한 한계점들을 디지털 공간이 채워준 셈이다(고뉴스, 2005년 5월 14일).

우리가 지향해야 할 디지털 프로슈머는 정보생산에 있어서의 프로슈머라 할 수 있다. 디지털시대는 점차 정보와 지식이 중심이 되는 지식정보사회가 될 것이고, 그러한 시대를 살아가는 소비자들에겐 프로슈머적 자질은 필수적인 조건이 될 것이다. 디지털 프로슈머는 지식정보화시대를 살아가는 사람들의 소양인 동시에 디지털시대의 사회문화와 정보민주주의를 지지하는 힘이 되는 것이다.

2. 디지털 소비문화 들여다보기

디지털매체인 인터넷과 휴대폰은 짧은 기간동안 인간의 생활패턴을 변화시켰다. 대부분의 사람들은 이메일, 인스턴트메신저, 블로그(미니홈피), 휴대폰, SMS를 통해 그들의 친구들 혹은 전혀 모르는 사람들과 커뮤니케이션을 하고 다양한 상품과 콘텐츠를 구입하면서 살아가고 있다. 그뿐만 아니라 디지털매체의 위력은 월드컵과 촛불시위 등에서 온라인에서의 연결이 오프라인에서 어떻게 폭발할 수 있는가를 보여준 것에서도 나타난다. 또한 디지털 카메라를 파는 웹사이트인 디씨인사이드의 엽기 갤러리에 올려진 합성사진에서 출발하여 연예인, 정치인들을 엽기패러디의 소재로 등장시키는 인터넷 엽기문화 등 인터넷에는 다양한 디지털문화현상이 나타나고 있다. 본 장에서는 대표적인 디지털 소비문화현상인 아바타와 미니홈피, 휴대폰을 통한 모바일소비를 중심으로 살펴보기로 한다.

1) 또 하나의 분신-아바타

(1) 아바타 소비현상이란

"오늘은 어떤 옷을 입을까, 헤어스타일은 어떻게 하지?" 이것은 오프라인의 소비자의 고민이 아니라 사이버상의 아바타를 꾸미기 위해 네티즌들이 하는 고민이다. 인터넷 곳곳에서 수많은 네티즌들이 자신의 아바타에게 옷을 갈아입히고 머리를 치장하고 방을 꾸미느라고 열심이다.

2~3년 전부터 불기 시작한 사이버 공간의 분신인 '아바타' 열풍은 10대의 전유물에서 30~40대로 저변을 넓혀가고 있고 시장규모도 증가하고 있다. 아바타(Avatar)는 분신(分身)·화신(化身)을 뜻하는 말로, 사이버 공간에서 사용자의 역할을 대신하는 애니메이션 캐릭터이다. 아바타는 '내려오다', '통과하다' 라는 의미의 산스크리트어 Ava와 아래, 땅이란 뜻인 Terr의 합성어인데 힌두신화에서 신들이 지상에 내려오기 위해 물건, 동물의 몸을 빌릴 때, 이를 아바타로 불렀다. 이 아바타가 인터넷과 만나면서 자신을 대표하는 가상육체를 나타내는 의미로 쓰이고 있다. 온라인게임과 채팅에서부터 시작된 아바타는 이메일, 가상회의, 사이버쇼핑몰·교육·의료 등의 다양한 방면으로 확대되어 활용되고 있다.

2000년 말 처음 이 서비스를 시작한 N사가 2003년 상반기에만 60억원이 넘는 매출을 올리면서 청소년층에 폭발적 인기를 끌자 10여개 업체가 뛰어들었다. 10대 고객이 전체의 3분의 2를 차지하는 N사의 경우 53만여 명이 이 서비스를 이용하고 있으며 후발업체인 F사도 아바타 이용자가 35만 명에 달한다(김재휘·박유진, 2004). 아바타의 옷을 입히거나 치장을 하려면 서비스업체에 품목당 1백~5천원의 비용을 내야 한다. 아바타의 각종 아이템은 모자, 신발, 의류, 액세서리 등 무려 1천 500종에 이르고 가격대별로 아바타나 아바타의 액세서리 등을 구매할 수 있다.

다양한 아바타들

여기서 가격이라는 것은 현실세계에서 이용되는 현금을 말하며 신용카드, 핸드폰, 상품권, 계좌이체 등 다양한 결제방법으로 전자화폐를 충전하여 구매한다. 아바타를 꾸미기 위한 자금조달방법은 크게 자신의 결제, 사이버적립금의 활용, 선물 받는 경우 등으로 구분된다. 채팅사이트들이 아바타를 판매하기 시작한 초기에는 사용자들이 여러 행사를 통해 적립한 사이버머니를 이용해 주로 아바타를 구입해 왔는데 아바타의 치장이 일반화되면서 자신이 직접 비용을 부담하여 구매하기 시작하고 아바타 꾸미기에도 지속적인 관심을 기울이게 된다.

아바타가 인기를 끌고 있는 것은 개성 있게 자신을 표현하고 싶은 네티즌의 욕구와 업체의 마케팅 전략이 맞아 떨어졌기 때문이다. 아이템도 인터넷 서비스와 온라인게임 업체의 주요 수익원이 되고 있다. 여러 게임포털들도 게임 이용시 특권을 제공하는 아이템 판매로 매출을 올리고 있다.

기업들은 아바타를 이용한 다양한 마케팅활동도 벌이고 있다. 오프라인 업체들이 온라인 아바타를 활용한 마케팅에 적극적으로 뛰어드는 이유는 자신들이 표적으로 하는 구체적 구매 타깃, 즉 젊은 소비자층에 효과적으로 접근하기가 용이하기 때문이다. 의류업체의 오프라인과 온라인을 연결한 공동마케팅은 인터넷에서 잘 팔리는 아바타 의상이 실제 오프라인 매장에서도 인기 아이템이 될 수 있다는 점에 착안한 것이다. 신상품을 아바타에 먼저 선보여 네티즌들의 반응을 살펴본 후 실제 의류판매에 적용할 수 있기 때문이다. 따라서 아바타 의상도 현실세계에서의 유행과 일치하는 현상을 보여주고 있다.

(2) 아바타를 통한 과시욕구

소비자는 가상공간에 있는 아바타 역시 마치 자신처럼 여긴다. 아바타의 옷을 바꿔 입히고 자신의 그날 기분에 따라 표정도 바꾼다. 이들은 아바타를 자신과 동일하게 여겨 머리부터 발끝까지 자신이 원하는 대로 꾸민다.

유창조(2003)는 아바타 꾸미기의 범위와 방식을 고찰했는데 사용자들은 아바타를 꾸밀 때 의상뿐만 아니라 소품 및 특수효과에 신경을 쓰며 더 나아가 미용실을 이용하기도 하고 때에 따라서는 성형수술을 하기도 한다. 이는 아바타의 사용이 단순한 커뮤니케이션 도구를 넘어서 자신을 표현하기 위한 치장수단으로 확장되고 있음을 의미한다. 아바타를 꾸미는 이유로는 주로 자신의 의지보다는 다른 사람의 평가나 관심이 주된 기준이 되고 있는 것으로 나타났다(손상희 · 천경희, 2004).

"잘 꾸며 놓으면 다른 사람이 알아주었으면 해요.", "아바타는 다른 사람이 보아주는 것이 가장 중요해요.", "멋지게 꾸미고 나면 부자가 된 것 같아요.", "다른 사람들이 보아주지 않는다면 아바타를 꾸미지 않고 먹는 것을 사먹을 걸요?", "친구들이 아바타를 새 것으로 바꾸면 바꾸었느냐고 말해줘요.", "친구들 아바타보다 멋지지 않으면 창피해요."

이는 자기 자신의 평가보다 자신에 대한 다른 사람의 평가를 더욱 중요하게 생각한다는 것을 보여주는 것으로 아바타 소비가 청소년의 정체성 형성의 수단이나 타인과의 관계에서 중요한 매개체로 기능하는 소비주의 문화에 깊이 편입되어 있다는 것을 반증하는 결과라고 볼 수 있다(손상희, 1997).

최근 사이버 공간에서 자신의 '분신' 역할을 하는 아바타 시장의 경쟁이 치열해지면서 '사이버 명품족'을 겨냥하여 단일 아이템이 1만원에 육박하는 등 고가 바람이 불고 있다. 이러한 고가 아이템으로 자신의 아바타를 모두 장식하려면 적어도 2만원 정도 드는 셈이다. 아바타 서비스 관계자는 한번 고가의 아이템을 구매한 네티즌은 싼 아이템에는 눈을 돌리지 않는다고 말한다(연합뉴스, 2002년 10월 9일).

이러한 아바타의 고가 추세는 구매층을 넓혀 새로운 시장을 열어보려는 업체들의 전략의 하나로서 보통 아바타 사용에 소극적인 20~30대 직장인층이 사이버 공간에서 청소년들과는 다른 차별성을 요구하고 있는 것에 착안하여 청소년층이 선뜻 구매하기 어려운 '명품' 아이템을 선보임으로써 이들의 구매력을 끌어들이려는 것으로 해석되고 있다. 이러한 추세는 온라인 공간에서도 "아바타 명품족"이 등장하여 오프라인의 브랜드 경쟁이 답습되는 현상을 보여주고 있다. 이러한 현상은 단순히 아바타를 장식하는 의상이나 장신구, 아이템을 구매하는 수준을 넘어 앞으로는 현실세계의 고가나 명품 브랜드의 패션이나 소품, 액세서리 등의 아이템을 구매하는 시대가 도래되지 않을까 하는 전망까지 가능하게 한다.

소비자들은 아바타를 통하여 현실의 자신을 그대로 투영하기도 하지만 현실과 다른 새로운 자신의 상을 창조하면서 마치 조물주가 된 듯한 대리만족을 경험하기도 한다. 뿐만 아니라 아바타를 통해서 자신의 능력치까지도 유감없이 과시해 보일 수 있다. '리니지' 나 '울티마' 와 같은 게임에서는 아바타가 사이버공간에서의 능력과 힘을 나타내는 상징이 되기도 한다. 게이머들은 게임 내의 높은 사회적 지위를 획득, 보장받기 위해 자신의 능력치를 향상시키려고 노력한다. 그리고 그 과정에서 '아이템 절도사건' 이나 아이템 판매와 같이 정당한 노력 없이 손쉽게 영광을 차지하려는 역기능이 나타나기도 한다.

아바타를 통해 자신을 과시하려는 욕망은 채팅방과 커뮤니티 사이트에서 더욱 왜곡되어 나타나고 있다. 게임공간의 아바타가 대부분 고난이도의 수행의 과정을 거쳐야만 능력치를 향상시킬 수 있는 반면, 커뮤니티와 채팅방의 아바타는 현금으로 그들의 지위를 보장받는다는 점에서 큰 차이가 있다. 최신 유행의 화려한 아이템 복장과 성형과 미용을 받은 아바타만이 타인의 주목을 받을 수 있다고 생각한다. 아바타 업체가 만든 정형화된 틀에 따라 꾸며지고 고가 아이템으로 치장된 아바타는 곧 경제력의 상징이며, 인기와 명예, 권력의 상징이 된다고 볼 수 있다. 이러한 현상에서 아바타가 더 이상 자아정체성의 자발적인 표현으로만 그치는 것이 아니라 사이버 세계에서 주목받기 위한 과시욕구의 표출로도 작용함을 엿볼 수 있다.

(3) 아바타 소비, 어떻게 볼 것인가

청소년들의 아바타 소비의 상징적인 의미에 대한 연구(손상희 · 천경희, 2004)에서는 아바타 소비의 의미를 다음과 같이 정리하고 있다. 서로의 관계를 이어주는 연결망으로서의 아바타, 자신을 표현하는 도구로서의 아바타, 변신의 기쁨, 대리만족의 즐거움을 주는 아바타, 타인에게 보여주는 대상으로서의 아바타, 일탈의 즐거움을 향유하는 장으로서의 아바타이다.

이러한 아바타 소비에 대해서는 긍정적 · 부정적 측면의 많은 논의가 있어 왔는데, 긍정적 견해로는 아바타가 커뮤니케이션 상대를 시각화해줌으로써 더 빠르게 이해할 수 있게 해주는 점, 사이버공간을 실제공간처럼 느끼게 해주는 점, 사용자의 개성연출을 해주는 점, 흥미를 유발시키는 엔터테인먼트적 요소를 들 수 있다. 부정적 견해로는 사이버공간에서 사용자의 자아확립에 부정적인 영향을 미치는 점, 사이버공간에서의 재물을 물질화하여 빈부 차에 따른 갈등을 조장하는 점, 사이버공간에서 시각적인 판별에 대한 의존도를 높이는 점 등이 있다(김조희, 2001).

사이버 공간에서의 자아정체성 문제에 초점을 맞춘 논의 또한 비판론과 긍정론의 양자로 논의되고 있다. 비판론적 입장은 사이버 공간에서의 기존의 경계, 즉 인간과 기계, 자아와 타자, 정신과 육체, 환각과 실재 사이의 경계가 해체 혹은 붕괴한다는 것이다. 이를 통해 자아의 정체성이 해체로 이어지고 여기에서 육체는 그것에 통제를 가했던 사회적 규범의 몰락을 경험하고 감각의 탐닉 속으로 빠진다는 것이다. 한편 긍정론은 사이버공간 속에서는 물리적 세계와 육체의 한계에서 벗어나 우리가 꿈꾸고 상상하는 모든 것을 창조할 수 있다고 본다.

아바타 캐릭터들은 성별, 인종, 계급, 연령에 따른 특징과 한계, 조건들과 무관하게 구성되며 사이버공간에서의 정체성은 새로운 기준으로 질서를 형성하고자 하는 것이다. 사이버공간에 대한 몰입도가 클수록, 사회적 규범으로부터 자유스러울수록 이러한 새로운 정체성을 확립할 개연성이 높게 나타날 것이다(Giddens, A. 권기돈역, 1997). 아바타는 인터넷의 익명성에 대한 반작용으로서 네티즌들은 인터넷이 만들어준 익명의 베일 뒤에 숨어서 해방감을 만끽하면서도 다른 한편으로는 익명의 바다 속에서 어떤 방식으로든 자신을 부각시키고 싶어 하는 이중의 심리를 가지고 있다. 인터넷의 익명성을 유지함과 동시에 보다 복합적이고 풍성하게 자신을 드러내고 싶은 욕구를 충족시켜 주는 매체가 바로 아바타라는 시각적인 매체인 것이다(민경배, 2001).

인터넷사이트 '세이클럽'에서 '밀크(milk)'라는 닉네임으로 음악방송을 하고 있는 사이버자키 H씨. "아바타 '밀크'로 변신을 하고 나면 나도 모르게 달라져요. 밀크는 나보다 훨씬 과감해요. 평소에 한번 신어보고 싶었지만 용기가 없어 못해본 루즈삭스(흘러내린 듯 신는 양말)도 멋지게 소화하죠. 정체성의 혼란이니 그런 말은 잘 몰라요. 물론 내 아바타는 실제의 나보다 훨씬 예쁘고 발랄하지만 그건 내안의 또 다른 한 가지 모습일 테고, 아바타 밀크로 사는 건 현실의 나로 사는 것보다는 조금 더 행복하니까." (문화일보, 2002년 5월 30일자)

사이버공간에서 나타나는 다중정체성은 단일적인 속성을 지녔다고 믿어온 개체가 다면적인 자아의 내면모습을 드러내는 것이다. 아바타들을 중심으로 새로운 가상의 공동체 세계를 만드는 과정을 통해서 형성되는 정체성이 바로 다중정체성이다. 아바타를 통한 '복장도착', '성별의 무구분화', '연령의 무제한' 등의 유연한 자아의 현상들이 이루어질 수 있다. 아바타는 자신의 욕망을 자유롭게 표현하고 자신의 본 모습을 숨김으로써 일탈을 제공하는 도구가 되기도 하지만, 자신의 진정한 내면을 전달할 수 있는 또 다른 나로서의 기능을 해야 할 것이다.

사이버스페이스의 환상과 상상력은 현실세계의 자각을 토대로 할 때 비로소 건강한 정체성 실험을 위한 창조적 힘이 된다. 즉, 사이버공간의 이용과 참여는 물리적 제약을 초월하거나 현실세계를 대체하기 위한 것이 아니라 물리적 현실을 올바로 자각하고 개선하기 위한 것이어야 한다(김선희, 2004).

아바타는 인터넷 산업의 발전 속에 새로운 문화상품으로 등장하게 되었고, 이로 인해 경제적, 사회적, 문화적 측면의 새로운 이슈들이 주목받게 되었다. 그 역효과에 대한 비판이 많이 있는데 과도한 상업주의의 범람과 소비자에게 끼칠 악영향 등이 그것이다. 특히 어린 소비자들의 호기심을 자극하여 무분별한 낭비를 이끈다는 점은 크게 비판받는 부분이다(박양식, 2003). 아바타 치장에 과도하게 빠진 일부 청소년들은 부모 몰래 부모의 휴대폰이나 신용카드, ARS 전화로 각종 아이템 구입에 열중하고 있으며 이러한 문제로 부모와 심각한 갈등을 일으키는 경우가 많이 발생하고 있다. 또한 경제능력이 없는 청소년들이 아이템 구입을 위해 해킹이나 사기, 성매매, 불법 소프트웨어 유포, 판매 등 불법행위를 하는 경우도 늘고 있다.

그러나 아바타의 문화산업적 가치가 시간이 갈수록 더욱 높아진다고 할 때 아바타의 존재 자체를 부정하는 접근보다는 아바타의 생산과 소비관계에서 나타나는 특성을 찾아 긍정적으로 활용할 수 있는 방안을 찾는 새로운 접근이 필요하다. 예를 들어 손상희 · 천경희(2004)의 연구에서는 구매의사결정과정에 대한 학습의 기회로 아바타를 이용할 수 있는 교육프로그램을 개발한다든지, 합리적인 경제태도와 의식태도에 대한 체계적인 교육을 아바타를 통해 실습하게 하는 것도 소비자교육의 한 방법이 될 수 있음을 제시하고 있다. 이는 아바타 소비문화의 이해를 통해 가능할 것이다. 소비자의 아바타 소비행태와 그 이면의 가치와 동기, 태도를 이해하는 것은 소비자교육과 콘텐츠 산업의 발전을 위해서도 필요하리라 본다.

2) 미니홈피, 블로그문화

최근 디지털의 화두는 단연 미니홈피, 블로그이다. 네티즌들은 미니홈피를 통해 인간관계를 맺고 자신의 일상을 보여준다. 또한 인터넷에서 화제가 되는 사진이나 글을 자신의 미니홈피나 블로그에 인터넷 게시물 퍼나르기를 통해 삽시간에 퍼뜨리기도 한다.

(1) 미니홈피, 블로그문화란

최근 인터넷 카페 등과 같은 커뮤니티 서비스의 성장세가 시들해지고 대신 미니홈피, 블로그 등과 같은 개인 미디어 서비스가 크게 인기를 얻고 있다. 개인미디어는 블로그(blog)에서 시작되었는데, 블로그는 말 그대로 인터넷 상(web)에서 하루의 일기(log)를 적는 개념이다. 국내에서는 2003년부터 각 포털 사이트들이 경쟁적으로 블로그 서비스를 제공하기 시작했으며 그 중 급부상한 것이 "씨이월드"이다.

블로그 세대는 '디지털이다(being digital)' 를 코드로 한 디지털 인간이다. 핸드폰, 인터넷 블로그 등 디지털문회의 진화를 따라 성장하면서 블로그 세대의 디지털 감각에서는 개방과 자유가 그들을 규정하는 중요한 코드로 등장한 것이다(헤럴드경제, 2005년 1월 10일자).

이념에서 해방된 블로그 세대는 1인 미디어 '블로그' 로 모여들면서 개방이라는 자신들의 감성을 표출하고 있다. 특히 블로그는 접근이 쉽고, 그 안에서 또 다른 광범위한 네트워크를 형성할 수 있을 뿐 아니라 사회와 개인의 역사를 한데 아우를 수 있는 '개방과 포용의 광장' 이라는 특성을 통해 블로그 세대의 코드를 엿볼 수 있는 중요한 단초를 제공하고 있다. 블로그로 '1대 1' 또는 '1대 다(多)' 커뮤니케이션을 통해 타인과 개방적인 접속을 시도하는 등 개방을 지향하는 블로그 세대는 블로그를 통해 자신(I)들의 정체성을 찾는 '블로기(BLOG-I)' 들이기도 하다(전창협, 2005).

이러한 트렌드는 최근 인터넷과 IT기술의 발달로 인해 새롭게 부상하고 있는 C-세대와 연관이 깊다. C-세대는 컨텐츠(contents) 세대로서 사진, 음악, 동영상 등과 같은 컨텐츠를 자신이 직접 디지털 기기로 생산하여 인터넷상에서 저장하고 이를 다른 사람과 공유하는 세대이다. 최근 국내외 IT업체들은 이와 같이 디지털 기술의 진보로 인해 변화하고 있는 소비자의 니즈를 충족시키기 위해 다양한 제품을 선보이고 있다.

블로그 세대는 인터넷과 사이버공간이 주 무대다. 이에 따라 학연 · 지연 · 혈연 등으로 얽힌 기존 세대의 네트워크를 무너뜨리면서 개방형 가치가 우리 사회의 우위를 점하게 될 것으로 예상된다. 이미 상품 구매에서부터 기업 내부 조직에 이르기까지 블로그 세대의 힘이 나타나기 시작했다. 한 제품에 쉽게 싫증을 느끼고 동시에 인터넷을 통해 제품에 대한 불만을 적극 표출함으로써 경영활동에 지대한 영향을 미치고 있고 기업들 중 일부는 이미 블로그 마케팅에 나서고 있다. 최근에는 전자, 외식, 패션, 뷰티 등 다양한 업종의 기업들이 싸이월드에 브랜드 미니홈피를 개설하여 자사 브랜드의 홍보를 도모하고 있다.

(2) 미니홈피 싸이월드

최근 싸이월드 열풍을 보면 싸이월드는 단순한 유행을 넘어 새로운 온라인 문화로 자리 잡은 듯하다. '싸이질(싸이월드 미니홈피에 사진이나 글 등을 올리는 것)' 이라는 유행어가 생기고, 네티즌 사이에는 '싸이(싸이월드의 준말)를 하는 사람과 하지 않는 사람' 이라는 분류법이 생겼을 정도이다. 이러한 싸이월드 열풍에는 디지털 카메라, 카메라폰, 웹캠 등과 같은 포토 IT기기의 확산이 큰 몫을 했다. 실제로 최근 국내 모 인터넷 쇼핑몰 매출현황분석에 의하면 디지털 카메라의 매출이 전체 가전제품 매출의 50%를 차지하고 있다고 한다(박정현, 2004).

네티즌은 싸이월드에서 자신의 일상생활과 관련된 다양한 사진과 동영상, 텍스트 등을 저장하고 기록한다. 저녁에 마신 스타벅스 커피 사진, 소위 얼짱 각도라고 불리는 45도 위에서 찍은 셀카 사진, 영화 감상문 등이 미니홈피의 사진첩과 다이어리를 가득 메운다. 과거 방 한 구석에 있었던 추억의 사진 앨범과 일기장이 온라인 공간인 미니홈피로 이동한 것이다. 싸이월드에서 개인은 자신의 정체성(identity)을 확인하며 새롭게 만들어 가고 있다. 자신이 사는 이야기를 사진, 음악, 텍스트 등으로 올리면, 일촌과 방문자들이 답글을 달아준다. 현실에서 추억이 하나하나 쌓이면서 자신의 존재를 확인하고 만들어 가듯이, 미니홈피에서도 또 다른 나를 만들어 가고 있는 것이다. 결국 미니홈피에서 나의 정체성을 일촌 등에게 인정받고 싶어 하는 심리는 자신이 남들에게 어떻게 보여지는가, 즉 자기표현의 문제와 직결된다고 할 수 있다. 미니홈피 열풍은 현실세계에서 미처 충족되지 않는 커뮤니케이션 욕구를 해소하고, 사진앨범과 자신의 이야기를 남들과 공유하고 싶은 욕구 또는 아는 사람의 일상생활을 들여다보고 싶은 욕구 등 인간본연의 욕구와 미니홈피라는 디지털상품이 잘 맞아 떨어지면서 나타난 현상이라고 볼 수 있다.

(3) '도토리'로 사는 아이템

싸이월드의 가장 인기 있는 단어는 '도토리'. 도토리는 싸이월드에서 스킨과 음악 등 다양한 디지털 아이템을 살 수 있는 사이버 화폐로, 온라인, 오프라인을 막론하고 사용되고 있다. 싸이월드의 2004년 연간 매출액은 1,100억원을 돌파했고 사이버머니인 '도토리'의 하루 매출액은 1억 5000만원에 이른다.

싸이월드는 개인의 자기표현 욕구를 충족시키기 위해 다양한 컨텐츠를 제공한다. 싸이월드 전체 회원을 대상으로 자신을 어필할 수 있는 공간이 있으며, 미니룸과 미니미(자신의 캐릭터), 스킨(배경화면) 등과 같이 미니홈피에서 개인을 표현할 수 있는 다양한 수단이 있다. 또한 다양한 선물 아이템 및 배경음악 등을 구입할 수 있다.

싸이월드 매출의 대부분은 디지털 아이템을 판매하는 선물가게에서 나온다. 선물가게에서 판매하는 디지털 아이템은 미니룸부터 장식고리, 스킨, 음악 등 각양각색이다. 싸이폐인들은 일촌들에게 뭐 선물할만한 새로운 스킨이 나오지 않았나, 아니면 내 미니룸 분위기를 바꿀만한 음악이 등장하지 않았나 살펴보기 위해 하루에도 몇 번씩 선물가게 앞을 서성거린다(채지형, 2005).

소비자가 다양한 콘텐츠를 이용하여 미니홈피를 꾸미기 위해서는 사이버머니인 도토리의 구입이 필요한데, 소비자는 도토리로 다양한 아이템을 구입함으로써 자신을 표현하고 있는 것이다. 싸이월드에서 판매하는 아이템 중 가장 대표적인 것은 '스킨'이라 불리는 미니홈피 배경화면이다. 이 아이템은 미니홈피의 얼굴이나 다름없기 때문에 스킨을 구매하는 것이 필수이지만, 일주일, 한달, 일년 등 유효기간이 존재한다는 것을 고려하면 부담스러운 가격이다. 미니홈피에 이용할 수 있는 다른 아이템들도 모두 마찬가지이다. 특히 기간제 아이템에 대해서 소비자들이 불만이 많은데, 기간제 아이템이란 미니홈피를 꾸미는 네 쓰이는 아이템 중 7

일, 30일, 1년 등 사용기한을 정해놓고 파는 아이템들을 말한다. 배경화면인 스킨이 대표적으로 7일짜리가 도토리 8~15개(도토리 1개는 100원), 30일짜리는 16~30개, 1년짜리는 24~25개를 받는다. '장식고리'는 7일짜리가 도토리 6~10개, 30일짜리는 12~20개, 1년 치는 18~30개를 내야 한다. 2000~3,000원을 주고 산 아이템이 한 달 뒤면 흔적도 없이 사라져 버린다.

불황을 모르는 싸이월드 디지털 아이템들. 물론 안사면 그만이지만, 미니홈피를 개설한 이상 홈페이지를 꾸미고 싶은 것은 소비자의 욕구이다. 그러다보니 비싼 가격이라도 살 수밖에 없는 현상이 나타나고 있다. 미니홈피, 블로그에 기록되는 조회수는 인터넷의 스타를 상징한다. 조회수가 개인에게는 자기만족일 뿐이라 해도 블로그를 제공하는 회사는 이것이 수익과 연결되며 결국 소비자는 조회수라는 숫자로 변환된 소비를 하고 있는 것이다.

싸이월드 열풍을 어떻게 설명할 수 있을까?

지금의 미니홈피 문화는 새로운 인간관계를 형성하기보다는 오프라인의 관계를 사이버공간에서 또 다른 방법으로 재현하고 있는 것이다. 싸이월드가 만들어내는 사회적 연결망은 개인이 가진 객관적 정체성을 타인에게 인정받고 싶어 하는 심리의 표현이다. 이 정체성은 실제로 내가 누구인가가 중요한 것이 아니라 내가 어떻게 보이느냐의 문제이다. 방문자수를 늘리기 위해 자신을 지나치게 포장하는 현상은 인간의 상품화를 부추길 우려도 있다.

제러미 리프킨(이희재 역, 2001)은 탈산업시대에는 인간관계의 구조가 소유물의 생산과 상업적 교환에서 상품화된 서비스의 관계로 탈바꿈 하는 것이 본질적인 변화라고 보고 있다. 물품 자체가 순수한 서비스로 변형되면서 소유가 생활의 기본을 정의하던 시대가 막을 내리고 있고, 서비스 자체의 성격도 전자상거래와 정교한 데이터 피드백 시스템이 등장하면서 서버와 클라이언트 사이의 장기적이고 다면적인 관계로 재창조된다고 보고 있다.

인간의 활동을 네트워크로 조직하고 사이버스페이스의 가상세계 안에서 사람들을 활발하게 어울리게 하면 경제적으로나 지적으로 많은 것을 얻을 수 있지만, 이 과정에서 인간활동의 대부분이 상업영역으로 옮겨짐에 따라 잃는 것 또한 적지 않을 것이다. 이 경우 접속이 그저 상업영역 안에 끼어드는 행위로 협소하게 정의될 수밖에 없을 것이다. 접속의 시대는 우리가 타인과 맺는 기본적인 인간관계를 과연 어떤 방향으로 재설정해야 하는가라는 근본적인 물음으로 우리를 내몰 것이다.

3) 유비쿼터스(Ubiquitous) : 모바일 인터넷으로의 진화

전자통신기술의 융합이 급속도로 진전되면서 휴대전화로 거의 모든 일을 처리할 수 있는 세상이 바짝 다가왔다.

1990년대가 인터넷이 이끌어낸 네트워크 혁명의 시기였다면, 2000년대는 무선인터넷이 몰고 올 새로운 혁명의 시기가 될 것이다. 현재 제공되고 있는 무선 인터넷 서비스는 음악, 영화, 게임 등 오락과 문자, 사진 전송, 모바일 쇼핑 그리고 웰빙 서비스까지 모두 6,000개가 넘는다. 아직까지는 오락, 게임 위주의 콘텐츠가 주된 부분을 차지하고 있지만, 앞으로 생활정보, 쇼핑, 은행, 증권, 티켓예매 등의 전자상거래시장이 '손안의 TV DMB' 에서 폭발적인 성장으로 이어질 것으로 기대된다.

여기에 손안의 TV라고 불리는 이동형 디지털방송 DMB까지 도입되면 그 수요

유비쿼터스 카페(U-Cafe): 소비자가 화면에 뜬 메뉴를 선택하여 주문하고 곧바로 손목형 PC로 무인결제가 가능하며 자리에 앉으면 곧 로봇이 주문한 메뉴를 가져다 준다.

는 급증할 것으로 보인다. 무선음악서비스 시장개편, 고성능 휴대폰 보급, 무선데이터요금 정액제 도입 등의 이슈와 맞물려 인터넷 포털업체들도 다양한 유무선연동 콘텐츠를 개발하는 등 국내 무선콘텐츠 시장은 한 단계 진보하는 계기를 맞고 있다.

이른 아침 지하철 속에서 뉴스검색, 일정관리, 게임, 음악 감상, 영화감상, 문자 보내기 등을 하며 모바일 삼매경에 빠져있는 우리 주변의 모습은 이제 더 이상 특이한 풍경이 아니다. 하나의 라이프스타일이다. 휴대폰은 우리의 살아가는 방식, 사랑하는 방식, 오락하는 방식, 정보를 얻는 방식, 인간관계를 만들어가는 방식 등 모든 것을 바꾸어가고 있다(한국일보, 2005년 9월 1일자). 최근에는 휴대폰을 통해 생활편의를 얻을 수 있는 모바일 콘텐츠가 속속 등장하고 있는데 휴대폰으로 작성하는 가계부, 전자사전을 대체하는 번역기, 식이요법과 다양한 미션을 통해 다이어트 가이드를 제공하는 콘텐츠, 음원청취를 통한 스트레스 해소 서비스 등 웰빙형 건강 · 생활 콘텐츠들이 등장하고 있다.

모블로그(moblog)도 등장하기 시작했는데, 이는 모바일 인터넷 환경에서 블로그를 사용할 수 있도록 해주는 유무선 연동 블로그서비스이다. 미니홈피 싸이월드도 모바일과 연계하여 서비스를 제공하고 있는데 휴대폰을 이용해 방명록과 게시판 등 대부분의 기능을 무선에서 이용할 수 있게 되면서부터 이용자가 급증하고 있다. 최근에는 위치정보를 기반으로 한 일촌 친구찾기 서비스 등의 유무선 연동 서비스도 선보이고 있다. 유선 싸이월드서비스가 디지털카메라의 성장을 배경으로 컸다면, 모바일 싸이월드는 유선에서 확보된 충성도 높은 사용자와 카메라폰의 보급을 통해 매출이 급증하고 있다.

일상생활에서도 말 그대로 모바일(mobile)시대라는 것을 보여주고 있다. 지금으로부터 30여 년 전 미디어학자 마셜 맥루한이 예견한대로 노트북과 휴대전화, PDA 등 각종 디지털 장비를 이용해 언제 어디서든 외부와 접촉하며 이동하는 모바일 라이프스타일이 증가하고 있다.

음악과 미술에 관심이 많은 D씨는 공연장이나 화랑, 중고 음반가게 등을 찾아갈 때 GPS(위성항법장치)를 많이 이용한다. 아직은 구멍가게 위치까지 다 파악할 수 있는 수준은 아니지만 그런대로 훌륭한 편이다. 손안의 핸드폰이 두툼한 지도책을 대

신한다는 게 그저 신기할 뿐이다. 아날로그 옹호자인 D씨도 "때론 디지털이 좋다" 고 실토한다(헤럴드경제, 2005년 9월 12일자).

삼성경제연구소는 소비시장 분석보고서(최순화 등, 2002)에서 "자유와 개방, 홀가분하고 쾌적한 삶을 추구하는 노마드(nomad)족이 늘어나고 있으며 이들의 유목 성향이 21세기의 주도적 소비 흐름이 되고 있다"고 분석했다. 그리고 신용카드 시장의 확대, 패스트푸드와 테이크아웃 음식점의 확산, 휴대전화 판매량의 급증과 부가서비스 이용 증가, 자동차 운행 중 위치와 도로 안내 등 다양한 정보를 제공하는 텔레매틱스서비스 확대 등을 그 지표로 꼽았다.

3. 디지털 소비문화의 그림자

1) 인터넷 중독

최근에 디지털 문화에 중독되어 자신의 정체성을 잃고 비생산적이고 오락적인 것만 추구하는 일종의 '디지털 폐인'이나 미니홈피인 싸이를 꾸미는데 심취하는 '싸이홀릭' 등의 신조어가 유행어로 나타나고 있는 현상은 인터넷 중독자의 증가를 짐작하게 한다.

영(Young, 1998)은 인터넷 중독을 다음과 같은 다섯 가지 하위유형으로 구분하였는데, 첫째, 사이버섹스중독은 사이버 포르노를 보고 성인 채팅방을 통한 사이버섹스에 몰입하는 것이며, 둘째, 사이버관계중독은 실생활에서의 친구와 가족을 대체할 수 있는 채팅에 몰입하여 온라인상의 친구관계에 중독되는 경우이며, 셋째, 충동적인 인터넷 이용은 온라인도박, 온라인경매, 강박적인 온라인거래 등을 포함하는 유형이다. 넷째, 정보과부하는 웹서핑 및 자료조사에 중독되는 경우이고, 다섯째, 컴퓨터중독은 강박적인 컴퓨터게임이나 컴퓨터프로그램을 묶어서 중독의 한 영역으로 보았다. 어기준(2000)은 우리나라 청소년들이 인터넷상에서 가장 많이 사용하는 유형을 고려하여 통신중독, 게임중독, 음란물중독으로 구분하였다.

호기심은 많지만 자제력이 모자라는 청소년들이 여과 없이 온라인 문화를 접하면서 게임중독, 음란물중독 등 많은 부작용을 낳고 있다. 청소년보호위원회(2004)의 조사에 의하면 채팅과 미니홈피, 휴대폰 세대인 청소년들이 음란한 인터넷 환경에 무방비로 노출되어 있는 것으로 나타났다. 응답자의 46.5%가 '한번 접속하면 시간가는 줄 모른다' 고 응답하였고 이로 인한 '수면부족, 시력저하, 신체피로' 등을 호소한 청소년이 54.6%로 나타나 인터넷 중독현상이 심각한 것으로 나타났다. 더 나아가 청소년의 인터넷 중독이 자기 자신의 파멸은 물론 가정과 사회에 심각한 악영향을 주는 지경에 이르는 사례들도 접할 수 있다.

한국통신문화재단의 실태조사에 의하면 인터넷 중독으로 인한 사회적 병리현상이 심각한 것으로 나타났다(즐넷메거진, 2004). 우리나라 학생들 대부분은 인터넷을 통해 게임(95.7%)과 채팅(74.1%)을 즐기고 있으며, 음란물도 31.1%가 경험한 것으로 나타났다. 특히 여학생들의 채팅이용률이 남학생(67.2%)보다 15% 이상 높은 것으로 나타났으며 초등학생 7.6%, 중학생 11.9%, 고등학생 13.1%가 스스로 인터넷 채팅에 중독되었다고 응답했다. 또한 20%는 인터넷게임에, 15%는 음란물에 중독되었다고 스스로 진단하는 것으로 나타났다. 학부모들은 인터넷 중독의 심각성은 대부분 알고 있으나 자녀의 인터넷 이용 실태에 대해서는 제대로 파악하지 못하는 것으로 확인되었다. 한국정보문화진흥원(2005)의 인터넷 중독 실태조사에 의하면, 고위험 사용자(일상생활 장애가 중증 상태)에 대해서는 전문치료기관과의 연계 등 전문적인 인터넷 중독 재활프로그램 개발이 필요한 것으로 분석되었다. 청소년의 경우 인터넷 중독시 누구의 도움을 받을 수 있으리라 생각하느냐는 질문에 67.9%가 부모라고 답해 자녀의 인터넷 사용과 관련하여 부모의 역할이 매우 중요하다는 것을 알 수 있다.

유료콘텐츠 구입의 과소비도 나타나고 있는데, 일부 청소년들은 아바타 치장에 과도하게 빠져 부모 몰래 부모의 휴대폰이나, 신용카드, ARS 전화로 각종 아이템을 구입한다. 인터넷은 아바타나 게임 등 콘텐츠의 구매중독 문제뿐만 아니라 유형적인 제품에 있어서도 소비자들의 중독구매나 충동구매를 더욱 야기하는 구매환경이라고 볼 수 있다. 온라인 쇼핑의 경쟁으로 가격 경쟁력이 강화되며 저가 상품군의 등장이 거세지고, 메일이나 각종 사이트에서의 광고 등으로 불필요한 소비를 할 수 있다는 것이다. 기술적으로 진보된 소비의 유혹은 오프라인 쇼핑보다 더 많은 충동구매를 일으킬 수 있다. 이는 온라인업체들의 철저한 마케팅전략에 기인한다.

예를 들면 온라인쇼핑몰 회원이 로그인을 하면 업체에서는 소비자의 연령, 과거구매상품에 관한 정보를 즉각 알 수 있도록 소비자별로 맞춤정보를 제공한다. 노트북처럼 비싼 상품을 클릭하면 '무이자' 와 '할인쿠폰' 정보가 화면에 뜨게 하며, 값이 싼 목걸이 등의 장신구의 경우에는 스타일정보가 가장 눈에 띄도록 배열한다. 객관적으로 보이는 상품리뷰도 이것만을 공급하는 전문업체들이 있어 소비자들이 '후회 없이 잘 샀다' 는 생각을 하게 만든다(조선일보, 2005년 7월 23일자). 인터넷상의 마케팅 자극물들, 즉 온라인쇼핑몰에서 제공하는 경매, e-money 또는 적립금, 구매고객에게 지급하는 할인권, 상품권 등은 온라인 충동구매에 영향을 준다(정형식 등, 2003).

인터넷을 통한 소비의 탈물질화는 시공간적 장벽을 제거함으로써 사람들로 하여금 언제 어디서나 소비를 할 수 있게 하며, 소비촉진수단, 즉 신용카드의 비물질성은 사람들로 하여금 실제로 자신들이 얼마나 많은 돈을 쓰고 있는지 모르게 하기 때문에 더 많은 소비를 하게 한다. 우리는 물론 인터넷에 접속하지 않을 수도 있고 전자상거래 사이트에 들어가서 물건을 사지 않을 수 있는 자유를 갖지만 이미 우리는 사이버스페이스의 넓은 소비장소로부터 발을 빼기 힘든 상황에 놓여 있는 것 또한 사실이다(이유신 등, 2005).

2) 개인정보 유출

전자상거래 기업들은 소비자에게 보다 나은 서비스를 제공하기 위해 소비자의 개인신상정보, 선호도나 구매행태 및 습관에 대한 정보를 수집한다. 이렇게 개인화된 서비스는 기업의 경쟁력을 제공하는 수단으로 활용되고 있는 반면에 고객의 동의 없는 개인정보 유출과 스팸메일 발송 등 다양한 개인정보 침해문제를 야기하고 있다.

한국정보보호진흥원에 접수된 2005년 11월 현재 상담 및 피해구제신청은 총 1,620건이며, 최다 침해유형은 주민등록번호 등 타인정보 도용으로 전체의 49.4%를 차지하고 있다. 기타 침해유형은 개인정보 무단수집, 개인정보 무단이용 및 제공, 회원탈퇴 불응, 과도한 개인정보 수집, 부모 동의 없는 아동 개인정보 수집, 서비스 종료 후 개인정보 미파기 등이다(월간정보보호뉴스, 2005년 12월호).

최근 유행하고 있는 개인 블로그나 미니홈피도 사적 영역으로 깊게 파고 들어

오면서 개인의 일상에 대한 기록이나 사진 등을 엿볼 수 있는 프라이버시 침해 문제의 소지가 많다. 이미 유명한 사람들이 개인적인 블로그를 만들어서 사생활이 노출되는 것도 문제지만 일반 개인의 사생활은 무방비 상태로 새어나가고 있다고 해도 과언이 아니다. 누구나 '파도타기' 등을 통해서 개인 블로그에 접근할 수 있는 것은 물론 기초적인 정보(이름, 출생년도)만 알면 찾아서 들어갈 수 있다는 것도 문제이다(경향신문, 2004년 1월 5일자). 개인의 일상은 그 자체가 중요한 개인정보가 될 수 있으며 일상적이기에 더욱 보호받아야 하는 개인의 권리이다. 이를 위해 블로그 서비스업체들의 개인 사생활 보호영역에 대한 자발적 인식과 더불어 서비스 차원에서 개인정보 보호영역의 확장이 필요한 것으로 보인다.

인터넷은 오프라인보다 더 다양하고 자유로운 형식의 담론이 형성된다. 인터넷이 여론형성의 유용한 수단으로 활용되고 있지만, 최근에는 인터넷 여론이 비판을 넘어 '재판'이 돼버리는 인터넷 여론재판 현상이 나타나고 있다. 문제의 사진과 성토하는 글을 인터넷에 유포하고 일종의 마녀사냥을 하는 과정에서 비판의 대상이 된 사람의 주소, 학교, 이름 등의 개인정보를 고스란히 인터넷에 유포시키기도 한다.

현대사회는 감시의 사회라고도 한다. 감시로부터 그 누구도 자유로울 수가 없다(홍성욱, 2003). 디지털카메라와 카메라폰의 급속한 보급으로 이제 언제, 어느 장소에 있다 할지라고 누구나 타인을 촬영하고, 자신도 모르는 사이에 타인에게 촬영당할 수 있는 상황에 처한 것이다. 우리는 감시당하는 것을 누구나 싫어하지만 무심코 타인을 감시하고 있으며 일상에서 아무 거리낌 없이 감시 콘텐츠를 만들고 있다. 자신이 인터넷에 무심코 올린 내용이 감시 콘텐츠가 되어 타인의 주목을 받고 걷잡을 수 없는 결과를 불러올 수도 있다는 점을 정보공개 이전에 먼저 고려해 보아야 할 것이다. 개인이 정보의 생산자가 된 것은 바람직한 시대의 변화이지만 그들이 감시콘텐츠의 주생산자가 되고 있다는 것은 생각해 보아야 할 문제이다.

전자상거래업체들은 인터넷상에서 개인정보가 유출되는 것에 대한 소비자들의 불안과 불신감을 해소시켜 전자상거래의 활성화를 도모하는 차원에서도 적극적인 개인정보 보호의식과 기술적 조치 등이 필요할 것이다. 소비자 측면에서도 인터넷 생활에서 기본적인 안전수칙을 지키면 해킹이나 웜바이러스의 피해를 예방할 수 있기 때문에 보안의식의 생활화가 요구된다. 앞으로 전개될 유비쿼터스 사회는 편리함 이면에 보안과 관련된 문제가 더욱 커질 것이다. 예를 들어, 유비쿼터스 의료서비스를 이용할 경우 컴퓨터가 현재 위치정보, 건강정보, 생체정보 등의 개인정보를 알고 있어야 하는데 이러한 정보가 유출되거나 시스템 오류 등이 생기면 상당한 혼란을 야기할 수 있을 것이다. 따라서 유비쿼터스 사회가 장밋빛 세상이 되기 위해서는 보안기술과 개인정보보호법 등 관계법령 검토를 통해 개인정보와 사생활보호 측면에 대한 대비가 필요할 것이다.

3) 디지털 격차

디지털 격차(digital divide)는 디지털문화를 주도하는 세대를 다양한 용어로 규정하고 있는 데서도 엿볼 수 있다. 돈 탭스콧(1999)의 책 『N세대의 무서운 아이들』에서 시작되어 네트워크세대를 뜻하는 대표적인 단어로 정착된 N세대로부터 디지털세대, 포스트디지털세대, P세대, 디지털네이티브, 디지털노마드 등의 용어에 이르기까지 사회학과 마케팅 분야에서 디지털세대를 다양하게 규정하고 있다. 디지털혁명이라고까지 일컬어지는 급격한 디지털 생활환경의 변화는 신세대와 기성세대 간의 간격을 더욱 넓게 만들고 있다. 신세대는 항상 컴퓨터를 켜놓고 그들의 귀에서는 휴대폰이 떨어질 날이 없다. 그들은 계속해서 친구들과 휴대폰메시지와 인스턴트 메시지를 주고 받으며, 미니홈피와 블로그 관리에 시간을 보낸다.

제일기획의 디지털시대의 소비자 의식과 행동에 대한 조사 결과에서는 컴퓨터와 인터넷 관련 생활방식에 따라 Diginia(Digital + Mania), Digivanced(Digital + Advanced), Digiplex(Digital + Complex), Digilien(Digital + Alien)의 4개 집단으로 구분하였다. 이들은 성, 연령, 학력, 직업군에 있어서 차이가 있었는데 여성, 고연령층, 고졸 이하, 블루칼라층이 주로 디지털 소외층에 속하였으며 집단간 디지털 격차가 상당히 존재하고 있었다(김기수, 2000).

디지털 격차는 소비에 있어서 온라인상에서의 전자상거래의 이용 격차뿐만 아니라 구매 전의 정보활용면에서도 격차를 가져온다. 디지털 활용 집단은 물건을 사기 전에 인터넷사이트를 클릭해서 그 제품에 대한 다른 소비자의 평가글을 참고해서 마음에 드는 상품을 오프라인에서 직접 고른다. 옷을 살 경우 매장에서 옷을 입어본 뒤 이를 사진으로 찍어 전송하거나 미니홈피에 올려 친구들의 의견을 참고

한 후 구입하기도 한다. 또한 인터넷을 통해 구입할 제품의 가격비교정보나 할인 정보를 얻고, 할인쿠폰을 출력하거나 모바일쿠폰을 핸드폰에 저장하여 구매시 활용한다.

이러한 정보격차의 문제는 정보의 보유에 따른 물리적 장벽 이외에 정치적 · 사회적 활동으로부터의 배제를 가져온다. 정보격차는 구조적으로 경제적 불평등과 교육, 문화적 불평등으로 확대되어 전개될 뿐만 아니라, 이러한 격차를 재생산하는 악순환의 고리를 형성하고 있다. 또한 컴퓨터와 인터넷을 매개로 한 세대간 격차는 문화적 단절과 이질감을 심화시킬 수 있다.

그동안 정부는 종합적이고 체계적인 정보격차 해소를 위한 노력을 기울여 왔지만 아직도 여전히 전체 국민의 29.8%는 컴퓨터와 인터넷을 이용하지 못하고 있으며, 이들 중 상당수는 장애인, 노인, 농어민, 저소득층인 것으로 나타나 사회 각 계층의 정보접근격차는 지속적으로 해소되어야 할 것으로 보인다. 뿐만 아니라 정보화 사회에 진입한 70.2%의 국민들조차도 컴퓨터와 인터넷을 소비적으로 활용하는 경우가 많아 정보활용에서의 격차 해소 또한 중요한 정책과제로 부상하고 있다. 더욱이 최근에는 유비쿼터스 기반의 새로운 기술들이 등장하면서 새로운 형태의 정보격차가 발생할 것으로 예견되고 있어, 이에 대응하기 위한 새로운 정보격차 해소전략이 불가피한 것으로 보인다(최두진 등, 2004).

정보격차의 유형 및 미래전개 양상에 대한 최근의 논의를 종합하면, 정보격차의 단계와 유형은 크게 정보접근, 정보활용, 정보수용, 정보생산의 차원으로 집약될 수 있다(김문조 · 김종길, 2002). 정보격차의 유형분화와 더불어 정보격차를 둘러싼 핵심쟁점도 변화하고 있다. 정보격차의 핵심이슈가 보편적 접근의 차원에서 폭넓은 활용을 거쳐 주체적 향유와 정보생산의 차원으로 이동하고 있다. 또한 유비쿼터스 사회에서는 정보사회의 정보 취약계층이 유비쿼터스 취약계층으로 계승 · 이전되는 유비쿼터스 소외현상이 대두될 수 있다(한국정보문화진흥원, 2004). 유비쿼터스 사회에서의 디지털 격차는 인터넷교육 등으로 논의되고 있는 정보격차의 의미와는 비교가 되지 않을 것이다. 즉, '공간의 격차' 가 될 것이다. 다시 말해 그 공간에 살고 있는 사람과 그렇지 못한 사람 간의 차이이다. 주거환경 개선이나 병원 인프라 및 서비스 개선, 공공시설물에 유비쿼터스 서비스를 구현하는 것의 여부가 정보격차로 이어질 것이다. 따라서 디지털 격차의 해소를 위해서

***** 당신은 어떤 세대?**

* '그렇다' 고 생각하면 표시하시오.

-신기술, 신제품에 쉽게 적응한다.
-신기술, 신제품을 구입하는데 시간과 노력을 아끼지 않는다.
-어떤 문제에 직면했을 때 새로운 생각이나 의견을 내려고 노력하는 편이다.
-새 아이디어를 내는 것을 즐긴다.
-인터넷을 통해 예전보다 더 많은 사람과 접촉하고 있다.
-인터넷은 나의 의견을 나타내고 표현하기 위한 주요 수단이다.
-'우리' 보다 '내' 가 우선이다.
-디지털에 대해서 친근하게 느끼고 있다.
-디지털문화와 기술을 받아들이는 게 쉽다.
-디지털이란 나와 가까운 것이다.

◆ 5개 이상 항목에 동의하면 : 포스트디지털형 인간
◆ 3~4개 항목에 동의하면 : 디지털형 인간
◆ 2개 이하 항목에 동의하면 : 아날로그형 인간

자료 : 중앙일보 2005년 5월 1일자

는 무엇보다 정보통신부문에 지속적인 투자가 이루어져야 할 것이며 정부정책 역시 이를 촉진하는 방향으로 추진되어야 할 것이다.

4. 따뜻한 디지털 세상을 꿈꾸며

오늘날 인터넷은 일상생활의 필수재로 인식되고 있으며 우리의 삶을 크게 바꾸어 놓았다. 이메일, 전자상거래, 홈뱅킹, 정보전달, 게임, 오락, 원격진료, 원격교육 등 모든 정치, 경제, 사회, 문화를 포함한 모든 영역에서 인터넷은 단순한 수단이 아닌 새로운 변화를 주도하고 있다. 이러한 흐름은 U-아파트, U-시티 등 네트워크를 접속해 활용하는 유비쿼터스 시대를 앞당기게 할 것이다.

우리는 네트워크경제의 탄생과 함께 실물상품의 소비로부터 다양한 무형의 콘텐츠 소비로 대변되는 소비의 탈물질화, 관계와 경험의 상품화로 점차 이행하고 있다. 즉, 소유에서 접속의 시대로 가는 자본주의의 새로운 단계를 맞고 있다. 디지털은 소비문화에 있어서는 전자제품에서 신용카드, 보험 등에 이르는 다양한 품목에 대한 가격비교사이트를 등장시켜 합리적인 소비문화를 형성하고 안티사이트 등을 통해서 소비자주권 향상과 기업의 경쟁력 강화에 긍정적인 역할을 한 측면도 있다. 그러나 이러한 이면에는 '싸이폐인' 으로 대변되는 인터넷 중독과 개인정보 유출, 유해정보 유통, 전자상거래 사기처럼 역기능들이 발생하고 있으며 이를 우려하고 있는 목소리가 높은 것도 부인할 수 없는 사실이다. 인터넷과 휴대전화의 확산으로 다양한 정보를 손쉽게 얻고 우리의 생활이 편리해진 반면 음란물과 스팸메일에 시달리는 등 IT기술의 진보가 주는 새로운 고통을 겪고 있다.

그러나 디지털사회의 역기능 때문에 변화와 발전을 거부할 수는 없는 일이며 앞으로 이러한 문제들에 대한 해결방안을 제시하는 것이 우리의 사명일 것이다. 아바타 등의 무형의 콘텐츠 소비에 대한 교육, 디지털 윤리의식교육, 청소년 보호정책과 함께 부모들이 자녀생활에 지속적으로 관심을 갖고 대화하는 것이 필요하다. 인터넷 이용자들 스스로에게 건전하고 올바른 인터넷 사용 및 생산적인 정보이용을 위한 정보 윤리의식 제고와 학교, 사회 전체의 관심이 요구된다.

정보격차문제 해소에 있어서는 이제까지 정부에서 인터넷 사용과 활용에 있어서의 정보화교육을 많이 실시해 왔으나, 이는 극히 일부분일 따름이고 앞으로는 보다 적극적인 격차해소 개념이 적용되어야 할 것이다. 정보를 어떻게 찾아 재창조하고 이용하는가 하는 정보생산의 문제가 더욱 중요할 수 있다. 유비쿼터스 사회에서는 정보격차의 개념이 더욱 확대될 것으로 보인다. 어떤 계층은 언제 어디서나 건강을 체크하는 유비쿼터스 기술을 생활에서 활용하는데, 어떤 계층이 이러한 혜택으로부터 절대적으로 소외된다면 따뜻한 디지털세상이라고 말하기는 어려울 것이다. 유비쿼터스 기술이 특히 노령층이나 장애인들의 신체적 · 사회적인 문제들을 상당수 해결할 수 있도록 인간 중심으로 활용된다면 더욱 바람직할 것이다.

앞으로 디지털 기술과 활용영역은 확대될 것이며, 그 영향력은 날로 증가할 것이다. 실물상품의 소비패턴이 생존을 위한 소비에서 '삶의 질' 을 위한 소비로 발달한 것과 같이 디지털상품에 있어서도 메일 등의 초기단계의 소비에서 아바타, 미니홈피 등 자신을 표현하고 디지털이미지를 소비하는 보다 진보적인 소비로 발전하고 있다. 미래에는 이러한 디지털 아이템이 더욱 진화된 디지털매체를 통해 더욱 분화되고 발전된 양상으로 나타날 것이다. 따라서 인터넷과 사이버문화의 사회적 파급력을 이해하고 각종 문제에 대한 적극적인 대응방안을 모색해야 할 것이다. 지금까지의 인터넷이 기술 · 물리적 인프라였다면 미래의 인터넷이 가장 강력한 영향력을 투사하는 지점은 바로 인간의 삶이 이루어지는 사회 · 문화적 영역이다. 넘쳐나는 정보의 홍수 속에서 점점 더 자극적이고 원초적인 영상과 엽기문화가 판친다면 우리의 정신문화는 점점 황폐화될 것이다. 따라서 다양하고 깊이가 있는 콘텐츠의 생산과 소비를 위한 소비자와 기업, 사회의 관심과 노력이 절실하다. 콘텐츠는 기업에게는 상품으로서의 가치를 가져야 하지만 소비자에게는 정신적인 자양분이 되어야 할 것이다.

디지털기술은 인류를 어디로 이끌 것인가? 디지털기술은 우리를 유토피아(utopia)로 이끌 수도, 디스토피아(dystopia)로 이끌 수도 있지만 그 시나리오는 전적으로 인간에게 달려있다. 디지털문화와 기술의 기본방향은 인류의 행복이라는 사실을 잊지 말아야 할 것이다. 디지털문화는 소유가 아닌 관계 중심이며 커뮤니티를 중심으로 한 수평적인 문화구조가 특징이라 할 수 있다. 디지털은 무엇보다도 인간을 위한 것이어야 하며 우리는 시공의 축소를 통해 얻은 여유를 가지고 타인과의 인간적인 교류와 나눔의 덕목을 갖추어야 할 것이다. 이를 위해서 우리는 디지털혁명의 빠름과 강력함에 조응할 수 있는 적극적인 비판의식을 가짐과 동시에 디지털기술을 보다 인간적이고 성찰적인 삶의 모습에 활용할 수 있는 가능성을 모색해야 할 것이다.

소비문화
생각해 보기

'지름족'이 각종 인터넷 포털사이트의 인기 검색어로 오르는 등 유행이다.

가격이 비싸 아무나 구입하지 못하는 물건을 과감히 '지르게(사게)' 된다는 지름족은 디지털카메라, 핸드폰, 컴퓨터 등 첨단 디지털 기기는 물론 이색 디자인의 아이디어 제품을 스스럼없이 구매한다. 이에 따라 온라인쇼핑몰의 디지털 중고제품 코너에는 출시된 지 몇 달 되지 않는 무늬만 중고인 제품들이 속속 등장하고 있다. 이름만 본다면 지름족은 소비욕구를 절제하지 못하는 경박한 소비계층으로 비추어진다. 소비경기 회복 과정의 한 현상으로 그저 수많은 '종족'의 하나일 것이라는 진단도 나온다. 하지만 이들이 디지털 신세대의 '소비코드'를 대변할 수 있다는 점은 주목할 만하다. (한국경제, 2005년 5월 4일자)

위의 기사를 읽고 '지름족'과 IT기기를 수시로 사고파는 'IT기기 매니아'에 대한 긍정적 측면과 부정적 측면에 대해서 생각해 보고 발표하시오.

후아유

줄거리 _ 2002년 서울, 63빌딩 30층, 커플 만들기 채팅게임인 '후아유'의 기획자인 형태(조승우 분)는 게임의 베타 테스트를 하면서 참가자들의 반응을 살피고 있던 중, 게시판에서 '후아유'를 비방하는 아바타명 "별이"의 글에 눈길이 간다. "멜로"라는 아바타명으로 별이의 채팅 파트너로 의도적으로 접근한 형태는 게임과 현실, 양쪽에서 이중적인 모습의 인주에게 호기심을 느끼다가 그녀의 진실을 알게 되면서 사랑을 느낀다.

소비문화 _ 아바타를 통해 서로를 알아가는 사람들의 이야기. '후아유'는 사랑에서도 가상과 현실 사이에서의 혼동이 가능한가에 대한 고민도 해 볼 수 있는 영화다.

〈영화 속 채팅사이트 장면과 아바타 멜로와 별이〉

1997년의 남녀는 PC통신으로 만났지만(영화 '접속') 2002년의 청춘은 '3D 아바타 채팅게임'으로 만난다. 영화 '후아유'의 주인공 인주(아바타명: 별이)를 위해 형태(아바타명: 멜로)는 사진 속의 '티티카카'를 3차원 공간으로 만들어 그곳에 그녀(그녀의 아바타)를 초대한다. 두 사람(두 사람의 아바타)은 인터넷 속에 만들어진 둘만의 호수 티티카카에서 비밀 이야기를 나누며 조금씩 사랑을 키워간다. 인주는 자기를 너무나 잘 알아주는 게임속 파트너 멜로에게 마음을 열기 시작하지만, 현실 속의 형태는 게임으로 떼돈 벌려는 이기적인 속물로 취급한다. 이런 인주의 모습에 아이러니를 느끼는 형태, 급기야 자신의 아바타인 멜로에게 질투를 느끼며 마침내 자신이 멜로였음을 고백하려 하지만, 멜로를 만나고 싶어 하는 그녀 앞에서 자신의 아바타보다도 무력하다. 이 영화에서 형태는 "넌 누구니?", 즉 후아유를 끊임없이 내뱉는다. 형태와 인주, 멜로와 별이. 가상현실 속의 인물과 실제의 인물 중 진짜는 누구인가? 아바타를 통해 네트워크 세대의 특징인 개인의 익명성과 폐쇄성, 자아정체성에 대해 생각해 보게 한다.

참고문헌

기든스, 권기돈 역(1997), 현대성과 자아정체성, 새물결

김기수(2000), 디지털사회에 적응하는 세대별 격차 뚜렷이 존재, 제일기획사보 6월호

김문조 · 김종길(2002), 정보격차의 이론적 · 정책적 재고, 한국사회학 제36권 4호

김선희(2004), 사이버시대의 인격과 몸, 아카넷

김조희(2001), 사이버 커뮤니티에서 멀티미디어 캐릭터의 존재 의미와 활용방안에 대한 실태 분석: 아바타를 중심으로, 홍익대학교 석사학위논문

김재휘 · 박유진(2004), 인터넷상에서의 자아인식과 집단인식, 정보통신정책연구원

돈탭스콧, 허운나 외 역(1999), N세대의 무서운 아이들, 도서출판 물푸레

래쉬 · 어리, 박형준 · 권기돈 역(1998), 기호와 공간의 경제, 현대미학사

민경배(2001), 가상공간의 육체, 사이버인간과 아바타, 월간 How-PC, 9월호

박양식(2003), 아바타와 기독교 문화 읽기, 숭실대학교 한국기독교문화연구소

박정현(2004), 싸이열풍을 통해 본 마케팅 포인트 4, LG주간경제 793호

손상희(1997), 소비사회와 청소년 소비문화, 한국가정관리학회지, 제15권 제4호, p. 341~353

손상희 · 천경희(2004), 십대 초반 청소년의 아바타 소비행위를 통해 본 소비의 상징적 의미연구, 소비자학연구 제15권 제4호, p. 77~102

어기준(2000), 청소년 PC중독의 유형과 문제점, 한국청소년상담원

월간정보보호뉴스(2005), 11월 개인정보침해 민원접수 현황 및 분석, Vol. 99 No.12, 한국정보보호진흥원

유창조(2003), 아바타의 소비경험에 관한 탐색적 연구, 마케팅관리연구, 제8권 제1호, p. 79~98

이용만 등(2000), 디지털경제의 도래와 우리경제에의 시사점, LG경제연구원

전창협(2005), 블로그, 블로그세대 그리고 혁명, 제일기획사보 2월호

정형식 · 김영미 · 김영묵(2003), 인터넷쇼핑과 TV홈쇼핑 간의 충동구매와 지각위험에 관한 비교연구, 마케팅과학연구 추계논문집, p. 525~543

제러미 리프킨, 이희재 역(2001), 소유의 종말, 민음사

즐메거진(2004), 청소년 인터넷 이용실태조사, July/August, No. 10

청소년보호위원회(2004), 청소년 인터넷이용실태 조사보고서

채지형(2005), 싸이월드는 왜 떴을까?, 제우미디어

최두진 · 남길우 · 김지희(2004), 2004년 정보격차 현황분석과 시사점, 정보격차 이슈리포트 통권 11호

최순화 등(2002), 시장에서 무슨 일이 일어나고 있나-5대 트렌드, 삼성경제연구소

통계청(2005), 2004년 4/4분기 및 연간 전자상거래 통계조사결과

한국정보문화진흥원(2004), 2004 정보격차해소백서

________ (2005), 2005 인터넷중독 실태조사
홍성욱(2002), 파놉티콘-정보사회, 정보감옥, 책세상
Young, K.S.(1998), *Caught in the net: How to recognize the signs of internet addiction and a winning strategy for recovery,* New York: John Wiley & Sons

〈기 사〉
고뉴스(2005), 안티정신 실종된 '대중문화 안티', 5월 14일자
문화일보(2002), '사이버분신' 에 빠진 아바타족, 5월 30일자
경향신문(2004), 블로그 스토킹 사생활이 샌다, 1월 5일자
조선일보(2005), 안 사곤 못 배기게, '지름신 마케팅', 7월 23일자
중앙일보(2005), 디지털세상에도 정이 흐른다, 5월 1일자
연합뉴스(2002), 고가 아바타 아이템 속속 등장, 10월 9일
한국일보(2005), 디지털 초원 누비는 IT강국 유목민들, 9월 1일자
헤럴드경제(2005), [Blog세대] 그들이 몰려온다, 1월 10일자
________ (2005), 호모 유비쿼터스-언제, 어디든 접속한다, 9월12일자

3부

소비문화에 대한 규범적 접근

CHAPTER

11 소비의 윤리

네 집에 먹을 빵이 남아 있으면 그것은 배고픈 자들의 것이다.
네 옷장에 여벌로 걸려 있는 옷은 헐벗은 자들의 것이다.
잘 신지도 않는 네 신발은 불쌍한 맨발의 거지들 것이다.
네가 꿍쳐 놓은 돈은 바로 가난한 자들의 것이다.

-바실리오 성인-

CHAPTER

11 소비의 윤리

사람이 살아가는 동안 귀한 것은 성실함이다. 어떤 것도 속여서는 안 된다. 하늘을 속이는 것이 가장 나쁘다. 임금을 속이고 어버이를 속이거나 농사꾼이 이웃을 속이거나 장사꾼이 동료를 속이는 것 모두 죄에 빠지는 것이다. 한가지만은 속여도 괜찮으니, 바로 자기 입이다. 모름지기 거친 음식으로 잠시 지나가는 것, 이것이 좋은 방법이다.

올여름에 내가 다산에 있을 때 일이다. 상추에 밥을 싸서 음식을 움켜쥐고 이를 삼켰다. 손님이 내게 물었지.

"쌈 싸먹는 것이 절여 먹는 것과 다를까요?"

내가 말했다.

"이는 내가 입을 속이는 방법일세 그려"

매번 밥 한 끼를 먹을 때마다 이런 생각을 갖도록 해라. 정력과 지혜를 쥐어짜 더러운 뒷간을 위해 충성을 바칠 것 없다. 이런 생각은 당장 눈앞에서 가난함에 대처하는 방편만은 아니다. 비록 부귀가 하늘에 닿을 정도라 해도 사군자가 집안을 거느리고 몸을 다스리는 방법에 근면과 검소를 버리고는 손댈만한 곳이 없을 것이니라. 너희들은 꼭 명심하도록 해라.

- 경오년(1810년) 다산 정약용이 두 아들에게 주는 훈계 중에서-

정민, 미쳐야 미친다, 푸른역사, 2004

오늘날 자본주의 시장경제체제 하의 소비사회를 보면 온갖 상품들이 거래되고 있고 누구나 원하는 상품을 사서 소비함으로써 자신의 욕구를 충족시키고 있다. 이런 외적인 모습을 보면 구매력만 있으면 소비활동에서 완전한 자유를 누릴 수 있는 것 같다. 그러나 실제 소비생활에서는 그렇지 않다. 소비자는 자신의 욕구와 구매력에 따라 생활하더라도 어느 사회든 소비활동에 사회적 제약과 윤리적 판단이 이루어지기 때문에 자신의 소비가 정당한 것인지 때때로 갈등하게 된다.

이 장에서는 이와 같은 소비에 대한 규범적 문제에 대해 생각해보고자 한다. 먼저 규범적 논의의 필요성을 짚어보고, 소비윤리의 개념과 함께 소비자들이 소비를 통해 추구하고자 하는 바를 이해하기 위해 소비가치에 대해 살펴보겠다. 그리고 소비윤리의 토대가 될 수 있는 다양한 근거를 검토한 후 이를 기초로 소비윤리 내용과 차원을 정리한 다음 여기에 근거해 소비문화에 대한 규범적 논의기준을 제시해보겠다.

1. 소비문화에 대한 규범적 논의의 필요성

우리는 오늘날의 소비현상이 적절한지에 대해 가끔 질문을 하게 된다. 부유한 사람들의 소비는 지나친 것인가? 미래세대를 생각할 때 현재 우리들의 자원사용과 환경오염은 정당화될 수 있는가? 또 일상적인 자신의 소비행위에서도 갈등을 느끼게 된다. 지구 한편에 굶어 죽는 사람이 있는데 비싼 음식을 사먹는 것은 옳은 것인가? 상거래에서 소비자가 주장하는 권리에 대응해 스스로 지켜야 할 책임과 의무는 무엇인가? 이와 같은 질문은 소비자로서 자신이나 타인의 소비생활에 대해 도덕적 정당성을 판단하는 소비윤리 또는 소비자책임에 관한 질문이자 소비생활에 대한 규범적 논의의 출발이라 할 수 있다.

현대 소비사회에서 사업자는 자신들의 상품에 어떤 특정 가치를 특별히 부각하거나 이미지를 형성해 광고하고, 소비자는 여러 상품 중에서 자유롭게 선택해 소비활동을 함으로써 자신의 다양한 욕구를 충족해 나가고 있다. 또 앞서 여러 장에 걸쳐 소비생활의 각 영역별로 현재 우리들의 다양한 소비문화 양상을 살펴보았다. 이런 복잡한 소비사회 양상을 보면 소비자들은 얼핏 자신의 구매력 범위 내에서 자유롭게 소비활동을 할 수 있고, 이것은 타인이나 사회의 규범적 판단 대상이 될 수 없는 것이 아닌가 하고 생각할 수 있다. 그러나 개인의 소비는 자신의 삶의 복지를 결정하는 중요한 요인이며, 타인의 삶에도 영향을 미친다. 또 한 사회의 집단적인 소비방식은 그 사회의 현재와 미래 방향에 영향을 미치기 때문에 논의의 대상이 된다. 예를 들면 어떤 사람이 담배나 마약을 소비하는 것은 건강에 해를 끼치기 때문에 본인의 자유의사에 맡겨두지 않고 소비를 억제하도록 하고, 성매매와 같은 경우도 사회적으로 불법으로 규정하여 단속하고 있다. 이런 극단적인 경우가 아니더라도 우리는 지구 전체의 자원과 환경을 고려할 때 현재와 같은 낭비적인 소비방식이 문제가 됨을 알고 있다. 또 충동구매나 과시소비와 같은 소비행위를 비판하기도 하고, 혼례나 상례에서 허례허식적인 소비방식이 지적되기도 한다.

그러면 사람들은 어떤 기준을 가지고 소비행위에 대해 옳고 그름을 판단하는 것일까? 앞서 2장의 말미에서 소비사회의 발달에 대한 여러 학자들의 평가를 살펴보았을 때 지나치게 소비에 사로잡힌 우리 삶에 대한 우려와 비판이 많았다. 이것은 소비사회의 발달에 대한 개인의 내적 자유 확대라는 측면에서의 평가이다. 그러나 우리는 이러한 평가를 넘어서 소비행위에 대해 옳고 그름을 판단하기 위한 기준, 즉 소비윤리에 대해 좀 더 생각해 보아야 한다. 우리 소비자들이 소비를 통해 추구하고자 하는 것은 무엇인가? 마케팅 활동은 소비자에게 어떤 것을 추구하도록 말하고 있는가? 소비자교육에서는 그동안 어떤 것을 추구하도록 강조해 왔는가? 과연 개개인의 소비생활은 각자의 다양한 생활양식 추구로서 인정해야 하는 것인가? 또는 어느 정도는 인정하되 일정범위 이상의 경우는 제재를 가해야 하는 것인가? 우리들의 소비행위가 개인적으로, 사회적으로 또는 더 넓게 전 지구적으로 과연 바람직한 것인지를 어떤 기준으로 판단해야 하는가? 소비윤리에 대한 논의를 통해 이와 같은 질문에 대한 논의를 더 풍부히 할 수 있으며 단편적이고 일시적인 소비행위 비판에 그치지 않고 전반적인 소비문화의 방향을 생각할 수 있을 것이다.

2. 소비윤리

1) 소비윤리의 개념과 성격

소비윤리의 개념을 논의하기 위해 먼저 윤리학을 살펴보면, 윤리학은 인간행위의 도덕성과 가치를 분석하고 연구하는 분야로 크게 가치개념을 분석하는 분석윤리, 도덕적 판단의 기초가 되는 원칙을 연구하는 규범윤리, 규범윤리의 이론을 사회의 각 분야에서 발생하는 도덕적 문제를 해결하는 데 적용하는 응용윤리학의 세 범주로 나누고 있다. 이러한 윤리학의 연구내용과 범주에 비추어 볼 때 소비윤리란 규범윤리의 원칙을 인간의 소비활동분야에 적용하여 도덕적 정당성을 평가하고자 하는 응용윤리학의 한 범주라 할 수 있다. 응용윤리학의 공통된 목표는 인간의 존엄성 확립과 행복추구를 위한 최선의 윤리적 대안을 찾는 것이다(박헌준, 2000: 11). 따라서 소비윤리는 생명의료윤리, 기업윤리, 공학윤리 등 응용윤리학의 다른 영역과 마찬가지로 소비분야에서 최선의 윤리적 대안을 모색하는 것이라 할 수 있다.

다른 범주로는 사회 구성원으로서 개개인이 생활함에 있어서 모든 의사결정과 행동의 옳고 그름을 판단하는 기준이 되는 규범체계인 사회윤리의 하나로 소비윤리를 볼 수 있다(채정숙 외, 2004; 이기춘, 1991). 즉, 무엇을 하고 무엇을 해서는 안 되는지 개개인의 행동에 대한 잘잘못을 그 사회의 도덕적인 원칙이나 가치체계에 기초를 두고 판단하는 사회윤리로서 소비행동에 대해 잘잘못을 판단할 수 있는 기준이 곧 소비윤리인 것이다.

이러한 소비윤리는 다음과 같은 특성을 지닌다.

첫째, 소비윤리에 대한 논의는 잘못된 소비에 대한 비판으로부터 시작된다.

기업윤리, 광고윤리, 마케팅윤리가 각각 기업경영, 광고, 마케팅 활동에 대한 비판적 시각에서 출발하게 된다. 마찬가지로 소비윤리에 대한 논의도 소비행동 내지 소비문화에 대한 비판적 관점에서 시작한다. 과연 현재 우리의 소비는 정당한가 또는 보통 소비자의 소비행태 중 과소비나 유해한 상품에 대한 소비와 같은 문제점을 지적하면서 이를 바로잡기 위한 대안으로 소비윤리의 확립 등이 논의되는 것이 일반적이다.

둘째, 소비윤리는 소비자의 권리에 대응되는 의무 또는 책임의 개념으로 이해된다. 국제소비자기구에서 발표한 '소비자행동윤리헌장' 을 보면 소비윤리의 내용으로 자신이 사용하는 재화와 서비스에 대하여 경각심과 의문을 가지는 비판적 시각(critical awareness), 공정하다고 생각하는 것에 반응을 보이는 실천력(action), 자신의 행동이 사회적 · 국제적으로 불이익을 받게 될 집단에 미칠 영향을 고려하는 사회적 책임(social responsibility), 자신의 소비가 환경에 어떤 영향을 미치는지 고려하는 환경적 책임, 그룹을 형성하고 행동하여 권익을 증진 · 강화해야 한다는 사회조직의 연대성(solidarity) 등의 내용을 담고 있다. 한편 국제소비자연맹은 문제를 의식하는 책임, 참여에 대한 책임, 사회적 책임, 환경보존에 대한 책임, 단결에 대한 책임을 소비자책임의 내용으로 열거하며 선언하고 있다(채정숙 외, 2004). 이들 두 기관의 견해를 비교해 보면 국제소비자기구의 소비자행동윤리헌장과 소비자연맹의 소비자책임 내용이 의미상 각각 대응되고 있어 국제소비자단체들은 소비자윤리를 소비자책임과 같은 의미로 보고 있는 것을 알 수 있다.

정준(1997) 역시 소비윤리를 책임 있는 소비자행동으로 보고 있으며 이기춘(1999)도 소비자주권이 실현되기 위해서는 소비자의 도덕적 책임이 중요한데, 소비자책임은 법적 의무가 아니기 때문에 윤리적인 문제로 접근해야 한다고 주장한다. 또 채정숙 등(2004; 91)은 소비윤리를 소비자권리와 대칭되는 개념으로 자신과 가족과 지역사회 등에 대한 의무를 뜻하는 것으로도 보고 있다.

이상과 같이 소비자단체나 학자들은 공통적으로 소비자윤리를 소비자권리에 대응하는 소비자의 책임이나 의무로 보고 있다. 그러나 사회적 책임은 소비의 사회적 영향이라는 결과에 초점을 두어 '~하는 것이 좋다' 는 적극적인 성격을 갖는 반면, 소비윤리는 의사결정의 옳고 그름을 따지는 판단기준이 강조되는 차이가 있다.

2) 소비가치와 소비윤리

소비가치란 소비자가 소비행위를 통해 추구하고자 하는 것을 의미한다.

키르크는 모든 인간활동의 문제는 가치판단의 문제, 즉 선택의 문제이고, 소비 역시 마찬가지라고 했다. 키르크는 '소비표준(standard of consumption)' 의 개념으로 이러한 선택의 문제를 설명하고자 했는데 이는 소비자가 소비생활을 통해 실현하고 싶은 재화나 서비스의 총체이며 소비자가 추구하고자 하는 가치의 묶음을 표현한 것이라 할 수 있다(생활경제연구모임편, 1993; 87~88).

소비에서 추구하는 바에 내재된 보다 근본적인 가치를 체계적으로 분류하여 제시하는 소비가치 연구는 우선 소비자가 제품을 선택할 때 추구하는 가치가 무엇인지 그 하위차원을 구분하여 조사한 후 관련변수를 밝히고, 시장을 세분화하고 마케팅전략을 수립하는 데 이용하거나 또는 바람직한 소비행동이라는 규범적 관점에서 논의하고 있다.

이러한 연구 중 대표적인 것을 살펴보면 소비와 관련된 가치의 하위차원으로 쉐스(Sheth 등, 1991)는 기능적 가치, 사회적 가치, 감정적 가치, 진귀적 가치, 상황적 가치의 다섯 가지로 나누었는데, 이후 각각의 대상제품이나 연구방향에 따라 다양한 차원으로 나누어지고 있다. 이렇게 소비자가 상품선택에서 고려하는 가치는 상품을 판매하고자 하는 광고의 소구내용으로 활용되기 때문에 광고내용 분석을 통해 소비가치를 확인하기도 한다(이두원 · 김은희, 2004; 박수진 · 박길순, 2003).

한편 댄징어(Danzinger)는 '사람들은 왜 소비하는가?'(최경남 역, 2005)라는 저서에서 사람들이 필요하지 않지만 갖고 싶어 하는 제품을 왜 구매하는지 파악하고 어떻게 하면 더 많이 팔리도록 마케팅 할 수 있을지를 분석하고 있다. 여기에서 소비자들이 자신들에게 꼭 필요하지 않은 임의소비재를 구매하기 위해 합리화하는 이유로 삶의 질, 즐거움, 집 장식, 교육, 휴식, 엔터테인먼트, 계획된 구매, 정서적 만족, 기존 아이템의 교체, 스트레스 해소, 취미, 자신을 위한 선물, 충동구매, 지위 등의 14가지를 열거하고 있다.

홀브룩(Holbrook, 1993)은 소비자가 소비행위를 통해 추구하는 가치유형을 가치의 세 차원을 도입하여 표 11-1과 같이 나누어 설명함으로써 앞서의 쉐스나 댄징어가 설명한 제품의 선택이라는 제한된 관심보다는 좀 더 넓은 관점으로 소비행위와 가치문제를 다루었다. 그는 가치의 세 차원을 첫째, 본질적 · 비본질적 차원(수단과 목적), 둘째, 자아지향 · 타인지향 차원, 셋째, 능동적 · 수동적 차원으로 나누었다. 이를 토대로 소비행위를 구분하면 녹색구매나 기부행위, 동물보호제품 구매 등과 같은 윤리적 소비는 본질적이며 타인 지향적이고 능동적인 가치를 추구하는 소비행위라는 것이다. 이러한 홀브룩의 연구는 소비자의 전체 소비행위 중 윤리적 소비가 상대적으로 어디에 위치하는가를 알려준다.

앞에서 소비자들이 소비행위에서 추구하고자 하는 소비가치와 소비행위의 옳

표 11-1 홀브룩(1993)에 의한 소비행위를 통해 소비자가 추구하는 가치유형

가치 차원		비본질적(수단)	본질적(목적)
자아지향	능동적	효율성	놀이(재미)
	반응적	뛰어남(품질)	심미(아름다움)
타인지향	능동적	정치학(성공)	윤리(덕, 정의, 도덕)
	반응적	존중(명성)	영성(믿음)

고 그름을 판단하는 소비윤리의 개념을 살펴보았다. 그렇다면 '가치' 라는 개념을 빌려 '소비윤리' 를 설명하면 어떻게 될까? 결국 사회 전체가 추구하는 가치가 '윤리' 라는 형태로 표현되는 것이므로, '소비윤리' 란 소비생활에서 사회 구성원 전체가 추구해야 할 가치인 것이다. 즉, 소비자가 추구하고 있는 현상으로서의 가치와 추구해야 할 당위로서의 가치를 구분할 수 있으며, 소비자 개개인이 추구하는 소비가치의 다양성을 인정하면서도 소비생활에서 사회 전체적으로 구성원들이 추구해야 할 바람직한 가치를 무엇으로 보는가가 바로 소비윤리의 내용이 될 것이다.

3) 소비윤리의 근거

(1) 공리주의

공리주의는 최대다수의 최대행복을 도덕적 판단의 기준으로 한다. 즉, 각 개인이 행하는 행위의 도덕성 여부는 사회 전체의 복지를 증가시키는 정도에 달려 있다(바루흐브로디, 황경식 역, 2000; 박헌준, 2000). 이재율(1998, 2000)은 공리주의가 사회 전체 모든 구성원의 효용이 극대화되어야 한다는 점에 초점을 두고 이에 비추어 소비윤리의 기준을 찾을 때, 자신의 소비활동이 타인에게 해를 끼치지 않아야 한다는 것과 자신의 만족을 순간적으로가 아니라 장기적으로 극대화시키는 소비이어야 하는 두 가지 기준을 찾을 수 있다고 주장하면서 이 두 기준을 적용하여 다양한 소비행동의 윤리성을 판단하고 있다.

그러나 공리주의의 원칙 중 소비윤리와 관련하여 특히 주목되는 내용은 도움을 받는 자에게 돌아가는 혜택이 도움을 주는 자가 입는 손실보다 클 때 도움을 주는 것이 전체복지 향상에 기여하므로 도와야 할 의무가 있다는 '자선의 의무' 와 부유

한 사람에게서 가난한 사람에게 소득을 재분배할 때 사회 전체의 복지가 극대화되는 분배가 가장 정의롭다는 공리주의 '분배정의론' 이라고 본다.

여기서 공리주의 분배정의론은 평등한 분배를 본질적 가치로 두지는 않지만 모든 개인의 효용함수를 동일한 비중으로 고려하며 한계효용체감의 경향이 지켜진다고 가정하고 있으므로 결국 어느 정도 사회적으로 소득이 평등하게 분배되고 따라서 소비생활수준이 비슷하게 되는 것이 사회적으로 바람직한 것으로 보는 것이다. 그러나 소득분배는 소비자 개인의 소비생활을 통해 달성되기보다 전체 사회시스템의 문제로 보고 논외로 하면, 개인소비생활에서 공리주의에 의한 소비윤리 항목으로는 자선의 의무가 확인된다. 이와 같은 공리주의를 적용한 소비윤리의 내용은 소비자학에서 개인소비자 선택이론으로 대표적으로 다루어지는 한계효용이론을 적용하여 설명할 수 있기 때문에 소비자들에게 쉽게 이해되고 받아들여질 수 있을 것이다.

(2) 경제윤리

경제윤리에 관해 논의된 국내 주요연구의 내용을 보면 자본주의 시장경제의 윤리적 기초를 경제윤리의 핵심으로 다루고 있다. 이를 살펴보면 다음과 같다.

권영경(1997)은 경제학자들에 의해 가치규범적으로 제시된 경제윤리덕목 중 아담스미스에 의한 절제된 이기심, 막스 베버에 의한 자본주의 정신, 마샬에 의한 경제적 기사도 정신을 검토하고 시장경제에서 경제적 합리성이란 자신의 기대욕망의 극대화만이 아니라 타인 및 사회적 가치에 대한 배려가 포함되어 있어야 함을 주장하였다. 즉, 시장경제는 개개인은 자신들의 행위규준으로 경제윤리덕목을 체현하고 있어야 하며 거시적 차원의 경제적 정의가 합의 · 수용되어야 한다. 따라서 시장의 합리성은 윤리적 합리성까지 포함하는 것이다.

김적교(1999) 역시 권영경의 주장과 같이 시장경제가 윤리와 무관한 가치중립적인 경제적 기계는 아니며 일련의 윤리적 가치를 바탕으로 하고 있다고 하였다. 즉, 시장경제의 여러 가지 행동규칙은 정직성, 진실성, 신뢰성, 책임의식, 공정성과 같은 일련의 윤리적 가치가 구성원에게 생활화, 습관화되어 있어야 제대로 작동된다. 예를 들면 계약의 준수가 잘 지켜지지 않고 사유재산제도가 존중되지 않는다면 경제활동의 자유는 촉진될 수 없고, 사람이 정직하지 못하고 진실성이 없고 책임감이 없다면 교환사회는 발전될 수 없다. 또 시장경제에서는 모든 사람이 각자 자신의 이익을 극대화하고자 경제행위를 하나 거래당사자 간의 호혜성과 상호 이익을 바탕으로 하여 이루어지므로 이기심이 제한을 받게 된다. 따라서 상대방의 입장에서 자신을 생각하는 동감(sympathy) 능력이 필수적이다. 그리고 시장경제사회에는 두 가지 윤리가 공존하고 있는데 하나는 시장윤리, 다른 하나는 연대의식과 이웃 사랑이라는 사회윤리라고 지적하고 있다.

안병근(1998)은 특히 분배윤리에 강조를 두어 학교경제윤리 교육에서 함양해야 할 분배윤리 덕목이 무엇인지를 탐색하였다. 즉, 소득, 재산, 경제적 기회 등 경제적 자원의 분배에서 정의를 이루는 데 대한 입장 중 네 가지 대표적인 사조라 할 수 있는 공리주의, 자유주의, 공적주의, 평등주의적 입장을 설명하고 각각에서 윤리덕목을 도출하였다. 첫째는 사회의 총체적 후생을 극대화하는 분배를 정의로운 분배라고 보는 공리주의(utilitarianism)에서는 사회 전체를 위해 자신의 분배 몫 일부를 양보할 수 있는 '사회총후생지향 의식' 이라는 분배윤리 덕목을 도출할 수 있다. 둘째, 사람들의 자유와 권리는 어떠한 경우에도 침해되어서는 안 되며, 정당하게 소유할 권리만 가지는 것이 분배적 정의라 보는 자유주의(libertarianism)적 접근에서는 정당한 권리가 있는 것만을 소유하고 타인의 정당한 소득과 부에 대해 인정하고 존중하는 '정당한 소유권리(entitlement) 의식' 을 분배윤리 덕목으로 도출할 수 있다. 셋째, 받을만한 자격이 있는 공적에 따른 분배를 강조하는 공적주의(principle of desert)로부터는 성실하고 열심히 노력한 대가와 자신의 사회적 기여의 대가만을 가지는 '공적(social contribution) 의식' 을 분배윤리 덕목으로 도출할 수 있다. 넷째, 사람들의 능력이나 노력, 기여와 관계없이 모든 사람은 평등하므로 소득과 부도 평등하게 분배되어야 한다는 평등주의(egalitarianism) 정의관으로부터는 가장 불우한 계층을 먼저 배려하는 경제생활을 해나가는 '평등성 지향 의식' 을 도출할 수 있다. 따라서 이러한 네 가지 덕목의 분배윤리를 교육과정에서 심도있게 다룸으로써 먼저 정당한 소유권리 의식과 공적 의식을 철저히 갖도록 지도하고, 그 다음 사회총후생지향 의식과 평등성지향 의식을 겸비하도록 교육한다면 자신의 노력과 기여에 대한 대가를 정당하게 소유하되 이에 그치지 않고 공리주의와 평등주의 관점에서 저소득, 빈곤계층에 대한 배려가 이루어지며 사회 전체의 평등성이 증진되어 바람직할 것으로 주장하였다.

이상에서 살펴본 경제윤리에 관한 학자들의 주장을 종합해보면, 자본주의 시장경제제도가 개인의 이기심에 기초하여 거래가 이루어지는 가치중립적이며 기계적인 제도가 아니라 절제된 이기심, 정직성, 진실성, 신뢰성, 책임의식, 공정성과 같은 일련의 윤리적 가치가 구성원에게 생활화, 습관화되어 있어야 제대로 작동되는 윤리적 가치에 기초한 제도임을 강조하고 이러한 윤리적 가치가 각 경제주체에게 체현되도록 경제교육의 내용에서 강화되어야 된다는 것이다. 또 경제윤리에서 강조되는 점 중의 하나는 분배의 문제이고 이는 과소비나 사치의 윤리적 문제를 제기할 때 소득분배의 공정성이 연관되기 때문에 소비윤리와 밀접하다. 따라서 소비자의 활동을 단순히 상품의 구매와 소비에 국한시키지 않고 다양한 경제활동을 포함한다고 본다면 이러한 경제윤리의 핵심내용이 소비윤리의 내용과 차원에서도 반드시 포함되어야 할 것이다.

(3) 종교와 소비윤리

불교에서는 열 가지 악의 근본 원인을 빈궁에 있다고 하고 빈궁을 벗어나기 위한 노동과 부의 축적을 바람직한 것으로 보았고, 재물을 축적하기 위해서는 자타(自他)를 괴롭히지 않는 바른 법에 의해 자신의 업(業)에 열심히 노력해야(精勵)하며 가능한 절약해야 한다고 말한다. 그러나 열심히 노력하여 부를 축적한다고 해도 자기 혼자 독점해서는 안 되고 그것을 타인에게 나누어 주어야 한다. 이는 결국 사람들에게 복리(福利)를 나누어 주는 것이 축적의 목적이며 흔히 말하는 '보시(布施)' 의 윤리이다. 즉, "법에 어긋남이 없이 얻은 부를 시여(施輿)하면서 마음을 청정(淸靜)케 한다" 는 점이 강조되었고, 시여는 특히 출가자에 대한 것이 높이 평가되지만 가난한 사람에 대한 것 역시 존중되었다(이재창, 1973; 김인호, 2000에서 재인용).

결국 불교의 소비윤리는 열심히 일해서 부를 축적하되 남에게 베푸는 '보시의 정신' 이 핵심이며, 보시하기 위해서는 사치와 방탕하지 않는 금욕적 정려(精勵)의 정신이 요구되고, 이를 바탕으로 부의 재분배로 사회악의 근원이 되는 빈곤을 없애야 나와 남이 더불어 사는 건전한 사회가 된다는 것이다.

일반적으로 유교에서는 물질적 재화를 도덕사회의 실현을 위한 토대로서 필요하다고 여기고 있으나 근본 주장은 덕본재말(德本財末), 즉 정신적 가치를 물질적 가치보다 상위의 것으로 규정하는 위상정립을 강조하고 있다. 그 이유는 물질적 재화에 대한 욕구가 정신적 가치에 대한 욕구보다 월등히 강하기 때문에 이를 개방할 경우 인륜질서와 사회질서가 파괴되어 급격한 혼란에 빠져들고 만다는 인식 때문이다. 이를 극복할 수 있는 유교사상으로 조선중기 성리학자인 율곡은 인간욕구에 대한 이론인 인심도심설(人心道心說)을 주장했다. 즉, 인심(人心)은 본능적·생리적 욕구, 재(財)에 대한 욕구이며 도심(道心)은 도덕적 순수 의욕, 덕(德)에 대한 욕구로, 인심이 이치에 맞도록 절제된다면 도심으로 승화될 수 있는데 바로 이러한 상태가 바람직하다고 하였다(문은숙, 1996).

또 유교의 안빈(安貧)사상은 부당한 방법으로의 부의 축적을 철저히 거부하고, 오히려 가난함 속에서라도 인륜(人倫)을 지켜야 한다는 것을 강조한다. 그리고 유교사상에서는 모든 사람의 내면에 천부적인 존엄성이 간직되어 있으므로 이를 인식하고 서로에게 유익함을 베풀어주는 윤리의식을 삶의 근본으로 삼아야 한다고 본다. 어질고 능력 있는 사람들이 최선을 다해 검소한 생활을 함으로써 그 여력으로 능력이 없는 사람들을 돌보아야만 사회가 안정된다는 율곡의 대동사상 역시 같은 맥락이다(조남국, 1993). 이와 같이 최근 학자들의 연구에서는 오히려 유교사상에 오늘날 우리가 필요한 경제윤리나 소비윤리가 이미 포함되어 있음을 밝히고 있다. 요약하면 유교에서도 역시 부지런함을 부를 얻을 수 있는 덕목으로 보고 근면에 대해 철저히 강조하였고(김인호, 2000), 인심도심설이나 대동사상에서 보듯이 재물에 대한 욕구를 절제하고 어려운 사람을 돕도록 하는 점에서 보시에 기초한 불교의 소비윤리와 결국 근본정신은 다르지 않다.

기독교의 소비에 대한 윤리적 가르침은 무엇인가? 한마디로 청지기정신, 즉 우리가 가진 물질은 하느님이 맡기신 것이라는 것이다. 따라서 자신이 소유한 물질의 사회윤리를 의식하고 실천하기 위해 다른 사람과 나누고 사회로 환원하는 것을 이상적으로 생각한다. 재물은 개인에 의해 사유화될 수 있으나, 공공성을 지니기에 사회적 기능을 외면해서는 안 되며 그 사회적 기능의 절정은 청빈정신으로 재물을 이용하고 이웃과 나누며 복지사회, 곧 하느님 나라를 구현하는 데에서 드러난다고 함으로써 소비의 사회적 책임이 중요함을 강조하고 있다(이용훈, 2000; 이재율, 1997).

이상과 같이 결국 세 종교 모두 부를 축적하기 위한 근면을 강조하였지만 물질적 재화의 소유나 소비에 대한 욕구를 절제하고 사회적으로 나눌 것을 강조하고 있다는 공통점을 발견할 수 있다.

(4) 환경윤리

환경윤리의 내용은 무엇이며 이는 소비윤리와 어떤 연관이 있는가? 소비를 위한 재화의 생산과 소비양식은 환경문제의 발생이나 해결과 직결되기 때문에 환경윤리는 실천적 차원에서 소비윤리로 연결된다고 본다. 환경윤리의 핵심은 첫째, 인간뿐 아니라 생물의 종, 생태계, 경관 등에도 생존권이 있으므로 함부로 그것을 부정해서는 안 된다는 것, 둘째, 현재세대는 미래세대의 생존가능성에 대해 책임을 져야 한다는 것, 셋째, 지구생태계는 열린 우주가 아니라 닫힌 세계라는 것이다(가토히다사케, 김일방 역, 1996: 12). 이러한 환경윤리와 관련하여 소비윤리의 내용을 생각하면 결국 현재사람들은 미래세대를 고려하여 소비해야 한다는 것으로 볼 수 있다. 현세대와 미래세대 사이에는 자원의 배분이라는 관계가 성립하는데 기본적으로 이해가 대립하고 있다. 미국환경학자인 슈레이더 프레흐트는 현재세대와 미래세대 간의 상호성과 윤리성을 일본의 옹(恩)이라는 개념을 빌어 설명한다. 즉, 과거 조상이 우리에게 베풀어 주었던 것을 갚는 책무를 자손에게 베풂으로서 다한다는 것이다(가토히다사케, 표재명 외 역, 1999: 175~176).

바디샵

과연 현재 사람들에게 미래 사람들에 대한 의무가 있는가? 이 미래세대의 문제는 환경윤리와 관련하여 가장 중요한 요소이기 때문에 철학적, 윤리학적 입장에서 광범위하게 논의되기도 하였으나(구승회, 1999) 공리주의를 적용하여 간단하게 생각해 볼 수 있다. 앞서 공리주의 원칙에 의해 자선의 의무를 개인이 행하는 세대 내(內)의 분배를 이루는 소비윤리라고 보았는데, 현재 사람들의 미래 사람들에 대한 의무는 세대 간(間)의 분배문제라고 설명될 수 있는 것이다. 기존의 공리주의에서 도덕적 공동체의 범위를 생태계 전체로 보고, 시간적으로는 미래세대를 포함시키며 경제행위로 발생하는 이익과 손해를 따질 때도 시공간적으로 확대해 장기적인 안목으로 계산하는 '확장된 공리주의'가 환경윤리의 한 대안이 될 수 있음을 제시한 윤용택(1999)의 견해 역시 이와 같은 맥락의 주장이라 할 수 있다. 요약하면 환경윤리는 소비자들이 자연자원이나 환경을 고려하여 소비하도록 요구하고 있으며 이는 현재세대의 미래세대에 대한 윤리적 책임의 하나로 이해될 수 있다.

(5) 상거래윤리

소비윤리에 대한 국내외 실증적 조사연구들은 대부분 상거래상의 비윤리적 소비자행동에 초점을 두고 연구되고 있다(Muncy · Vitell, 1992; 신상헌, 2000; 김정훈 · 이은희, 2003; 김정훈, 2004; 제미경 · 서정희 · 김영옥, 2004). 이는 윤리적인 문제에 대한 실증조사의 한계이기 때문이기도 하고 초기 척도개발자의 관심이 상거래상의 소비윤리에 관심을 둔 때문이기도 하다.

이 분야의 선구적인 연구라 할 수 있는 뮨시와 비텔(Muncy · Vitell, 1992)도 소비윤리란 개인 또는 단체가 상품과 서비스를 얻고, 사용하고, 처분하는 행동의 도덕적 원리 또는 기준이라고 정의하였지만, 그 실증조사의 척도내용으로 소비자의 비윤리적 상거래행동을 판매자에게 해를 끼치는 것과 다른 소비자에게 해를 끼치는 것으로 분류하여 조사 · 연구하고 있다. 이들이 개발한 척도를 이용하여 창, 웡, 룽(Chang, Wong, Leung, 1998)은 홍콩소비자를 대상으로 판매자에게 해를 끼치는 비윤리적 소비자행동에 대해 조사하였다.

신상헌(2000)은 소비자들의 상거래윤리에 관해 불법복제나 상품 훼손 등과 같은 상거래상의 정직성을 조사하는 문항을 불법, 손상, 속임, 오용 등의 영역으로 나누어 척도를 구성하고 청소년을 대상으로 조사하였다. 김정훈 · 이은희(2003)는 신상헌(2000)의 척도를 활용하여 소비자의 비윤리적 행동과 판매자와의 상호작용과의 관계를 성인소비자를 대상으로 조사하였다. 우리나라 소비자를 대상으로 한 두 연구는 모두 소비자윤리규범이 낮은 편이라고 결론짓고 소비윤리교육이 필요함을 주장하였으며 이는 홍콩이나 중국 등과 같은 결과이다. 신상헌(2002)은 또 성인소비자를 대상으로 해로운 제품의 소비, 복사, 도박, 뇌물, 성매매와 같은 비윤리적이거나 불법적 소비로 의문시되는 소비행위에 대한 판단과 행동빈도를 조사하였다.

이와 같은 실증조사연구들을 종합하면 용어를 어떻게 사용하였든 척도의 내용은 소비자가 상거래시 거래 상대방인 판매자나 제조업자와 같은 사업자 또는 자기 자신이나 다른 소비자에게 적극적이거나 소극적으로 해를 끼치는 비윤리적 행동에 관심을 둔 것이다. 소비윤리에서는 이러한 윤리적 항목을 소비자의 상거래 윤리로 포함시켜야 한다. 그러나 상거래윤리가 소비윤리의 전체는 아니고 앞서 살펴본 바와 같이 소비윤리는 좀더 포괄적인 내용과 차원으로 구성되어야 하고 상거래윤리는 그 중의 한 구성요소라 할 수 있다. 상거래윤리는 특성상 일상적 소비생활에서 소비자의 윤리성이 쉽게 드러나는 부분이며 사업자들이 가장 관심을 갖는 부분이기도 하다. 특히 소비자들이 사입자에게 소비사불만을 세기할 때 시나친 보상을 요구하거나 자신의 사용상의 주의 책임을 다하지 않는 등의 문제들이 최근 논의되고 있다(양희, 2004).

4) 소비윤리의 내용과 차원

이상에서 제시된 소비윤리의 근거에 기초하여 소비윤리의 내용과 차원을 제시하면 다음과 같다(송인숙, 2005).

표 11-2 소비윤리의 각 차원과 구체적 내용

소비윤리 차원	구체적 내용
종적 차원-세대 간 분배	환경과 다음 세대를 고려한 소비
횡적 차원-세대 내 분배	동시대의 자발적 소득 재분배 - 절제와 나눔, 자선, 기부
사업자와의 거래 차원-상거래 윤리	계약관계 이행의무, 주의의무 소비자권리에 대응한 소비자책임
시장경제의 기초적 윤리	절제된 이기심, 정직성, 진실성, 신뢰성, 책임의식, 공정성과 같은 일련의 윤리적 가치가 구성원에게 생활화, 습관화

종적 차원에서는 시간적 차원으로 미래세대의 소비를 희생하는 현재세대의 소비는 비윤리적이라 할 수 있다. 따라서 종적 차원에서의 윤리적 소비는 지속가능한 소비, 즉 미래세대의 요구에 대응할 능력도 유지하면서 현세대의 요구도 충족시키는 수준으로 현재세대의 소비를 해야 하는 것이다.

횡적 차원은 공간적 차원으로 동시대의 인류 간에, 빈곤과 부유계층 간의 소비능력의 차이를 고려할 때 사회적 분배시스템에 의해 정당하게 획득한 소득이라 할지라도 자신만을 위해 소비하는 것은 비윤리적이다. 자신의 생활 안에서 가능한 방법으로 소득의 재분배를 통해 자원의 총 효용을 극대화하는 방향으로 소비하는 것이 윤리적인 것이므로 한 사회, 나아가 인류 전체의 소비수준으로 고려하여 자신의 소비수준을 절제하고 나눔을 실천하는 것이 윤리적인 소비라 할 것이다. 이런 점에서 과소비나 과시소비는 비윤리적 소비라 할 수 있다.

거래 상대방으로서의 상거래윤리는 소비자가 사업자와 상거래를 할 때 윤리적으로 행동하는 것이다. 이는 판매자에게 적극적으로 또는 소극적으로 손해를 입히는 행위를 하지 않아야 할 뿐 아니라 사용자로서 필요한 주의의무를 다해야 하고

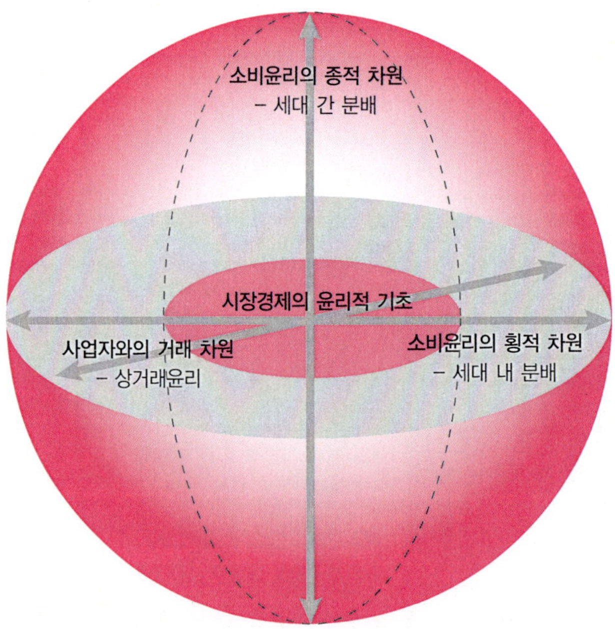

그림 11-1 그림으로 나타낸 소비윤리의 차원

거래 시에 다른 소비자에게도 피해를 입히지 않아야 한다.

그리고 기본적으로 시장경제 활동자로서 시장경제의 윤리를 체화할 필요가 있다. 자본주의 시장경제제도가 개인의 이기심에 기초하여 거래가 이루어지는 가치중립적이며 기계적인 제도가 아니라 절제된 이기심, 정직성, 진실성, 신뢰성, 책임의식, 공정성과 같은 일련의 윤리적 가치임이 구성원에게 생활화, 습관화되어 있어야 제대로 작동되는 윤리적 가치에 기초한 제도임을 인식하고 자신의 가치체계에 내면화 할 수 있다.

이상의 소비윤리 내용과 차원을 좀더 쉽게 개념화하기 위해 그림으로 표현해보면 그림 11-1과 같다. 먼저 지구 모습과 같은 원형의 입체에서 종적 차원의 세대 간 분배라는 소비윤리를 수직적인 화살표로, 세대 내 분배문제인 횡적 소비윤리는 수평면의 화살표로 표시하였다. 다시 이 동일한 수평면 위에 상거래차원의 윤리를 다른 방향의 화살표로 나타냈고 시장경제의 윤리적 기초를 수평면의 핵으로 표현하였다.

이와 같은 소비윤리의 내용을 크로커와 린든(Croker와 Linden, 1998)의 견해와 비교해 볼 수 있다. 여러 학자들의 공동심포과제로 소비의 윤리문제를 다룬 내용을 단행본으로 낸 이들은 소비윤리의 키워드로 'good life, justice, global stewardship'을 택하고 있는데 justice는 부자와 빈자, 부국과 빈국 간의 문제로서 본 연구에서 논의한 횡적 차원의 분배문제를, global stewardship은 소비에 따른 환경문제로 본 연구의 종적 차원의 분배문제를 다룬 것이다. 또 good life는 적정소비수준을 이야기한 것으로 이 두 차원의 소비문제를 종합한 것이다.

또 다른 소비윤리의 차원으로 생각해 볼 수 있는 것이 윤리의식 수준에 따른 구분이다. 이는 그림 11-2의 내용처럼 상거래에서 불법행위를 하거나 적극적으로 해를 끼치는 가장 낮은 윤리의식의 수준부터 최소한 불법행위를 하지 않고 정직하게 소비행위를 하는 단계를 거쳐 자신의 소비가 사회에 미치는 영향을 인식하고 책임을 느끼며 나아가 횡적 · 종적 분배를 고려하여 적극적인 절제와 나눔을 실천하는 높은 수준의 윤리의식에 이르는 발달을 표현하는 것이다.

네쉬는 환경윤리가 개체로부터 시작하여 가족, 부족, 지역, 국가, 종족, 인류, 동물, 식물, 생명, 바위, 생태계, 지구, 우주의 차원으로 나아가기까지 인간의 윤리의식이 발전하여 생명을 가진 다른 생명체에게 권리를 인정하고 생물공동체의 전일

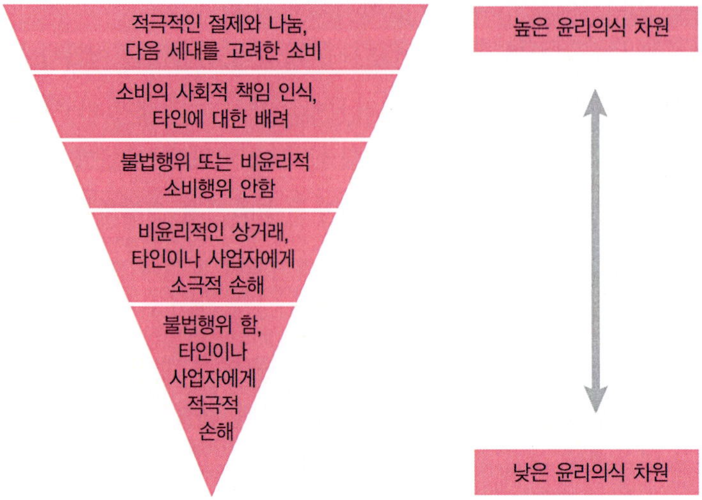

그림 11-2 소비윤리의식 발달 정도에 따른 구분

성과 아름다움을 증진시키는 것이 선(善)의 내용이라고 윤리의식의 발전단계를 표현하였다(Nash, 1989). 이와 마찬가지로 결국 소비윤리의 발달과정도 소비자가 자신만을 생각하는 개인 차원에서의 소비활동이 아니라 거래환경이라는 시장, 국가, 인류 나아가 다음 세대와 우주적 차원까지 고려하여 소비하는 것으로 나아가는 것이라 생각할 수 있다.

최근 소비시장의 새로운 트렌드로 웰빙이 언급된다. 그러나 그 웰빙 이후의 소비자의 라이프스타일로는 건강, 환경, 사회정의, 자기발전과 지속가능한 삶에 가치를 두는 소비집단의 라이프스타일인 LOHAS(Lifestyle of Health and Sustainability)가 대두되고 있다(오창식, 2004). 이는 개인적 웰빙이 사회적 웰빙으로 이전되는 것으로 결국 사회적 웰빙이 이루어지지 않으면 개인적 웰빙이 보장될 수 없다는 점을 인식한 것이다. 이런 점에서도 역시 각 개인의 소비윤리가 개인적 차원의 불법적인 행위를 하지 않고 합법적인 거래를 한다는 낮은 차원의 소극적 윤리의식에서 사회적 책임과 타인에 대한 배려 나아가 다음 세대를 배려한다는 적극적 고차원의 윤리의식으로 발전되어야 할 것이다.

3. 소비문화에 대한 규범적 기준과 윤리적 소비

1) 소비에 대한 윤리적 논의 기준

이상에서 다룬 소비윤리의 내용을 근거로 한 개인 또는 집단의 소비에 대한 규범적 판단의 기준이 될 수 있는 것을 생각해보면 다음과 같다.

첫째, 소비사회의 구성원들이 시장경제의 활동자로서 절제된 이기심, 정직성, 진실성, 신뢰성, 책임의식, 공정성과 같은 일련의 윤리적 가치를 내면화하여 실천하고 있는가?

둘째, 현재 우리의 소비문화가 미래세대의 소비를 희생하며 누리는 것은 아닌가?

셋째, 동시대의 인류 간에 또는 빈곤과 부유계층 간의 소비능력 차이를 고려할 때 적절한 소비수준인가?

넷째, 일상의 소비제품을 구매하여 사용할 때 사용자로서 필요한 주의의무를 다하고, 거래상대방으로서 사업자에게 손해를 입히는 행위를 하지 않으며 다른 소비자에게도 피해를 입히지 않고 있는가?

이러한 기준에 비추어 우리 사회의 다양한 소비문화에 대해 다시 생각해 볼 수 있을 것이다. 즉, 앞서 이 책의 5장부터 10장에서 소비생활의 다양한 영역별 현상과 그 의미를 살펴보았는데 규범적 기준에 비추어 이들 소비문화현상을 다시 생각해 볼 수 있다.

2) 윤리적 소비의 실천

소비자는 자신의 소비활동에서 윤리적 소비를 실천할 수 있다. 윤리적 소비는 앞의 소비윤리 기준을 충족시킨 소비가 될 것이다.

먼저 소비자는 어떤 제품을 구매할 때 윤리적인 결정을 내릴 수 있다. 즉, 공정한 거래에 관심을 가져야 한다. 예를 들면 적절한 임금을 지불하지 않는 등 불공정한 처우 속에서 생산된 제품을 구매하지 않거나 환경에 도움이 되는 제품을 구매하는 것이다. 소비자들의 구매동기는 경제적, 정치적, 영적, 환경적, 사회적 요인 등 다양할 수 있고 또 어떤 구매행위가 옳은지 그른지에 대해 서로 일치하지 않을 수 있다. 그러나 윤리적 구매에서 공통점은 어떤 구매선택을 했을 때 자신에게 미

표 11-3 소비자의 윤리적 구매행동 유형

구 분	제품중심 구매	기업중심 구매
불매운동	에어로졸(스프레이 제품) 지속불가능한 삼림에서 생산된 목재	Nestle Shell Phillip Morris
적극적 구매	공정거래표시제품(유럽) 블루엔젤 환경마크 제품(독일)	Body Shop(동물실험 반대)
철저히 조사된 제품 구매	녹색소비자가이드(Elkington & Hailes) Which?(영국소비자협회-가전제품의 에너지 소비표)	윤리적 소비자잡지(영국)
생산자와의 관계형성을 통한 구매	공동체협동농업(미국과 영국) 사이카수클럽(일본소비자협동조합)	가게주인과 소비자가 개인적인 관계 형성
반소비주의 또는 지속가능한 소비주의	지속불가능한 제품 반대(예 : 자동차) DIY 대안들(예 : 옷수선)	Adbusters(캐나다 문화방해 잡지)

자료 : Harrison, R., Newholm, T. & Shaw D.(2005)

칠 결과만 생각하지 않고 자신을 둘러싼 외부세계에 미칠 결과까지 고려한다는 것이다. 예를 들면 유기농 식품을 구매할 때 농약 독성이 자신의 몸에 해로운 점을 생각해 이를 피하려고 구매한다면 이는 엄격히 말해 윤리적 구매가 아니다. 왜냐하면 구매 결정을 내리는 일차적 관심이 구매자 자신의 건강이라는 내적 관심이기 때문이다. 독성농약이 다른 야생 생물이나 농장 환경에 미칠 외부 영향 때문이라면 윤리적 구매가 될 것이다. 구체적으로 해리슨, 뉴홈, 쇼(Harrison, R., Newholm, T. & Shaw D., 2005)는 소비자의 윤리적 구매행동 유형을 표 11-3과 같이 불매운동, 적극적 구매, 철저히 조사된 제품 구매, 생산

자와의 관계형성을 통한 구매, 반소비주의 또는 지속가능한 소비주의의 다섯 가지로 나누었다.

한편 소비의 최상위 윤리적 기준 중 '절제와 나눔'을 강제적으로 실천하도록 하기 위해 사회제도를 만들자는 제안도 있다(장두환, 1992). 즉, 소득이 국민 평균소득 이상인 경우 사회적 합의로 일정 부분(사회구성원 평균 소득액의 5배, 10배 혹은 20배 등)만 개인의 소유나 소비로 인정하고 나머지 과잉소득에 대해서는 소득자 자신의 뜻대로 사회를 위하여 환원하도록 하는 것이다. 일정 정도 이상 초과하는 개인소득은 제반 사회체제적 요인들에 의해 비롯된 소득이기 때문에 비록 분배시스템에 의해 어떤 개인에게 귀속되었으나 실은 사회적 소득이며 따라서 사회를 위해 소비되어야 한다는 것이다. 이를 조세제도로 해결하려 한다면 사회적 성취동기가 상실되는 역기능적 결과를 초래할 수 있으므로 사회적인 소비를 강제하되 그 소득자 개인을 소비의 주체로 인정하여 사회적 소비의 내용을 결정하는 권한, 즉 용도 선택권을 부여함으로써 고양된 성취동기를 부여해 나갈 수 있다고 주장한다. 이러한 제도로 자본주의적 생산방식을 취하면서 사회주의적 소비를 통한 평등분배를 지향하자는 것이다. 이와 같은 주장은 절제와 나눔을 강제적으로 실천할 제도를 만들자는 것에 비해서 스스로 간소하게 살고자 하는 여러 운동들(송인숙, 1999)은 자발적으로 절제하고 나누려는 흐름으로 볼 수 있다. 다운쉬프트운동, 심플라이프운동 등도 모두 지나친 성장과 소비주의에서 벗어나고자 하는 노력이다.

오늘날의 우리 소비문화를 전체적으로 평가한다면 '현재'와 '나' 자신에 관심이 집중된 것이라 할 수 있다. 예를 들면 8장과 9장에서 몸을 둘러싼 소비문화나 의생활 영역의 소비현상을 보면 자신의 몸과 외모 가꾸기, 의복착용을 통해 자신을 드러내기 등에서 이러한 특징이 특히 잘 드러나고 있다. 이런 '현재'와 '나' 자신에 관심이 집중된 소비문화 속에서는 미래세대나 동시대의 다른 소비집단에 대한 배려를 기대하기는 어렵다. 또 자신의 구매가 자신 외에 외부적으로 어떤 영향을 미칠지를 고려하여 윤리적 구매결정을 하기에는 부적절한 특성이다. 소비윤리의 가장 높은 차원이라 할 수 있는 다음 세대를 고려한 소비라든가 적극적인 절제와 나눔을 실천하기 위해서도 소비자는 과도하게 현재의 자기 자신에 집착하고 있는 시각에서 벗어나 시간적·공간적으로 자아를 확대해 나갈 필요가 있다.

윤리적 소비의 실천은 아직은 소비사회의 주류적인 소비패턴이 아니기 때문에 소비자가 윤리적 소비를 하기 위해서는 매일 매일의 소비생활에서 내적 성찰을 통해 결단을 해야 하는 행동일 것이다. 또 소비사회의 변화를 원한다면 한 개인의 행동으로는 그 결과가 쉽게 나타나지 않기 때문에 인내심이 필요한 행위이기도 하다. 그러나 현대소비사회에서는 소비가 개개인의 주된 활동이므로 소비를 통해 자신의 신념을 드러내게 된다. 매슬로우(Maslow)의 이론을 빌리자면 기초적인 욕구가 충족되면 자아실현에 관심이 생기는데 풍요로운 사회에서 우리는 쾌락적 소비를 통해서만큼 윤리적 소비를 통해서도 자아실현을 꾀할 수 있을 것이다.

소비문화 생각해 보기

1. 장두환(1992)이 주장하는 소비사회주의 실현 가능성에 대해 논의해 보자.

도움이 되는 글

장두환(1992), '소비' 사회주의를 제창한다, 역사비평, 역사문제연구소, 79~90

2. 1000원으로 환경보전이나 우리 사회에서 일어나는 여러 문제를 해결하는 데 도움이 될 수 있는 방법에 대해 논의해 보자.

도움이 되는 글

야마모토 료이치 · Think the Earth Project, 김하경 역(2005), 세상을 바꾸는 돈의 사용법, 미래의 창

에린 브로코비치

줄거리 _ 직업도 없고 결혼생활에도 실패한 에린은 생계를 걱정해야 하는 과정에서 우연히 차사고 때문에 알게 된 변호사사무실에서 일을 하게 된다. 어느 날 수북이 쌓인 서류 중에서 이상한 의학 기록들을 발견한다. 그 일에 흥미를 느낀 에린은 진상을 조사하여 엄청난 사실을 알아내는데 바로 그 마을에 들어서있는 대기업 PG&E의 공장에서 유출되는 크롬성분이 마을 사람들을 병들게 하고 있었다는 것이었다. 에린은 같이 일하는 변호사의 도움을 받아 거대 기업을 상대로 한 미국 역사상 최대의 전쟁을 시작하게 된다. 결국 에린은 PG&E를 상대로 미국 역사상 최고의 배상금인 3억 2천만 달러를 받아냈다.

소비문화 _ 소비윤리 중 잘못된 기업윤리에 대한 비판을 통해 책임 있는 소비자의 행동을 보여주고 있는 영화이다.

이 영화에서 나오는 PG&E 기업은 생산 활동에서 발생된 폐기물을 무단 배출함으로써 기업과 직접 관련을 맺고 있지 않은 개인이나 공동체들에 피해를 입힌 비윤리적인 경영을 한 것이다. 재화의 생산과 소비양식은 환경문제의 발생이나 해결과 직결되기 때문에 환경윤리는 실천적 차원에서 소비윤리로 연결된다고 볼 수 있다. 환경윤리는 인간뿐 아니라 생물의 종, 생태계, 경관 등에도 생존권이 있으므로 함부로 그것을 부정해서는 안된다는 것이 원칙이다.

우리는 소비만을 소비자의 역할이라고 생각하기 쉽다. 하지만 영화에서의 에린 브로코비치와 같이 재화와 서비스를 기업으로부터 제공받는 소비자 입장에서 비윤리적인 행위를 한 기업에게 문제점을 지적하고, 바로잡고자 하는 대안을 세우는 것은 소비자의 권리에 대응되는 의무 또는 책임의 개념으로 이해할 수 있을 것이다.

덧붙여서 기업의 측면에서 봤을 때 윤리경영은 단기간의 이익만을 고려해봤을 때 실천하기 어려운 과제가 될 수도 있다. 하지만 기업이 장기적인 안목을 가지고 경영을 한다면 윤리적 이념이 그 경영에 접목되는 것은 필수적인 일이 될 것이다. 영화를 통해 비윤리적인 기업의 최후를 살펴볼 수 있었다. 비윤리 경영의 끝은 아름다울 수 없다. 윤리적인 경영만이 미래로 나가는 기업의 열쇠이자 해결책이 될 수 있을 것이고, 소비자주권이 실현되기 위해서는 법률적인 측면만이 아닌 도덕적이고, 윤리적인 측면으로의 접근이 필요하며 이는 소비자권리와 대칭되는 개념으로 자신과 가족과 지역사회 등에 대한 의무를 뜻하는 것으로도 볼 수 있다.

줄리아 로버츠
기적처럼 다가온 그녀 생애 최고의 순간!
에린 브로코비치
Erin Brockovich
Based on a true story.

참고 문헌

가토히다사케, 김일방 역(1996), 환경윤리란 무엇인가, 중문

가토히다사케, 표제명 · 김일방 · 이승연 역(1999), 현대윤리에 관한 15가지 물음, 서광사

구승회(1999), 환경윤리학에서 미래세대의 문제, 국민윤리연구 42, 269~288

권미화 · 이기춘(1998), 청소년소비자의 소비가치와 관련요인, 대한가정학회지 36(8), 141~158

권영경(1997), 자본주의 경제윤리와 경제적 정의에 대한 고찰, 연세경제연구 4(1), 73~107

김인호(2000), 고려후기 경제윤리와 사치금지, 실학사상연구 15, 16(단일호), 241~275

김적교(1999), 시장경제의 윤리적 기초, 국제경제연구 5(2), 127~137

김정훈(2004), 소비자특성에 따른 소비자비윤리행동, 한국생활과학회지 13(3), 417~423

김정훈 · 이은희(2003), 소비자 비윤리 유형과 판매자와의 상호작용 유형의 관계-전라북도 소비자를 중심으로, 대한가정학회지 41(5), 165~178

문은숙(1996), 한국사회의 소비문화에 관한 유교윤리적 성찰, 성균관대학교 유학대학원 석사학위논문

바루흐브로디, 황경식 역(2000), 토론수업을 위한 응용윤리학, 철학과 현실사

박수진 · 박길순(2003), 남성화장품광고에 나타난 내용특성 및 소비가치 분석, 복식 53(8), 53~63

박혜정 · 김혜정(2004), 패션산업의 문화가치와 소비가치-마케팅과 의류학의 패션시스템에 대한 거시적 관점의 통합적 접근, 한국의류학회지 28(1), 1~11

생활경제연구모임 편(1993), 소비경제학, 한터

송인숙(2005), 소비윤리의 내용과 차원정립을 위한 연구, 소비자학연구 16(2), 37~55

송인숙(1999), 자발적으로 간소하게 사는 삶에 관한 연구, 대한가정학회지 37(11), 85~96

신상헌(2000), 비이성적 소비유형에 관한 연구, 소비자학연구 13(1), 159~171

신상헌(2000), 청소년 소비자들의 상거래 윤리에 관한 연구, 소비자학연구 11(3), 153~168

안병근(1998), 분배적 정의 실현을 위한 경제윤리 덕목의 탐색, 경제교육연구 4; 41~57

양희(2004), 소비자본주의에 의한 손해발생과 그 감소방안-전자제품을 중심으로, 한국소비자교육지원센터 정기심포지엄 발표자료집

엄재중(2004), 소비사회에서 그리스도인으로 살기, 사목, 2004년 4월호, 48~58

오창식(2004), 친환경적 소비와 Well-Being, 가톨릭대학교 생활과학연구소 심포지엄 자료집

윤용택(1999), 환경윤리의 한 대안으로서 확장된 공리주의, 철학연구 71, 123~152

이기춘(1991), 과소비문제와 소비윤리, 대한가정학회 44차 학술대회 발표자료, 대한가정학회지 29(4), 230~242

이두원(2004), 인적판매의 설득소구점에 대한 분석연구: 소비문화의 가치체계에 대한 기호학적 탐색, 광고학연구: 일반 10(1), 35~55

이두원 · 김은희(2004), 한국근대소비문화 변천사연구: 근대신문광고(1886~1949)에 나타난 소비가치체계분석을 중심으로, 광고학연구: 일반 15(3), 207~234

이용훈(2000), 재물과 청빈사상, 유봉준신부 고희기념문집-현대의 윤리적 과제, 천주교 석촌동 교회 유봉준신부 고희문집간행위원회, 87~128

이재율(1997), 기독교 소비윤리에 관한 소고, 신앙과 학문 6(1), 51~73

이재율(1998), 소비선택의 자유와 소비윤리, 계명대학교 사회과학논총 17, 81~99

이종영(2005), 기업윤리, 삼영사

장두환(1992), '소비' 사회주의를 제창한다, 역사비평, 역사문제연구소, 79~90

정준(1997), 소비사회의 실상과 바람직한 소비문화의 모색, 한국소비자보호원

제미경 · 서정희 · 김영옥(2004), 대학생의 소비자윤리 지각과 행동 및 관련변수-김해시 대학생소비자를 중심으로, 한국생활과학회지, 13(2)

조남국(1993), 한국 유교사상에 있어서의 경제윤리에 관한 연구, 국민윤리연구원 32, 181~199

조수동(1995), 원시불교의 경제윤리, 철학연구 54, 325~342

조용훈(1998), 현대 소비문화와 그리스도인의 삶, 통합연구 11(1), 6~39

채정숙 · 유두련 · 김정희(2004), 정보사회의 소비자와 시장, 신정

홍성태(2001), 소비사회와 소비주의 담론-소비주의와 반소비주의의 경계를 찾아서, 환경과 생명, 44~55

Chan, Wong & Leung(1998), Ethical beliefs of Chinese consumers in Hong Kong, *Journal of Business Ethics,* 1163-1170

Croker & Linden(1998), *Ethics of Consumption-The Good Life, Justice, and Global Stewardship,* Rawman & Littlefield publishers, Inc

Harrison, R., Newholm, T. & Shaw D.(2005), The Ethical Consumer, SAGE

Holbrook, M. B.(1994), Ethics in Consumer Research: An Overview and Prospectus, *Advances in Consumer Research,* 21, 566-571

Muncy, J. A. & Eastman(1998), Materialism and Consumer Ethics: An Exploratory Study, *Journal of Business Ethics,* 17, 137-145

Nash, R. F.(1989), *The Rights of Nature-A History of Environmental Ethics,* The University of Wisconsin Press

Sheth, J. N., Newman, B. I. & Gross, B, L.(1991), Why We Buy What We Buy, *Journal of Business Research* 22(2), 159-170

Vitell, S. J. & Muncy, J. A.(1992), Consumer Ethics: An Empirical Investigation of Factors Influencing Ethical Judgements of Final Consumer, *Journal of Business Ethics,* 11, 585-597

Vitell, S. J., Lumpkin, J. R. & Rawwas, M. Y. A.(1991), Consumer Ethics: An Investigation of the Ethical Beliefs of Elderly Consumers, *Journal of Business Ethics,* 10, 365-375

CHAPTER

12 지속가능한 소비문화

맑은 하늘이 못속에 내려와서
여름아침을 이루었으니
녹음이 종이가 되어
금붕어가 시를 쓴다.

-김광섭-

CHAPTER

12 지속가능한 소비문화

지속가능한 저자원 소비 경제를 창조해야 하는 데는 두 가지 이유가 있습니다. 물론 생태적 이유가 그 하나이고 그와 똑같이 중요하게 공평성의 이유가 있습니다.

저자원으로 부를 창조하기 위한 길은 기본적으로 세 가지가 있습니다. 한 가지는 '더 큰 효율성'의 길입니다. 즉, 현재 우리가 하고 있는 일을 좀 더 현명하고 올바르게 하는 것입니다. 이것은 매우 기술적인 과제입니다. 두 번째는 '만족'의 길로서, 좀 더 적은 재화로 행복해지는 기술이며 우리의 가치관과 행위에 관련된 길입니다. 세 번째 길은 '더 큰 조화'의 길입니다. 즉, 자원의 흐름을 자연의 흐름과 양립 가능하도록 재구성하는 길로서 이 또한 기술적인 과제입니다. 예를 들면 태양건축기술 같은 것인데, 태양건축은 석유가 아니라 태양광선에서 열을 얻는 것이므로 자연과 조화를 이룰 수 있습니다.

생태주의는 단지 나비나 고래를 보호하는 것이 아니라 세계 시민권을 보장할 수 있는 조건을 창조하는 것입니다. 왜냐하면 에콜로지에 기반을 두지 않고 이 행성에서 다 같이 잘 살 수 있는 방법은 없기 때문입니다. 에콜로지 없이는 공평성도 시민권도 보장되지 않습니다. 결론적으로 오늘날의 정의는 더 많은 것을 제공하는 방법을 배우는 것이 아니라, 더 적은 것을 취하는 방법을 배우는 것입니다.

-볼프강 작스의 강연초록 "세계화 시대의 에콜로지와 정의" 에서-
2004년 1-2호 녹색평론

1. 성장은 우리를 행복하게 하는가

1) 자본주의경제에서의 성장의 의미

(1) 시장경제와 욕망

오늘의 경제를 견인하여 가고 있는 것은 무한히 자기 증식하는 "욕망", 무목적적인 욕망이라고 할 수 있다. 따라서 시장은 이러한 욕망을 우리의 경제생활에서 충족하여 주는 것이라고 판단하게 된다. 이것이 현재의 경제를 무한히 확장하려고 하는 자본주의의 "국가적 열망"의 기본적 이유이다.

지배적 경제학에서는 시장이란 가격 메커니즘에 따라 상품과 서비스가 교환되고, 자원이 분배되는 시스템이라고 생각해 왔다. 하지만 시장은 단순히 자원만을 동원하는 경제시스템뿐만 아니라 인간의 사회적 동기와 심리적 의미를 부여하는 코드, 즉 사회적 행동의 규칙이나 패턴을 만들어 가는 사회-심리 시스템의 역할도 해 왔다. 예를 들면 인간의 본능 중 "이기심"이라는 본능이 물건을 매매할 때 경쟁이라는 형태로 코드화 되는 것이고 이것이 시장경제에 의한 것이라는 점이다. 시장에 있어서 소비(욕구)는 사회적 지위나 부를 재료로 하여 자신과 타인을 비교하는 경쟁의 코드로 재편되는 것이다.

인간의 경제활동이 욕구(desire)는 생리적이며 생명활동에 필요한 필수적 욕구(need)만이라면 시장경제는 큰 영향력을 갖지 않았을 것이고 또 그만큼의 경제성장도 달성할 수 없었을 것이다. 그러나 오늘날의 시장의 확장은 "모방적 경쟁"에 의해 창출된 "욕망(want)"의 거의 무목적적인 증식에 의해 초래된 것이며 이러한 증식이 곧 성장경제의 주축이 되고 또 이러한 의식이 자본주의를 낳아 경제성장을 달성하게 하는 동인이 되고 있다.

신고전파 경제학의 중심개념은 '인간의 욕망은 무한하나 이에 대해 자원은 유한하다' 이다. 따라서 생산물은 아무리 증가하여도 결코 포화되는 일이 없이 인간의 욕망에 대해 항상 희소하다는 전제를 하고 있다(권영근, 2005). 인간의 욕망을 충족시키기 위한 상품의 지속적인 생산만이 인간을 행복하게 할 수 있다는 생각을 하게 된다.

한편 국가는 국민인 소비자의 욕구충족을 위해 국내 및 국제사회를 대상으로

"신뢰" 할 수 있는 정치적 비전을 제시하고 이를 실천하기 위한 다양한 정책을 추진한다. 이때 국민인 소비자들의 욕구나 욕망 충족은 무엇보다도 "국가적 욕망" 에 영향을 받을 수밖에 없다. 그런데 최근에 세계를 지배하는 글로벌리즘(globalism)은 국가나 국민경제와는 대립되는 개념이다. 이러한 글로벌리즘으로 인해 시장의 상호의존성은 강화되고 다국적기업은 더 많은 국가에 진출하고 있다. 그런데 경제의 상호의존성이 강할수록 각국의 국익은 대립과 상극을 초래했고 세계경제에서 살아남기 위해서는 오히려 강력한 국가의 힘이 요청되고 있는 아이러니가 발생하고 있다.

경제의 글로벌화가 강해질수록 각국의 경제 성장지표들은 커지게 되나 실제의 국민-소비자들에게 있어서 실질적인 부나 행복을 강화해 줄 수 있는지는 확신할 수 없다.

(2) 자본주의의 한계

욕망은 무한히 자기증식하고 시장은 항상 "희소성" 을 만들어 간다. 욕망의 자기증식에 지원받은 자본주의는 무한히 확대할 수 있는 것처럼 전진하여 왔다.

즉, 제 1단계에서는 노동, 토지, 화폐의 상품화 과정을 거쳤고, 제 2단계에서는 전 단계의 극복을 통해 "생활의 필요", "노동생산성", "토지생산성" 이 새로운 제약이 되었다. 19세기와 20세기에 자본주의를 발전시켰던 국가들은 경제성장의 제약이 되는 시장의 크기, 토지 자연의 제약, 에너지 획득과 시장 획득을 위해 식민지 쟁탈전을 통한 확장으로 해결하고자 하였다. 제 3단계에서는 고도의 소비사회에 도달함으로써 경제성장의 제약이 개인의 기호나 선호에서 오는 "효용" 이 아니라 대중의 "욕망" 의 크기와 대중소비자의 "욕망" 을 창출하는 광고, 마케팅을 통해 시장을 창출하면서 경제성장을 가능하게 해왔다.

그러나 최근 탈공업사회에서의 성장은 "물(物)의 소비" 에서 "기호의 소비" 로 변화되고 물질에서 기호로의 변화는 화폐를 가치로서 추구하는 금융산업을 창출하여 금융시장이 물(物)의 시장에서 상대적으로 자립하고 화폐는 실물경제에서 이탈하여 심볼경제를 만들고 있는 셈이다. 또한 WTO, FTA 등과 같은 글로벌체계를 확립하여 경제성장을 추구하고 있다.

그러나 이러한 심볼경제에서 금융시장을 축으로 한 글로벌리즘의 움직임은 실물경제와는 무관하게 각국의 실물경제에 영향을 미침으로써 각국 경제의 불안정성을 증폭시키고, 자본주의경제를 불안정화 시키고, 사회생활의 불안정화를 통해 자본주의의 확산 및 지속적 경제성장을 저해하고 있다.

(3) 탈공업사회와 탈희소성사회

리스먼(Reisman, 1958)과 벨(D. Bell, 1973)은 탈공업사회를 예언했으며 기든스(A. Giddens, 1995)는 탈공업사회는 곧 탈희소성사회라고 하며 물적 자원과 효율적 배분에 의해 경제적 효율과 성장제일주의를 추구하는 것이 아닌 지식과 정보에 의한 사회적 문제를 해결하는 "사회적 양식"으로 관심이 변하는 사회, 즉 환경, 건강, 생활, 교통시스템 등 인간의 행복한 생활, 생활의 질을 추구하는 사회로 변화한다고 하였다. 과거의 공업사회형 성장추구경제는 "보다 좋은 생활"을 쉽게 가져다주지 않는다. 인간은 끊임없이 "보다 좋은 생활"을 추구하기 때문에 과거 공업사회에서는 물적 풍요로움을 추구하였으나 그 다음으로 추구하는 것은 건강, 풍요로운 환경, 친밀한 보살핌, 여유로운 시간, 타인이나 가족 등과 함께 보내는 인간관계 등으로, 이는 물적 생산의 효율성 추구에 의해 충당되지 못하는 부분인 것이다(권영근, 2005).

2) 성장에 대한 새로운 생각

수십 년에 걸친 광란적인 낭비 끝에 지금 세계는 폭풍을 예고하는 먹구름의 위협에 직면해 있다. 우리의 기후가 갈수록 불안정해지고 있고 세계는 지금 석유 때문에 전쟁을 하고 있다. 석유전쟁에 이어서 물전쟁을 할 것임에 틀림없고, 생물유전자상의 재앙을 통해 필수적인 식물의 종들이 소멸하고 전염병이 만연할 것이다. 이런 상황에서 계속 확장하는 성장사회는 지속가능하지도 않고 바람직하지도 않다.

프랑스의 경제학자 세르게 라튀세(2004)는 행복에 이르는 유일한 길은 보다 많은 성장, 보다 높은 생산성, 보다 큰 구매력과 소비라고 하는 생각을 이제는 거부해야 한다고 주장하고 있다. 즉, 성장사회는 성장경제에 의해 지배되어 있을 뿐만 아니라, 성장경제에 강박적으로 붙들려 있게 된다. "성장을 위한 성장"이 삶의 유일한 목적이 아니라면 적어도 삶의 본질적 목적으로 삼고 있다. 우리의 라이프스타일이 환경에 미치고 있는 영향을 각 개인의 소비량이 지구 표면을 얼마만큼 사용하고 있는가라는 측면에서 계산해 볼 때, 자연자원에 대한 모든 인간의 평등한 권리와 그 자원의 재생능력을 고려한다면 이는 명백히 지속불가능한 생활방식이라는 게 드러난다. 미국인은 9.6헥타르, 캐나다인은 7.2헥타르 그리고 유럽인은 4.5헥타르를 소비하고 있다. 만일 평등이 유지되면서 지속가능한 세계가 되자면 그때의 소비수준은 일인당 1.4 헥타르 미만이어야 할 것이며 이는 인구증가를 고려하지 않은 때의 경우이다(세르게 라튀세, 2004).

라튀세는 성장사회에서는 불평등과 불의가 반드시 생겨나게 된다고 하면서 성장사회가 낳는 안락한 삶은 흔히 환상에 불과하다고 주장한다. 부유한 사람들에게도 사회는 즐겁지도 쾌적하지도 않고, 스스로의 부에 병들게 된다고 말하고 있다. 부유한 사람들의 대부분은 자기들이 높은 삶의 질을 누리고 있다고 믿고 있지만, 이는 갈수록 환상이 되고 있다. 그들은 소비재와 서비스에 보다 많은 것을 소비하고 있지만 이러한 재화와 서비스에 포함된 비용을 잊고 있다는 것이다. 오염된 공기와 물 그리고 환경의 열악화로 인해서 삶의 질은 점점 떨어지고 있다. 이로 인해 현대적 삶을 위한 비용(의료, 교통)은 증가되는데 거기에는 점점 희소해져가는 자원(물, 에너지, 열려진 공간)의 비용도 포함되어 있다.

최근 성장사회를 달려가는 선진국들이 겪는 문제는 누구에게든 일자리를 보장해야 하는 이유 때문에 성장경제를 지향하게 된다는 점이다. 현재 우리 삶을 지배하고 있는 가치들, 노동윤리와 경쟁심리 등이 성장 시스템으로부터 나왔고 또 그것들이 시스템을 강화하고 있다는 점도 지적된다. 좀 더 단순하게 삶을 살겠다는 윤리적 선택은 성장 시스템의 심리적 기초를 약화시킬 수 있다. 환경훼손을 극적으로 줄인다는 것은 물질적 재화상의 금전적 가치를 잃는다는 것을 의미한다. 성장을 궁극적인 선으로 여기고 있는 "경제주의"는 끈질긴 설득을 하고 있기 때문에 심지어 반세계화를 지지하는 경제학자들조차도 역설적으로 저개발 국가들이 성장을 통해서 혜택을 받을 수 있다는 점에 관해 동의하고 있다. 그러나 이제 성장은 생태적으로도, 사회적으로도 지속불가능하고 또 유해할 것이라는 점은 인정하고 있다. 이를 위한 해법은 축소경제 또는 성장의 둔화가 제시되지만 이는 고용문제를 악화시키게 된다. 그러나 경제규모의 축소는 반드시 좋은 삶의 축소를 의미하지는 않는다. 우리는 우리의 생활방식을 변화시킴으로써 이를 해소할 수 있을 것이라는 희망을 가져본다.

1992년 리우에서 열린 유엔 지구 정상회의에서 마련된 소비와 생활방식에 대한 협약에서는 6개항의 'R' 프로그램을 제안하였다. 즉, 재평가(reevaluation), 재조정(restructuring), 재분배(redistribution), 축소(reduction), 재사용(reuse) 그리고 재활용(recycling)이다. 이러한 목표는 협력과 지속가능성이라는 선순환 과정을 이끌어 낼 수 있다. 라튀세는 여기에 덧붙여 재교육(reeducation)방향, 재조정(reconversion), 재정의(redefinition), 리모델링(remodeling), 재고(rethinking) 그리고 재지역화(relocation)를 제시하였다.

2. 지속가능 발전과 소비에 대한 생각

지속가능 발전을 지향하는 사회는 자원의 사용량을 최소한으로 줄이고 재활용과 재사용을 최대한으로 늘리며 자연생태계를 최대한 보전하기 위해 자원순환형 경제 사회 체계를 지향하는 사회를 말한다. 21세기 환경 레짐이 지배하는 세계 체제에서는 현실적인 국가 이익만이 아니라 지구 환경보호라는 이념이 큰 영향을 미치게 된다(구도완, 2002).

1) 소비경제의 논리와 생태학적 입장의 논리

(1) 소비사회의 출현과 소비에 대한 가치

산업국가에서 소비는 사회적 가치로 자리 잡고 있다. 경제 대국인 미국과 일본에서의 여론조사는 성공의 의미를 점차 소비규모로 측정하려는 사람들의 경향을 보여준다.

반면에 생태학적 입장의 논리로 볼 때는 세계는 소비계층과 중간 소득계층, 빈곤계층으로 일컫는 세 부류의 생태적 계층으로 분류할 수 있다. 즉, 일인당 천연자원의 소비량과, 오염물질의 배출량, 자연식생지의 파괴와 같은 기준에 의해 분류된다. 그러나 실제는 연간 평균소득과 생활양식으로 분류가 가능하다. 약 11억

명에 달하는 세계의 빈곤계층은 1인당 연간 소득이 700달러 이하의 가구가 포함된다. 이들의 대부분은 비도시지역에 사는 아프리카, 인도 그리고 남아시아인들이다. 전 세계 인구의 1/5에 달하는 이 최빈곤층의 소득은 전 세계 소득의 2%에 불과하다. 반면에 중간 소득계층은 33억 명 정도인데 이들의 대부분은 전등과 라디오, 냉장고와 세탁기를 이용할 수 있는 전력이 보급되어 있고 이들 중 2/3가 세탁기를, 1/5이 냉장고를 보유하고 있으며 교통수단으로 버스, 철도 등을 이용한다. 이들은 세계 소득의 33%를 차지한다. 또 반면에 부유층에 해당하는 소비계층 또한 11억 명 정도 되는데 이들은 육류, 가공포장식품을 먹으며 청량음료와 일회용 용기에 담긴 음료수를 마신다. 냉장고, 세탁기, 건조기, 풍부한 온수, 식기세척기, 전자오븐 등 많은 전기 제품이 갖추어진 냉난방 건물에서 대부분의 시간을 보낸다. 또 자가용과 비행기로 여행하며, 쓰고 버리는 일회용 상품의 홍수 속에서 생활한다. 이 소비계층의 소득은 세계 전체 소득의 64%에 달하여 빈곤계층 소득의 32배에 달하는 규모이다.

소비사회의 출현은 대부분의 부유한 계층의 소비생활 패턴을 따라가기 위해 중간계층의 국가나 가난한 국가들도 경제성장을 위해 경제를 개발하고자 하며 성장주의 경제정책은 부유한 나라로부터 중간계층의 국가 그리고 빈곤한 국가까지 대량 소비를 부추기는 소비생활 패턴과 경제 발전 모델을 지향하게 된다. 소비사회의 가시적 상징은 미국의 소비생활 패턴으로 표시되는데 이러한 소비지향적 생활패턴은 미국에서 유럽으로 또 아시아 국가, 남미, 아프리카 등으로 퍼져 나갔다.

(2) 시장의 메커니즘

자본주의 경제학에서 시장이란 가격 메커니즘에 따라 상품과 서비스가 교환되고 자원이 배분되는 시스템이다. 그런데 실제로 시장은 자원을 동원하는 경제적 시스템의 기능만을 하는 것이 아니라 인간의 사회적 동기와 심리적 의미를 부여하는 사회 심리시스템이 되기도 한다. 즉, 인간은 그 사회의 지배적인 제도나 시스템의 작용에 적응되도록 자기행동의 패턴을 만들어 간다. 자본주의 경제학에서 아담 스미스는 "이기심"이란 인간의 본능을 중요시하였는데, 이는 시장에서 재화나 서비스가 매매될 때 경쟁이란 형태로 코드화 되는 것이 시장경제에 의한 것이라는 점이다.

이런 관점에서 볼 때 소비는 모방적 경쟁에 의해 동기부여가 강하게 이루어지지만 이는 시장이라는 제도가 인간의 행동패턴을 그처럼 코드화 하고 있기 때문이다(권영근, 2005).

과거 산업사회는 소비자의 욕망을 리드하여 창조해 가는 사회, 대량생산, 대량판매 시대였으며 획일적으로 규격화, 표준화된 재화와 서비스를 남들과 같은 생활을 목표로 한 시기로서 시장의 메커니즘이 작용하던 시대였다. 그러나 탈산업화사회에서의 경제는 소비자의 욕구(needs)를 찾아내서 빨리 적응해가는 기술개발과 생산시스템을 만드는 시대로 변화하였으며, 소비자의 욕구(needs)를 추종하고, 비위를 맞추는 시대로서 소비자들은 남들과 다른 생활이 목표가 되고 있다.

'남들과 다른 생활', '보다 좋은, 보다 값싼, 보다 빠른' 생활을 추구하는 소비자로 변모해 감에 따라 소비자의 잠재적 욕망을 찾아낼 수 있는 '정신분석가'(라이슈), 창조적 능력을 가진 자(symbolic analyst)나 시장화가 가능한 능력을 가진 자(marketability)들은 성공의 기회로 확내되고 그 결과 소비사의 욕구는 충족되고 생활은 편리해지게 된다.

이제는 소비자의 탐욕이 경제의 질을 변화시키게 된다. 즉, 풍요롭게 되면 다시 욕망을 팽창시키게 되고 욕망의 자동운동이 있게 되면 인간은 소득증대를 위해 더욱 바빠진다.

이미 가진 것이 많게 되면, 그만큼을 필요한 것이라고 생각하게 되는 것도 많아진다. '소비자'로서의 이익, 즉 소득증대(욕구충족)를 얻으려고 하면 할수록, '노동자'는 '근로자'로서 더 많은 일을 하게 되고, 인간으로서의 자유로운 시간과 가족과의 시간, 이웃과의 친밀한 관계, 자연과의 친숙한 관계를 더욱 희생시키게 되는 구조이다.

첫째, 고용의 불안정, 빈부격차 확대, 특히 팔아먹을 것을 아무것도 갖고 있지 않은 자는 세계의 저임금 노동과 경쟁해야 하기 때문에 이전보다 임금은 떨어지고, 이전의 생활을 유지하기 위해서는 더 한층 장시간 일을 해야 한다.

둘째, 상대적으로 더 좋은 보수를 얻고 있는 지적 전문가도 더 바빠진다. 그들은 끊임없는 기술혁신과 시장개척에 내몰린다. 그렇지 않으면 이전의 지위나 소득을 유지할 수가 없다. 미국인의 평균노동시간은 유럽인보다 연간 평균 350시간이 더 많다. '일 중독'인 일본인보다도 많다. 일을 둘러싼 경쟁에서 항복할 수 없게 되어 버린 것이다.

셋째, 가족과 함께 보내는 시간은 없어졌다. 자식들은 어른들과는 다른 룰(rule)에 따른 그들만의 세계를 만든다. 하나의 가족을 만드는 사회적 윤리와 가치가 상실되어 간다. 뿐만 아니라 자원봉사, 클럽 등 지역커뮤니티의 활동이 사라지게 된다.

넷째, 자본주의 경제인 시장경쟁의 옹호는 처음에는 '소비자' 를 위한 것이라고 하여, 대단한 지지를 얻었다. 그러나 '소비자' 를 위한다는 것은 '근로자' 와 '월급쟁이' 에게는 리스트럭처링, 노동시간의 연장, 노동 강도의 강화라는 부담을 안겨주게 된다.

그러나 '소비자' 와 '근로자' 는 동일인이다. 인간을 하나의 전체로 보지 않고, '소비자' 와 '근로자' 로 기능 분할하여 파악하는 것은 오히려 문제가 되고 있다.

(3) 소비의 환경 비용

전 세계 소비사회의 밑받침이 되는 것은 경제이다. 그런데 경제의 성장이나 발달이라는 것은 곧 소비사회의 발달을 의미하지만 상대적으로 인류가 지구에게 가하는 가장 큰 피해의 큰 몫을 하고 있는 셈이다.

우리는 지구의 표면으로부터 광물자원을, 숲에서 목재를, 농장에서 곡식과 고기를, 해양에서 물고기를, 강과 호수로부터 담수를 얻는다. 그런데 산업국가 국민은 평균적으로 개발도상국 국민에 비해 물 사용량이 3배이며, 에너지 사용량은 10배, 알루미늄 사용량은 19배에 달한다. 이처럼 산업이 발달한 소위 선진국이라고 하는 국가의 자원 다소비는 세계적으로 빈곤층이 살고 있는 지역 환경에 엄청난 피해를 입히고 있다. 즉, 선진국의 목재와 펄프 과소비는 가난한 원주민들의 삶터인 열대우림의 파괴를 부추기고 있고 삼림벌채는 수많은 생물종의 멸종을 촉진하고 있다.

유엔의 자료에 의하면 100여개 국가의 소비행태를 비교한 결과 국민 1인당 GNP 순위에 따라 소득이 상승할수록 생태적 영향이 적은 곡물의 소비가 완만히 증가하는 반면 생산과정에서 큰 생태학적 영향을 미치는 자동차, 휘발유, 철강, 석탄, 전력의 사용은 급속히 증가하였다. 소비사회 상가의 모든 상품은 생태학적 흔적을 남긴다. 미국백화점에 진열된 우리나라의 의복은 필리핀이나 인도네시아의 유정에서 나온 두바이유를 사용한 전기에너지를 써서 한국의 석유화학 플랜트와 직물공장에서 뽑은 섬유를 중국의 염색공장에서 염색하여 인도네시아의 가공공장에서 가공하고 생산한 것이다. 또한 한국의 슈퍼마켓에 놓여있는 포도는 독일에서 제조된 살충제와 일본산 트랙터의 도움으로 칠레에서 재배되어 들어왔을 것이다. 이 트랙터의 철강은 아마 파푸아뉴기니 부족의 영토에서 캐낸 한국산 철강으로 만들어졌을 것이며 수확기에 캐나다산 침엽수 펄프로 만든 판지로 된 박스에 넣어져 뉴저지에서 만든 비닐로 포장되어 일본과 미국에서 만든 부품으로 제조된 한국산 수송선에 의해 운반되었을 것이다.

이와 같이 모든 상품의 생태학적 자취는 생산라인과 마찬가지로 전 지구에 걸쳐 있다. 개발도상국들은 그들의 소비생활의 수지를 맞추기 위해 그들의 자연자원을 팔아넘기고 있으며 선진국들은 자신의 국가의 환경을 보호하기 위해 환경을 훼손시키는 공장들을 앞 다투어 저개발국으로 이전시키고 있는 것이다.

지구온난화에서 생물종 멸종에 이르기까지 지구에 가하는 여러 가지 폐해 중 다소비증이 이에 대한 책임을 져야 하는 것은 당연한 일이지만 실제로 지구환경변화의 주원인이 소비라는 생각은 좀처럼 하지 않는다. 오히려 환경주의자들은 환경의 질 저하를 가져오는 다른 원인에 대해서만 관심을 더 기울이고 있다. 그러나 생태계에 경제가 지우는 짐은 인구 규모와 평균소비 그리고 상품과 서비스를 제공하기 위해 사용하는 일련의 광범위한 기술, 음식접시에서 통신위성에 이르기까지의 함수이다.

(4) 생태학적 입장에서 본 소비의 해법

기술의 변화는 환경보호를 위해 매우 중요하다. 세계은행의 환경경제학자 허먼 데일리(Herman Daly, 1991)는 지구환경 오염과 생태학적 손실, 동식물 서식지 파괴의 가속화를 멈추게 하기 위해서는 적어도 40년 동안 현재보다 20배 정도 환경개선능력을 향상시킬 경우에만 가능하다고 하고 있다. 그러나 이 같은 추정은 선진 산업국가의 1인당 자원소비 증가가 즉시 멈추고 개발도상국의 자원소비가 늘어나지 않는다는 가정 하에서의 추정이다.

기술의 변화와 인구의 안정화는 물질적 욕구의 감소와 같은 보완책이 없이는 지구를 구하는데 충분치 못하다. 인구 안정화의 급속한 진전이 이루어지고, 깨끗하고 효율적인 기술 개발에 비약적인 발전이 이루어진다고 하더라도 인류가 물질

환경문제 중층 구조에 대하여

표층의 환경문제는 우리가 일상적으로 알고 있는 환경오염과 같은 것이다. 여기에 추가적으로 자원고갈의 문제가 첨가된다. 환경오염은 다름 아니라 인간의 생활에 필요한 제품과 서비스를 만들기 위해 자연자원을 소비한 결과로써 발생한 것이기 때문이다. 결국 인간의 경제활동을 하나의 테두리로 경계 지어서 생태계와 같은 하나의 係로 본다면, 인간의 경제계에 투입되는 자원사용량은 경제계에서 배출되는 환경오염량과 궁극적으로 같아진다. 이것을 자원 및 환경경제학자들은 물질균형접근법이라 한다. 그래서 물질균형접근법에 의하면 환경문제는 자원고갈과 환경오염이라는 동전의 양면으로 파악할 때 온전하게 이해된다. 표층은 바로 자원고갈과 환경오염의 상태를 나타내주는 증상이자 지표들이다.

환경문제의 중층 구조 : 빙산의 일각

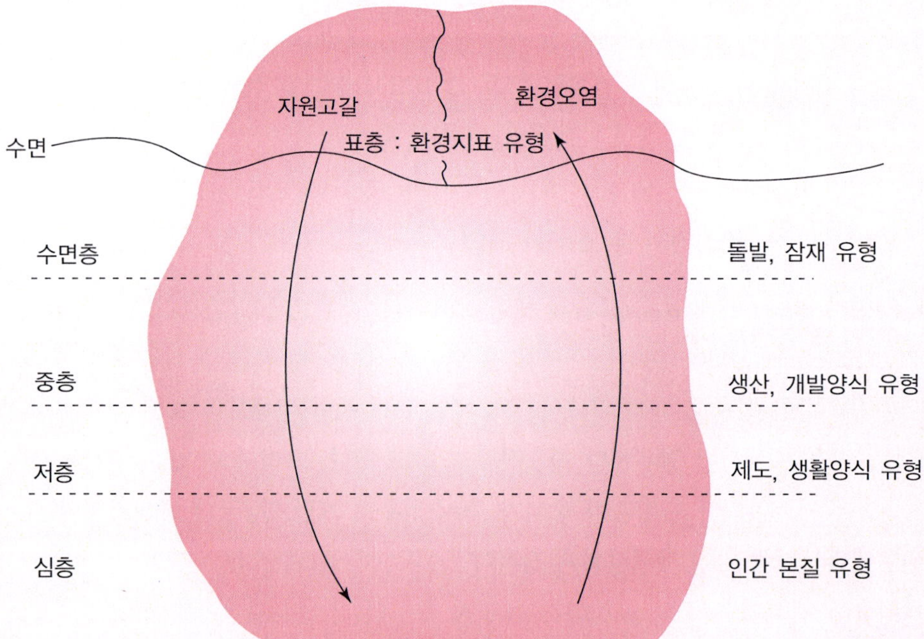

표층의 환경문제는 오염매체별로 인식되는 환경지표 유형이다. 소위 증상이라 할 수 있다. 여기에는 생활환경문제와 지구환경문제가 있다. 생활환경문제는 대기오염, 수질오염, 폐기물, 산림이나 녹지 파괴, 토양오염, 식품오염 등을 들 수 있다. 지구환경문제에는 지구 온난화, 오존층 파괴, 생물다양성 파괴, 사막화 문제 등이 있다.

수면층은 언제라도 수면 위로 올라와 가시적인 환경문제를 일으킬 수 있는 위치에 있는 돌발 · 잠재 유형이다. 낙동강 페놀 사건, 씨프린스 유조선 기름 유출 사건 등과 같은 돌발적인 사건들과 GMO나 환경호르몬과 같이 위험이 잠재해 있는 것들을 대표적으로 꼽을 수 있다.

중층은 생산 · 개발양식 유형이다. 재화를 생산하고 구조물을 건설하는 방법 및 양식에 의해서 야기되는 환경문제 유형이다. 과대 포장 제품이나 유해물질 함유 제품을 제조하거나 자원 낭비적이고 생태계 파괴적인 건설 방식 등을 말한다. 그리고 이러한 중층과 수면층 사이에 자원이용과 개발과정, 폐기물 처리 과정에서 발생하는 환경갈등의 문제가 걸쳐 있다.

'빙산의 일각' 모형에서 나의 일상과 가장 관련성이 깊은 것은 저층인 소비생활양식 유형이다. 이 부분에서는 환경문제가 쉽게 드러나지 않으면서 실제로 환경에 부담을 많이 주는 환경 압력요인의 성격을 가진다. 衣 · 食 · 住 · 暇에 필요한 재화를 구매, 사용, 폐기하는 단계에서 자원 낭비적이고 환경오염 발생적인 생활양식을 가지고 있을 때 환경부하는 그만큼 커진다. 예컨대 문화, 관습, 제도화된 규범 등에 의해서 결정되어 있는 의복문화, 식문화, 주거문화, 여가문화, 기타 결혼문화 등이 이러한 환경문제 유형에 해당한다.

심층은 인간 본성에 내재해 있는 환경문제 발생의 원천으로서 인간본성 유형이다. 인간은 기본적으로 생존욕구, 존재욕구, 초월욕구를 가지고 있다. 따라서 이런 욕구들을 충족시킨 결과로서, 생명을 경시하는 풍조가 만연해지거나, 자연을 인간 생존의 조건으로만 인식하는 인간중심 세계관이 형성되거나, 정신적 가치를 압도하는 물질 만능적 사고에 젖어 있거나, 도덕과 윤리 의식이 약화되거나, 종교적 심성이 세속화된다면, 환경문제를 발생시킬 가능성은 그만큼 건재하게 된다.

자료 : 오용선(2004), "녹색소비자운동 10년의 성과와 전략" 에서

적인 것에서 비물질적인 목표로 전환하지 않는다면 인간의 욕구는 생물권을 황폐화 시키고 말 것이다. 즉, 수십억 인류를 지탱해야 하는 지구의 능력은 우리가 소비를 진정한 만족과 동일한 것으로 생각하느냐 그렇지 않느냐에 달려있다.

여기서 우리는 보드리야르의 소비의 기호화(상징성)에 관심을 기울일 필요가 있다. 현대의 소비는 더 이상 실재와 관련되는 것이 아니라는 것이다. 즉, 사용가치라는 개념, 먹거나 세탁하거나 난방하기와 같은 일상적 행동처럼 분명한 용도를 지닌 것만을 소비하는 것이 아니라 포스트모던 자본주의에 이르러서는 소비자의 실재 욕구와는 무관한 초실재인 기호/상징적 영역으로 옮겨가고 상징들은 그것만의 고유한 실재를 형성하면서 판매된다는 것이다. 이와 같은 20세기 말의 소비는 기호와 상징을 통해 만들어진 현대의 사회적 · 문화적 체계 안에서 부유한다고 하였다.

포스트모던 소비주의에서 사람들이 욕망하는 것은 그들이 소비하는 실제의 초콜릿이나 실제의 차, 집, 가구들이 아니라 상징적이고 문화적인 것이다. 소비는 만족에 대한 약속을 하는 것이지 실물, 즉 실제적인 만족을 주는 것이 아니라는 것이다(로보트보콕, 1996; 양건열, 2003).

생태주의자들의 소비에 대한 생각은 단지 지구환경보존을 위해 소비의 환경비용을 계산하고 소비자들이 물질적이기보다 비물질적으로 변화하지 않으면 안된다는 점을 강조하고 있지만 포스트모던시대의 소비는 기호/상징에 의한 소비로 변화해 가고 있어 물질적 과정으로 개념화 되는 것이 아닌 문화적 상징과 기호들 사이의 관계이며 이런 의미의 소비는 결코 멈추지 않을 것으로 예측되고 있다. 따라서 생태주의자들은 단순한 소비절제의 필요성이나 비물질적인 것의 추구에 있어서 문화적 차원에서 접근하여 환경적 소비라는 차원의 상징/기호적 소비로의 해법을 고려해야 할 것이다.

2) 환경문제의 구조

우리 사회에서 대중소비사회가 일반화 된 것은 대략 1990년대 이후로 본다. 대중소비사회가 형성되면서, 환경문제를 보는 시각의 변화가 발생하였다. 기존의 환경문제는 주로 공해문제였고 주원인은 산업체였다. 하지만 대중소비사회가 도래하면서 말 그대로 공해문제는 우리 일상의 문제가 되었다.

환경문제에 대한 인식은 표피적으로 인식할 것이 아니라 총체적으로 인식해야 한다는 논리를 제시한 오용선(2004)의 연구에 의하면 환경문제는 '빙산의 일각' 밑에 존재하는 거대한 모습을 포함하는 중층의 구조로 이해할 때 온전한 제 모습을 드러낸다.

이에 따르면 소비생활양식은 이러한 환경문제의 가장 저층구조에 자리 잡고 있어 의 · 식 · 주, 여가에 필요한 재화를 구매, 사용, 폐기하는 과정에서 자원 낭비적이고 환경오염발생적인 생활양식을 가지고 있을 때 환경부하는 커진다. 따라서 의 · 식 · 주, 여가, 기타 통과의례문화 등의 소비문화가 환경문제와 밀접한 관계를 갖게 되는 것이다.

3. 지속가능 소비와 녹색구매에 대한 관심의 시작

1) 지속가능 소비란

문자대로 의미를 받아들이면 '지속가능한 소비' 란 마치 '소비가 지속적으로 이루어질 수 있는 것' 이라는 뉘앙스를 가지고 있다. 그러나 '지속가능한 소비' 의 의미는 아래와 같이 '지속가능한 발전' 의 개념에 기초하고 있다. 1987년 환경과 발전에 관한 세계위원회(WCED)가 지속가능한 발전의 개념을 제시한 후 1990년대에 이와 관련한 많은 논쟁이 전개되었다. 그 논쟁은 다양하지만 크게 '지속가능한 발전이 무엇이냐' 라는 개념 일반에 대한 논쟁(Pezzey, 1992), '자연이 지속가능이냐 아니면 경제발전이 지속가능이냐' 에 대한 논쟁(Lele, 1991; Ekins, 1994; Van den Bergh and Van der Straaten, 1994), '지속가능한 발전이 과연 현실적으로 실천 가능한 개념이냐' 에 대한 논쟁(Beckerman, 1994; 1995; Daly, 1995; Jacobs, 1995) 등으로 함축된다. 이러한 지속가능한 발전의 개념은 가난, 경제발전, 환경악화 간의 악순환 고리에 기초하고 있다. 그리고 지속가능한 발전의 개념은 '미래세대가 그들의 필요를 충족시킬 능력을 저해하지 않으면서 현재세대의 필요를 충족시키는 것' 이라고 정의되고 있다(WCED, 1987: 43). 이 개념은 현 세대가 물려줄 환경과 자연자원의 여건 속에서 미래세대도 최소한 현재세대만큼 잘 살 수 있도록 담보하는 범위 안에서 현재세대가 환경과 자연자원을 이용해야 한다는 것을 의미한다. 지속가능 발전이란 개념에 제시되어 있는 '필요의 충족'은 생산 그 자체가 아니라 생산된 재화와 용역의 소비를 통해서 이루어진다. 이렇게 볼 때 지속가능한 발전의 개념은 소비가 적정 수준에서 이루어질 때 생산량이 억제되고, 생산량의 억제는 자연자원 추출의 억제를 가져오므로 자연자원의 추출과 생산 과정에서 발생하는 환경 악화를 억제하자는 논리라고 본다. 따라서 지속가능한 발전은 개념 정의에서 직접적으로 소비라는 용어를 사용하고 있지는 않지만 그 실천 방안은 사실상 '적정 수준의 소비→적정 수준의 생산→적정 수준의 자연자원 추출'이라는 도식에 기초하고 있다. 이렇게 보면 '지속가능한 소비'란 '소비가 지속적으로 이루어질 수 있는 것'을 의미하는 것이 아니라 '자연의 원래의 질과 상태가 지속가능한 범위 안에서의 소비'라고 규정할 수 있다.

인간은 자연으로부터 자원을 추출하여 재화와 용역을 생산하고, 생산된 재화와 용역을 소비하는데, 이 과정에서 자연이 원래 가지고 있는 질과 상태가 변형될 때 환경 위기가 온다고 본다. 자연은 인간에게 자원을 무한정으로 제공해 줄 수 있는 것도 아니고, 인간의 생산과 소비활동 과정에서 발생하는 각종 폐기물을 무한정으로 흡수 · 처리할 수 있는 능력이 있는 것도 아니다. 바로 이 한계가 자연이 가지고 있는 환경 용량이다(환경 용량의 산출 방법에 대해서는 Dasgupta, 1994; Wackernagel et al., 1993, 18~30; Bicknell et al., 1998을 참조 바람).

2) 지속가능 소비를 위한 녹색구매

녹색소비를 실천하기 위한 방안은 여러 가지가 있지만 그중 한 가지가 녹색구매(greener purchasing)이다. 녹색구매는 지속가능한 사회를 구현하기 위한 소비자들의 생활양식을 바꾸는 일임과 동시에 기업의 생산형태를 친환경적으로 바꿀 수 있는 방안으로 보고 있다. 즉, 소비자들이 환경에 부하를 덜 주는 제품을 많이 구매하면 이를 생산하는 기업들이 많아지고, 환경오염을 일으키는 주된 원인 제공자인 기업이 친환경적으로 변화할 것으로 보는 견해인데 이는 미시적으로는 한 기업의 생산체계를 친환경적으로 바꾸는 것이지만 거시적으로는 한 국가의 산업구조를 친환경적으로 전환시키는 것이 된다(이상영, 2004).

녹색구매를 활성화시키기 위한 각국의 노력은 크게 두 가지 방향에서 진행되고 있다. 하나는 정부 주도로 녹색구매를 활성화 시키는 것이고 다른 하나는 민간주도로 녹색구매를 활성화 시키는 것이다.

(1) 미 국

미국은 정부가 주도하여 성과를 낸 대표적 국가이다. 미 환경보호청(EPA)의 녹색구매 확산전략의 특징은 먼저 법규를 정비한 후 이를 바탕으로 녹색구매 시범사업을 전개하는 것이다. 예를 들면 에너지 스타 프로그램의 시행인데 그 내용은 에너지 과소비 기기에 효율기준을 지정함으로써 고효율을 장려하는 것이다. 또한 에너지 효율 챌린지 프로그램을 통해 "공공기관의 에너지 및 물 절약제품 우선구매제도"를 실시하고, 재활용품 구매 프로그램을 실시하여 일정한 기준에 따라 지정한 재활용 제품을 원자재로 사용하도록 유도하였다.

(2) 유 럽

유럽에서는 정부와 민간부분 양쪽에서 녹색구매가 활발하게 이루어지고 있다. 유럽에서는 경제주체 간의 환경보전 노력이 개별적으로 이루어져 기업은 환경경영체제의 구축과 실천, 정부는 환경정책의 수립과 시행, 소비자와 시민단체는 실생활에서 환경보전을 위한 노력을 해 왔다. 그러다가 1997년 일본의 녹색상품을 모델로 1997년 12월 유럽 녹색구매 네트워크(EGPN)를 발족하였다.

유럽의 경우 현재 275개 지방정부와 시, 카운티가 참여하는 "녹색구매그룹"이 조직되어 환경정보를 공유하고 녹색구매를 실천하고 있고 인터넷을 통한 정보활동이 활발히 이루어지고 있으며 지역 간 연대를 추진하고 있다. 세계 지방자치단체 환경연합(ICLEI)에서는 공공기관의 녹색구매 촉진을 위해 "릴리프 프로젝트(Relief Project)"와 같은 모델케이스 발굴 작업을 꾸준히 해오고 있다.

(3) 아태 지역

✻ 일본 - 일본은 녹색구매가 가장 활발하게 추진되는 나라이다. 1996년 환경부가 주도적으로 녹색구매 네트워크(JGPN)를 최초로 구축하였고, 대기업이 활발하게 참여하였으며, 현재는 행정기관 및 시민단체를 포함하여 회원 단체 수가 약 2,500개에 이른다. 특히 일본은 녹색구매 촉진을 위한 법률을 2000년 5월에 제정

하고 2001년 6월부터 전면 시행하였으며 "지방자치단체는 그 지역의 자연적 · 사회적 조건에 따라 환경상품의 수요전환을 기하기 위한 조치를 강구하도록 노력해야 하며, 지방자치단체의 조달 시 녹색구매를 명시하고, 국민에 대해서 녹색구매에 대해 일반적 의무를 부과하도록" 하고 있다.

✲ **한국** - 한국의 경우 1999년 일본의 녹색구매 네트워킹을 벤치마킹하여 한국녹색구매 네트워크를 민간단체에서 만들었으며 환경부에서 2004년 "친환경 상품구매 촉진에 관한 법률이 제정되어 2005년 7월부터 공공기관에서 녹색상품을 의무구매하게 되었다. 민과 관이 파트너십을 조직하여 활동을 펴고 있다.

✲ **기타 아태 지역** - 아태 지역의 여러 나라에서도 지속가능한 소비를 위한 녹색구매 정책을 추진하고 있다. 필리핀은 초기단계에서 정부가 녹색구매의 목표와 이행계획을 구체화한 프로그램을 만들었으며 그 결과 환경마크인 "The Green Choice Mark"가 만들어졌고, 인도의 경우 서비스 업종에서 환경을 고려한 경영을 하는 사례로 "Ecotel"이라고 하여 에너지 절약, 물 절약, 쓰레기 배출량 감량, 유해화학물질이 배출되지 않는 페인트 사용 등 환경을 고려한 호텔운영을 하고 있다(이상영, 2005).

3) 적극적 녹색소비자 - 소극적 녹색소비자

효율적 소비만으로 지구자원과 공해를 줄이기에는 지속가능한 소비를 위해 너무 제한적인 셈이다. 현재에는 오히려 지속가능 소비를 위해 충분한 조건을 제공해야 하는데, 즉 소비패턴을 변화시키고, 산업화된 나라들에서 소비수준을 감소시키는 것이 필요하다. 이러한 조건들은 소비를 추구하는 사람들과 소비수준이 높은 사람들에게 의문점을 제공하는 것은 물론 선택과 방법에 대한 변화를 요구하게 된다. 즉, 적극적이고 강력한 지속가능 소비의 차원에서 접근해야 녹색소비가 성취될 것이다. 그러나 적극적 지속가능 소비에 대해서는 정치적으로 매우 논쟁적 이슈가 되고 있다. 왜냐하면 이는 지속가능 발전이나 지속가능 생산보다 복잡한 해법을 추구해야 하기 때문이다.

표 12-1 소극적/적극적 지속가능 소비패턴 사례

소극적 지속가능 소비패턴	적극적 지속가능 소비패턴
차를 운전할 때 가솔린을 덜 소모하는 자동차를 사용하는 것	차보다는 기차를 타는 것 또는 여행을 자주 하지 않거나 집과 일터를 가까운 곳에 정하는 것
주거와 관련된 효율적 소비로 적절한 단열재를 사용하고 효율적 난방시스템과 에너지 절약적 건축을 하는 것	실내온도를 적절하게 낮추는 행동까지 하는 것, 개인이 사용하는 생활공간이 지속적으로 증가하는 것에 대해 문제를 제기하고 자제하는 행동 - 따라서 작은 것이 아름답다는 가치 추구
영양 소비에 있어서는 지역 단위의 소출로 측정되는 기술적 효과 등은 대부분 환경적 압력을 동반하고 있다(에너지 소비형 비료, 지하수 압력 또는 논의의 여지가 있는 GMO의 영향 등).	육류 소비의 절감이나 지역생산이 강조된다.

자료 : Doris A. Fuchs and Sylvia Lorek(2005)

4) 한국에 녹색소비자는 있는가, 그들의 특성은 어떠한가

녹색소비와 관련된 일련의 연구들은 한국의 녹색소비자의 특성을 어떻게 파악하고 있는가? 지금까지 환경 의식적 소비행동을 하는 소비자를 일반적으로 녹색소비자라고 규명하고 이들의 특성이 어떠한지를 연구해 왔다.

일반적으로 개성을 중요한 특성으로 간주하였는데 녹색소비자를 설명하는 데 많이 사용된 개성변수는 소외감, 독단주의, 보수주의, 세계주의, 포용력, 소비자 노력의 효과성 지각(Perceived consumer effectiveness) 등이다. 이들 변수에 대한 녹색소비자연구를 보면 녹색소비자는 비녹색소비자에 비해 소외감을 덜 느끼고, 덜 독단적이며, 보수적인 성향이 덜하고, 세계주의 의식이 높고, 포용력이 많으며, 소비자 노력의 효과성 지각 정도가 높은 것으로 나타났다. 또한 환경에 대한 관심이나 지식 등과 같이 환경에 대한 태도와 환경 의식적 소비행동과는 관계가 높다는 연구들이 많았다(노정구, 2005). 인구통계 및 사회경제적 변수에 관해서는 명확하게 밝혀진 바는 없고 연령과 환경 의식적 소비행동 그리고 교육수준과 환경 의식적 소비행동에 대해서는 일관된 결과가 나오지 않았다.

소득수준이 높을수록 환경 의식적 소비행동을 한다는 연구결과들이 많았다(Beger, 1997; Owens et al, 2000; Pootingaetal., 2004). 한국의 소비자를 대상으로 한 연구에서는 소비자 노력의 효과성 지각 정도가 높은 소비자가 환경문제 해결에 본인의 소비행동이 큰 영향력을 발휘할 수 있다고 믿기 때문에 환경에 대한 관심도 높아진다고 보고하고 있다(노정구, 2005). 보수주의성향과 환경에 대한 관심은 무관하게 밝혀졌으며 세계주의와 환경에 대한 관심이 유의적인 관계를 보여주고 있다. 즉, 지역이기주의나 국가이기주의가 강한 소비자보다는 세계시민주의나 이타주의적 성향을 가진 소비자가 보다 환경에 대해 관심이 많았다. 또한 환경에 대한 지식과 관심은 서로 상호작용을 하고 있었으며 환경에 대한 관심은 환경 의식적 소비행동에 정적인 영향을 미치는 것으로 나타났다.

4. 지속가능한 에너지와 지속가능한 소비문화

1) 성장사회를 위한 에너지 수급 현상

(1) 경성에너지 체제의 확대 재생산의 문제

산업혁명 이후 에너지는 산업화의 동력으로 인식된다. 따라서 경제성장을 위한 에너지의 안정적 공급이 근현대사회의 주요 관심사가 되면서 에너지는 주로 산업적·경제적 측면에서 조명된다. 성장경제에 있어서 에너지는 성장의 원동력으로서 공급의 안정성과 효율성이 중요해지고 이를 위해 석유, 석탄, 천연가스 등의 화석 연료나 원자력 발전이 주요한 에너지원으로 채택되고 있다. 라빈스(1976)는 화석연료와 원자력을 바탕으로 거대 자본과 거대 기술로 구성되는 공급 위주의 대규모 중앙 집중화된 에너지 이용방식을 "경성 에너지 체제"라고 이름 지었는데 산업화 이후 대부분의 국가에서는 경성에너지 체계가 확대 재생산되어 왔다(Byrne et al, 1991; 윤순진, 2002; 이필렬, 2002).

그러나 경성에너지 체제는 이제 다양한 경제, 사회, 정치 환경적 요인들로 인해 전환이 불가피해지고 있다. 기후변화를 비롯하여 환경문제가 심화되고 있고 화석연료와 우라늄의 고갈 가능성이 높아지고 있다. 주요 산유국의 복잡, 미묘한 정치 상황으로 인해 전 세계 1차 에너지 소비의 40%를 차지하는 석유의 공급 불안정도 증가하고 있다. 원자력 의존도가 높은 나라에서는 늘어나는 핵폐기물의 처리와 수명이 다한 원자로의 해체에 대한 환경적·경제적 부담이 늘어나고 있다. 또한 시민사회의 성장으로 에너지 정책 결정과정에 대한 시민의 참여 요구가 높아지고 있

한국의 에너지 수급 현황

한국은 경제가 단기간에 팽창을 거듭하면서 에너지 소비도 급증하고 있다. 1차 에너지의 주공급원은 화석연료와 원자력으로 2002년 현재 각각 84%와 14.2%를 차지한다. 규모의 경제를 이유로 대규모의 중앙 집중적 에너지 수급체계를 유지하고 있다. 최근 늘어나는 에너지 수요의 감당을 위해 원자력이 강조되고 있으며 2005년 현재 총 20기의 원전을 운전하여 전력의 약 40% 가량을 생산하고 있다.

어 경성에너지 체계의 전환을 요구하는 강력한 요인으로 작용하고 있다(윤순진, 2003).

경성에너지 체계가 추구하는 에너지의 "안정적이면서 지속적인" 이용이 진정으로 가능하려면 자연의 부양능력의 한계 안에서 에너지 사용의 환경적 영향이 최소화 되어야만 한다. 갈수록 심각해지고 있는 경성에너지원에 의한 환경오염과 파괴는 경성에너지 체계가 지속가능하지 못함을 증명하고 있다.

지속가능성과 형평성이 에너지 수급에서 실현되려면 에너지의 수급구조가 중앙 집중적이어서는 안 된다. 즉, 대규모 중앙 집중적 전력체계는 전력의 생산지와 소비지가 이원화 되어 전력의 생산과 분배과정에서 발생하는 다양한 환경피해가 전력 생산지에 집중되어 사회적 갈등을 야기할 수 있기 때문이다.

따라서 에너지의 생산과 소비가 지역별로 균형 있게 이루어지는 체제를 지역분산적 에너지 체제라고 하는데 이러한 에너지 체제는 에너지 자립적인 지역공동체의 건설을 가져와 지역 간 불평등 문제를 해소할 수 있으며 에너지에 대한 지역주민의 의사를 반영하여 민주적으로 운영될 수 있다고 본다(Byrne 외, 1991; 김종달, 1992; 이필렬, 2002).

(2) 지역분산적 에너지 체계와 재생에너지

지역분산적 에너지 체계란 자기 지역에서 지속적으로 풍부하게 제공되는 태양에너지, 풍력, 생물자원, 조력 등 재생가능한 에너지에 대한 의존을 높여갈 때 실현가능해 진다. 재생가능 에너지를 이용할 경우, 예를 들어 가정이나 사업체의 지붕이나 벽면에 태양광 전지를 설치하거나, 태양열 집열판을 설치하게 되면 그 지역에서 지속적으로 제공되는 태양에너지를 이용하여 소비지에서 전력과 온수, 난방열이 생산되고 환경과 인체에 유해한 송·배전선이나 송전철탑을 많이 제거할 수 있게 된다. 대부분의 재생가능 에너지는 대규모일 때보다 소규모 내지 중규모일 때 효율적으로 작동되기 때문에 지역분산적인 에너지 수급방식을 취함으로써 지역의 에너지 필요에 탄력적으로 반응하며 에너지 자립도를 높일 수 있게 된다.

공급보다는 수요 관리에 관심을 두어 에너지 효율성 향상과 에너지 절약도 지역분산적인 에너지 체제에 부합되며 지속가능 에너지 효율을 강화시킬 수 있다. 에너지 절약노력을 통해 에너지 사용의 절대량 자체를 절감하도록 하는 것도 중요한 전략이다. 즉, 지속가능한 에너지 체제는 에너지 공급의 안정성이나 양적 성장이 아니라 보다 적은 에너지 소비를 통해 삶의 질이 향상되는 것을 추구한다. 에너지의 최종 용도에 관심을 두고 왜 에너지가 필요하며 어떻게 하면 수요에 맞는 기술을 개발하고 수요 자체를 줄일 수 있는지에 대한 방안을 모색하는 것이다. 에너

재생가능 에너지 산업은 일자리를 창출한다

2000년 현재 풍력산업의 발전으로 독일에서는 25,000개, 덴마크에서는 16,000개의 일자리가 창출되었다. 재생가능 에너지 사업은 잉여 노동인구가 많은 농촌지역에 발달할 경우 고용창출 효과로 지역경제 활성화에 이바지 할 수 있다. 독일에서는 경제적 문제로 심각한 타격을 받은 농촌지역에서 풍력발전이 이루어짐으로써 농촌지역에 추가적 구매력이 발생하고 경제발전이 이루어지고 있다. 재생가능 에너지는 도농격차를 감소시킬 잠재력이 있다고 본다.

자료 : Wagner, 2000: Krohn, 2002

지 공급 자체를 주요한 목적으로 한다기보다는 에너지가 제공하는 서비스에 관심을 두어 동일한 서비스를 보다 경제적이면서 환경친화적으로 제공하도록 하는 것이다.

이렇게 하기 위해서는 소비자들의 에너지절약 생활스타일을 스스로 인식하도록 하는 민주적이고 자립적인 에너지 소비 패턴이 확립되어야 하며 소규모의 지역분산적 체제를 지향하고 에너지의 생산과 소비가 갖는 환경적 함의를 고려하여 환경적 부양능력에 맞춰 에너지 소비수준을 조절해야 한다.

2) 재생가능 에너지와 생활양식의 전환

지속가능성 또는 지속가능한 발전이란 말은 많은 정치인들과 지식인들의 유행어가 되고 있다. 유럽을 비롯해 많은 언론, 지식인, 정치인들이 수시로 논의하고 있다. 보통사람들도 누구나 시야를 넓히면 현재의 인류문명이 기후변화, 화석연료의 고갈, 빈국의 가속되는 피폐화, 물 부족 세계 단일시장의 괴물에 직면하게 될 지속불가능한 문명이라는 것을 인식할 수 있을 것이다(이필렬, 2002).

현재에 미래는 없다. 이대로 가면 세계화된 지구의 가속적인 파괴만 있을 뿐이다. 끝없는 성장, 돈, 상품, 속도숭배를 전면적으로 변화시키는 것 외에 다른 길은 없다. 따라서 우리 사회는 전면적이면서도 점진적인 변화를 위한 행동을 실천하는 수밖에는 없다.

지속가능한 에너지 체제로의 전환 없이는 지속가능한 발전을 성취할 수 없다.

지속가능성과 환경친화성을 바탕으로 재생가능 에너지의 확대, 에너지 효율성 향상, 에너지 절약을 위한 체제로 변화하지 않으면 안 된다. 에너지 패러다임의 전환은 "사고의 혁명적인 전환"을 필요로 한다(Lenssen and Flavin, 1996). 이러한 사고의 전환으로 에너지의 효율적 이용과 절약, 온실가스의 배출이 거의 없는 재생가능 에너지원을 중심으로 지역분산적인 에너지 체제로의 개편을 통해 에너지 저소비형 사회경제 구조의 전환을 이루고 에너지 절약형 생활 스타일의 변화와 제도개선만이 지속가능 소비사회를 이룰 수 있을 것이다.

3) 지속가능 발전을 위한 지속가능 소비 패러다임으로의 변화는 가능한가

이제까지 성장사회에 길들여져 있고 자본주의시장의 팽창적 소비문화에 익숙해 있는 소비자들에게 지속가능 발전을 위한 지속가능 소비를 추구하기 위해 자신의 불편함을 참으면서 절약만을 추구하도록 하기는 실상 그리 쉬운 일이 아니다.

지속가능한 소비가 "자연 원래의 질과 상태가 지속가능한 범위 안에서의 소비"

에너지 전환의 현장 – 독일 졸라 콤플렉스 방문기

독일 남부 보덴 호수 사람들이 추구하는 구체적 유토피아의 핵심은 그 지역에서 지속가능한 에너지 시스템을 확립하는 것이다. 이들은 재생가능 에너지에 기반을 둔 에너지 시스템이야말로 생존을 보장하는 구체적 유토피아의 기초라고 생각한다. 이들의 목표는 2030년까지 이 지역에서 필요한 에너지를 100% 재생가능 에너지로 얻는 것이다.

건축가와 예술가로 구성된 실천가들은 1997년부터 워크숍을 통해 연구를 하고 의견교환을 하였으며 졸라 콤플렉스라는 시민기업에서 출발하여 2030년까지의 에너지 전환을 위해 태양에너지, 풍력, 수력, 바이오매스, 지열 등 모든 종류의 재생가능 에너지를 최대한 개발하고자 잠재량 조사를 하였으며 또 한편으로는 소비자들의 에너지 소비를 절반가량 줄여야 100% 재생가능 에너지로의 전환이 가능하므로 30년간 매년 2% 가량 소비를 줄이는 운동을 시작하였다.

에너지 소비는 에너지를 단순히 적게 써서 줄일 수도 있지만 에너지를 효율적으로 이용하면 소비를 더 크게 줄일 수 있다. 예를 들면 어떤 집에서 겨울철 난방 온도를 20도에서 17도로 낮추면 에너지를 단순히 절약만 하게 된다. 이 경우 옷을 두껍게 입고 항상 조금 춥게 살아가야 한다. 그러나 집 전체를 철저하게 단열시공해서 밖으로 빠져 나가는 열을 최소화 하면 난방 온도를 낮추지 않더라도 더 적은 양의 에너지로 더 높은 실내온도를 유지할 수 있다. 따라서 건물의 건축부터 에너지 절약형으로 시공해야만 많은 양의 에너지를 줄일 수 있는 것이다. 독일은 이미 단열이 제대로 안된 보통 주택에 비해 에너지 소비가 10%도 안 되는 주택이 나와 있는데 이런 주택이 널리 보급되기만 하면 열소비를 절반으로 줄일 수 있는 것이다.

이필렬의 에너지 전환의 현장 – 독일 졸라 콤플렉스 방문기에서
녹색평론, 제 66호 , 2002년 9~10호

라고 규정할 때 그 판단의 근거는 환경 용량에 근거해야 하는데 환경 용량을 인간과 자연의 관계에 적용할 때는 '인간이 현재의 기술을 이용한 소비를 위한 자원추출을 자연이 계속 공급해 줄 수 있고 또한 추출된 자원으로 재화와 용역을 생산하고 소비하는 과정에서 배출되는 각종 폐기물은 자연이 계속 흡수하고 처리할 수 있는 능력' 이 있어야 하는 것이다(Wackernagel et al, 1993). 그러나 자연은 자원을 무한정으로 제공해 줄 수 있는 것도 아니고 인간의 생산과 소비활동과정에서 발생하는 각종 폐기물을 무한정으로 흡수 · 처리할 수 있는 능력이 있는 것도 아니다.

환경위기의 극복방안으로 청정기술 또는 녹색기술이 대두되기도 한다. 그러나 이러한 청정기술도 자연자원과 에너지 사용을 최적화 하고 폐기물 배출을 최소화 하는 기술로 생산과정, 제품의 디자인, 에너지의 보전과 효율, 자원의 재생과 재활용에 적용되는 기술이므로 환경위기의 극복을 위한 일종의 땜질치료에 불과하며 환경위기 극복의 근본방법은 생산과 소비를 지구의 환경 용량 범위 안으로 줄이는 것이다(정대연, 2002).

소비문화 생각해 보기

현재의 나의 가정의 에너지 사용현황에 대해 확인해 봅시다.

- 물 사용, 전기 사용, 연료 사용을 중심으로 현재의 사용에너지의 1/3을 절약하기 위해 어떤 방안을 취할 수 있는지 구체적으로 실천방안을 위한 아이디어를 제시해 봅시다. 이 방안이 우리의 생활 스타일을 어떻게 변화시킬 수 있을지 논의해 봅시다.

영화 속의 소비문화 엿보기 12

투모로우

줄거리 _ 2005년 작품. 지구 온난화로 인한 엄청난 기상 이변으로 지구 북반구 전체에 빙하기가 시작되면서 인류가 최악의 위기를 경험하게 된다는 재난 영화. 남극에서 빙하를 탐사하던 기후학자 잭 홀 교수 및 그 일행은 지구 기후에 이상변화가 있을 수 있음을 감지한다. 잭은 UN 주최 환경관련 국제회의에서, 지구 온난화로 인해 남극, 북극의 빙하가 녹고, 그 영향으로 해류의 흐름이 바뀌어 지구 전체에 빙하기가 올 수도 있음을 경고한다. 하지만 이 같은 주장은 미국대표로 나선 부대통령의 경제논리에 부딪혀 묵살된다. 한편, 잭의 외아들 샘은 고교대항 장학퀴즈대회에 참가하기 위해 뉴욕을 방문하게 되고, 거기에 머무르는 동안 빙하기가 시작된다. 잭은 동료의 도움으로 샘이 피신해 있는 북쪽 뉴욕의 도서관에 아들을 구하러 달려가게 된다.

소비문화 _ 지구 온난화로 인해 발생할 수 있는 자연 재해가 인간의 모든 삶을 파괴하고 인류를 위협하고 있음을 보여주고 있다. 지구 온난화는 인간 문명이 개발 논리에 의해 과도하게 자연을 사용하고 파괴함으로써 발생하는 문제로 소비사회의 가장 근본적인 이면이라고 할 수 있다. 소비라는 것이 인간의 끊임없는 욕구를 충족하기 위한 행위라면, 인간의 욕구를 충족하기 위하여 수많은 자원들이 사용되고 남용된다. 인간들은 현재세대가 아닌 미래세대가 살아가기 위해 남겨 놓아야 할 자원들을 현재의 욕구를 충족하고 경제 개발의 논리를 앞세워 마구 파괴하고 있다. 이 영화에서 보면 지구라는 곳도, 인류도 정말 조그마한 생명체에 불과하다. 멀리 인공위성에서 내려다보는 지구는 정말 아름답지만 빙하기라는 자연재해를 피해 인간이 생명체로 살아남기 위해서 처절한 노력을 하고 있다. 그리고 그 노력은 대통령이든 일반 시민이든 누구든 피해갈 수 없는 생명체의 기본적인 생존 욕구이다. 이 영화에서 인류의 삶이 인간이 파괴하는 환경에 의해서 결국은 파멸에 직면하지만 여기에서도 인간은 살아남을 수 있다는 가능성을 제시하고 있다. 미국으로 대변되는 환경 파괴자가 스스로 제 3국가에 생존을 의지하며 인간이 스스로 환경을 생각하고 미래세대를 생각하는 소비문화를 정착시키고자 노력한다는 것이 그 가능성이다. 현대 소비문화는 끊임없이 자원을 소모하지만 잭이 자식인 샘을 구하기 위한 노력을 하는 것처럼 우리도 다음 세대를 위해서는 환경친화적인 소비문화를 지향하는 노력이 필수적이다.

참고문헌

구도완(2002), 환경위기와 녹색국가, 환경정책 제 10권 제 1호

김종달(1992), "에너지 정책과 지방자치: 에너지, 경제 및 환경문제의 구조분석", 지방행정연구, 7~2, 121~139

권영근(2005), 경제학적 관점에서의 생태적 인간에 대한 이해, 2005년 불교생태 포럼원고, 동국대학교

김종주(2005), 욕망과 생명, 2005년 불교 생태 포럼 원고, 동국대학교

오용선(2004), "녹색소비자 운동 10년의 성과와 전략", 바람과 물 연구소 선임연구원

윤순진(2002), "지속가능한 발전과 21세기 에너지 정책: 에너지 체제 전환의 필요성과 에너지 정책의 바람직한 전환방향", 한국행정학보, 36~3, 147~166

_____ (2003), 지속가능한 에너지 체제로의 전환을 위한 에너지 정책 개선방향: 재생가능 에너지 관련 법 · 제도에 대한 비판적 검토를 바탕으로, 한국사회의 행정연구, 제 14권 1호 269~300

이상영(2005), 지속가능한 소비와 녹색구매, 2005 아태환경정책회의 시민사회포럼 발표자료집

이필렬(2002), "석유시대 언제까지 갈 것인가?", 녹색평론사

정대연(2002), 환경위기와 '지속가능한 소비', 환경과 생명, 통권 28호

Alan Taein Durning(1991), How much is Enough? 구자긴 역(1994), "소비사회의 극복", 도서출판 따님

Argyle, The psychology of Happiness;Tibor Scitovsky, The Joyless Economy(New York; Oxford University Press, 1976)

Byrne, John, et al.(1991), Toward Sustainable Energy, Environment and Development. World Bank

Erich Fromn, 정성환 역(1976), To have or To be "소유냐 삶이냐", 홍신문화사

Equipment leasing Association, http://www.elaonline.com

Herman Daly(1991), "environmental Impact Identity-Orders of Magnitude" (draft), World Bank, Washington. D.C., Ekinson "Sustainable Consumer Society: A Contradictions in Terms"

Jeremy Rifkin(2000), The Age of Access, 이희재 역(2001), "소유의 종말", 민음사

Joe Vales, BPO Solution, Inforserver, The journal for Strategic outsourcing information, 1998, http://www.inforserver.com/may1998/htm/bpo4 html

Krohn(2002), Danish Wind Turbines; An Indurstrial Success Story, Http://www.windpower.org/articles/success.htm

Lenssen Nicholas and Christopher Flavin(1996), Sustainable

Lewis H. Lapham(1988), Money and Class in America: notes and observations on Our Civil Religion(New York: Weidenfeld & Nicolson, 1988)

Lovins, Amory(1976), Soft Energy Paths: Toward a Durable Peace, Cambridge, MA: Balliinger

Robert Bocock(1996), "Consumption"

Roper(2005), The Roper Center for Public Opinion Research의 여론조사, 浪費するアメリカ人(岩波書店)에서 재인용

Serge latouche(2005), 성장사회의 종언을 위하여, 녹색평론 81호 3~4호, 세르게 라튀세는 프랑스 경제학자로 남파리 대학의 명예교수이며 이 글은 프랑스시사 교양지 "르몽드, 디플로마티크" 최근호들에 실렸던 에세이를 옮긴 글임

Sidney Quarrier(1992), Connecticut Geological & Natural History Survey, Hartford, Conn, private communication

Tibor Scitovsty(1976), Joyless Economy, New york; Oxford University Press

Vicki Robin(1990~1992), New Road Map Foundation from Vicki Robin, president, Seattle, Washington

Wagner, Andreas.(2000), "Wind Energy in Germany-Ready for the 21st Century", Electricity Restructuring and the Environment: A U.S. -German Dialogue. Heinrich Boll Foundation, Washington Office, 45~56

CHAPTER

13

소비사회의 극복

-더 많은 물건을 갖는 것보다 더 적은 욕구를 갖는 것이 낫다.

-성 아우구스티누스

-지식을 추구하면 매일 무언가를 얻는다. 그러나 지혜를 추구하면 매일 무언가를 버린다.

-노자

고깃배를 세워둔 채 느긋하게 누워있는 어부를 보고 부유한 사업가가 어이없다는 듯이 물었다.

"왜 고기를 더 안 잡는 거요?"

"오늘 잡을 만큼은 다 잡았소."

"왜 더 잡지 않나요?"

"더 잡아서 뭐하게요?"

"돈을 벌어 모터 달린 큰 배를 사고, 더 깊은 바다에 나가 고기를 더 잡을 수 있잖아요? 또 큰 그물을 사서 고기를 더 잡고, 배를 늘려 선단을 거느리죠. 그러면 나처럼 부자가 될 수 있잖아요?"

"그 다음엔 뭘 하죠?"

"느긋하게 인생을 즐기죠."

"당신은 지금 내가 뭘 하고 있다고 생각하시오?"

CHAPTER

13 소비사회의 극복

인간은 때로 이해하기 힘든 불가해한 행동을 한다. 육체적으로 고되고, 그렇다고 돈을 버는 것도 아닌데 등산을 하기도 하고 마라톤, 3종 경기 등에 도전을 한다. 때로는 목숨을 건 무모한 모험을 하기도 한다. 일부러 불편한 자연 속으로 뛰어드는 이유는 무엇일까?
다수의 편리함에 둘러싸인 현대인들의 일상생활은, 이미 안락의 측면에서는 거의 완전에 가까운 경지에 이르렀다. 그러므로 안락의 추구로는 더 이상 만족을 느끼지 못하기 때문에 인간은 더 강한 자극을 요구하게 된다. 이것이 오늘날 소비의 실태가 아닐까?
그렇다면 편리함을 적당히 줄임으로써 안락을 불완전하고 단속적인 것으로 바꾸면 어떨까? 그 때 발생하는 불편으로 인한 자극을 쾌락화 시킬 수 있지 않을까?
단 불편을 자극으로 즐기기 위해서는, 자발적이고 선택적이어야 한다. 만일 그 불편이 규범화 되고, 자신이나 타인에게 인내를 강요하는 형식이 된다면, 그것은 쾌락이 아니라 단순한 억압일 뿐이다. 쾌락의 증가량에서 안락의 감소량을 뺀 값이 최대치가 되도록 한다면, 인간은 지금보다 훨씬 더 만족한 삶을 누릴 수 있게 되지 않을까? 그것이 에너지나 물질의 소비를 줄여야 하는 시대적 요구와 맞아 떨어지고, 나아가서는 인간이 지금보다 더 행복해 질 수 있는 방법일 수도 있을 것이다.

-후쿠오카 겐세이의 즐거운 불편에서-

1. 소비하지 않으면 퇴보하는가

1) 소비에 관한 소비자들의 욕망

(1) 자아와 욕망

소비사회에 있어서 다른 사람들로부터 평가받고 존경받는 것은 소비를 통해 이루어진다. 즉 "재산의 가치가 자신의 가치"라고 생각하기도 한다. 상품을 구매한다는 것을 자부심의 증거로 인정하고자 하는 소비자들의 의식을 베블런은 "금전적 품위"라고 명명하기도 했다. 사회적으로 인정받고자 하는 욕구에 의해 소비가 더욱 촉발되고 있다. 또한 다른 사람과 조화를 이루거나 다른 사람을 능가함으로써 소비의 만족을 찾기도 하며, 지난해보다 얼마를 더 많이 벌었는가를 통해 만족을 얻기도 한다. 또한 개인의 행복이 높은 수준의 소비보다는 소비가 얼마만큼 늘었는가에 더 관계가 있다고 하기도 한다(Tibor Scitovsty, 1976). 즉, 소비는 중독성을 갖고 있기 때문에 모든 호화물품이 순식간에 필수품이 되어버리고 다시 새로운 사치품을 찾아내야만 한다는 것이다. 사람들은 현재 누리고 있는 물질적 만족감을 그들 자신의 어린 시절과 비교해 가늠한다. 그래서 모든 세대는 이전 세대가 만족했던 것보다 더 많은 것을 필요로 하게 된다. 몇 세대가 지나면 풍요가 빈곤으로 받아들여질 수 있게 된다. 따라서 소비수준은 끝없이 상승하고 있으며, 사회는 만족을 모르며 지속적으로 소비수준을 높이려고 한다. 즉, 필수의 의미는 사회적으로 정의되고 경제 성장과 함께 증가하게 된다. 따라서 모든 국가는 지속적으로 경제를 성장시키려 하고 정치가는 경제성장률을 높이기 위해 모든 방법을 구사하려고 한다. 그것이 국민들의 행복을 지켜주는 잣대라고 생각하기 때문이다. 따라서 국가의 소득수준과 소비수준을 나타내 주는 지표를 가지고 그 국가 국민들의 생활수준을 가늠하며 또 이 지표가 그 나라 국민들을 인정하는 잣대로 사용되기도 한다. 그러나 국가 간 경제 성장률이 높은 나라의 국민들이 상대적으로 더 행복한 것인가?

인간은 욕구만으로 만족하지 않으며, 타인이 욕망하는 것을 욕망한다. 인간은 인정받고 싶어 한다. 라캉에게 욕망은 욕구의 충족을 통해서는 해소되지 않는 갈증이며 무의식에서 출현하지만 사회 속에서만 충족되는 이중체이다. 라캉의 욕망

개념은 세 가지 핵심 성격을 내포한다. 첫째, 욕망은 실재계에 근거하며 때문에 이미지를 통해서도, 기호를 통해서도 온전히 해소되지 않는다. 둘째, 욕망의 구체적인 표현은 사람들의 눈길의 그물망으로 형성된 인정의 체계, 상징계에서 성립한다. 마지막으로 욕망은 끝없는 비워짐이며("밑 빠진 독"이라는 플라톤의 비유를 상기) 따라서 그 대상도 환유의 성격을 띠게 된다.

욕망의 원인과 욕망의 대상은 무엇인가? 라캉은 욕망의 대상이 곧 원인이라 부르면서 욕망의 근원은 타대상이라고 하였다. 욕망의 원인이자 대상이란 의미는 욕망은 계속 환유적으로 움직이므로 욕망의 원인과 대상은 돌아갈 수는 있어도 도달할 수는 없는 그림자와도 같은 것으로, 환유의 운동을 따라가도 끝내 잡을 수 없는 잉여이고, 합리적 인과의 낚시줄을 끝내 물리치면서 실재계로 숨어버리는 '그 무엇(das Ding)'이다. 따라서 욕망의 원인이자 대상의 이런 성격이 우리의 삶에 '불안(不安)과 에너지=리비도'를 동시에 부여한다고 하였다.

현대인들의 삶에 있어서 욕망의 대상이 사람에게보다는 물질에 집착하고 곧 소비에 집착하게 되는 것은 어쩌면 인간의 욕망이 사회적 산물이라는 점에서 욕망의 대상인 그 무엇에 환상을 불어 넣는 작업을 하는 광고 때문이기도 하다. 따라서 인간의 욕망을 충족시키는 그 무엇이 소비를 통해서 이루어진다면 소비는 끊임없이 환유적이 될 수밖에 없을 것이며 또 이런 소비가 우리의 삶에 불안과 동시에 에너지를 부여할 수 있을 것으로 본다.

(2) 소비는 우리를 행복하게 하는가

석유부호인 루이스 래팜이 행복해지기 위해서는 얼마나 많은 돈이 필요한지를 질문하자 많은 사람들이 그들이 가진 수입의 두 배 정도는 있어야 사정이 나아질 것이라고 믿고 있었으며 지금껏 충분하다고 생각한 사람은 한 사람도 없었다고 결론지었다(Lewis H. Lapham, 1988).

만약 인간의 욕망이 끝없는 것이라면, 경제이론과는 달리 소비가 궁극적으로 인간에게 충족감을 주지 못한다는 논리적 결론에 이르게 된다. 실제로 사회 과학자들은 과소비 사회에서 높은 생활수준을 누리고 있는 개인들이 갈수록 더 많은 소비를 하는데도 만족감은 얻지 못하고 있다는 분명한 증거를 발견했다. 소비사회의 유혹은 물리치기 어려울 정도로 강력하지만 얄팍하기 이를 데 없다(엘런테인

더닝, 구자건 역, 2001).

소득과 행복 사이의 관계는 과연 정의 관계인가? 불변 달러가치로 국민총생산과 개인 소비지출이 두 배 이상 늘었어도 인구집단 중 매우 행복하다고 응답한 비율은 오히려 1/3로 줄어들었으며 "부유한 나라나 가난한 나라 사람들이 느끼는 행복의 정도는 거의 차이가 없다"고 기술하고 있다. 즉, 소득과 행복 사이의 상관관계는 절대적이라기보다 상대적이다. 사람들이 소비를 통해 얻으려는 행복이란, 그들 자신이 주위 사람들보다 더 많이 소비한다거나, 과거보다 더 많이 소비하는 데에 그 근거를 두고 있다. 결과적으로 미국, 영국, 이스라엘, 브라질, 인도와 같이 다양한 사회로부터 얻어진 심리학적 데이터는 상위소득계층이 중간소득계층보다 약간 더 행복감을 느끼며, 하위소득계층이 느끼는 행복감이 상위계층보다 낮게 나타나고 있다. 즉, 어느 사회에서나 상위계층은 하위계층에 비해 그들의 삶에 좀 더 만족하고 있지만, 가난한 나라의 상위계층보다 더 만족스러워 하고 있는 것은 아니며 현재보다 덜 풍요로웠던 과거의 상위계층보다 더 만족하고 있는 것도 아니다. 이렇듯 소비란 모든 사람들로 하여금 그들 자신이 다른 사람에 비해 좀더 앞서 있는지, 아니면 뒤쳐져 있는지를 가늠하도록 이끄는 부질없는 기준일 따름이다(Argyle, 1976).

인간의 행복을 결정짓는 잣대는 무엇인가? 행복을 결정짓는 요소가 소비수준과 직접적인 관계가 있다는 증거는 없다. 가정생활, 특히 결혼생활의 만족이 행복의 첫째 조건이며 일에 대한 만족, 재능을 개발할 수 있는 여가, 우정 등이 인간의 주요 행복 요소라고 하기도 한다(Argyle, ibid).

2) 욕망을 어떻게 길들일 것인가

(1) 소비 패턴의 변화를 통하여

욕망이 사회적 산물이라고 할 경우 소비도 사회적 산물임에 틀림없다. 국민총생산의 2/3가 소비지출로 이루어지고 있는 소비경제의 모든 것은 주식시장 투자에서 국가경제 정책에 이르기까지 소비자신용 및 구매의도의 조사에 의존한다.

개발 경제학자들은 산업국가들이 세계 경제를 이끌어 가는 원동력이라고 단언한다. 즉, 산업사회의 수요축소는 빈곤 국가들의 원료 수출길을 막히게 하고 이들이 먹고 살 수 없게 하는 원인이 된다고 여기는 것이다. 왜냐하면 유엔에서 최빈국이라고 부르는 많은 빈곤 국가들의 주 수입원은 원자재 수출에 의존하고 있기 때문이다(엘런 테인 더닝, 1991). 지구경제는 사실상 1/5 정도에 불과한 여유 있는 사람들의 소비생활양식을 충족시켜 주기 위해 편성되어 있는 셈이다. 만일 소비수준을 낮춘다면 이 구조의 핵심이 흔들리는 일이 될 것이다. 우리나라의 경우도 최근 경기가 나빠지면서 많은 청년 실업자와 중년 이상의 조기 퇴직자를 양산하고 이는 크고 작은 기업의 경영을 압박하며 또 가정의 경제를 파탄으로 이끌어 가기도 한다. 따라서 많은 가정이나 공동체, 정치가들은 국민을 위해 경제를 활성화 시키려고 애를 쓰고 있다. 그러나 이러한 현상을 다른 측면에서 보면 지구의 환경을 약탈하고 지속적으로 훼손하는 것이 장기적으로 또 다른 불행을 가져올 뿐만 아니라 상황을 더욱 악화시킨다는 견해도 있다. 우리는 수질오염으로 인해 어장의 양식 물고기가 떼죽음을 당하기도 하고 가뭄이나 홍수가 농부의 경작지를 훼손하는 것을 경험하고 있으며 이상기후로 인한 자연 재해의 피해를 입게 되고 이러한 피해 복구를 위해 엄청난 재정비용을 지출하지 않으면 안 되는 현실에 직면하게 된다.

따라서 지속가능한 경제를 추구해야 할 필요성이 강력하게 제기될 수 있는 것이다. 지속가능한 경제에서는 사람들이 누리는 서비스의 화폐적 가치는 떨어지지 않는 반면, 자연자원의 물질 흐름은 급격히 감소하게 된다.

인간의 노동력을 줄이지 않으면서 자연자원의 소비는 줄이는 소비경제체계로 변화시키는 방향으로 소비의 패턴을 변화시킬 수는 없는 것일까?

(2) 소비와 노동에 대한 생각의 변화

지속가능한 경제체계로의 변화에 대해 경기 하락이나 또는 고용창출이 줄어든다고 생각하는 것은 적합하지 않다. 예를 들어 기존제품의 수리는 새로운 제품의 제조보다 더 많은 노동력을 필요로 하지만 자원은 적게 소비한다. 철도시스템은 한꺼번에 많은 사람을 운송하는 능력을 가지고 있고 자동차와 비교해 보았을 때 에너지는 적게 소비하지만 사람을 적게 고용하지는 않는다. 오히려 철도시스템이 자동차체계에 비해 더 많은 사람을 고용할 수도 있다. 에너지 효율을 향상시키기 위한 사업은 에너지 생산 증대 사업보다 더 많은 사람들에게 일자리를 제공한다.

또한 리사이클 계획은 폐기물의 소각이나 매립에 비해 많은 인력을 고용할 수 있다. 따라서 사람들이 소비에 대한 생각을 바꾸기만 한다면 자원을 적게 사용하면서 지속가능한 소비를 유지하는 것은 결코 퇴보가 아닌 것이다.

인간의 욕망은 사회적인 산물이므로 사회적인 의식의 전환을 가져올 수 있다면 자연자원을 소비하는 형태의 경제개발이 아닌 환경을 지향하는 경제활동으로 충분히 고용을 창출하고 경제의 성장을 지속할 수 있을 것이다.

2. 소유양식에서 존재양식으로

1) 소유의 의미

(1) 소유양식의 본질

사회의 기능을 규정하는 규범은 그 구성원들의 사회적 특성을 형성한다. 산업사회에 있어서 그런 규범은 재산을 취득하려는 소망, 그것을 유지하려는 소망, 그것을 증가시키려는, 즉 이익을 얻으려는 소망이다. 재산을 가진 자들은 능력 있는 자들로 찬양받고 또 우월한 존재로 부러움을 받는다. 물론 대다수의 사람들은 자본이나 자본재라는 자산을 소유하고 있지 않다. 그러나 많은 소비자들이 아무리 가난한 사람이라 할 지라도 무엇인가 소유하고 있으며 이러한 것들을 큰 재산의 소유주들처럼 그들이 가지고 있는 것을 보존하고 조금이라도 늘리려는 소망을 가지고 있다.

"개인주의"는 긍정적 의미로서는 사회적 속박으로부터의 해방을 의미하지만 부정적 의미로는 "자기 소유"를 의미한다. 즉, 자기의 에너지를 성공에 투자할 권리와 의무를 말하기도 한다. 물질적 소유만이 소유를 의미하는 것은 아니다. 인간에게 있어서 자아는 우리의 소유감각 중 가장 중요한 대상인 것이다(Erich Fromn, 1976).

자아는 많은 것을 포함한다. 신체, 이름, 사회적 지위, 소유물(지식을 포함해서), 자기 자신에 대해 갖고 있는 이미지, 타인이 자기에 대해 가져주기를 바라는 이미지와 같은 것들이 포함된다. 이러한 자아는 우리들 각자가 소유하는 어떤 물건으로 느껴지며, 이 물건이 우리의 주체의식의 기초가 된다.

소유양식의 본질은 사유재산의 본질에서 유래하고 있다. "나는 무엇을 가지고 있다"는 의미는 주체인 "나"와 객체인 "대상" 사이의 관계를 표현하고 있다. "내가(주체) 대상(객체)을 가지고 있다"라는 말은 나의 정의를 객체에 대한 나의 소유를 통해 표현하고 있다는 것이다. 즉, 주체는 나 자신이 아니고 '나는 내가 가진 것'이라는 의미가 된다. 나의 소유물이 나 자신과 나의 주체를 형성한다는 것이다. 소유양식에 있어서 나와 내가 가지고 있는 것 사이에 살아 있는 관계는 없고 오히려 나는 물건이 되어 버리며 나는 그것을 내 것으로 할 수 있는 힘을 가지고 있기 때문에 그것을 소유하고 있는 것이 된다.

그러나 그 반대의 관계도 성립될 수 있다. 그것이 나를 소유하는 것이다. 나의 주체의식, 즉 정신이 내가 그것을 소유한다는 사실에 의존하고 있기 때문이다. 따라서 생존의 소유양식은 주체와 객체 사이의 살아있는 생산적 관계에 의해 확립되는 게 아니라 객체와 주체를 모두 '물체=물질적'으로 만들어 버린다. 따라서 현대의 소비자는 소유를 통해 자신의 정체성을 확립하게 되는 것이다.

물질의 소유를 통해 자신의 자아를 확립하고 자아는 물건의 소유와 소비를 통해 발전된다.

(2) 사람들은 왜 소유하려고 하는가

많은 사람들이 자신의 자아를 소유에서 찾고자 하면 자신이 소유하고 있는 것을 굳게 지킴으로써 그 안에서 안정감을 찾고자 한다. 어머니의 뱃속에서 태어나서 사회 속에서 자기의 자리(자아정체성)를 찾기 위해 우리는 본능적으로 물건을 "소유"하려고 원하기 시작한다. 가족을 갖게 되고, 좀 더 자라면 지식, 직업, 사회적 지위, 배우자, 자녀들을 얻게 되며 또 자신이 묻힐 묘지, 생명 보험, 유언 같은 것까지 소유하려고 한다.

그러나 이러한 것들을 만일 잃어버린다면 자기 자신은 무엇일까에 강한 불안감을 갖게 되고 더 보호 받기 위해 더 많이 소유하려는 욕망으로 인해 방어 태세를 취하게 되는 극단적 이기주의 속에 있게 된다. 더 많이 소유하기 위해서는 자신의 소유물을 빼앗아 가려는 이웃의 공격적 의도를 두려워하게 되고 그러한 공격을 막으려면 더 강해져야 하며 예방적으로 자기가 공격적이 되어야 한다. 아무리 대량으로 생산하더라도 결코 무한한 욕망을 따라갈 수 없으므로 개인은 서로 더 많이 차지하기 위해 경쟁과 대립을 일으킬 수밖에 없다. 소유양식과 그 결과로서의 탐욕이 필연적으로 사람들과의 대립과 투쟁을 불러일으킨다는 것은 개인과 개인뿐만 아니라 국가들 간에도 적용되기 때문에 전쟁이 일어날 수밖에 없다. 따라서 경제개발을 통한 계속적인 생산과 소비자들의 구매를 통한 소비활동은 순환적으로 지속될 수밖에 없으며 이러한 순환적 생산과 소비양식은 인간이 삶의 양식을 바꾸지 않는 한 지속될 수밖에 없으며 결국 지구 환경의 황폐를 앞당기는 원인이 될 수밖에 없는 것이다.

2) 사용(존재론적 소비) - 소유의 종말

(1) 소유만이 자아를 만족시키는가

사람들은 물적 자신이나 재산을 일정기간 이상 보유하는 것이 이롭다는 생각을 하기 때문에 소유를 한다. 전통적으로 소유는 개인들에게 자아를 표현하는 수단이 될 정도로 절대적인 것이었다. 그러나 과학기술이 급속히 발전하고 경제활동이 어지러울 만큼 빠르게 진행되는 세상에서 소유에 집착하는 것은 한계가 있게 된다.

주문생산이 일반화 되고 끊임없는 혁신과 업그레이드가 이루어지며 제품의 수명이 점점 단축되는 세상에서는 모든 것이 하루아침에 진부화 된다. 변화하지 않는 것이라고는 없는 세상에서 소유하고 보유하고, 축적하는 태도는 점점 설득력을 잃어갈 것이라고 제러미 러프킨은 그의 저서 『소유의 종말』에서 주장하고 있다(Jeremy Rifkin, 2000).

불과 20여 년 전만 해도 일반 소비자를 대상으로 하는 자동차 대여는 거의 찾아보기 힘들었지만 이제는 미국에서 운행되는 승용차와 트럭의 1/3이 대여차이다. 고급승용차는 1/2이 임대되고 있다. 승용차와 트럭의 임대 추세는 유럽을 비롯한 세계 여러 나라에서도 확인된다. 자동차의 임대는 거액의 자금이 소유권에 묶이는 것을 달가워하지 않았던 상류층 고객을 중심으로 인기를 끌었다. 자신들이 하는 사업영역에서 이미 소유가 접속(access)으로 대체되는 현상을 많이 지켜본 상류층 소비자는 불과 몇 년이라는 짧은 시간동안에 임대 예찬론자로 바뀌었다. 이처럼 자동차의 임대는 자동차를 소유물에서 순수한 서비스의 역할로 탈바꿈 시키고 있다.

유럽에서는 이보다 더 발전한 유럽 자동차 공유 네크워크가 회원제로 발전하고 있다. 이러한 현상은 사물의 진가는 소유할 때보다는 사용할 때 발휘된다는 아리스토텔레스의 말이 현실화 된 것을 의미한다. 우리나라의 경우도 정수기, 공기청정기 등의 임대업이 성공하고 있는 사례는 바로 이러한 소비자들의 생각의 변화를 마케팅에 잘 활용한 사례이다.

자본이나 소비재의 형태로 재산을 생산하고 교환하고 축적하는 것이 초기 자본주의 시장에서의 기능이었다면 끊임없이 발전하는 자본주의 시장에서는 기존의 사유 재산관계와 더불어 성장해 온 정교한 사회 체제가 점차 훼손되고 있다. 즉, 탈산업화 사회가 도래하면서 서비스 산업이 제조업을 밀어내고 북미와 유럽에서 자본주의 발전의 원동력이 되고 있다.

(2) 빌려쓰기와 아웃소싱

자본주의 체제에서 가장 중요한 재산의 형태이며 자본주의를 떠받쳐온 기둥이라고 할 수 있는 물리적 자본 자체가 많은 사업에서 부차적 지위로 밀려나고 있다. 많은 기업들은 이제 자본 설비를 구입하기보다는 필요한 물리적 자본을 빌려 쓰고 단기 비용이나 경상비로 처리한다. 미국의 경우 1997년 생산설비에 투자된 5,821억 달러 가운데 1,800억 달러가 리스의 형태로 이루어졌다고 한다(설비리스협회, 1999). 즉, 미국 기업의 80% 이상이 2천여 곳의 임대 업체로부터 설비의 전부 또는 일부를 빌려 쓰고 있다.

결국 모든 업종의 기업이 자신의 핵심 사업에 필요하지 않은 자산을 앞 다투어 과감하게 처분하고 있다. 따라서 기업의 가장 핵심적인 자산이나 업무 외에는 외부 하청업자에게 맡기는 것이 최선이라는 것이다. 즉, 아웃소싱은 지금까지 자체적으로 처리해 온 기능이나 서비스를 위탁계약을 맺고 외부에서 처리하는 것이다. 전 세계 기업의 2/3가 한두 가지 이상의 중요한 내부 업무를 아웃소싱으로 처리하고 있으며 일본 기업의 60% 이상은 업무를 아웃소싱으로 돌리고 있다(Joe Bales, 1998).

소유자산에 바탕을 두는 전통적 기업은 이제 점차 퇴조하고 정보에 바탕을 둔 새로운 산업-금융, 오락, 통신, 비즈니스 서비스, 교육-이 미국경제에서 차지하는 비중이 어느새 25%를 넘고 있다. 이런 기업들의 가치는 상당액이 무형자산이므로 회계상으로는 정확히 나타내기 어렵다.

(3) 무형의 자산 – 서비스

서비스란 일반적으로 상품이나 건설이 아니고 일시적인 것, 다시 말해 그 자리에서 생산되면서 소비되는 것, 무형의 가치를 제공하는 것을 말한다. 법률, 회계, 컨설팅 같은 전문직, 도소매업, 수송, 통신, 보건, 탁아, 노인봉양, 여가와 오락, 정부의 사회복지 프로그램 등이 모두 서비스의 범주에 들어가며 이러한 서비스는 소유하는 것이 아니라 모두 사용하는 것이다. 따라서 산업의 중심축이 상품에서 서비스로 이동하면서 기업이나 개인 모두 소유를 예전처럼 중요하게 여기지 않게 되었다. 서비스는 물질이 아니며 손으로 만질 수 없다. 서비스는 수행되는 것이지 생산되는 것이 아니다. 서비스는 수행되는 순간에만 존재한다. 따라서 보유하고 축적하고 상속할 수 있는 것이 아니다. 다시말해, 서비스는 접속을 통해서 소비자가 사용하는 것이다. 글로벌 시대에서 기업은 자신이 보유한 개념과 상표 같은 무형의 자산이 산하 체인점, 공장, 기계, 원료 같은 유형자산보다 훨씬 더 가치가 있다는 사실을 깨달았다. 특히 서비스 업체는 자신의 영업술과 상표를 하나로 묶어 지역 사업가에게 빌려주고 매출의 일정액을 로열티로 가져가기 시작했다. 즉, 상품의 대량생산이 아니라 개념의 대량생산이 되는 것이다.

물품만을 팔지 않고 서비스 접속을 제공하는 기업이 늘어나면서 자원이 대폭 절약되고 생산과정에서 배출되는 공해와 쓰레기가 줄어들어 환경보호에도 상당히 유리한 여건이 조성되고 있다. 예를 들면 에어컨 제조회사가 에어컨을 팔기보다는 고객에게 에어컨 서비스를 제공한다. 고객이 거주하는 곳에 에어컨을 설치하고 미리 약속한 온도로 에어컨 기능을 유지하면서 서비스 요금을 받는다. 제품을 판매하는데 중점을 두었던 시절에는 회사 입장에서는 이익을 많이 남기기 위해 용량이 큰 에어컨을 팔려고 애를 썼지만 접속에 바탕을 둔 서비스 관계에서는 서비스를 제공하는 데 드는 비용을 최소화하기 위해서 가급적 에너지 소비를 줄이려고 노력하게 된다. 따라서 회사 입장에서는 경비를 절감할 수 있을 뿐만 아니라 에너지 낭비도 줄이고 온실효과를 낳는 배기가스를 줄이는 일석삼조의 효과가 있었다.

우리나라의 경우 공기 청정기, 정수기 등의 렌탈사업이 소유가 아닌 소비자의

책임감 있는 삶을 위한 십계명

1. 자신의 욕구를 만족시키되 다른 이들의 욕구에 피해를 주지 말라.
2. 다른 사람들의 삶과 성장의 권리를 존중하며 살라.
3. 지구상에서 살고, 자라는 모든 것들의 삶과 건강의 권리를 보호하라.
4. 행복과 자유와 개인적 성취를 추구하되 다른 사람들 또한 자신과 유사한 추구를 하고 있음을 고려하라.
5. 자신보다 혜택 받지 못한 사람들이 배고픔과 가난에 시달리지 않고 살 수 있도록 도와라.
6. 환경의 본래 모습을 보존하거나 복구하라.
7. 아이들과 젊은이들이 자기들 나름대로의 사고방식과 행동방식을 발견할 수 있도록 도와라.
8. 자국의 정부에 다른 나라, 다른 문화들을 평화적이고 협력적인 방식으로 대하라고 요구하라.
9. 환경을 훼손하지 않으면서 제품을 생산하는 기업들을 후원하라.
10. 삶에 영향을 미치는 동향과 사건들에 대해 믿을 만한 정보를 제공하는 대중매체를 활용해 올바른 결정을 내려라.

자료 : 에르빈 라즐로, 변경옥 역, "You can Change the World"

사용을 제공하는 서비스 사업이 되고 있다. 이렇게 되면서 오히려 제품은 무료, 서비스는 유료인 사업이 점점 증가하고 있다. 정보기술 산업에서는 제품을 무료로 배포하는 것이 영업 관행으로 자리 잡은 지 오래다.

세상만사가 서비스화 된다는 것은 자본주의가 상품을 교환하는 데 바탕을 둔 체제에서 경험영역에 접속하는 데 바탕을 둔 체제로 변모하고 있음을 의미한다. 이러한 점에서 새로운 자본주의에서는 물질의 차원보다는 시간의 차원이 훨씬 중요하다. 자본주의는 물질에서 출발했지만 물질성을 벗어나 점점 시간 속에서 일어나는 개별적 사건으로 나가고 있다.

3. 소비사회의 극복을 위한 대안 소비문화 운동

자본주의 초기 단계에서 노동, 곧 임금노동이란 역할은 남성뿐 아니라 집 밖에서 노동을 해야 했던 여성들까지도 포함한 많은 사람들의 정체성에 중요한 역할을 했지만 이제 남성, 여성 그리고 어린이들의 사회적, 문화적인 정체성의 구축에서 중요한 역할을 하는 것은 소비재와 가족의 소비양식이다.

즉, 자본주의를 정당화하는 데 기여해 온 것은 소비주의이다. 왜냐하면 재화, 여행에서 스포츠에 이르기까지 점점 다양해지는 소비경험을 할 수 있게 되기를 바라는 평범한 소비자들의 희망을 충족시켜 줄 수 있기 때문이다. 자본주의 사회에서 소비는 즐거움을 주는 "좋은 것"으로 간주되기 때문에 소비자가 소비를 피하기는 쉽지 않은 일이다.

예를 들면 자신의 아이들에게 "좋은 옷"이나 컴퓨터 전자 게임 같은 소비재를 박탈하는 일은 쉽지 않다. 또래 아이들이 모두 가지고 있는 경우나 부모가 경제력이 있는 경우 아이들이 원하는 소비재를 사지 않기는 쉽지 않다. 경기가 하강하거나 침체, 불황일 때도 사람들에게 소비는 여전히 중요한 희망(실천이 아니더라도)으로 남는다. 실직자들이 의기소침해지는 것은 그들이 근로자로서 자신의 가치가 더 이상 없다는 것뿐만 아니라 가족에게 소비재를 전달하는 공급자로서의 역할을 상실했기 때문이기도 하다. 따라서 사람들은 소비를 위한 임금을 더 받기 위해 자신의 시간을 담보로 하여 근로를 하게 된다.

소비에 대한 새로운 사고를 실천하는 사람들이 점차 지구 곳곳에서 늘어나고 있다. 자발적으로 검소하게 살아가고자 하는 사람들은 시간은 기계적인 소비행위에 써버리기에는 너무나 소중하다는 것을 인정한다. 많은 사람들이 돈 버는 일에서 손을 떼고 그들 자신의 재능을 계발하고 그들이 귀하게 여기는 신념을 위해 싸우고 있다(Vicki Robin, 1990~1992).

시간에 쫓기면서 일을 하던 많은 사람들이 시간에 쫓기는 직업을 버렸다. "우리에게 검소한 삶이란 일에 시간을 적게 쓰고, 우리의 삶에 좀 더 많은 시간을 쓰는 것을 의미합니다. 즉, 돈을 버는데 쓰는 시간을 줄이고, 일상의 일에 좀 더 많은 시간을 할애하는 것이지요"라고 말한다. 즉, 편지를 쓰기 위해 휴식하고, 집 앞 언덕에서 일몰을 보기 위해 휴식하고, 여유를 즐기며, 오전에는 잡담을 하고, 점심에는 신문을 보기 위해 쉬고, 음식을 직접 만들고, 아침에 잠자리를 정리하고 집을 청소하며 여유를 가지고 사는 것이다.

이러한 삶은 아마 매우 이상적인 삶이 될지도 모른다. 따라서 자본주의 경제체제에서의 소비주의를 추구하기보다 자신의 시간을 더 추구하는, 자발적으로 소박한 삶을 찾는 사람들이 늘어나고 있다. 이러한 생활스타일은 점차 하나의 트렌드로 자리잡아 가고 있다.

1) 지속가능 소비문화 실천사례 1 : 자발적인 소박한 삶을 찾는 사람들의 이야기

듀안엘진(1993)은 그의 저서 『자발적으로 소박하게 사는 사람들의 이야기』를 쓰면서 온갖 직업에 종사하는 수백 명의 사람들이 보여주는 살아있는 예들을 통하여 자발적으로 소박하게 사는 사람들의 생활 방식, 특성과 소박한 삶을 사는 사람들의 가치와 중요하게 여기는 것들 그리고 소박하게 살기 위한 노력과 소박한 생활에서 얻을 수 있는 것들을 제시하였다.

(1) 소박하게 사는 사람들의 생활방식

도시에 사는 사람이 정원을 가꾸며, 노숙자들을 위한 자원봉사에 참여하기도 하며 시간에 쫓기던 회사의 중역이 스트레스를 줄이기 위해 명상을 시작하고, 권력, 지위, 돈 등을 얻기 위한 경쟁에 예전처럼 흥미를 갖지 않는다. 또 도시 근교에 사는 가족이 집의 에너지절약을 위한 효율을 생각하고, 재활용에 적극 참여하며 가공식품과 고기 위주의 식단을 피한다. 현재는 잘 나가는 변호사지만 현재의 일을 그만두었을 때를 대비해서 목수일을 배우고, 중고가게에서 옷과 책을 구입한다. 이러한 모든 생활방식들이 실제 겉으로는 소박하지만 안으로는 생활을 더 풍요롭게 만드는 셈이다. 실제로 이러한 삶을 사는 사람들은 자발적으로 자신의 삶에 대한 인식과 통합을 구축한다. 또 환경 보존의식이 높으며 이러한 인식이 자연스럽다.

(2) 자발적 소박함은 빈곤과는 다르다

자발적 소박함을 택하는 많은 사람들은 현재 지구가 직면한 문제들, 즉 환경오염, 자원고갈, 사회경제적인 불평등, 실존적이자 정신적인 문제들인 소외, 불안, 의미 없는 삶 등에 대한 해답을 얻기 위해서는 자발적인 소박함이 필수적이라고 진정으로 믿는다. 따라서 자발적으로 소박하게 사는 생활에 대해 만족스럽고 스스로 풍요롭다고 생각한다.

반면에 다른 사람들은 이를 "가난한" 가족으로 인식하지만 오히려 다른 사람들의 이러한 생각이 우습게 여겨지는 사람들이다. 왜냐하면 그들은 내부의 정신적인 성장을 위해 그리고 그들의 아이들에게 이 세상에서 진정 가치 있고 고귀한 것이 무엇인지를 가르쳐주기 위해 지금과 같은 생활을 택하게 되었다. 그들은 소박함이야말로 이 세상에서 유일하게 도덕적이고, 경제적이고 이성적이고, 인간적인 목표라고 생각한다. 게다가 재미까지 느끼고 있다.

(3) 어떻게 소박한 삶을 살 수 있을까, 소박한 삶의 즐거움이란 무엇인가

자발적인 소박함은 개인의 필요에 따라 평생에 걸쳐 가꾸어야 하는 것이다. 사람은 성장을 거듭하여 새로운 생각들에 마음을 열어야 한다. 자발적인 소박함은 몸과 마음을 다 바쳐야 하는 삶의 방식이며, 이를 몸으로 체득할 때까지는 몇 년이 걸린다. 따라서 삶의 방식으로서 자발적인 소박함은 어느 한 순간에 선택한 것이 아니라 일정한 기간에 걸쳐 형성된 것이었다. 자발적 소박함이 생겨나게 하는 것은 첫째, 의식화, 둘째, 동료집단의 후원, 셋째, 개인적인 배경, 넷째, 내적인 성장에 대한 관심 그리고 그 외의 여러 가지 요인들이다. 정신적인 길을 찾기 위한 헌신적 노력은 소박하고, 부드럽고, 인간적인 삶의 방식으로 표현되고 있다.

소박한 삶을 선택한 선구적인 사람들은 자신의 삶에 변화를 일으키는 것과 관련해서 "작은 것이 아름답다"는 것을 보여준다. 수많은 작은 변화들이 한 데 모여서 우리 모두의 삶이 철저하게 변화할 때까지 조금씩 변화하는 것은 매우 즐거운 일이며 삶의 통찰력을 얻게 된다고 느낀다.

(4) 소박한 삶에서 중요한 것은 무엇인가

첫째, 내적인 성장이다. 내적인 성장이란 자연스럽고, 평온한 마음을 갖고 가슴을 여는 법을 배워가는 과정이자 자발적인 소박함을 뒤에서 움직이는 힘이다. 어떤 사람이 내적인 성장이 이루어지면 자신의 인생은 즐거움으로 가득 차 있으며, 가장 일상적이고 불쾌한 일들조차도 즐겁게 변해 버린다. 일단 쉽게 마음을 비우면 아무리 어려운 일이 일어나도 즐거움을 잃어버리지 않게 될 수 있는 것이다.

둘째, 소박한 삶에서 중요한 것은 인간관계이다. 자신의 생활에서 일상적인 것들을 좋아하고, 사람들과의 관계를 더 중요하게 생각하며, 그 속에서 많은 만족감을 느끼는 것이 매우 중요하다.

(5) 소박한 삶을 살기 위해서

우선, 소박한 삶을 지탱해 나가기 위해서는 주변 사람들의 도움과 정신적 후원이 매우 중요하다.

소박함은 그렇게 사는 사람들의 삶을 아주 풍요롭게 해 주었지만, 때로 그 생활방식 때문에 사회에서 소외된 듯한 기분을 느낄 때도 있다. 자신의 신념을 계속 지켜나가려면 강한 의지가 필요하기 때문이다.

자본주의 경제사회에서 우리는 너무나 오랫동안 돈과 지위가 행복을 가져다준다고 믿어 왔기 때문에 더 적은 것으로 만족하고 사는 것을 두려워한다. 그러나 소박한 삶에 대해 같은 생각을 하고 사는 주위사람들이 많을 경우 서로 많은 도움을 받고, 평화로운 마음으로 살 수 있을 것이다.

소박한 생활을 선택한 생활방식이 자녀들이 원하는 것과 동떨어져 있을 경우도 있어서 때로는 자신의 처지를 비참하게 여기며 반항하는 경우가 생기기도 한다. 따라서 어려서부터 이러한 소박한 삶에 대한 즐거움을 익힐 수 있도록 아이들이 어렸을 때부터 시작하였다면 더 쉬웠을 것이라고 고백하는 사람들도 있었다.

(6) 소박한 삶을 통해 얻는 것

첫째, 소박한 삶은 남녀의 균형 잡힌 문화를 지향한다. 왜냐하면 소박한 삶에서는 남성과 여성이 평등하게 역할을 분담하기 때문이다. 우리의 일상생활에서 아이

돌보기, 식사준비, 청소, 장보기, 돈벌기를 나누어서 하고, 공부 같은 다른 욕구도 충족시키기 위해 노력한다.

둘째, 소박한 삶은 일 속에서 기쁨을 발견한다. 소박한 삶을 사는 많은 사람들이 소박한 삶을 살게 된 것을 고맙게 생각하고 있다. 돈을 찾아 헤매다 보면 '일을 사랑할 수' 없게 되기 때문이다. 그러나 소박한 삶에서는 '일'과 '놀이' 사이에 전혀 경계가 없다는 것을 깨닫는 것이 중요하며 '일'은 '놀이'와 형태는 다르지만 똑같이 즐거운 것일 뿐이다.

셋째, 소박한 삶은 커다란 만족감을 낳는다. 자신에게 가장 만족을 주는 것은 자신의 인생을 바로 코앞에서 볼 수 있고, 인생이 자신을 통해 흐르면서 계속되고 있는 것을 직접 느낄 수 있다는 점이다. 만족은 내적인 것이다. 따라서 소박한 삶에서는 불만이란 없다. 단지 어려움이 있을 뿐이며 어려움은 극복이 가능하다. 소박한 삶에서는 남들과 함께 모든 것을 나누고 남들을 배려해 주는 데서 만족을 느낀다. 결과와 상관없이 최선을 다하는 것, 그저 행복하다고 느끼는 것에서도 만족을 느낀다. 자신의 것이 되었을 수도 있는 편안한 생활과 명예를 포기한 데 대해 잠시 동안 후회하고 난 뒤, 이전보다 훨씬 드물고 훨씬 가벼운 불만을 느낄 뿐이다. 욕망이 점점 줄어들고 있기 때문에 좌절감을 느끼는 경우도 점점 줄어든다. 자신이 자기중심적인 삶에서 벗어날수록 자신의 인생은 더욱 즐거운 것이 되어 가고 있다.

2) 지속가능 소비문화의 실천사례 2 : 지역통화운동

지역통화(LETS; Local Exchange Trading System)는 보통 돈과는 달리 많이 모아도 은행에 저축할 수 없다. 공동체 내에서 거저 받는 만큼 거저 베풀겠다는 약속으로서 존재하는 것이고 이는 소유와 축적 중심의 생활방식을 관계와 나눔 중심의 생활방식으로 바꾸려는 운동이다.

(1) 레츠란

레츠(LETS)는 비영리의 교환망이다. 이 교환망을 이용하여 공동체 구성원들은 돈을 사용하지 않고 기술과 자원을 교환한다.

최초의 레츠시스템은 1983년에 캐나다의 마이클 린턴에 의해 만들어졌다. 그 자신이 실업상태에 있던 린턴은 자기 동네의 많은 사람들이 상호간 제공할 수 있는 기술과 쓸모 있는 자원은 있지만 단지 돈이 없다는 것을 깨닫고 몇 사람이 회원제로 기술과 자원을 교환하기 시작하였다. 4년 후 500명의 지역사람들이 린턴이 고안한 녹색달러로 거래를 하고 있었다.

레츠시스템은 영국, 오스트레일리아, 뉴질랜드 그리고 미국으로 퍼졌는데 불황으로 손상을 입은 많은 지역 공동체들이 레츠시스템의 채택을 통해 다시 소생하였다. 호주의 경우 영국이 EU에 참여하게 되자 호주는 주요 수출시장을 잃게 되어 실업과 파산이 보편화 되었다. 이때 보다 많은 사람들이 레츠시스템에 참여하면서, 여기저기 분산되어 있는 지역공동체들에서 비화폐적 지역경제가 꽃피기 시작하였다. 1992년 호주정부는 전국에 걸쳐 레츠시스템을 세우고 레츠의 설립을 지원하는 교육, 홍보, 컴퓨터 설비, 문구류 및 우표를 지원하였고 얼마 지나 레츠에 참여한 사업체들은 자신들이 거래 수준이 증가하였음을 발견하였다. 또한 지역 내에서만 사용하는 레츠는 교환된 녹색달러를 자선기관에 기부하고 세금으로 환불을 받기도 하고 교회가 운영하는 레츠는 일자리가 없어서 방황하는 젊은이들에게 삶의 목적을 부여하고 있다(Patricia Knox, 1994).

(2) 레츠운동의 의미

레츠시스템은 지속가능성을 향해 나가는 운동이 되고 있다. 레츠시스템은 본질적으로 생태 친화적이다. 왜냐하면 레츠는 사람들의 기본욕구 충족을 겨냥하고 있는 지역 중심적 시스템이기 때문이다. 레츠시스템의 사례로는 자전거 및 자동차 수리, 음악과 외국어 레슨, 정원 돌보기, 아이 돌보기, 식품 및 식품가공, 수공예, 육체노동, 마사지, 그밖에 여러 가지를 교환하고 있다. 대개는 시간당 몇 개의 녹색달러를 청구하여 이를 교환해 가며 자신들의 요구를 충족시키므로 모든 사람이 혜택을 입으면서 진짜 돈은 조금도 쓰이지 않는 것이다(Nick England, 1995).

지역통화가 널리 보급되기 시작한 것은 1990년대 들어서인데, 그 배경에는 자본주의 경제의 세계화라는 흐름에 원인이 있다고 본다. 즉, 세계화 시대에 화폐나 신용의 문제가 부각되고 단기 국제자본의 유입이나 은행의 신용확대는 거품경제의 팽창을 낳고 실물경제도 일시적으로 성장시켰지만, 자본의 도피나 신용의 붕괴는 실물경제에도 심각한 손상을 입히게 되었다. 따라서 화폐의 본질이 붕괴하게 되자 자본주의적 시장경제의 내적인 변혁을 꾀하는 것이 필요하게 되었고 이것이 지역통화가 보급되게 된 배경이라고 볼 수 있다. 또한 시장의 확대뿐만 아니라 지금까지 매매되지 않았던 재화나 서비스의 상품화가 진전되어 시장에서 갖는 자유의 의미가 고도화 되고 있다. 즉, 컴퓨터 소프트웨어나 유전자 등 정보의 상품화 또는 성(性)이나 장기, 가사노동의 상품화 등이 그것이다. 동시에 금융시장이나 투자시장의 세계화에 동반하여 소비의 자유뿐만 아니라 투자의 자유까지 글로벌화 된다는 점이다. 이렇게 되면 시장은 먼저 공동체의 외부에서 발생하여 공동체의 내부로 침투하여 공동체를 해체하고, 그 결과 우리를 상품을 팔거나 사는 자 또는 화폐나 상품의 소유자라고 하는 개체로 환원시켜 버리게 된다. 이는 국가, 지역사회, 학교, 가족 등의 공동체를 위축, 붕괴하는 일이 되는 것이다.

세계화는 시장의 "외연적 확대"와 동시에 "내포적 심화"라는 양면성을 가지게 된다. 즉, 세계화는 자유무역주의를 넘어 자유투자주의가 되고 이는 공동체를 외부로부터 침식 · 해체하는 결과를 가져오게 될 것이다. 이는 우리가 살고 있는 공동체 사회의 전통이나 관습, 규범이나 문화를 기르는 장소인 공동체나 사회를 해체시켜 버리게 된다. 따라서 지역통화는 세계화의 진전으로 파괴된 공동체나 그 내부의 커뮤니케이션을 새로운 형태로 재구축 하는 것을 목표로 하는 지속가능 소비를 지향하는 운동인 셈이다. 물론 자본주의의 우월성이 확실하게 반증된 부분, 즉 시장경제의 능률성, 제 생산요소의 능률적인 결합능력 등은 인정하나 자본주의의 폐해라고도 지칭하는 구조적 불평등, 공해의 확대 재생산, 민족단위 경제독립성의 파괴와 종속, 끊임없는 경쟁논리에 파괴되어 가는 인간관계를 생각하면 지속가능 발전에 대한 추구가 논리적으로는 매력적인 대안이 되고 있지만 자신의 라이프스타일과 철학을 바꾸는 패러다임의 변화를 가져오기 위해서는 자본주의나 사회주의를 뛰어넘는 제 3의 이데올로기가 요구되기도 한다.

4. 소비사회 극복을 위하여

한 사회와 개인의 소비문화는 생활양식에 그대로 반영되어 나타난다. 또한 사물은 문화적 의미를 지니는 동시에 의미를 전달하는 중요한 수단이 된다. 왜냐하면 우리가 사는 삶에서 문화의 내용들이 재화를 통하여 실체화 될 수 있기 때문이다. 하지만 이러한 재화에 광고는 상징적 의미를 허위적 환상으로 불어넣어 허구적이며 상품의 실재나 본질을 오인하게 하는 신비화로 작용하고 있는 증거를 우리는 여러 곳에서 확인하고 있다. 그러나 사물이 담고 있는 의미와 상징이 우리의 경험세계와 가치를 담고 있는지 아니면 사업자가 만들어낸 허구인지는 결국 사물을 다루는 소비자의 능력에 달린 문제라고 볼 수 있다.

환경위기 극복의 방안으로 지속가능한 소비가 이루어지기 위해서는 개인의 심리적 요인과 사회적 요인으로 구분하여 극복방안을 생각해야 한다. 그 이유는 개인의 가치정립과 관련된 문제가 가장 중요하기 때문이다. 즉, 자연에 대한 인간 우위적 자연관에서 벗어나 인간이 자연의 일부 또는 자연과 공존해야 한다는 새로운 가치관인, 인간과 자연의 관계에 대한 가치가 우선적으로 필요하지만 그러한 가치 정립뿐만 아니라 실천하는 친환경적 행동 또한 필요한 것이다. 인간의 존재양식을 물질적 소비로 대치하는 사회적 소비인 과시적 소비 또는 과소비가 없어져야 한다는 점이다. 과시적 소비란 신분의 표현과 연관하여 부와 허영심, 부의 증거를 나타내는 것이고 과소비는 소득보다 지출이 많은 소비, 필요보다 더 많은 소비를 의미한다. 이러한 과소비와 과시적 소비는 자아정체성의 확립, 자신의 존재양식이 자신이 소비하는 소비물로 나타나는 가치체계 자체를 변화시켜야 하는 것이므로 간단한 일이 아니며 근본적인 가치관의 변화를 수반해야 하는 것이라고 볼 수 있다. 그러나 가치변화를 수반한다면 불가능한 것은 아니다. 실제 상황에서 이러한 과소비나 과시적 소비를 축소 내지 없애기 위해서는 자본주의 경제제도의 사생아라고 볼 수 있는 광고를 통한 허구적 인간욕구의 생성을 억제해야 할 것이다. 광고를 통한 인간욕구의 생성을 억제한다는 것은 자본주의에서 추구하는 경쟁과 자유시장을 끊임없이 지속하게 하는 메커니즘을 단절해야 한다는 것인데 어떤 의미로 소비자에게 이미 중독된 사회적 메커니즘을 단절한다는 것이 쉬운 일이 아닐 것이다.

또한 사회의 지배구조가 개편되어야 하는데 자연에 대한 인간의 지배가 환경위기의 원인이라면 인간에 의한 인간의 지배구조에서 경제력이 지배의 수단으로 이용되고 있기 때문에 경제력을 키우기 위해 자연자원을 더욱 적극적으로 개발하려는 만큼 지배구조가 평등구조로 바뀌어야 한다.

아직도 전 지구에서 필요보다 더 많은 소비를 하는 소비집단은 불과 1/5에 지나지 않다. 행복에 이르는 유일한 길은 보다 많은 성장, 보다 높은 생산성, 보다 큰 구매력과 소비라고 생각하는 사람들의 소비에 대한 사고를 이제는 거부해야 한다. 라튀세는 성장사회에서는 불평등과 불의가 반드시 생겨나게 된다고 하면서 성장사회가 낳는 안락한 삶은 흔히 환상에 불과하다고 주장한다. 부유한 사람들에게도 사회는 즐겁지도 쾌적하지도 않고, 스스로 부에 병들게 된다. 실제로 부유한 사람이나 국가들 대부분은 자기들이 높은 삶의 질을 누리고 있다고 믿고 있지만, 이는 갈수록 환상이 되고 있다. 그들은 소비재와 서비스에 보다 많은 것을 소비하고 있지만 이러한 재화와 서비스에 포함된 비용을 잊고 있는 셈이다. 오염된 공기와 물 그리고 환경의 열악화로 인해서 삶의 질은 점점 떨어지고 있는 반면 이러한 환경 회복을 위한 비용은 점점 증가하고 있다. 따라서 전기에너지를 전혀 사용하지 못하는 캄보디아의 농가를 위해서는 원자력을 이용하여 전기에너지의 공급을 무제한으로 사용하고 있는 선진국의 자원소비패턴을 재확립 해야 할 것이다. 현재의 한국의 소비패턴을 볼 때 고도의 선진국형 자원소비국이라고 말할 수는 없다. 그러나 우리사회의 소비패턴은 실제의 경제규모에 비해 지나치게 소비지향적이고 과시적 소비, 과소비형이다. 이러한 현상은 경제발전이 어느 정도 진행되는 국가의 경우 선진국으로 가는 길목에서 일어나는 일시적 현상이라고 인식할 수도 있으나 국가의 경제규모나 자원보유량에 비해 지나친 소비지향적 가치와 과시적 소비 행태를 보이고 있는 것이 사실이다. 이는 경제발전과정이 단기간에 이루어진 국가로서 소비에 대한 가치정립이 발전 속도를 미처 따라가지 못한 것도 이유가 될 것이다. 따라서 현재 한국의 소비자는 산업화 시대의 소비가치와 탈산업화 시대의 가치 그리고 미래지향적 소비가치가 혼재되어 있는 양상을 보인다. 소비문화를 극복하기 위해서는 성장사회만을 추구하는 소비가치들에 대한 패러다임의 변화를 추구해야 할 것이다.

소비문화
생각해 보기

1. 주변에 스스로 소박한 소비생활을 자발적으로 하고 있는 사람들이 있는지 찾아보시오.

정말 소박한 생활에 대해 더 만족하고 있는 것처럼 느껴집니까?
그들의 소박한 생활에 대해 자신의 견해는 어떠합니까? 화려하고 사치스러운 소비보다 소박한 소비생활을 추구하는 사람들이 늘어갈 것이라고 생각합니까?

2. 노동시간은 많이 요구하지만 연봉을 많이 주는 직업과 연봉은 적지만 시간의 여유와 인간다운 가정생활이 가능한 직업 중 당신은 어떤 직업을 택하고 싶습니까? 만일 시간과 돈 중 택하라면 어떤 자원을 더 중요하게 생각하는지 서로 토론해 봅시다.

참고문헌

김종주(2005), 욕망과 생명, 2005년 불교 생태 포럼 원고, 동국대학교

니시베 마코트(2000), 가라타니 코진 편저 "NAM 원리"에 수록된-지역통화 LETS에 대하여-, 녹색 평론 65호 7~8호

Alan Taein Durning(1991), How much is Enough?, 구자건 역(1994), 소비사회의 극복, 도서출판 따님

Argyle(1976), The psychology of Happiness; Tibor Scitovsky, The Joyless Economy, New York; Oxford University Press

Duane Elgin(1994), Voluntary Simplicity, 김승옥 역, 소박한 삶의 철학, 바다출판사

Erich Fromn(1976), To have or To be, 정성환 역, 소유나 삶이냐, 홍신문화사

Equipment leasing Association, http://www.elaonline.com

Herman Daly(1991), Environmental Impact Identity-Orders of Magnitude(draft), World Bank, Washington. D. C., Ekinson, Sustainable Consumer Society: A Contradictions in Terms

Jeremy Rifkin(2000), The Age of Access, 이희재 역(2001), 소유의 종말, 민음사

Joe Vales(1998), BPO Solution, Inforserver, The journal for Strategic outsourcing information, http: //www.inforserver.com/may 1998/htm/bpo4.html.

Lewis H. Lapham(1988), Money and Class in America : notes and observations on our civil religion(New York; Weidenfeld &Nicolson)

Patricia Knox, Nick England(1994), Earth Iland Journal, 녹색평론 제27호 1996년 3~4호, "레츠와 녹색경제"

Sidney Quarrier, geologist(1992), Connecticut Geological & Natural History Survey, Hartford, Conn, private communication

Tibor Scitovsty(1976), Joyless Economy, New york, Oxford University Press

Vicki Robin(1990~1992), New Road Map Foundation from Vicki Robin, president, Seattle, Washington

Wackernagel, M. et al.(1993), How Big is our Ecological footprint

찾아보기 생각하는 소비문화

ㄱ

ㄴ

ㄷ

ㅈ

ㅊ

ㅋ

ㅌ

ㅍ

ㅎ

저자소개

박명희 서울대학교 사범대학 가정교육과 졸업
서울대학교 대학원 석사(소비자학)
고려대학교 대학원 박사(소비자학)
현재 동국대학교 사범대학 가정교육과 교수
저서 소비자 의사결정론(1994), 소비자 상담의 이론과 실무(2000),
한국의 생활문화(2002), Cultural life in Korea(2002),
토론으로 배우는 소비자 의사결정론(2005)

송인숙 서울대학교 가정관리학과 졸업
서울대학교 대학원 석사, 박사(소비자학)
현재 가톨릭대학교 소비자주거학과 교수
저서 소비자와 시장환경(2003), 소비자 상담의 이론과 실무(2000),
토론으로 배우는 소비자 의사결정론(2005)

손상희 서울대학교 가정관리학과 졸업
서울대학교 대학원 석사(소비자학)
미국 University of Illinois at Urbana-Champaign 박사(소비자학)
현재 대전대학교 아동벤처산업학과 교수
저서 초등학교 올바른 소비생활(2006), 재래시장의 실태와 특화전략(2005),
어린이를 위한 금융이야기(2003), 소비자학의 이해(2001)

이성림 서울대학교 가정관리학과 졸업
서울대학교 대학원 석사(소비자학)
미국 Ohio State University 대학원 박사(소비자학)
현재 성균관대학교 생활과학부 교수
저서 소비자학 분야 소비문화 연구의 의의와 목적(2006)

박미혜 성균관대학교 가정관리학과 졸업
성균관대학교 대학원 석사(소비자학)
동국대학교 대학원 박사(소비자학)
현재 인천대학교 소비자아동학과 겸임 교수
저서 소비자상담실무(2003)

정주원 동국대학교 사범대학 가정교육학과 졸업
동국대학교 대학원 가정학 석사(소비자학)
동국대학교 대학원 이학 박사(소비자학)
현재 동국대학교 가정교육학과 겸임 교수
저서 두 얼굴의 재산상속(2005)

생각하는
소비문화

초판 1쇄 발행 2006년 8월 10일
초판 5쇄 발행 2019년 9월 18일

지은이 박명희 외
펴낸이 류원식
펴낸곳 **교문사**

책임교정 조현주
본문편집 우은영
디자인 반미현
제작 김선형
영업 정용섭 · 송기윤 · 진경민

인쇄 동화인쇄
제본 대영제본

주소 (10881)경기도 파주시 문발로 116
전화 031) 955-6111 (代)
FAX 031) 955-0955
등록 1960. 10. 28. 제406-2006-000035호
홈페이지 www.gyomoon.com
E-mail genie@gyomoon.com
ISBN 89-363-0803-3(93590)

값 20,000원

* 잘못된 책은 바꿔 드립니다.